Doris Stahler

deutsch.punkt 4

Gymnasium

Sprach-, Lese- und Selbstlernbuch

Jutta Biesemann
Katrin Burgert
Joachim Dreessen
Michaela Holzbrink
Karin Lindner
Jörg Ulrich Meyer-Bothling
Hans-Joachim Michels
Barbara Neißer
Michael Schwarzwald
Angelika Werden

Ernst Klett Verlag
Stuttgart · Leipzig

deutsch.punkt 4
Gymnasium

Sprach-, Lese- und Selbstlernbuch

1. Auflage 1 5 4 3 2 1 | 2011 10 09 08 07

Alle Drucke dieser Auflage sind unverändert und können im Unterricht nebeneinander verwendet werden. Die letzten Zahlen bezeichnen jeweils die Auflage und das Jahr des Druckes.

www.klett.de

Layoutkonzeption: Gupta – von Ameln / Team für Gestaltung, Jülich
Illustrationen: Iris Blanck, Hamburg; Cornelia Kurtz, Boppard;
Eike Marcus, Berlin; Eva Muggenthaler, Hamburg; Inge Voets, Berlin
Umschlaggestaltung: Sandra Schneider
Titelbild: Mauritius (Fiona Fergusson), Mittenwald
Redaktion: Sabine Utheß
Herstellung: Carina Riehl

Repro: Meyle + Müller Medien-Management, Pforzheim
Satz: SOFAROBOTNIK, Augsburg und München
Druck: Firmengruppe APPL, aprinta druck, Wemding

ISBN 978-3-12-313904-8

9 783123 139048

Wie lernt ihr mit deutsch.punkt?

deutsch.punkt besteht im Wesentlichen aus zwei Teilen:

1. Unterrichtsvorhaben,

die im Unterricht bearbeitet werden. Dazu gehören auch die Lesekapitel, deren Seiten besonders gekennzeichnet sind.

2. Lernstationen,

die ihr sowohl im Unterricht als auch selbstständig außerhalb des Unterrichts bearbeiten könnt.

Die Unterrichtsvorhaben sind den folgenden Bereichen zugeordnet:

- Nachdenken über Sprache
- Umgang mit Texten/Medien
- Sprechen und Zuhören
- Schreiben

Lernhilfen:

Merke	Tipps	Arbeitstechnik	Prüfe
Merkwissen	Tipps	Arbeitstechnik	Checkliste zur Überprüfung

Piktogramme:

Lesekapitel

Lernspiegel

Lernlexikon

Lerndossier

Verweise auf Lernstationen auf den CD-ROMs:

▶▶ CD-ROM | dp2
Satzglieder
LS „Grammatik“

| dp1 = deutsch.punkt 1

| dp2 = deutsch.punkt 2

| dp3 = deutsch.punkt 3

Inhaltsverzeichnis

Unterrichtsvorhaben und Lesekapitel

Lernstationen

Unterrichtsvorhaben/Lesekapitel

Unterrichtsvorhaben werden vor allem gemeinsam im Unterricht bearbeitet. Hier das Wichtigste, was ihr über sie wissen müsst:

- Unterrichtsvorhaben fangen immer gleich an: Auf der ersten Seite informieren sie euch, worum es im Wesentlichen in dem Unterrichtsvorhaben geht.

- Unterrichtsvorhaben sind in einzelne (Teil-)Kapitel unterteilt. Ein solches (Teil-)Kapitel umfasst in der Regel eine Doppelseite.

- Auf der linken Randspalte einer Doppelseite ist ausgewiesen, welche Schwerpunkte des Deutschunterrichts jeweils angesprochen werden.

- Vier der Unterrichtsvorhaben setzen auf allen Doppelseiten den Schwerpunkt auf den „Umgang mit Texten" – hier dreht sich alles um das Lesen.

- Die Verweise in den Randspalten (z.B. auf die Lernstationen) zeigen auch für einzelne Lernziele, an welchen Stellen ihr in deutsch.punkt nachschlagen und eure Kenntnisse vertiefen und erweitern könnt.

- Am Ende der Unterrichtsvorhaben steht immer eine Seite mit „Impulsen zur Weiterarbeit". Dort findet ihr Anregungen für kleine Projekte, die ihr allein, in Gruppenarbeit oder mit der ganzen Klasse durchführen könnt.

Bei Schwierigkeiten helfen euch auch die Lernstationen weiter.
Was es mit ihnen auf sich hat, könnt ihr auf S.153 nachlesen.

„Traumberuf" – Sprechen, Zuhören und Informieren

„Als ich noch klein war, da wollte ich unbedingt Lokomotivführer werden, denn im Fernsehen habe ich die Augsburger Puppenkiste mit „Jim Knopf und Lukas" gesehen. Das Buch habe ich später, als ich lesen konnte, auch gerne gelesen. Dann betrat der erste Mensch den Mond, und ich wollte unbedingt Raumfahrer werden. Aber meine Kinderwünsche ließen sich nicht verwirklichen …"
So etwa könnten eure Eltern über ihre kindlichen Berufswünsche erzählen.
Das Thema der Berufswahl beschäftigt Kinder und Jugendliche von jeher und sicher auch euch.

Im Einzelnen

- sprecht ihr über eure Berufswünsche und übt das Zuhören
- informiert ihr euch und andere über die Arbeit von Kindern früher und heute
- erhaltet ihr einen Einblick in die Ausbildung und den Beruf des Animateurs und lernt auf eine Anzeige zu reagieren
- lernt ihr Ausbildung und Beruf eines Sportjournalisten kennen und verarbeitet die Informationen in einem Zeitungsartikel
- erprobt ihr erste Schritte zur Berufswahl

Sprechen und Zuhören

Umgang mit Texten/Medien

Mein Traumberuf – Über Berufswünsche sprechen

Daniel
Mein Traumberuf war bis vor einiger Zeit Pilot bei der Bundeswehr, dabei ging's mir nicht um das Schießen, sondern um das Gefühl vom Fliegen. Außerdem kann man sich bei der Bundeswehr, wenn man sich für eine längere Zeit verpflichtet, zum Piloten ausbilden lassen. Inzwischen musste ich jedoch zum Augenarzt, und der hat leider festgestellt, dass ich eine Brille tragen muss und zusätzlich auch noch farbenblind bin. Damit muss ich mich wohl nach etwas anderem umsehen.

Anna-Lena
Ich möchte gerne Mathematiklehrerin werden. Im Moment stehe ich in Mathematik eigentlich ganz gut, und ich habe keine Schwierigkeiten, mit Zahlen umzugehen. Nach meinem Studium könnte ich vielleicht auch in die Industrie gehen, aber ich kann mir vorstellen, dass es mir mehr Spaß macht, mit Kindern zu arbeiten, als in einem Büro zu sitzen. Deshalb möchte ich lieber Lehrerin werden. Meine Freundinnen belächeln mich zwar wegen dieses Berufswunsches, aber ich glaube doch, dass ich damit richtig liege, weil wohl auch in Zukunft Lehrer gebraucht werden.

Franziska
Mein Traumberuf ist Apothekerin. Ich habe mich für diesen Beruf entschieden, weil mein Onkel Apotheker ist und er mir viel Interessantes über diesen Beruf erzählt hat. Vor dem Studium habe ich etwas Angst, und ich weiß auch nicht, ob meine Leistungen gut genug sind. Sollte aber alles klappen, dann möchte ich mich am liebsten nach dem Studium selbstständig machen und eine eigene Apotheke führen. Neben dem Umgang mit den Kunden werde ich sicherlich auch Kontakt zu Ärzten haben.

1 Welche Gesichtspunkte spielten bei der Berufswahl dieser Jugendlichen eine Rolle. Welche weiteren Kriterien kennt ihr?

2 Vergleicht eure Berufswünsche mit diesen Berufsvorstellungen.
Führt in eurer Klasse ein Gespräch über eure Berufswünsche. Malt euch auch eure Zukunft in diesen Berufen aus. Schreibt stichwortartig die Berufswünsche und Zukunftsvorstellungen von fünf Schülerinnen und Schülern mit, so dass ihr andere darüber informieren könnt.

Arbeitstechnik

Worauf man beim Zuhören achten muss:
- sich nicht ablenken lassen und aktiv zuhören, ggf. auch nachfragen
- erkennen, welche Schwerpunkte gesetzt werden

Was sollte notiert werden:
- Datum, Thema
- inhaltliche Hauptpunkte
- Namen, Zahlen
- wichtige Wörter und Fachausdrücke

(zur Markierung von Besonderheiten Randsymbole benutzen)

Wovon Jugendliche träumen und welche Ziele sie haben

(Maria und Sophie aus der Klasse 10a führen Interviews mit Jugendlichen)

Die Arbeitslosenzahlen steigen, Firmen schließen, die Arbeitsämter sind überfüllt. Wie sieht die Zukunft der jungen Generation aus? Können Jugendliche noch von einer beruflichen Karriere träumen? Wir sprachen darüber mit Schülerinnen und Schülern.

Hast Du einen Traum, willst Du ein bestimmtes Ziel erreichen? Glaubst du, der Staat oder das Arbeitsamt könnte dir bei deiner beruflichen Karriere helfen?

Paul (16): Mein Ziel ist ein gut bezahlter Beruf, der mir Spaß macht und vielleicht sogar mit meinen Interessen übereinstimmt. Ich denke nicht, dass man auf großartige Unterstützung des Staates zählen sollte. Jeder ist für seine Zukunft selbst verantwortlich.

Susi (14): Später möchte ich mal meinen Traumberuf, Visagistin, ausüben können. Allerdings glaube ich nicht, dass der Staat oder das Arbeitsamt mir helfen würde. Heutzutage gelten die Träume der Menschen wohl nicht mehr so viel. [...]

Max (16): Ich möchte mal ein berühmter Hotelfachmann werden, und bisher hat mir das Arbeitsamt sehr geholfen. Deshalb denke ich, dass es mir auch noch weiterhin helfen wird.

Denkst du, dass Jugendliche heute noch Träume haben?

Susi: Ich denke, viele Jugendliche haben keine Träume. Es ist ihnen anscheinend egal, was aus ihnen wird. Hauptsache, das Leben macht Spaß. [...]

Olf (16): Ja, insbesondere sozial Schwächere träumen oft von einer besseren sozialen Stellung bzw. von einem beruflichen Erfolg.

Denkst Du viel über Deine Zukunft nach?

Tina (15): Nein, nicht sonderlich viel. Ich lasse mich überraschen.

Olf: Ja, denn man wird in vielen Situationen mit dieser Frage konfrontiert.

Meinst du, dass Jugendliche, die Drogen nehmen oder kriminell werden, keine Zukunft mehr für sich sehen und das Leben einfach nur erträglicher machen wollen?

Paul (16): Man kann nicht pauschal für alle, die keine Ziele haben, sagen, dass sie kriminell werden, aber es könnte in manchen Fällen dazu beitragen. [...]

Denkst du, es gibt eine Zukunft für dich?

Olf: Ja, und sie sieht rosig aus!

Tina, Max, Paul: Ja!

Susi: Na ja, zumindest hoffe ich das. [...]

3 Wie sehen die interviewten Jugendlichen ihre Zukunft? Vergleicht ihre Vorstellungen mit euren eigenen Vorstellungen. Tauscht eure Erfahrungen aus.

4 Befragt Schülerinnen und Schüler aus der 10. oder 12. Jahrgangsstufe, welche Vorstellungen sie von ihrem zukünftigen Beruf haben, und übt dabei wieder das Zuhören und Mitschreiben.

Kinderarbeit früher und heute – Sich und andere informieren

Umgang mit Texten/Medien

Sprechen und Zuhören

Kaum sind die Kinder so weit herangewachsen, dass ihre Kräfte zur Verrichtung einer Arbeit auszureichen scheinen, so werden sie von den Eltern in die Fabriken gesandt, oder sie sitzen neben dem Webstuhl, den ganzen Tag mit Spulen beschäftigt. [...] Die Stunden, welche die Kinder nicht dem Schulunterricht zu widmen haben, sind sie genötigt, in den Wohnungen ihrer Eltern zuzubringen; diese zwingen sie, die Zeit mit Arbeiten jeder Art, die einen Gewinn abwerfen, auszufüllen, weil es dem Haupt der Familie höchst selten möglich ist, allein die Subsistenzmittel (Lebensunterhalt) für die ganze Familie zu erwerben. [...]

1 Wie unterscheidet sich die Lage von Kindern des 19. Jahrhunderts von der Situation, in der sich die Kinder heute befinden?

Zwei Tage nach meiner Schulentlassung ging mein [erkrankter] Vater mit mir nach einer im nächsten Dorf gelegenen Ziegelfabrik, deren Besitzer zwei Jahrzehnte vorher ein paar bescheidene Schuppen mit Handbetrieb errichtet und jetzt drei riesige miteinander verbundene Gebäude dastehen hatte, in denen neben 60 Erwachsenen 400 jugendliche Arbeiter und Mädchen beschäftigt waren. [...]

Die Natur seines Betriebes machte ihm die erwachsenen Arbeiter ziemlich entbehrlich. Maschinen holten den Ziegelton hervor, Maschinen kneteten ihn, Maschinen nässten ihn, pressten ihn und lieferten in je zwei Sekunden dem „Presser“ die Ziegel auf eine vorgehaltene Holzleiste. Der Presser saß auf einem Stuhl hinter der Presse und gab die Holzleiste mit Ziegeln an einen dreizehnjährigen Jungen weiter. Der Junge machte in einer Sekunde einen meterlangen Satz und legte die Holzleiste auf einen rotierenden Aufzug. Dann machte er in der nächsten Sekunde den Satz zurück und nahm die neuen Ziegel in Empfang. Der Presser verdiente durchschnittlich sechs Mark, wenn keine Störungen in der Presse oder bei der Weiterbeförderung vorkommen. Und mit eiserner Strenge sorgte er dafür, dass alles glatt ablief.

Am Abend meldeten er und die anderen acht Presser dem Oberaufseher [...], dass sie je 18 000 Ziegel abgenommen hätten.

Der Junge erhielt 85 Pfennig Tagelohn bei zehnstündiger Arbeitszeit. Er hatte in dieser Zeit zwischen dem Presser und dem rotierenden Aufzug 36 Kilometer zurückzulegen und hatte 1260 Zentner geformten Ziegelton zu transportieren. Da gab‘s kein Warten und kein Verschnaufen, er war das Zwischenglied zweier automatischer Maschinen, die das Tempo seiner Sätze regelten; dann war zur Aufsicht der riesig große, rohe Presser da, der furchtbar schrie, wenn er die Ziegel eine Viertelsekunde länger in der Hand halten musste. – Am Abend waren ihm die Knochen wie zerschlagen, und er wusste bald nicht mehr heimzukommen [...]; von dem vielen roten Staub wurden seine Hände rot; und rot war, was er spuckte, und er glaubte, es sei Blut und er müsse sterben [...]. Aber er starb nicht, die Augen wurden zwar wie Glas und lagen tief in den Höhlen, und lachen konnte er auch nicht mehr. Wenn er gewaschen war, war er nicht mehr rot, ganz gelbbleich und mager war er. Außer an Ruhe und Sterben dachte der Junge oft gar nichts mehr. Nur hie und da meinte er, wie schön es wäre, wenn er noch in die Schule gehen und singen und lachen könnte. [...] Der Junge war ich.

2 Fasst den Text zusammen und berichtet von der Arbeit des Jungen.

Petition der rheinischen Provinzialstände an den preußischen König zur Regulierung der Kinderarbeit, 1837

[...] Die Stände-Versammlung, in welcher das Interesse der Industrie vollständig vertreten war, hat daher erkannt, dass es notwendig sei, die ohne Zweifel schon stattgehabten Bestrebungen der Regierung dadurch zu unterstützen, dass von des Königs Majestät die Erlassung eines Gesetzes erbeten wurde:

1. dass kein Kind vor dem vollendeten neunten Jahre zur Arbeit in den Fabriken bestimmt werden solle;
2. dass die Kinder vor dem Eintritt in eine Fabrik einen dreijährigen Schulbesuch nachweisen sollen, insofern nicht örtliche Verhältnisse, welche von der Ortsobrigkeit untersucht und festgestellt werden sollen, eine Abweichung hiervon nötig machen;
3. dass die Kinder höchstens 10 Stunden zur Arbeit in den Fabriken angehalten und
4. ihnen zwischen diesen 10 Arbeitsstunden zwei Freistunden, von welchen die eine um die Mittagszeit mit Bewegung in freier Luft gewährt werden sollen.

3 Welche Verbesserungen sollen in der Petition zum Schutz der Kinder ausgesprochen werden?

Aus dem Jugendarbeitsschutzgesetz:

§ 5 Verbot der Beschäftigung von Kindern

(1) Die Beschäftigung von Kindern [...] ist verboten.

(2) Das Verbot des Absatzes 1 gilt nicht für die Beschäftigung von Kindern
1. zum Zwecke der Beschäftigungs- und Arbeitstherapie,
2. im Rahmen des Betriebspraktikums während der Vollzeitschulpflicht,
3. in Erfüllung einer richterlichen Weisung. [...]

(3) Das Verbot des Absatzes 1 gilt ferner nicht für die Beschäftigung von Kindern über 13 Jahre mit Einwilligung des Personensorgeberechtigten, soweit die Beschäftigung leicht und für Kinder geeignet ist. Die Beschäftigung ist leicht, wenn sie auf Grund ihrer Beschaffenheit und der besonderen Bedingungen, unter denen sie ausgeführt wird,
1. die Sicherheit, Gesundheit und Entwicklung der Kinder,
2. ihren Schulbesuch, ihre Beteiligung an Maßnahmen zur Berufswahlvorbereitung oder Berufsausbildung, die von der zuständigen Stelle anerkannt sind, und
3. ihre Fähigkeit, dem Unterricht mit Nutzen zu folgen, nicht nachteilig beeinflusst.

Die Kinder dürfen nicht mehr als zwei Stunden täglich, in landwirtschaftlichen Familienbetrieben nicht mehr als drei Stunden täglich, nicht zwischen 18 und 8 Uhr, nicht vor dem Schulunterricht und nicht während des Schulunterrichts beschäftigt werden. [...]

(4) Das Verbot des Absatzes 1 gilt ferner nicht für die Beschäftigung von Jugendlichen (§ 2 Abs. 3) während der Schulferien für höchstens vier Wochen im Kalenderjahr. [...]

4 Welche Aussagen zur Arbeit von Kindern werden in dem gegenwärtig gültigen Jugendarbeitsschutzgesetz gemacht. Vergleicht sie mit denen der Petition aus dem Jahre 1837.

5 Sprecht darüber, warum ihr heute arbeitet.

6 Nehmt das Material dieser Doppelseite als Grundlage für einen kurzen Vortrag zum Thema „Kinderarbeit früher und heute" und gestaltet dazu auch ein „Handout".

▶▶ **Seite 165 ff.**
Referat
LS „Informieren – Präsentieren"

Umgang mit Texten/Medien

Sprechen und Zuhören

Traumberuf Animateur? – Informationen entnehmen

Niemals darf es nach Arbeit aussehen

HECHINGEN, im August. Jetzt muss die Großmutter Kasperle erschrecken. „Buh!", ruft Anne hinter dem roten Vorhang. Dann bekommt sie einen Lachanfall, der nicht im Drehbuch steht. Es ist Samstag, elf Uhr. [...] „Kreativarbeit" steht auf dem Stundenplan von gestern, „anwesenheitspflichtig". Heute morgen „Kinderanimation", Unterrichtseinheit „Kasperletheater". Dass Anne kichern musste, ist nicht so schlimm. „Dafür hat sie eine ganz gute Figurenführung und ein tolles Imitationstalent", sagt Martina Lontschar, die 36 Jahre alte Betriebswirtin und Dozentin an der Event- und Animation-Academy (EAA) in Hechingen, der einzigen „Animateur-Akademie" Deutschlands. [...]

Die 22 Schüler des siebten Ausbildungsjahrgangs, die gerade das Kasperlespiel ihrer Kommilitonen beurteilen, sehen attraktiv und fit aus. [...] „Man muss versuchen, sich in seine eigene Kindheit zurückzuversetzen", sagt die 21 Jahre alte Anne, die 1,90 Meter misst und Basketballfan ist, „auch wenn das manchmal schwer fällt. Wenn man nicht ehrlich rüberkäme, würden das die Kinder sofort merken." [...]

Der Lehrplan sei breit gefächert, sagt Gabi Pfister, eines der fünf Gründungsmitglieder der EAA. Die gelernte Physiotherapeutin und Sportlehrerin hatte nach einem enttäuschenden Cluburlaub die Idee zu dieser Akademie. „Die Animateure dort waren schlecht ausgebildet und mit den Gästen völlig überfordert. Die taten mir einfach leid. Die Branche braucht dringend Animateure mit Know-how." Die 42 Jahre alte Schwäbin unterrichtet in Hechingen die Fächer Wirbelsäulentherapie, Acting, Freizeitwissenschaft, Comedy, Karaoke und Moderation. [...] „Vierzehn Monate lang dauert die Ausbildung, je sieben Monate verbringen die Schüler in Hechingen und in einem Club der TUI- oder Rewe-Gruppe. Wer will, kann auch auf ein Kreuzfahrtschiff. 4 976 Euro betragen die Kosten für die Akademie. Der Staat fördert die anerkannte Weiterbildung, und wer die Ausbildung privat finanzieren muss, bekommt eine EAA-Förderung und ein zinsfreies Darlehen, das sich schon mit dem Praktikumsgeld zurückzahlen lässt. 1000 bis 1200 Euro verdient ein Animateur im Monat – netto. Kost und Logis sind frei. Da könne man mehr sparen als in jedem anderen Job, sagt Pfister. Die Einstellungsaussichten sind sonnig. Etwa 400 Animateure beschäftige derzeit allein der Reiseveranstalter TUI. [...]

„Es ist nicht leicht, sich für diesen Beruf zu entscheiden", sagt Giuliana, die 27 Jahre alt ist und aus Sizilien stammt. Man müsse sich vieles anhören: „Was, du willst Animateur werden? Das ist doch kein Beruf!" Wie man mit solchen Vorurteilen umgeht, lernen die angehenden Animateure auf der EAA auch. Hinter dem Job, meint Giuliana, die unbedingt wieder in einem sonnigeren Land arbeiten will, stecke harte Arbeit. Ein Arbeitstag dauert in der Regel von acht bis mindestens 24 Uhr. „Ein Animateur arbeitet dann besonders gut, wenn das, was er tut, eben nicht wie Arbeit aussieht." [...]

1 Fasst die wichtigsten Informationen, die ihr in diesem Artikel zur Ausbildung und zum Beruf eines Animateurs erhaltet, in einer Mindmap zusammen.

8:30 Uhr	Aufstehen
9:00 Uhr	Frühstück im Hotel
9:30 Uhr	Meeting mit dem Animationsteam – Besprechung des Tagesablaufs
9:45 Uhr	Aufbau der Musikanlage am Pool
9:50 Uhr	Vorbereitung für deinen ersten Programmpunkt, Bastelmaterial für die Kinder bereitlegen, Kindertische und -stühle im Miniclub aufstellen
10:00 Uhr	Morgenansage am Pool mit dem kompletten Animationsteam: Alle Aktivitäten des Tages werden dem Gast vorgestellt.

2 So könnte der Tag eines Animateurs beginnen, setzt diesen Tagesablauf fort.

3 Diskutiert die Vor- und Nachteile dieses Berufs.

Seite 174 ff.
Die Diskussion
LS „Gespräche führen – Diskutieren“

Betreuerinnen und Betreuer für Ferienfreizeiten gesucht

Unsere Angebote für Kinder und Jugendliche von 6 bis 16 Jahren:
Stadtranderholung, Tagesfahrten, Spielaktionen, Ferienfreizeiten im Rahmen unserer Städtepartnerschaften

Betreuerprofil

Ihr solltet mindestens 15 Jahre alt sein, Verantwortung übernehmen können und Selbstbewusstsein besitzen. Man braucht gute Nerven, pädagogisches Geschick und muss Spaß daran haben, mit einer Gruppe Kinder oder Jugendlicher die Ferien zu verbringen. Für die einzelnen Maßnahmen sind unterschiedliche Kenntnisse und Fähigkeiten erforderlich: Sprachkenntnisse (Englisch oder Französisch), Kanu fahren, Spiele anleiten, Basteln, Rettungsschwimmerabzeichen, Campingfreizeiten organisieren, Kochen usw. Ehrenamtliche Tätigkeit ist ein Pluspunkt in jeder Bewerbung.

Wir bieten

Aus- und Fortbildungskurse für Betreuerinnen und Betreuer, ein kleines Honorar und jede Menge Spaß und Erfahrungen

Interesse?

Dann meldet euch …

4 Stellt euch vor, ihr möchtet selbst einmal Jugendliche in einer Ferienfreizeit begleiten und betreuen. Welche Möglichkeiten der Kontaktaufnahme gibt es und wie würdet ihr euch auf ein erstes Gespräch vorbereiten?

5 Probiert dieses Gespräch im Rollenspiel aus.

Umgang mit Texten/Medien

Sprechen und Zuhören

Ein Hobby zum Beruf machen – Informationen auswerten

Wie bist du zum Journalismus gekommen?

Jörg Dahlmann: Mit 16 habe ich in Gladbeck angefangen, für eine katholische Pfarrzeitung zu arbeiten und zu schreiben. Dort habe ich auch meinen ersten Artikel geschrieben, bevor mich ein Freund gefragt hat, ob ich nicht für seine Ruhr Nachrichten arbeiten wolle. Zu diesem Zeitpunkt war ich 17 Jahre alt. Dieses war mein Einstieg in den Sportjournalismus.

Warst du früher auch in der Schülerzeitung aktiv?

Jörg Dahlmann: Ich war früher leider nicht aktiv, da ich schon für die Pfarrzeitung geschrieben habe. Ich hatte zwar die Lust zum Schreiben, aber nicht den Mut, um bei der Schülerzeitung mitzumachen.

Was war dein Traumberuf?

Jörg Dahlmann: Sportreporter war schon mit 16 Jahren mein Traumberuf, und als ich dann die ersten Schritte bei den Ruhr Nachrichten machte, merkte ich sehr schnell, dass mir dieser Beruf zusagte.

Was ist der größte Erfolg für einen Sportreporter?

Jörg Dahlmann: Der größte Erfolg eines Sportreporters ist mit Sicherheit das Kommentieren des WM-Finales. Aber für mich ist es schon ein Traum, als Sportjournalist zu arbeiten. [...]

Hast du ein Vorbild?

Jörg Dahlmann: Ich bin schon sehr von Dieter Kürten geprägt worden, der damals auch die „junge Garde" gefördert hat. [...]

Wie reagiert man als Reporter eigentlich auf Spieler, die zum Beispiel wegen einer roten Karte vom Platz geflogen sind und erst einmal noch voll unter Strom stehen und beim Interview fast ausflippen?

Jörg Dahlmann: Man sollte schon respektieren, dass die Leute noch unter Strom stehen. Auf der anderen Seite musst du dich jetzt mal in die Situation eines Sportlers versetzen. Du bekommst Rot und stehst unter Strom, bist aber dennoch ansprechbar, wenn dich jemand anspricht, und kannst als erwachsener Mann Rede und Antwort stehen – auch in dieser Situation. [...]

Wie ist das Verhältnis unter den Reportern selbst?

Jörg Dahlmann: Das Verhältnis unter den Reportern ist ausgezeichnet. Es gibt zwar immer mal wieder Leute, mit denen du dich besser oder schlechter verstehst, aber das Miteinander, zum Beispiel auch bei ran und tm3, ist sehr gut.

Herrscht ein großer Konkurrenzkampf unter den Reportern? Gibt es Zusammenarbeit?

Jörg Dahlmann: Weder Zusammenarbeit noch Konkurrenzkampf. Zum Beispiel heute beim Spiel Dortmund: Stuttgart war der Rolf Töpperwin da. Mit dem verstehe ich mich privat sehr gut, wir wohnen beide in Wiesbaden, treffen uns ab und zu mal auf ein Bierchen, und da wird natürlich auch geflachst, aber mit Anpfiff müssen wir dann zusehen, dass jeder sein eigenes Ding macht. Er steht dann quasi unter Druck, den Leuten abends im Sportstudio was anderes zu erzählen, als ich vorher in ran. Aber das ist völlig normal, dass er andere Interviews, andere Storys und andere Hintergründe präsentieren muss. [...]

Wie lange bereitet man sich eigentlich auf ein ausführliches Interview, wie zum Beispiel im Sportstudio, vor?

Jörg Dahlmann: Gewöhnlich bereitet man sich nicht so lange vor. Michael Steinbrecher hingegen bereitet sich extrem lange vor, der setzt sich montags schon immer hin, um für samstags an seinen Interviews zu feilen. Aber er hat natürlich den Vorteil, dass er ein Studiointerview führt und genau weiß, wer zu Gast ist. Aber wenn du oft Interviews am Spielfeldrand führst, da kannst du dann nicht mehr viel überlegen, sondern musst spontan los und musst im Hinterkopf gewisse Dinge gespeichert haben. [...]

1 Hobbys können der Einstieg zum späteren Beruf sein. Ein Beispiel dafür ist der Sportjournalist Jörg Dahlmann, der von einer Schülergruppe für ein Schülermagazin interviewt wird. Fasst den Text stichwortartig zusammen.

Wie werde ich Journalist?

Journalist kann jeder Bürger der Bundesrepublik Deutschland sein. Das verbürgt Artikel 5 des Grundgesetzes. Er garantiert die Freiheit der Meinung in Wort, Schrift und Bild. Wer als Redakteur bei einer Tageszeitung, Zeitschrift, beim Hörfunk oder beim Fernsehen angestellt werden will, muss in aller Regel zunächst eine spezielle Ausbildung durchlaufen. Voraussetzung für ein Volontariat ist eine abgeschlossene Berufsausbildung oder ein abgeschlossenes Studium. Entscheidend aber ist in den meisten Fällen die qualifizierte journalistische Leistung in Praktika oder freier Mitarbeit in Redaktionen.

Anforderungsprofil

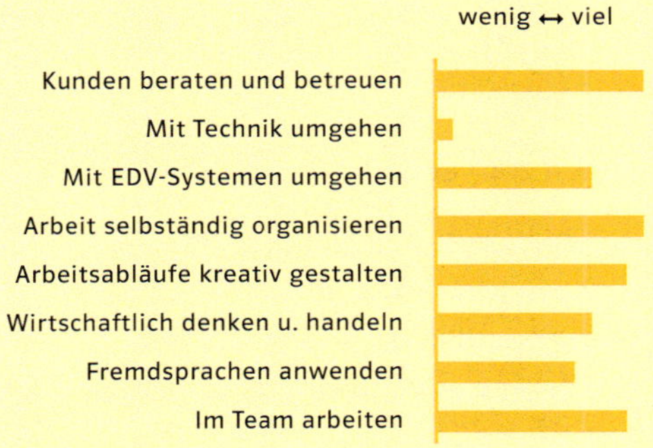

Kernaufgabe: Erarbeiten und Vermitteln von Informationen in Text, Bild und/oder Ton. Informationen nach Medium und Zielgruppe aufbereiten

Was ein Journalist können sollte

Wer Redakteur werden möchte, sollte:

- Informationen klar weitergeben können
- schwierige Sachverhalte einfach und verständlich darstellen können
- Probleme analysieren können
- ein Gespür für aktuelle Themen besitzen
- neugierig auf Menschen sein
- gern im Team arbeiten.

Erwünscht sind auch technisches Verständnis für computergesteuerte Textverarbeitungssysteme. Wer Redakteur werden will, muss unter Zeitdruck arbeiten können. Die Arbeitszeit reicht nicht selten bis in den Abend hinein. Auch an Samstagen und Sonntagen gibt es Termine, am Sonntag wird die Zeitung für den Montag gemacht.

2 Stellt das Anforderungsprofil eines Journalisten mit eigenen Worten dar.

3 Gestaltet für eure eigenen Berufswünsche ein Anforderungsprofil.

4 Schreibt einen Artikel für die Schülerzeitung mit der Schlagzeile „Irgendwas mit Sport – Traumberuf Sportjournalist“.

Sprechen und Zuhören

Umgang mit Texten/Medien

Welcher Job passt zu mir? – Erste Schritte zur Berufswahl

Uta Glaubitz (37) ist Berufsfinderin und hilft anderen, den passenden Job für sich zu entdecken. Sie hat Philosophie studiert und danach als Lektorin in einem Verlag gearbeitet. Vor acht Jahren kam ihr die Idee mit den Berufsfindungskursen. [...]

Was ist so schwer daran, den richtigen Beruf für sich zu finden?
Ich glaube, dass die meisten Leute schon in ihrer Kindheit frustriert werden, wenn sie über ihre Berufswünsche sprechen. Sobald sie nämlich ihre Ideen äußern, werden sie gebremst: Ach hör auf, das ist doch kein richtiger Beruf! Da kannst du doch gar nichts verdienen, dafür bist du doch viel zu langsam. Jeder kennt solche Sätze. Und wenn Menschen erwachsen werden, sprechen sie nicht mehr darüber. Neunzig Prozent der Abiturienten sagen: Ich weiß noch nicht genau, was ich werden will. Sie haben einfach schlechte Erfahrungen gemacht. Die restlichen zehn Prozent sagen dann das, was sie für gesellschaftlich akzeptiert halten: Ich mache etwas mit Computern oder etwas Kaufmännisches. Das ist aber nicht deren Wunsch. Sie möchten bloß nicht diskutieren. Irgendwann brauchen sie die anderen nicht mehr, das Berufsteufelchen haben sie selbst im Kopf, das sagt: Das wird doch nichts.

Was aber wird gebraucht, um den richtigen Job für sich zu finden?
Zunächst ist es wichtig, dass jeder seine Berufsentscheidung ernst nimmt. Viele Leute nehmen die Entscheidung, wohin sie im Urlaub fahren wollen, ernster als die, welchen Beruf sie ausüben wollen. Sie besorgen sich Bücher oder surfen im Internet. Wenn es aber um den Beruf geht, sind sie völlig blockiert. Ganz wichtig ist es auch, Verantwortung für diese Entscheidung zu übernehmen. Der Weg der Berufsfindung ist eine Selbstverpflichtung. Das heißt auch, nicht zu schauen, welche Lehrstellen es gibt, sondern sich zu überlegen: Was will ich? Welche Interessen habe ich? An welchen Sachen habe ich Spaß? Was mache ich, wenn ich frei habe? Wenn ich im Urlaub lieber Survivaltraining mache als zu lesen, dann ist das ein Hinweiszeichen.

[...] Gibt es Jobs der Zukunft? Jobs, die relevanter sind als andere?
Ich wäre vorsichtig voraussagen zu wollen, welcher Beruf eine Zukunft hat und welcher nicht, denn kein Mensch weiß genau, wer und was in zehn Jahren gebraucht wird. Vielleicht würde ich nicht unbedingt dazu raten, Kohlebergbau zu lernen, aber mit weiteren Prognosen bin ich zurückhaltend. Vor einigen Jahren haben alle davor gewarnt, Lehrer oder Mediziner zu werden – und jetzt? Jetzt fehlen sie uns. Mein Tipp: Nicht zu sehr nach anderen gucken, lieber auf sich selbst konzentrieren!

1 Welche Tipps zur Berufswahl erhaltet ihr in diesem Interview?

2 Erarbeitet eine Wandzeitung „Tipps und Hilfestellungen zum Einstieg in die Berufswahl".

3 Der folgende kleine Berufsinteressen-Test hilft euch, eine erste Richtung für den Einstieg in die Berufswahl zu finden.
In der senkrechten Spalte werdet ihr nach euren Stärken und in der waagerechten Spalte nach euren Interessen gefragt. Wo sich die Felder kreuzen, findet ihr zwei oder drei Symbole. Wählt drei Kombinationen von Interessen und Stärken.
Beispiel: *Felix ist sehr **kontaktfreudig** und glaubt, gut mit **Menschen** umgehen zu können, dann schreibt er die Symbole aus dem Feld links unten (1. Spalte, letzte Zeile) auf ein Blatt.*

Interessen / Stärken	Umgang mit Menschen	Soziale Aufgaben	Technische Dinge	Computer und Daten	Bücher und Medien	Musik/Kunst	Naturwissenschaft	Organisieren/ Planen
Sprache	✪☺↗	☺✪⌘	✪🖫↗	🖫✪↗	✪🖫▲	⌘✪☺	▲✪☺	🖫✪↗
Zahlen	🖫↗▲	🖫🚘▲	🖫▲🚘	🖫▲↗	🖫▲⌘	▲🖫⌘	▲🖫↗	🖫▲↗
Sport	☺▲🚘	☺▲↗	▲🚘↗	🚘↗🖫	▲🚘	⌘🚘	▲🚘✪	▲🖫🚘
Basteln	⌘☺🚘	↗⌘☺	🚘⌘▲	▲🚘⌘	⌘✪🖫	⌘🚘✪	▲⌘🚘	🖫⌘🚘
Technik	🚘↗⌘	▲🚘☺	🚘↗🖫	🚘🖫▲	🖫🚘▲	⌘🚘🖫	🚘▲⌘	🚘🖫↗
Malen/ Musizieren	⌘☺✪	⌘☺🖫	⌘🚘🖫	⌘✪🚘	⌘✪▲	⌘✪☺	⌘▲	✪⌘🖫
Soziales Engagement	☺✪↗	☺↗⌘	🚘☺▲	↗☺🖫	✪☺⌘	☺✪↗	▲✪☺	🖫✪☺
Kontakt/Kommunikation	↗☺✪	↗☺✪	↗🚘☺	☺⌘✪	↗✪☺	↗☺✪	✪↗☺	🖫⌘☺

Auswertung:
Welches Symbol habt ihr am häufigsten – vielleicht auch am zweithäufigsten – gewählt. Diese Symbole zeigen an, welche Berufsfelder euch am besten entsprechen, denn jedes Symbol ist einem bestimmten Schwerpunkt zugeordnet:

🚘	= Handwerklicher bzw. technischer Bereich, z.B. Metall verarbeitende Berufe, Maler, Installateure, Elektro- oder Baubranche, Kfz-Mechaniker
☺	= Sozialer bzw. pädagogischer Bereich, z.B. Kinderbetreuung, Sozialarbeit, Altersheim, Krankenpflege, Ernährungsberatung
🖫	= Verwaltung/Organisation/Büro/Datenverarbeitung, z.B. als Sekretär(in), Datenverarbeitungskauffrau/-mann, als Verwaltungsfachangestellte(r), im Hotelbereich, Rechtsanwalts- und Notargehilfe/-gehilfin
▲	= Umwelt/Gesundheit/Naturwissenschaft, z.B. als Apotheken-, Arzt- bzw. Zahnarzthelfer(in), Hebamme, medizinisch-technische(r) Assistent(in), im Bereich Umwelttechnik
↗	= Handel/Verkauf, z.B. Banken, Versicherungen, Groß- und Einzelhandel, Innen- und Außendienst
✪	= Medien/Sprache, z.B. im Verlagswesen, Buchhandel, bei Zeitungen, beim Radio, TV, als Übersetzer(in)
⌘	= Kreativer Bereich, z.B. Kunsthandwerk, Fotografie, Grafik, Werbung, als Maskenbildner(in), Schneider(in)

4 Stellt euch in der Klasse mit der gefundenen Berufsrichtung gegenseitig vor und malt dabei aus, wie ihr euch eure Zukunft in diesem Beruf vorstellt.

5 Einen anderen Weg zur Berufswahl schlagt ihr ein, wenn ihr zunächst einmal die drei wichtigsten Ausgangsfragen klärt: Was kann ich? Was will ich? Wie stelle ich mir meine Zukunft vor?

6 Wertet anschließend eure Erfahrungen aus und überlegt, wie es euch gelingt, längere Redebeiträge zu gestalten.

Tipp

Führt zur Beantwortung der in Aufgabe 5 gestellten Fragen in eurer Klasse einmal folgendes Experiment durch: Sucht Freiwillige, die spontan und ohne lange zu überlegen nur fünf Minuten das erzählen, was ihnen zu diesen drei Fragen einfällt. Ihr könnt dieses Experiment auch alleine zu Hause mit einem Aufnahmegerät durchführen und euch die Ergebnisse gegenseitig vorstellen.

Impulse zur Weiterarbeit

- Ihr könnt im Internet zu verschiedenen Berufsbildern, z.B. zu Medienberufen, Berufen am Theater, eine Recherche durchführen und dazu leine Ausstellungen gestalten.
- Ihr könnt eure Eltern, Großeltern … nach ihrem Berufsweg und ihren beruflichen Erfahrungen befragen.
- Organisiert doch einmal eine Betriebsbesichtigung in einem benachbarten Betrieb.
- Ihr könnt Bekannte zu ihrer Arbeit befragen, sie bei ihrer Arbeit beobachten und dazu einen Bericht schreiben.
- In vielen Regionen gibt es Informationstage für Jungen und Mädchen, z.B. den Girls Day oder den Boys Day. Besucht doch einmal diese Tage.
- Ihr könnt ein Projekt zur „Kinderarbeit in der Gegenwart“ durchführen und eure Ergebnisse in einer Powerpoint-Präsentation mit einem zusätzlichen Handout vorstellen.

Schlimmste Form der Kinderarbeit in Bolivien:
Weil sie klein und beweglich sind, werden oft Kinder in enge Bergwerksschächte geschickt.

Schule in ihrem Umfeld – Sich mit Problemen auseinandersetzen

Gerade heute diskutieren viele Menschen über die Schule und deren Aufgaben.
Auch wird an kaum einem anderen Ort so viel wie in der Schule diskutiert.
Was ist eigentlich das Strittige an einem Thema? Wie streitet man trefflich und sachorientiert?
Wie findet man Argumente und setzt sie in der Diskussion oder Debatte ein?

Im Einzelnen

- lernt ihr, wie man das Strittige an einem Thema erkennt und aufgreift
- findet ihr passende Argumente und ordnet sie
- lernt ihr, wie man Argumente erkennt und bewertet
- diskutiert und debattiert ihr verschiedene Streitthemen
- lernt ihr, wie man schriftlich argumentiert

Das geht uns an! – Das Strittige an einem Thema erkennen

1 Um das Ausmaß eines Problems erfassen zu können, ist es sinnvoll, das Problem als Frage zu formulieren. Formuliert das für eure Lerngruppe brennendste Thema in eine Frage um, z. B.:
Thema: In der Schule werden ungesunde Süßigkeiten verkauft.
Mögliche Entscheidungsfrage: Soll der Verkauf von ungesunden Süßigkeiten in der Schule verboten werden?

2 Stellt das Strittige an diesem Thema deutlich heraus, indem ihr die Streitfrage in weitere Teilfragen (W-Fragen) zerlegt und diese möglichst präzise beantwortet, z. B.:
Was sind Süßigkeiten?
Was sind ungesunde Süßigkeiten?
Wo werden die Süßigkeiten verkauft?
Wann werden die Süßigkeiten verkauft?
Wie werden die Süßigkeiten verkauft?
Wozu werden die Süßigkeiten verkauft?

3 Verfahrt ebenso mit den von euch ermittelten strittigen „Spitzenreiter-Themen" eurer Klasse.

Vorsicht Kamera!

Dritte Hamburger Schule führt Videoüberwachung ein. Datenschützer lassen dies nur im Außenbereich zu.

Mit der Rudolf-Roß-Gesamtschule in der Neustadt hat nach zwei Berufsschulen nun die dritte Hamburger Schule eine Videoüberwachungsanlage installiert. Die Kameras, die außerhalb der Schulzeiten von 16.30 Uhr bis 6.30 Uhr die Zäune und Eingänge im Visier haben, sollen den Hausmeister ersetzen, der laut einem europäischen Gerichtsurteil künftig früher Dienstschluss machen muss.

„Wir sind eine Pilotschule, um auszuprobieren, ob das mit den Kameras funktioniert", berichtet Schulleiterin Anne Buhr. Die Sache sei „mit dem Datenschutz rückgekoppelt". So stünden Kameras und Bildschirme zwar auch tagsüber aus technischen Gründen unter Strom, zeigten aber nur ein schwarzes Bild. Hamburgs Datenschutzbeauftragter Hartmut Lubomierski steht den Kameras skeptisch gegenüber. So dürfe die Videoanlage keineswegs Lehrer und Schüler beobachten oder dazu dienen, „die Pausenaufsicht zu verschlanken". Und zum Einbruchschutz am Außengelände sei sie nur an Schulen in gefährdeten Lagen zulässig, „wo es bereits Vorfälle gab". Dies trifft auf die in der City gelegene Rudolf-Roß-Schule wohl zu. Laut Pressesprecher Alexander Luckow plant die Bildungsbehörde keinen flächendeckenden Einsatz der Videoüberwachung: „Unsere Linie ist, wenn eine Schule das will, kann sie das machen." Um die Ausfälle der Hausmeister auszugleichen, die ab Januar 2006 statt 50,5 nur noch 48 Stunden arbeiten dürften, würden derzeit an 70 Pilotschulen verschiedene Lösungen ausprobiert. Dazu zählten neue Nummernschlösser, die eine Schlüsselübergabe überflüssig machen, „Überlassungsverträge" an Sportvereine sowie Partnerlösungen, bei denen die Hausmeister-Gattin sich „mit kümmert und dafür bezahlt wird".

Kaija Kutter, taz Hamburg vom 13.9.2005

4 Mit welchem Thema befasst sich der Autor des Zeitungsartikels? Formuliert passende Streitfragen.

5 Welche Meinung habt ihr zum Thema „Videoüberwachung an Schulen"?

Merke

Für ein erfolgreiches Streitgespräch oder eine Diskussion muss das Thema, über das man sich auseinandersetzen möchte, zuvor genau geklärt werden. Hierbei können wichtige Ober- und Unterbegriffe durch „W-Fragen" geklärt werden.

Schuluniformen bei uns? – Argumente sammeln und ordnen

Schuluniformen für deutsche Klassen?

In der Schule können Klamotten eine ganze Menge Stress verursachen. Wer die richtigen Marken trägt, gehört zu den coolen Kids. Wer sie sich nicht leisten kann oder den neusten Trend nicht kennt, wird ausgegrenzt. Die Untersuchung einer deutschen Uni zeigt, dass Einheitskleidung einen positiven Effekt auf das Schulklima haben kann. In einer Umfrage erklärten Schüler aus Uniform-Klassen, dass sie sich im Unterricht besser konzentrieren könnten. Außerdem würden sie größeren Wert darauf legen, Lehrstoff wirklich zu verstehen und sich nicht ablenken zu lassen. Denn in wohl jeder Klasse gibt es Jungen, die sich lieber eine leicht gekleidete Mitschülerin anschauen als sich auf den Unterricht zu konzentrieren. Um solche Ablenkung zu verhindern, sind Mädchen von Lehrern schon

dazu verdonnert worden, ein riesengroßes Männerhemd anzuziehen, damit man nicht mehr so viel nackte Haut sieht. Damit sich alle Kinder in Schuluniformen wohlfühlen, ist es laut Studie erforderlich, dass niemand zum Tragen gezwungen wird. Die Lehrer müssten erst alle von der Maßnahme überzeugen. Wer bereits Uniform trägt, hat allerdings gelernt, dass es beim Miteinander auf Äußerlichkeiten nicht ankommt. Auch wer billige Klamotten trägt, kann einen prima Charakter haben. In Deutschland hat es schon an vielen Schulen Versuche mit einheitlichen Schulpullis gegeben. Außer an einer einzigen Hamburger Haupt- und Realschule konnte sich der Einheitslook aber nirgendwo durchsetzen. Bislang.

Geolino, 27.08.04

▸▸ **Seite 29** Thesen und Argumente

1 Wo finden sich im Text Thesen, also Behauptungen, Urteile oder Forderungen?

2 Markiert auf einer Textkopie die Thesen farbig.

▸▸ **CD-ROM | dp3** LS „Sich verständigen – Gespräche führen – Argumentieren“

3 Sucht aus dem Text Argumente, die für das Tragen einer Schuluniform sprechen, heraus. Fertigt eine Tabelle an und tragt die gefundenen Argumente stichwortartig unter PRO ein.

PRO	*KONTRA*

Schuluniformen passen nicht zu uns

Zum „Projekt Schuluniform" stellen sich mir doch noch einige Fragen: Wer soll die Uniformen zahlen? Wenn man bedenkt, wie sich Hamburg beziehungsweise ganz Deutschland mit der finanziellen und wirtschaftlichen Lage herumschlägt, sehe ich keine konkrete Möglichkeit zur Finanzierung. Also müssen Familien die Uniformen selbst kaufen, was wieder ein Problem für finanziell schwächere Familien ist. Außerdem denke ich, dass Schuluniformen einfach nicht mehr in diese Generation passen. Schüler beziehungsweise Jugendliche wollen Kleidung tragen, die ihnen gefällt, und nicht mit „Krawatte und Pullunder" in die Schule kommen. Diskriminierung und „Abzocke" habe ich an meiner Schule noch nie erlebt.

4 Welche Thesen finden sich im Text?

5 Notiert stichwortartig die Kontra-Argumente des Schülers in eurer Pro- und Kontra-Tabelle.

6 Sortiert eure Argumente, indem ihr ein Fensterkreuz erstellt, das ihr mit „schwache/starke Argumente" betitelt. Ordnet eure Argumente ein, indem ihr sie gewichtet.

eher schwach	*eher stark*
PRO	PRO
KONTRA	KONTRA

7 Wann ist ein Argument stark, wann ist es schwächer? Vergleicht eure Gewichtungen.

Mobiltelefone in der Schule? – Argumente erkennen und bewerten

Sprechen und Zuhören

Umgang mit Texten/Medien

Handyverbot – ja oder nein?

48 Millionen Deutsche besitzen ein Handy. Also mehr als jeder und jede Zweite.

13 Millionen Schülerinnen und Schüler besuchen allgemeinbildende und berufliche Schulen. Sie dürften zu der gesellschaftlichen Gruppe gehören, die gegenüber neuen Medien und neuen Kommunikationsmitteln besonders aufgeschlossen sind. Man kann davon ausgehen, dass weit über zwei Drittel aller Jugendlichen bereits ein Handy besitzen. […] Es lässt sich nichts verbieten, was sich allmählich zu einem Alltagsgegenstand entwickelt und wie Stift, Schlüssel, Papiertaschentücher und Portmonee in fast jeder Tasche zu finden ist. Das Besondere ist zur Normalität geworden.

1. Argument: Verbot sinnlos, Handy Alltagsgegenstand

Gute Pädagogen wissen, dass ein Verbot keinen Sinn hat, wenn es nicht durchzusetzen ist. Wenn die Mehrheit aller Schülerinnen und Schüler ein Handy besitzt, ist die handyfreie Zone, die zum Beispiel der Lehrerverband den Schulen einzurichten empfiehlt, nicht sinnvoll. Ein generelles Handy-Verbot würde außerdem bedeuten, pädagogische Chancen zu vertun und Probleme aus der Schule herauszudrängen, anstatt gemeinsam nach Lösungen zu suchen.

2. Argument: gute Lehrer wissen, Verbot ist sinnlos

3. Argument: Chancen vertun; Probleme verdrängen

„Mein Handy gibt mir Schutz", äußert eine Schülerin der Klasse 8, als sie danach gefragt wurde, warum dessen Besitz ihr so wichtig sei. „Ich kann jederzeit meine Mutter anrufen, sie kann mich erreichen, egal wo ich bin." Handys sind für viele Familien ein wichtiges Medium zum Familienmanagment geworden. […]

Beispiel/Zitat Schutzfunktion Handy

Handys sind ein wichtiges Mittel der Jugendlichen, miteinander zu kommunizieren. Wenn man das Bild der Verinselung ernst nimmt, dann ist das Handy sozusagen

die Brücke zwischen diesen Welten. Das eine Phänomen ist allerdings die Konsequenz aus dem anderen. Schulfreundschaften sind nicht mehr auf eine Straße oder auf ein Stadtviertel bezogen, sie gehen oft quer durch eine Stadt. Handys ermöglichen schnelle Verabredungen. […]

Handys sind ohne Frage ein Statussymbol. Und als solches kann es zum finanziellen Problem für Jugendliche werden. Statussymbole sind Ausdruck einer extremen Form von Außenbestimmung. Jugendliche definieren sich über sie und werden auch über sie definiert. Es wird nicht selten gejobbt und geklaut, die Eltern werden unter Druck gesetzt, um genügend Geld zu bekommen und mit den anderen mithalten zu können. Wer das nicht kann, droht zum Außenseiter zu werden.

Ein Handyverbot in der Schule ändert daran nichts. Wenn es einen Ort gibt, an dem man kritisch mit dem Problem der Statussymbole umgehen muss, dann ist es die Schule. Das Handy zum Gesprächsanlass zu nehmen, ermöglicht den Druck, der durch das Statussymbol entstehen kann, bewusstzumachen.

[…]

„Pädagogik", Mai 2001

1. Welche Meinung vertritt die Schulleiterin in diesem Text? Formuliert ihre Hauptthese.
2. Untersucht den Text der Schulleiterin nun genauer auf seine Argumentation hin. Setzt das bereits begonnene Verfahren fort, indem ihr auf einer Kopie des Textes weitere Textmarkierungen und Randnotizen vornehmt.
3. Sortiert eure Randnotizen. Legt eine Tabelle nach folgendem Muster an:

Thesen (Behauptungen, Forderungen, Urteile)	*Argumente* (Begründungen) unter Verwendung von Zitaten, Belegen, Beispielen

4. Formuliert eine Gegenthese und stützt diese durch Argumente.
5. Erarbeitet, z.B. in Partnerarbeit, ein Streitgespräch zwischen einem Lehrer und einer Schülerin, bei dem sich der Lehrer für und die Schülerin gegen ein Handyverbot in der Schule aussprechen.
6. Setzt euren Text in ein Rollenspiel um.

Strittige Themen – Diskutieren und Debattieren

Stechuhr in der Schule

Es klingelt, die erste Schulstunde beginnt: Doch bevor du dich hinsetzen kannst, musst du erst zur Stechuhr. Das ist eine Uhr, in die man eine Karte steckt und die dann genau registriert, wann man kommt und wann man geht. In vielen Firmen wird so die Arbeitszeit der Mitarbeiter kontrolliert. Klingt wie ein schlechter Film? Ist aber im italienischen Turin bereits Alltag.

1 Führt eine Pro- und Kontra-Diskussion in Form eines Fishbowls.

- Bildet dafür Pro- und Kontra-Gruppen, die möglichst viele Argumente für ihre jeweilige Position auflisten. Jede Gruppe wählt einen Redner, der in der anschließenden Diskussionsrunde die Meinung der Gruppe vertritt.
- Um einen Stuhl in der Mitte herum nehmen die Gruppensprecher Platz. Alle übrigen Schüler bilden um diesen inneren Stuhlkreis einen äußeren Stuhlkreis.

- Die Teilnehmer in der Mitte diskutieren nun stellvertretend für die Gesamtgruppe über das Thema. Während der Diskussion haben die Teilnehmer aus dem Außenkreis die Möglichkeit, sich auf den freien Stuhl in der Mitte zu setzen, um neue Argumente einzubringen. Sie erhalten sofort Rederecht. Danach kehren sie in den Außenkreis zurück.

Berliner wollen Benimm lernen

„Morgenpost“-Umfrage: 72 Prozent für Unterricht in Höflichkeit […]

■ **Florentine Anders.** Berlin – Eine große Mehrheit der Berliner spricht sich dafür aus, Benimm-Unterricht an der Schule einzuführen, in dem gutes Benehmen, Höflichkeit und Ordnung vermittelt werden. Das ergab die September-Umfrage des Meinungsforschungsinstituts Emnid im Auftrag von „Berliner Morgenpost“ und „104.6 RTL“. Demnach befürworten 72 Prozent der Befragten Verhaltens-Unterricht an Schulen.

„Berliner Morgenpost“ vom 28.9.2003

Grüßen will gelernt sein

Dieter Hundt, Präsident der Bundesvereinigung der Arbeitgeberverbände: „Die Unternehmen stehen bereits seit geraumer Zeit vor dem Problem, dass den Schulabgängern oft die Kenntnis der einfachsten Regeln des Zusammenlebens fehlt. Ausbilder in Betrieben stellen nicht selten mit Erschrecken fest, dass junge Leute bei ihnen oft zum ersten Mal mit Regeln und Werten in Kontakt kommen. Niemand kann bestreiten, dass hier schon im Vorfeld etwas schiefläuft."

2 Führt eine Debatte, indem ihr wie folgt vorgeht:

- Formuliert auf Grundlage der Texte eine kontrovers zu debattierende Streitfrage. Achtet darauf, dass diese Frage mit „Ja" oder „Nein" zu beantworten ist.
- Die Klasse wird in Pro- und Kontra-Gruppen (jeweils mindestens drei Personen) eingeteilt.
- Eine kleinere Beobachtergruppe (ca. drei Schülerinnen und Schüler) wird gebildet.
- In einem ersten Schritt sammeln und notieren die Gruppen getrennt voneinander die wichtigsten Argumente, die zur Verteidigung ihres Standpunktes vorgebracht werden sollen.
- In einem zweiten Schritt setzen sich die Pro- und Kontra-Gruppen einander gegenüber. Die Beobachter suchen sich eine Position außerhalb dieser Sitzanordnung und notieren jeweils die neu vorgebrachten Argumente stichwortartig.
- Ein Mitglied der Pro-Gruppen startet, indem ein Sachargument zum vereinbarten Thema vorgetragen wird.
- Ein Mitglied der Kontra-Gruppen gibt zunächst das Gehörte mit eigenen Worten wieder und vergewissert sich, ob sein Verständnis zutrifft. Jetzt erst fügt der Redner sein entsprechendes Gegenargument an.
- Am Ende stimmen alle über die Streitfrage ab.

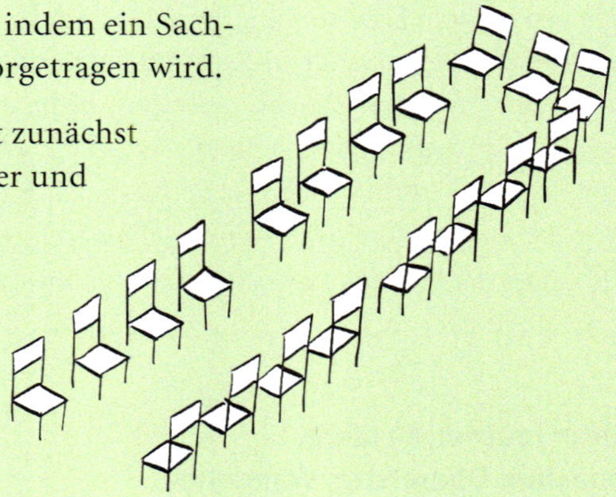

▸▸ **CD-ROM | dp3**
Debattieren
LS „Sich verständigen – Gespräche führen – Argumentieren"

3 Wie ist die Durchführung der jeweiligen Gesprächsform gelungen? Wo gab es noch Schwierigkeiten?

4 Wiederholt gemeinsam, was es zu beachten gilt, wenn ihr auf eine Diskussionssituation reagieren und euch mit einem eigenen Diskussionsbeitrag zu Wort melden möchtet.

▸▸ **Seite 174 ff.**
Diskutieren
LS „Gespräche führen – Diskutieren"

Umgang mit Texten/Medien

Sprechen und Zuhören

Ein Problem erörtern – Eine eigene schriftliche Argumentation

Thomas Altmannshofer, 17 Jahre, Werner-von Braun-Gymnasium, Friedberg:

Wussten Sie, dass 500 000 Schüler in Deutschland, das ist eine Zahl, die von der Hertie-Stiftung und auch von anderen Stiftungen bestätigt wurde, ständig die Schule schwänzen? Ja, was sind denn eigentlich Schulschwänzer? Schulschwänzer sind nicht die Leute, die einmal blaumachen, sondern es geht hier um Schüler, die ständig im Unterricht unentschuldigt fehlen. Was kann man gegen dieses Problem, das in unserer Gesellschaft auch nicht genügend beurteilt und auch nicht genügend bewertet wird, tun? Man könnte zum Beispiel das Ordnungsamt und die Polizei dazu anhalten, mehr auf die Einführung bzw. die Einhaltung der Schulpflicht zu achten. Eine solche Überwachungsmöglichkeit besteht ja schon, aber die ist leider momentan nur auf dem Papier gegeben, und man müsste dann auch eine solche Durchführung ja stärker befürworten. Eine weitere Maßnahme wäre eine Verschärfung der Disziplinarmaßnahmen an Schulen. Warum soll man denn immer nur einen Schulausschluss androhen? Man könnte ihn doch auch einmal ausführen, natürlich nur unter gegebenen Umständen. Als letzte Möglichkeit, die wohl dann die Ultima ratio ist und auch vielleicht ein bisschen radikal klingt, könnte man überlegen, bei ständigen Schulschwänzereien auch den Eltern das Erziehungsrecht für ihre Kinder zu entziehen. Denn Eltern, die nicht darauf achten, dass ihre Kinder in die Schule gehen, verstoßen gegen ihre Erziehungspflicht und auch gegen ihren Erziehungsauftrag. Und genau diese Pflichtverletzung ist der Grund, warum ich mich für eine Verschärfung der Maßnahme gegen Schulschwänzer ausspreche. Denn jeder dritte Schulschwänzer begeht in der Zeit, in der er eigentlich in der Schule sitzen sollte, seine erste Straftat, was wiederum dann zu weiteren kriminellen Aktionen führen kann. Und auch wenn er nicht straffällig wird, so verbaut er sich doch eigentlich das Leben damit, weil er ja keine Bildung hat und auch keinen Schulabschluss erwirbt. Aus diesem Grund bin ich strikt dafür, dass die Maßnahmen gegen Schulschwänzer verschärft werden.

Valentin Jeutner, 14 Jahre, Gymnasium Oberalster, Wandsbek:

Ja, Thomas, du sprichst jetzt viele Maßnahmen an, die meiner Meinung nach aber nur Auswüchse von viel tiefer liegenden Problemen bekämpfen, denn wir müssen uns ja fragen: Warum verstoßen Jugendliche gegen die Schulpflicht? Warum weigern sie sich, in die Schule zu gehen? Dann müssen wir uns fragen: Wozu gibt es überhaupt eine Schulpflicht? Die Schulpflicht dient dazu, eine Chancengleichheit zu schaffen und Allgemeinwissen zu lehren, ohne welches man in der Gesellschaft gar nicht bestehen kann. Jetzt sind aber die meisten Schulschwänzer aus Problemzentren und ärmlichen Verhältnissen und sehen gar nicht ein, weil sie sowieso schon am Rande der Gesellschaft stehen, warum sie noch was lernen müssen. Und dieses können wir nicht lösen, indem wir sie mit Polizeigewalt oder durch Disziplinarmaßnahmen verpflichten, in die Schule zu gehen. Wir müssen sie wieder motivieren, eine Bereitschaft wecken, Leistungen zu erbringen und Bildung aufzunehmen. Und wenn wir das versuchen, durch Polizeigewalt zu erreichen, dann nützt das der Gesellschaft nicht. Ich finde, es ist egal, ob ein Schüler im Klassenraum sitzt und sich nicht für den Unterricht interessiert und vielleicht sogar noch destruktiv den Unterricht beeinflusst oder ob er abwesend von der Schule nichts lernt. Und deswegen, würde ich sagen, müssen wir Gespräche mit denjenigen führen […] und Schulpsychiater/-psychologen einschalten, die dann mit denjenigen sprechen und versuchen, eine Lösung des Problems herbeizuführen. Und deswegen bin ich gegen eine Verschärfung der Maßnahmen gegen Schulschwänzer.

1 Woran könnt ihr erkennen, dass die beiden Texte Mitschriften gesprochener Rede sind?

2 Arbeitet aus diesen Redebeiträgen von Jugendlichen im Rahmen des Wettbewerbs „Jugend debattiert" zunächst heraus, wie sie das Streitthema verstehen und mit welchen Pro- und Kontra-Argumenten sie ihre Haltung stützen.

3 Gewichtet die Argumente mit + (überzeugend) und – (wenig überzeugend).

4 „Sollen die Maßnahmen gegen Schulschwänzer verschärft werden?" – Verfasst eine schriftliche Argumentation, indem ihr zu dieser Fragestellung einen Beitrag für die Schülerzeitung schreibt.

! Merke

In einer schriftlichen Argumentation, also der zusammenhängenden Darlegung von Begründungen, sollte man
- zunächst das Problem/Thema klar benennen,
- dann mögliche Positionen abklären (Argumente sammeln, ordnen und gewichten sowie durch Beispiele, Belege oder Zitate veranschaulichen),

um schließlich ein Fazit oder eine abschließende Forderung zu formulieren.

Impulse zur Weiterarbeit

- Ihr könnt innerhalb eurer Lerngruppe regelmäßig einen Klassenrat durchführen, indem ihr Themen eurer Klasse regelgeleitet diskutiert.
- Ihr könnt einen Debattierklub an eurer Schule einrichten.
- Ihr könnt euch über das Projekt „Jugend debattiert" informieren und für eine Wettbewerbsteilnahme entscheiden.
- Ihr könnt Leserbriefe in eurer Tageszeitung auf ihren Argumentationsgehalt hin untersuchen.

Fantastische Erzählungen – Kurzgeschichten untersuchen

In Kurzgeschichten verbergen sich wunderbare, aber auch alltägliche Situationen. Die hier abgedruckten Kurzgeschichten sind fantastisch, d.h., sie richten den Blick auf das Unheimliche, auf Angst- und Zukunftsvisionen.
In diesem Kapitel lernt ihr Kurzgeschichten zu deuten, euch also bewusstzumachen, wie eine Geschichte auf euch wirkt und wie diese Wirkung zustande kommt.

Im Einzelnen

- übt ihr Fragen an einen literarischen Text zu stellen
- untersucht ihr, wie eine Kurzgeschichte aufgebaut sein kann und welche Wirkung daraus entsteht
- analysiert ihr, wie das Erzählverhalten Einfluss auf die Wirkung eines Textes nimmt
- lernt ihr, wie man eine Interpretation zu einer Kurzgeschichte schreibt

Umgang mit Texten/Medien

Schreiben

„Zu Hause" – Fragen an einen Text stellen

Marie Luise Kaschnitz (1901–1974)

Zu Hause

Die ersten, die zurückkamen, erregten durch ihre frischen Stimmen, ihr gutes Aussehen und ihr normales Verhalten Erstaunen. Sie schlugen uns auf die Schultern, fragten, nun wie gehts auf der alten Erde, und freuten sich offensichtlich, uns wiederzusehen. Ihre Frage war rhetorisch[1], sie sind dort über alles, was uns betrifft, genau im Bilde, so wie auch wir über das Leben auf der Weltraumstation genau im Bilde sind. Wir kennen nicht nur ihre Arbeitsstätten und ihre etwas öden, aber bequemen Wohnungen, sondern auch ihre künstlichen Gärten, Maiglöckchen aus Plastik mit Maiglöckchenparfum, Rasen aus Plastik mit dem Geruch von frischem Gras. Auch das runde, mit Humus gefüllte und von vier Weltraumpolizisten Tag und Nacht bewachte Becken, das im Mittelpunkt ihrer öffentlichen Anlage steht, ist uns bekannt. Wir bedauern diese armen Menschen mit ihren Plastikblumen und ihrem Humusbecken, und natürlich hatten wir uns schon lange überlegt, wie wir ihnen eine Freude machen könnten. Schließlich waren wir darauf verfallen, sie gleich nach ihrer Ankunft in einen Wald zu fahren. Der Wald war recht abgelegen, es gab in ihm noch einsame Tümpel, schroffe Felsen und dickes Moos. Wir erwarteten, dass die Heimkehrer darüber in Entzücken geraten, ja dass sie sich womöglich auf den Boden werfen und das Moos und die feuchten Herbstblätter aufwühlen würden. Sie taten aber nichts dergleichen, sondern standen höflich gelangweilt herum. Dann verlangten sie zurück in die Stadt. Sie wollten das Fernsehprogramm nicht versäumen, die Nachrichten von dort. (Von zu Hause, sagten sie.)

[1] *rhetorische Frage: eine Frage, auf die man keine Antwort erwartet*

▸▸ **Seite 194 ff.**
Eine Kurzgeschichte untersuchen
LS „Umgang mit literarischen Texten"

1 Macht euch bewusst, wie die Geschichte „Zu Hause" auf euch wirkt. Notiert dazu mindestens drei Fragen, die sich für euch aus Auffälligkeiten ergeben. Vergleicht dann eure Eindrücke.

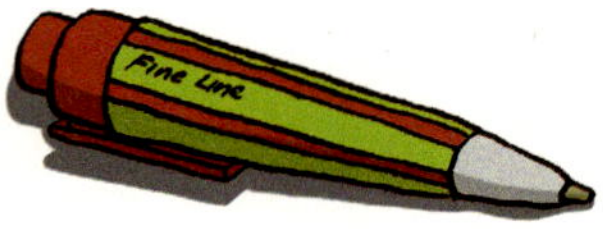

Tipp

Für die Deutung einer Kurzgeschichte ist es wichtig, sich über die eigenen Fragen, die sich häufig aus Auffälligkeiten im Text ergeben, Klarheit zu verschaffen.

Diese Fragen können sich beziehen auf:
- den Inhalt und den Gang der Handlung
- den Sinn und die Absicht
- die Art und Gestaltung.

Fragen

zum Inhalt und zum Gang der Handlung
- „diese armen Menschen“ (Zeilen 18–19): Wer ist damit gemeint?
- Warum langweilen sich die Besucher? (Zeile 25)?

zur Art und Gestaltung
- Welche Bedeutung hat die Gegenüberstellung Freude – Langeweile (Zeilen 5 und 25)?
- Was bedeuten die Klammern in Zeile 27?

zum Sinn und zur Absicht
- Geht es vielleicht darum, dass man nicht zu viel fernsehen soll?
- Zu Hause ist es am schönsten – soll das ausgedrückt werden?

2 In dem Schaubild oben sind schon einige Fragen formuliert, die an die Geschichte „Zu Hause“ gestellt werden könnten.
- Formuliert weitere Fragen zu Textstellen, die euch auffallen.
- Ordnet eure Fragen den drei Fragerichtungen zu.

3 Beantwortet eure Fragen anhand des Textes. Welche könnt ihr eindeutig beantworten, welche sind strittig?

4 Unterscheidet bei den folgenden Sätzen zwischen Inhalt und Sinn/Absicht. Überlegt dazu, welche Sätze eher etwas über den Inhalt (Wer?, Was?, Wann?, Wo?, Warum?) und welche eher etwas über einen möglichen Sinn oder eine Absicht dieser Geschichte (Worauf deutet das?) aussagen.

1. Es geht um Bewohner einer Weltraumstation, die die Erde besuchen.
2. Die Geschichte zeigt Gefahren auf, die unserer Gesellschaft in der Zukunft drohen könnten.
3. Die Geschichte handelt von Bewohnern einer Weltraumstation, die sich auf der Erde anders verhalten als erwartet.
4. In der Geschichte werden Bewohner einer Weltraumstation beschrieben, die lieber fernsehen, als sich in der freien Natur aufzuhalten.
5. Die Geschichte will den Leser auf die Schönheit der Natur aufmerksam machen.
6. Die Geschichte will dem Leser vor Augen führen, dass es zu Hause am schönsten ist.
7. Die Geschichte erzählt von Bewohnern einer Weltraumstation, die die Erde besuchen und nach ihrem Zuhause Sehnsucht haben.
8. Die Geschichte soll zeigen, dass es in Zukunft Plastikblumen geben wird.
9. Die Geschichte ist langweilig, weil so wenig passiert.
10. Die Geschichte ist kurz und knackig.

▸▸ **Seite 195**
Unterscheidung von Inhalt und Sinn
LS „Umgang mit literarischen Texten“

Umgang mit Texten/Medien

Schreiben

„Der Schmarotzer" – Den Aufbau einer Kurzgeschichte untersuchen

Herbert W. Franke

Der Schmarotzer

Ruth hatte wieder ein Verbot der Sirianer übertreten. Sie hatte eine Pflanze gepflückt. Sie hatte die Pflanze nicht nur gepflückt, sondern auch mit ins Haus genommen. Sie hatte sie nicht nur ins Haus gebracht, sondern auch in einer Vase ins Zimmer gestellt. Und sie schlief in diesem Zimmer.

Als sich Cumulus aus der Erstarrung löste, in die er sich unter schreckhaften Eindrücken immer versetzte, verspürte er Schmerz. Ein Großteil seiner Wurzelarme war abgerissen. Mit seinen runden, gelben, doldenartig angeordneten Augen nahm er die ultraroten Strahlen seiner Umgebung auf. Er hing in einem bauchigen Gefäß, sein Unterleib lag im Wasser. Er musste schleunigst alkali- und erdalkalihaltigen Nährboden finden, wenn seine Verletzungen ausheilen sollten. Mit seinen Geißeln schob er sich über den Rand des Gefäßes und begann die Suche.

Er war ein wenig verärgert, und ein wenig hatte er Angst. Die Umgebung war ihm fremd. Nirgends fand er die weiche, nachgiebige Magnesiterde, nirgends die belebende, angenehme Wärmeausstrahlung, die sonst immer vom Erdinnern heraufkam. Der Boden hier war kalt und hart. Langsam schob sich sein vielgegliederter Körper durch den Raum. Da hörte er ein Geräusch, und seine Augen reagierten auf einen Reiz, der von einem länglichen Körper ausging. Er wandte sich in diese Richtung und kroch mühsam an einem senkrechten Hindernis empor. Er hatte recht getan. Es war ein weicher, warmer Körper, und als er seine Wurzeln einbohrte, spürte er die sättigenden Calciumsalze. Er erneuerte zunächst seine verlorenen Gliedmaßen und gewann so neue Wurzelarme, die er ebenfalls sacht in die Tiefe führte. Das war zwar nicht der gewohnte Boden, aber doch besser als die Ödnis seiner übrigen neuen Umgebung.

Ruth hatte unruhig geschlafen, seltsame, beklemmende Träume hatten sie gequält. Als sie nun erwachte, spürte sie einen Fremdkörper an der Schulter. Noch halb im Schlaf tappte sie hin, aber das Ding hielt wie angeklebt, und als sie heftiger zog, schmerzte es.

Jetzt erst wurde sie ganz wach und sah ihre Pflanze auf der linken Schulter hocken. Sie schrie auf.

Als sie sich aufrichten wollte, bemerkte sie, dass ihr linker Arm in seiner Bewegung behindert war. Es kostete sie ungeheure Anstrengung, ihn zu heben. Und dazu kam eine lähmende Müdigkeit, die im ganzen Körper saß. Sie sank wieder auf ihr Lager zurück und weinte hemmungslos.

So fand sie Jennie, die nach dem Rechten sah, weil Ruth nicht zum Frühstück erschienen war. Trotz ihres Entsetzens versuchte sie der Freundin zu helfen, aber ihr Zerren verursachte Ruth Schmerzen, die bis zum Herz hinunterreichten. Jennie holte den Arzt.

Dr. Ford war Chirurg. Wo er mit dem Messer heilen konnte, tat er es mit Begeisterung. Er entschloss sich auch in diesem Fall sofort zu einer Operation. Doch nach der Röntgendurchleuchtung wurde er sehr nachdenklich. „Die Wurzeln reichen bis zur Aorta", sagte er. „Es ist zu spät zum Operieren. Hier kann niemand mehr helfen."

„Vielleicht wissen die Sirianer, was zu tun ist", hoffte Jennie.

Ihr Gastgeber war ein altes, ziegenbockähnliches Männchen. Missbilligung sprach aus seinen Augen. Er sah das Gewächs auf Ruths Schulter und fragte erstaunt: „Ist es denn nicht freiwillig gegangen?" Verständnislos sahen ihn die anderen an. Er griff ins Geflecht der Stängel und Blätter des Lebewesens und weckte es durch langsames Streicheln aus seiner Bewegungslosigkeit. „Hier gehörst du doch nicht her", sagte er zärtlich und leise. „Wie bist du denn ins Zimmer gekommen? Das sind Menschen. Sie tun dir nichts. Kriech hinaus. Draußen gibt es warmen, würzigen Boden. Lass los, ich bringe dich hinaus!" Ein Zittern lief über die Haut der Blätter. Die gelbe Dolde drehte sich wiegend.

Dann schob und wand sich eine Wurzel aus der Haut des Mädchens, eine andere folgte, sie krümmten und streckten sich, tasteten umher und ringelten sich schließlich ein.

Der Sirianer nahm das Wesen und trug es behutsam hinaus zu seiner Kolonie, einer weiten, ovalen Fläche mit Millionen Dolden aus perlenartigen gelben Kugeln. Er setzte es auf eine freie Stelle und beobachtete, wie es sich wohlig räkelte und die Wurzeln in die Erde senkte.

Das konnte ich wieder in Ordnung bringen, dachte der Sirianer und sah zu seinen Gästen hinüber, die in Gruppen vor dem Haus standen. Er war sehr nachdenklich. In seinem Blick war keine Spur von Freundschaft.

1 Formuliert Fragen an die Geschichte „Der Schmarotzer". Stellt sie euch gegenseitig und beantwortet sie.

2 Gliedert den Text in Sinnabschnitte. Orientiert euch dabei an den Figuren.

3 Vergleicht den Anfang der Geschichte mit dem folgenden Anfang:
Eine Gruppe Reisender von der Erde war auf einem Planeten gelandet, auf dem Sirianer lebten. Diese Sirianer empfingen die Erdenbewohner als ihre Gäste. Sie erklärten ihnen aber auch Regeln, die bei ihnen herrschten und an die sich alle halten mussten. Ein Mädchen aus dieser Reisegruppe, Ruth, erlebte eines Tages Folgendes …
- Worin besteht der wesentliche Unterschied zwischen den beiden Anfängen?
- Überlegt, welche Wirkung der in der Geschichte gewählte Anfang hat.

4 Untersucht, inwiefern die unten genannten Merkmale einer typischen Kurzgeschichte auch auf die Geschichte „Der Schmarotzer" zutreffen.

5 Erweitert die Geschichte so, dass sie ein abgeschlossenes Ende erhält, das heißt, dass in dem Ende deutlich wird, wohin die Ereignisse der Geschichte führen.

▸▸ Seite 187 ff. Eine Geschichte weiterschreiben LS „Texte schreiben"

Merke

Aufbau einer typischen Kurzgeschichte:
- unvermittelter Anfang (Leser werden direkt in die Geschichte „hineingeworfen")
- Steigerung der Handlung mit überraschender Wendung
- offener Schluss (unabgeschlossene Handlung mit Aussparen der Folgen oder Konsequenzen – es bleiben viele Fragen offen)

▸▸ Seite 194 ff. Merkmale einer Kurzgeschichte LS „Umgang mit literarischen Texten"

Umgang mit Texten/Medien

Schreiben

„Der Schmarotzer" – Das Erzählverhalten untersuchen

[…] Als sich Cumulus aus der Erstarrung löste, in die er sich unter schreckhaften Eindrücken immer versetzte, verspürte er Schmerz. Ein Großteil seiner Wurzelarme war abgerissen. Mit seinen runden, gelben, doldenartig angeordneten Augen nahm er die ultraroten Strahlen seiner Umgebung auf. Er hing in einem bauchigen Gefäß, sein Unterleib lag im Wasser. Er musste schleunigst alkali- und erdalkalihaltigen Nährboden finden, wenn seine Verletzungen ausheilen sollten. Mit seinen Geißeln schob er sich über den Rand des Gefäßes und begann die Suche. […]

Ruth hatte unruhig geschlafen, seltsame, beklemmende Träume hatten sie gequält. Als sie nun erwachte, spürte sie einen Fremdkörper an der Schulter. Noch halb im Schlaf tappte sie hin, aber das Ding hielt wie angeklebt, und als sie heftiger zog, schmerzte es.

Jetzt erst wurde sie ganz wach und sah ihre Pflanze auf der linken Schulter hocken. Sie schrie auf. […]

Erzähler in der ganzen Geschichte:
Er-/Sie-Erzähler mit Perspektivefiguren (→ personaler Erzähler)

– Cumulus als Perspektivefigur
– Innensicht
– Figurenrede: erlebte Rede
→ Wirkung?

Wechsel der Perspektivefigur!
Ruth als Perspektivefigur

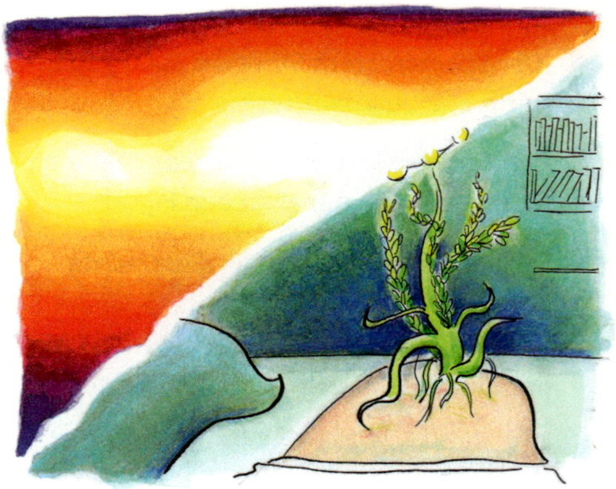

1. Erklärt euch gegenseitig die Kommentierungen am Rande des Textes und die darin vorkommenden Fachausdrücke.
2. Beschreibt das Erzählverhalten in dem abgedruckten Abschnitt.
3. Welche Wirkung geht von dem Perspektivwechsel in Zeile 17 aus?
4. Ergründet die Wirkungsweise des in den Zeilen 1–16 gewählten Erzählverhaltens, indem ihr nicht aus der Perspektive von Cumulus, sondern aus Ruths Perspektive erzählt.

▸▸ CD-ROM | dp3
Er-/Sie-Erzähler
LS „Umgang mit literarischen Texten"

Merke

Ein personaler Erzähler (ein solcher tritt in den meisten Kurzgeschichten auf) erzählt aus der Sicht einer Figur (Perspektivefigur). Innerhalb einer Geschichte kann er auch wechselnd aus der Sicht mehrerer Figuren erzählen.

„Er musste schleunigst alkali- und erdalkalihaltigen Nährboden finden, wenn seine Verletzungen ausheilen sollten.“ (Zeilen 10–13)

5 Untersucht mit Hilfe des Merkekastens die Art, wie in diesem Satz Gedanken wiedergegeben werden (Personen, Modus und Tempus der Verben).

6 Schreibt diesen Gedanken von Cumulus in der Form eines inneren Monologes, und vergleicht die Wirkungen.

7 Überprüft, ob auch an anderer Stelle in der Kurzgeschichte erlebte Rede vorkommt.

8 Untersucht das Erzählverhalten in der gesamten Geschichte „Der Schmarotzer“.

9 Untersucht das Erzählverhalten im letzten Abschnitt der Geschichte:
- Aus welcher Perspektive wird erzählt?
- Wie werden die Gedanken des Sirianers wiedergegeben?
- Welche Wirkung geht davon aus, dass am Ende wieder die Außensicht vorherrscht?

10 Erzählt den letzten Abschnitt (ab Zeile 45) durchgehend aus der Innensicht des Sirianers. Überlegt euch vorher, welche Art der Gedankenwiedergabe ihr dazu wählen wollt.

11 Vergleicht euer Geschichtenende mit dem wirklichen Ende der Geschichte. Was hat sich geändert?

12 Stellt auf der Grundlage eurer Überlegungen zum Geschichtenschluss Vermutungen über den Sinn der Kurzgeschichte an.

Merke

Bei einem personalen Er-/Sie-Erzähler können die gesprochenen Worte einer Figur in direkter oder in indirekter Rede wiedergegeben werden.
Die Gedanken einer Figur werden bei dieser Erzählform meist als **innerer Monolog** (Gedankenwiedergabe in der Form der direkten Rede) oder in der **erlebten Rede** (als erzählter innerer Monolog → 3. Person Indikativ Präteritum) wiedergegeben.

▶▶ **Seite 246**
Indirekte Rede
LS Sprache betrachten – Grammatik“

Tipp

Der Sinn einer Kurzgeschichte wird häufig erst durch den Schluss deutlich. Bei eurer Deutung solltet ihr euch also auf die Fragen und Widersprüche konzentrieren, die der meist offene Schluss in euch bewirkt. Man liest eine Kurzgeschichte vom Anfang, versteht sie aber vom Schluss her.

▶▶ **Seite 53**
Innerer Monolog
UV „Creeps“

„Der Wunsch" – Eine Interpretation schreiben

Roald Dahl

Der Wunsch

Der Junge strich zufällig mit der Hand über sein Bein, und dabei geriet er an die verschorfte Stelle auf der Kniescheibe. Er beugte sich vor, um sie zu untersuchen. Schorf war etwas, was man einfach anfassen *musste;* er hatte dieser Verlockung noch nie widerstehen können.

Ja, dachte er, ich werde es abkratzen, auch wenn es noch nicht so weit ist, auch wenn es in der Mitte noch festklebt, auch wenn es weh tut wie sonst was. Mit dem Fingernagel tastete er vorsichtig um den Rand herum. Dann schob er den Nagel darunter, und auf einmal – er brauchte kaum nachzuhelfen – löste sich der Schorf. Der ganze harte braune Schorf ging glatt ab und enthüllte ein rundes Fleckchen zarter rosa Haut.

Gut. Wirklich sehr gut. Er rieb die Stelle, und sie tat nicht weh. Er nahm den Schorf, legte ihn sich auf den Schenkel und schnippte ihn mit dem Finger fort, so dass er durch die Luft flog und auf dem Teppich landete, auf diesem riesigen roten, schwarzen und gelben Teppich, der die Diele von der Treppe bis zur Haustür bedeckte. Ein gewaltiger Teppich. Größer als der Tennisplatz. Viel größer. Er betrachtete ihn ernst, ließ den Blick mit stillem Vergnügen auf ihm ruhen. Bisher hatte er ihn nie richtig angesehen, aber jetzt leuchteten die Farben plötzlich geheimnisvoll auf und sprangen ihm geradezu in die Augen.

Ja, sagte er sich, ich weiß, wie es ist. Die roten Teile des Teppichs sind glühende Kohlestücke. Was ich tun muss, ist dies: Ich muss den ganzen Weg bis zur Haustür gehen, ohne sie zu berühren. Wenn ich auf Rot trete, verbrenne ich. Wirklich, dann verbrenne ich ganz und gar. Und die schwarzen Teile des Teppichs [...] ja, das sind Schlangen, giftige Schlangen, Kreuzottern und Kobras, manche so dick wie Baumstämme. Wenn ich auf eine von ihnen trete, werde ich gebissen und muss noch vor dem Tee sterben. Und wenn ich heil hinüberkomme, ohne zu verbrennen und ohne gebissen zu werden, dann kriege ich morgen zum Geburtstag einen jungen Hund.

Er stand auf und stieg ein paar Stufen höher, um dieses riesige Gewebe aus Farbe und Tod besser überblicken zu können. Würde er es schaffen? War genug Gelb da? Gelb war die einzige Farbe, auf die er treten durfte. Sollte er es wagen? Eine solche Reise musste man sich gründlich überlegen, denn sie barg viele Gefahren. Das Gesicht des Jungen – hellblonde Ponyfransen, zwei große blaue Augen, ein kleines spitzes Kinn – lugte besorgt über das Geländer. Das Gelb war an manchen Stellen etwas spärlich verteilt, und ein-, zweimal klaffte dazwischen eine breite Lücke, aber anscheinend lief es bis zum anderen Ende. Das konnte doch eigentlich nicht zu schwer sein für ihn, der erst gestern den ganzen Weg von den Ställen bis zur Laube gegangen war, ohne ein einziges Mal auf die Ritzen zwischen den Steinen zu treten. Wenn nur die Schlangen nicht wären. Der bloße Gedanke an Schlangen löste in seinen Beinen ein feines elektrisches Prickeln aus, das er bis in die Fußsohlen spürte. Langsam, Stufe um Stufe, näherte er sich dem Teppichrand. Er hob den kleinen, in einer Sandale steckenden Fuß und stellte ihn vorsichtig auf einen gelben Fleck. Dann zog er den anderen Fuß nach, der gerade noch Platz auf dem Gelb hatte. So! Der Anfang war gemacht. Auf seinem ovalen Gesicht lag ein Ausdruck äußerster Konzentration, und vielleicht war er jetzt eine Spur blasser als sonst. Er breitete die Arme aus, um sich im Gleichgewicht zu halten. Beim zweiten Schritt hob er den

Fuß hoch über einen schwarzen Fleck und zielte mit dem Zeh sorgfältig auf eine schmale gelbe Rinne hinter dem Schwarz. Als er auch mit dem anderen Fuß gelandet war, blieb er eine Weile steif und unbeweglich stehen. Die schmale gelbe Rinne lief ohne Unterbrechung etwa fünf Meter weiter. Er arbeitete sich behutsam vor, Schritt für Schritt, wie ein Seiltänzer. Als die Rinne schließlich zur Seite abbog, musste er wieder einen langen Schritt machen, diesmal über eine unheimlich aussehende Mischung aus Rot und Schwarz hinweg. Plötzlich begann er zu schwanken. Er ließ die Arme wie Windmühlenflügel kreisen, verzweifelt bemüht, dem Feuer und den Schlangen zu entgehen. Zum Glück erreichte er unbeschadet die andere Seite. Er war völlig außer Atem und so angespannt, dass er die ganze Zeit auf den Zehenspitzen stand, die Arme ausgebreitet, die Hände zu Fäusten geballt. Er befand sich auf einer großen, sicheren Insel von Gelb. Sie bot ihm genügend Raum, er konnte nicht hinunterfallen, und so verschnaufte er erst einmal, zögerte, wartete und wünschte, für immer auf der großen, sicheren gelben Insel bleiben zu können. Aber dann würde er ja keinen jungen Hund zum Geburtstag bekommen. Dieser Gedanke trieb ihn vorwärts.

Immer weiter rückte er vor. Nach jedem Schritt hielt er inne und überlegte, wohin er jetzt den Fuß setzen musste. Einmal hatte er die Wahl, ob er nach links oder nach rechts gehen wollte. Er entschied sich für rechts; der Weg erschien ihm zwar schwieriger, aber dafür war in dieser Richtung nicht so viel Schwarz. Das Schwarz machte ihn nervös. Er blickte über die Schulter, um zu sehen, wie viel er schon geschafft hatte. Fast die Hälfte. Jetzt konnte er nicht mehr umkehren. Er stand mitten auf dem Teppich; es gab kein Zurück, und es war auch unmöglich, zum seitlichen Rand zu springen – die Entfernung war zu groß. Als er all das Schwarz und Rot sah, das noch vor ihm lag, fühlte er plötzlich eine beklemmende Furcht in sich aufsteigen – wie damals, am Osternachmittag, als er sich ganz allein im finstersten Teil von Piper‘s Wood verirrt hatte.

Er ging einen Schritt weiter, trat vorsichtig auf das einzige gelbe Fleckchen, das er erreichen konnte, und diesmal kam er mit dem Fuß dicht an eine schwarze Stelle heran. Er berührte das Schwarz nicht, er wusste genau, dass er es nicht berührte, denn er sah ja die schmale gelbe Linie, die seine Sandalenspitze von dem schwarzen Gebiet trennte. Aber die Schlange regte sich, als spüre sie die Nähe des Jungen. Sie hob lauernd den Kopf und starrte mit hellen, runden Augen auf seinen Fuß. „*Ich habe dich nicht berührt! Du darfst mich nicht beißen! Du weißt, dass ich dich nicht berührt habe!*“
Eine andere Schlange glitt lautlos neben die erste, und auch sie hob den Kopf: zwei Köpfe jetzt, zwei Paar Augen, die auf den Fuß starrten, auf die kleine nackte Stelle unterhalb des Sandalenriemens. Der Junge stellte sich auf die Zehenspitzen und blieb so stehen, vor Schreck wie erstarrt. Minuten vergingen, bevor er wagte an den nächsten Schritt zu denken.

Schreiben

Umgang mit Texten/Medien

Dieser nächste Schritt würde sehr schwierig sein, weil da ein tiefer, gewundener Strom von Schwarz quer über den Teppich lief. Und der Junge stand ausgerechnet so, dass er ihn an der breitesten Stelle überqueren musste. Sollte er springen? Das war zu gefährlich, denn er wusste ja nicht, ob er genau auf dem schmalen gelben Streifen dort drüben landen würde. Er holte tief Luft, hob einen Fuß und schob ihn weit, weit vor, senkte ihn tiefer und tiefer, bis endlich die Spitze der Sandale sicher auf gelbem Boden ruhte. Nun beugte er sich nach vorn, verlagerte sein Gewicht auf den vorgestellten Fuß und versuchte dann den anderen nachzuholen. Er strengte sich mächtig an, zog und zerrte, aber die Beine waren zu weit auseinander. Es half nichts, er musste zurück. Auch das schaffte er nicht. Er stand breitbeinig da und vermochte sich nicht zu rühren. Unter sich sah er den tiefen, gewundenen schwarzen Strom. Teile davon regten sich jetzt, rollten sich auf, glitten hin und her und glitzerten in einem widerlich öligen Glanz. Er schwankte, fuchtelte wild mit den Armen, um nicht zu fallen, aber das machte es nur noch schlimmer. Er kippte nach rechts, zunächst langsam, dann immer schneller. Im letzten Moment streckte er instinktiv die Hand aus, um den Sturz zu dämpfen. Das, was er gleich darauf sah, ließ ihn vor Entsetzen gellend aufschreien: Seine bloße Hand stieß mitten hinein in eine große, glänzende Masse von Schwarz und verschwand darin.

Draußen im Sonnenschein, weit hinter dem Haus, suchte die Mutter ihren Sohn.

1 Formuliert euer vorläufiges Textverständnis. Schreibt dazu in wenigen Sätzen auf, worum es eurer Ansicht nach in der Geschichte geht und was der Sinn der Geschichte ist.

▶▶ **Seite 194 ff.** Eine Kurzgeschichte untersuchen LS „Umgang mit literarischen Texten“

2 Erschließt die Kurzgeschichte „Der Wunsch“. Geht dabei folgendermaßen vor:

- Macht euch Notizen zu dem, was euch aufgefallen ist.
- Formuliert Fragen an den Text. Achtet dabei darauf, dass sie sich auf den Inhalt, den Sinn/die Absicht sowie auf die Art und Gestaltung (zum Beispiel auf das Erzählverhalten) beziehen.
- Lest die Kurzgeschichte noch einmal und macht euch den Aufbau mit Hilfe einer Gliederung des Textes bewusst.
- Versucht eure Fragen mit Hilfe von Textstellen zu beantworten.
- Fasst zusammen, zu welchen Einsichten ihr gekommen seid.

3 Überprüft nach eurer Interpretation (Aufgabe 2) euer vorläufiges Textverständnis (Aufgabe 1). Formuliert gegebenenfalls neu oder ergänzt.

! Merke

Um von einem vorläufigen zu einem umfassenden Textverständnis zu kommen, müsst ihr die Kurzgeschichte erschließen. Dazu könnt ihr euren Fragen an den Text nachgehen, den Aufbau untersuchen und das Erzählverhalten analysieren.

Eine Kurzgeschichte schildert in der Regel eine Situation oder ein Ereignis im Leben. Dabei weist sie über das Alltägliche der Situation hinaus und führt so den Leser indirekt zu bestimmten Einsichten.

Merke

Ziel einer schriftlichen Interpretation ist es, sich und anderen die Einsichten, die man beim Erschließen der Kurzgeschichte gewonnen hat, bewusstzumachen, und zwar so, dass sie nachvollziehbar (plausibel) sind.

Aufbau einer schriftlichen Interpretation (freie Interpretation):

Einleitung (Titel, Autor, Textsorte, Inhalt/Thema)	kurze Inhaltsangabe	**Genaue Darlegung** (Beschreibung, Erklärung, Deutung) wesentlicher Inhalts- und Gestaltungselemente	Zusammenfassung der wesentlichen Ergebnisse der Deutung	**Schluss** (abschließende Beurteilung der Geschichte nach Sinn und Gestaltung)
	informieren	*beschreiben, erklären, deuten*	*zusammenfassen*	

4 Im Folgenden seht ihr Formulierungen, wie sie in einer schriftlichen Interpretation vorkommen können. Ordnet die Formulierungen den fünf Teilschritten der schriftlichen Interpretation zu.

- Zusammenfassend hat die genaue Textbetrachtung gezeigt, dass …
- Die Geschichte wirft die Frage auf, warum …
- In der Kurzgeschichte „Der Wunsch“ von … geht es um …
- Schon am Beginn der Geschichte …
- Mir gefällt die Geschichte, weil …
- Die Geschichte wird aus der Sicht eines kleinen Jungen erzählt, der …
- Die Geschichte handelt von …
- Von der Erwartungshaltung des Lesers weicht die Geschichte ab, als …
- Eine besonders große Wirkung auf den Leser geht vom Erzählverhalten aus, das …
- Das Ende hinterlässt beim Leser die Frage …
- Die Kurzgeschichte „Der Wunsch“ bringt den Leser dazu, …
- Der letzte Satz zeigt, dass …

5 Schreibt eine Interpretation der Kurzgeschichte „Der Wunsch“. Nutzt dafür eure Notizen aus Aufgabe 2 und 3.
Überprüft mit Hilfe folgender Checkliste, ob eure Interpretation vollständig ist.

Checkliste

- ✓ *Habt ihr einen Einleitungssatz geschrieben?*
- ✓ *Habt ihr den Inhalt der Geschichte kurz zusammengefasst?*
- ✓ *Habt ihr die Einsichten, die ihr beim Erschließen der Geschichte gewonnen habt, in einem geschlossenen Text wiedergegeben?*
- ✓ *Habt ihr die wichtigsten Ergebnisse eurer Deutung zusammengefasst?*
- ✓ *Endet eure Interpretation mit einem deutlichen Schlusssatz?*

Impulse zur Weiterarbeit

- Ihr könnt euch gegenseitig die besten Kurzgeschichten von berühmten Autoren und Autorinnen wie Wolfgang Borchert, Heinrich Böll, Marie Luise Kaschnitz oder Ernest Hemingway vorlesen.
- Ihr könnt bei einer Kurzgeschichte, die euch gut gefällt, den Schluss abändern oder sie zu einer längeren Erzählung ausgestalten.
- Ihr könnt mehrere Interpretationen von Kurzgeschichten schreiben und die beste von ihnen in euer Lerndossier ablegen.
- Ihr könnt euch eine Sammlung von Textbausteinen anlegen, die für die Interpretation einer Kurzgeschichte hilfreich sein könnte.
- Ihr könnt eigene Kurzgeschichten nach einem Vorbild oder einer Erzählidee schreiben und sie innerhalb der Schule oder im Internet veröffentlichen.
- Ihr könnt eine Lesenacht zum Thema „Fantastische Literatur“ organisieren und durchführen.

Traumfabrik Fernsehen – Das Theaterstück „Creeps“

Ihr kennt sicherlich eine Vielzahl von Fernsehshows und Fernsehsendungen, in denen die Spielerinnen und Spieler den vermeintlichen großen Sprung heraus aus der Anonymität und hinein ins Rampenlicht des Fernsehens geschafft haben. Viele dieser Sendungen fordern euch ja geradezu zum Mitmachen auf und sprechen damit auch eure geheimsten Wünsche an. In dem Jugendtheaterstück „Creeps“ geht es genau um diese heimlichen Wünsche von Jugendlichen. Drei Mädchen werden zu einem Casting eingeladen und lassen sich auf das Spiel im TV-Zirkus ein.

Im Einzelnen

- erhaltet ihr einen Einblick in die „Traumfabrik Fernsehen“ und untersucht eine Theaterkritik
- lernt ihr die Zeichensprache des Theaters kennen
- untersucht ihr die Ausgangssituation und den Grundkonflikt in dem Theaterstück „Creeps“
- untersucht ihr die Zuspitzung des Konfliktes in diesem Theaterstück
- charakterisiert ihr eine Person aus diesem Theaterstück

Traumfabrik Fernsehen – Elemente einer Theaterkritik

[...] Da diskutieren Theaterinteressierte stundenlang darüber, warum viele junge Menschen nicht oder selten ins Theater gehen, und finden keine schlüssigen Antworten. Und dann gibt es einen Theaterabend, der solche Fragen überflüssig und überholt erscheinen lässt, weil Stück, Inszenierung und Schauspielerinnen „stimmen" und die Reaktionen der vorwiegend jungen Zuschauerinnen und Zuschauer zeigen, dass das ihr Abend, ihre Aufführung ist.

Die Rede ist von „Creeps", einem an mehreren Theatern gespielten Stück von Lutz Hübner aus der Welt der Musikshows und Traumjob-Castings, das [...] am Marburger Schauspiel in einer peppig-poppigen Inszenierung Premiere hatte. Im Mittelpunkt des Geschehens stehen drei junge Frauen, etwa siebzehn, achtzehn Jahre alt, die zur Endrunde eines Casting-Wettbewerbs für die Moderation einer Fernsehshow eingeladen sind. Die Bühne, die sie am Beginn zögerlich und etwas ungelenk betreten, gehört allein ihnen. Geführt, angestachelt, provoziert, aufgemuntert, gemahnt, getadelt, gelobt werden sie von der Stimme eines Profis aus dem Off, schleimig-kumpelhaft einmal, aggressiv ein anderes Mal. Schnell zeigt sich, dass die drei Bewerberinnen sehr unterschiedliche Charaktere mit unterschiedlichem familiären Hintergrund und sozialen Umfeld haben.

Da ist Petra, die Naive, Fröhliche, aus einer Plattenhaussiedlung in Chemnitz, mit Freund und einer Lehrstelle als Kauffrau. Da ist Lilly, die Arrogante, Selbstsichere, in teuren Klamotten", für die Geld offensichtlich keine Rolle spielt. Und da ist Maren, die äußerlich „Coole", die politisch Interessierte, Selbstkritische, aber auch Unsichere. Die kalte Konkurrenzsituation und die verschiedenen Persönlichkeiten der Bewerberinnen sorgen für abwechslungsreiche Casting-Auftritte, vor allem aber für Spannungen, Konflikte und Krisen auf der Bühne. Die innere und äußere Dramatik dieses „Mix" wird durch die Motive der drei jungen Frauen, sich der Casting-Situation mit der sie unbarmherzig hin und her dirigierenden Stimme aus dem Lautsprecher auszusetzen, erhöht. Diese Motive – dem Alltagstrott entfliehen (Petra), der immer nörgelnden Mutter etwas beweisen (Maren) und dem reichen Elternhaus gegenüber Selbständigkeit demonstrieren (Lilly) – zeigen eindringlich die Verführungsgewalt des Mediums Fernsehen: Der Traumjob Moderatorin wird sie, so der feste Glaube der drei Jugendlichen, von ihren Sorgen befreien, sie aus ihrer kleinen Alltagswelt reißen, ihnen erst ihre eigentliche Identität geben.

Am Ende müssen sie, provoziert durch die brutalen Einlassungen der Off-Stimme erkennen, dass sie zynisch ausgenutzt und erniedrigt werden. Sie solidarisieren sich zwar, verweigern sich und sagen nein. Aber es ist zu spät. Ihr Auftritt vor der Kamera ist total, mit allen Aggressionen, Tränen, mit allem Nachgeben und Mitmachen, mit allem Trotz, von den Fernsehleuten manipuliert worden. Sie waren nie für eine Moderation vorgesehen. Sie sollten sich so verhalten, wie sie sich verhalten haben: damit aus den Mitschnitten ein spannender Trailer für die Musikshow einer bereits engagierten Moderatorin produziert werden kann.

Regie führte die junge Luisa Brandsdörfer, die bisher am Marburger Schauspiel mit Erfolg „Misery“ und – vor kurzem – „Spiel’s noch mal, Sam“ auf die Bühne gebracht hat. Ihr gelingt eine spannungsreiche, unterhaltsame Inszenierung. Die Bühne (Ilka Kops), auf der das Traumwelt-Casting stattfindet, ist ein weißes Podest, das hinten mit einer weißlich-grünlichen halbrunden Wand abgeschlossen wird. Die Buchstaben des Wortes „Creeps“ stehen, wie Sitzelemente, als grellbunte große Plüschlettern auf der Bühne. Der klischeehafte Schein einer Fernsehstudiowelt wird gebrochen durch das, was auf der Hinterwand aufgemalt ist: ein kitschiges Schutzengelbild, das in sich verschoben zu sein scheint, ein Kühlschrank und eine Couch.

In dem Kontrast von Rückwand und Podestbühne entlarvt sich die Castinghandlung als Scheinwelt, als Lug und Trug. […] Traumwelt und echte Wirklichkeit können so im Aufeinanderprall ihre dramatische Wirkung entfalten. Verstärkt wird der Kontrast durch die unwirklich-wirkliche Lautsprecherstimme (Arthur Werner, sehr überzeugend) des Casting-Leiters, durch eingespielte Fernsehspots und Songs.

Den Löwenanteil daran, dass das Stück die jungen, aber auch die älteren Zuschauer bei der Premiere gepackt hat – es gab lang anhaltenden Applaus mit Standing Ovations am Ende –, haben die drei Schauspielerinnen Sarah Grabowski (Petra), Anne Berg (Maren) und Katie Debney (Lilly). Es sind Laiendarstellerinnen, Schülerinnen aus Marburg, aus vielen Bewerberinnen für diese Rollen ausgewählt.

Man kann das kaum glauben. Ihr authentisches, differenziertes Spiel, ihr nuancenreiches Sprechen, ihr immer profihafter Bühnenauftritt sind beeindruckend. Sie sind ein Glücksgriff für „Creeps“. Dass das Stück am Landestheater ein Renner für junge Zuschauer werden wird, ist vor allem ihnen zu danken. […]

1 Gliedert diese Theaterkritik in Abschnitte, und notiert, welche Aspekte der Theateraufführung jeweils angesprochen werden.

2 Besprecht die Inhaltsangabe des Theaterstückes, und stellt Vermutungen an, welche „Spannungen, Konflikte und Krisen“ auf der Bühne dargestellt werden.

3 Zu Beginn des Textes wird die Frage gestellt, warum „viele junge Menschen nicht oder selten ins Theater gehen“. Wie könnt ihr diese Frage beantworten?

! Merke

Eine **Theaterkritik** oder auch **Rezension** setzt sich kritisch mit der Aufführung eines Theaterstückes auseinander. Sie wird häufig von Journalisten verfasst, die vor allem Neuinszenierungen beobachten und in den Medien darüber berichten.
Eine Theaterkritik enthält in der Regel neben den Angaben zum Autor des Stückes und einer Inhaltsangabe eine Beschreibung der Theaterinszenierung (Bühnengestaltung, Kostüme …), eine Vorstellung von Aufbau und Zielsetzung des Werkes sowie eine Würdigung der Spielweise. Dabei wird meist auch die Wirkung angesprochen und eine Bewertung ausgedrückt, so dass diese Kritik ein wichtiges Feedback darstellt.
Von einem Kritiker wird neben Sachkenntnis auch Objektivität erwartet.

Sprechen und Zuhören

Umgang mit Texten/Medien

Die Zeichensprache im Theater – Grundelemente dramatischer Texte

Darsteller

Petra Kowalski
16 Jahre alt, Outfit gemäßigt modisch, mit einem leichten Schlag ins Prollige, (Flokatijacke), Rucksack.
Kein Dialekt, aber eine sächsische Sprachmelodie.

Maren Terbuyken
17 Jahre alt, kurze Haare, modisch eher in Richtung Kelly Family, Naturstoffe, nicht figurbetont, ungeschminkt, vollgepackte Sporttasche (Tigerente).

Lilly Marie Teetz
17 Jahre alt, schwarzes Kostüm, sehr schick, aber trendy, hohe Schuhe (Plateau), dezent geschminkt, Latextasche mit Noppen, Handytasche im Riemen eingearbeitet, MD-Player.

Offvoice
Die fröhlich intime „Guten Morgen-Wecker“-Stimme. Dreißig aufwärts, Typus Berufsjugendlicher/Medienversion.

Bühne

Die Studiodekoration einer Musiksendung. Auf der hinteren Wand eine Videoleinwand, ein Graffiti „CREEPS“ (evtl. als Projektion).
Ein altes Sofa, Stehlampe Siebziger, ein Couchtisch, auf dem ein Funkmikro liegt, ein rotes Signallicht (Baustellenlampe). Zwei Sessel, ein Sideboard mit Früchten, Kaffeekanne, Wasserflaschen etc. Diverser Nippes. Wohnzimmerclubatmosphäre.

1 Zur Zeichensprache im Theater gehört die Anlage der Darsteller, ihre Ausstattung mit verschiedenen Merkmalen (Zeichen), die eine ganz bestimmte Wirkung hervorrufen sollen. Erarbeitet, mit welchen Zeichen die Personen in „Creeps“ ausgestattet sind, und besprecht, welche Vorstellungen diese Zeichen bei euch hervorrufen.

2 Vergleicht eure Vorstellungen mit der Beschreibung dieser Personen in der Theaterkritik. (S. 48 f.)

3 Auch die Merkmale der Bühnengestaltung haben eine zeichenhafte Funktion. Besprecht die beabsichtigte Wirkung der beschriebenen Bühne in „Creeps“. Vergleicht sie mit der des Bühnenbildes auf Seite 48 sowie auf dem Bild oben.

4 Zur Zeichensprache im Theater gehört auch die Spielweise. Schaut euch die Haltung dieser Mädchen an. Was wird mit dieser Haltung ausgedrückt?

5 In diesem Stück spielen bis auf die Stimme aus dem Off nur Mädchen. Besprecht, wie ihr die Mädchenrollen auf Jungen übertragen könntet und mit welchen Zeichen ihr diese ausstatten würdet.

Die Bühne ist dunkel. Musik: Radiohead. „Creep"/Acoustic.
Auf der Videoleinwand Text:

„Du siehst verdammt gut aus, du bist cool, ohne dich kommt keine Party auf Touren, deine freche Schnauze ist kult.

Warum eigentlich hast du dich nicht schon längst bei uns beworben?! Wir suchen genau solche Moderatoren wie dich!

Power, Präsenz und Personality, um ‚Creeps', eine neue Trendfashion-musicshow, zu moderieren. Wenn du zwischen 16 und 18 bist und der Steckbrief auf dich zutrifft, bist du die Richtige! Wie das geht?

Ganz einfach: Demoband schicken, warten, bis wir anrufen, und los geht's nach Hamburg. Kennwort Creeps!

Wo immer du gerade bist – wir holen dich da raus! And don't forget: The world is waiting for you!"

Danach sieht man Schlusssequenzen von Bewerbungsvideos:

(1) Petra in einer Disko, sie hat gerade eine Tanznummer beendet. Petra: Okay Leute, bis bald in Hamburg. Sie lacht, macht das Victoryzeichen. Petra (leise): Geht das so, Konrad? Eine Stimme, offensichtlich Konrad, der die Kamera führt: Einwandfrei, Petra. Petra lacht. Black.

(2) Maren in einem Klassenraum/ Aufenthaltsraum. Sie sitzt an einem Tisch, vor sich ein paar Blätter, sie lächelt, winkt kurz, steht dann auf und geht Richtung Kamera, streckt ihre Hand aus, um die Kamera auszuschalten. Black.

(3) Lilly auf einem schwarzen Ledersofa, im Hintergrund Musik. Lilly: Das muss reichen, Leute, den Rest gibt's nur live im Studio. Die Kamera fährt Close up auf ihr Gesicht, verharrt kurz auf ihrem knallrot geschminkten Mund, Küsschen. Black.

Das Licht auf der Bühne zieht auf.

6 Diese Bühnenanweisung bezieht sich auf den Beginn des Jugendtheaterstückes. Neben den Zeichen aus dem Theaterbereich enthält sie durch die Videosequenzen auch Zeichen aus dem Bereich des Filmes. Legt eine Tabelle an, in der ihr zunächst aus diesem Text die Zeichen aus beiden Bereichen herausschreibt. Ergänzt dann diese Tabelle mit weiteren Zeichen aus dem Theater- und Filmbereich.

Zeichen aus dem Theaterbereich	*Zeichen aus dem Filmbereich*
Die Bühne ist dunkel.	*Black.*

7 Besprecht den Text der Anzeige auf der Videoleinwand, und schreibt in Ich-Form eure Erwartungen auf, wenn ihr euch auf diese Anzeigen bewerben würdet.

8 Wie werden Jugendliche in dieser Anzeige angesprochen, und welche Wirkung hat diese Sprache?

9 Schaut euch die Beschreibung der Bewerbungsvideos an. Welche Rückschlüsse auf die Mädchen könnt ihr daraus ziehen?

Ein Theaterstück beginnt – Exposition und Grundkonflikt

Das Licht auf der Bühne zieht auf.

Nach einiger Zeit kommt Petra herein, stellt ihre Tasche ab, sieht sich um, lächelt, wartet.

Petra: Hallo, ich bin jetzt da!

(Sie setzt sich aufs Sofa.)

Petra: Super Musik, auch ein geiles Video, kenn ich.

(Sie geht noch mal nach draußen, sieht auf dem Türschild nach, kommt wieder herein. Die Musik endet.)

Petra: Ist doch hier wegen „Creeps“, moderieren und so, oder?

(Sie sieht sich noch mal um, bemerkt dann den Schriftzug ‚Creeps‘. Sie lacht verlegen.)

Petra: Oh Mann, alles klar, sieht mir echt ähnlich.
Cooles Graffiti, echt.

(Maren erscheint in der Tür, stutzt, sieht auf das Türschild.)

Maren: Bin ich hier richtig wegen der Sendung „Creeps“?

Petra: Ja klar.

(Sie zeigt auf das Graffito.)

Guck mal, habe ich auch eben erst gesehen, echt typisch. Aber es sagt einem ja auch keiner was. Egal. Ist ja auch noch nicht ganz halb, okay.
Also ich bin Petra, hallo, ja.
Komm rein, sag ich jetzt einfach mal so.

(Maren kommt herein.)

Maren: Hallo.

Petra: Klingt jetzt vielleicht blöd, aber, bist du der Studiogast oder so? Ich bin nämlich das erste Mal da.
Also eigentlich gerade erst angekommen, ich mein nur, weil du dich auch nicht auskennst.

Maren: Ich bin Moderatorin.

Petra: Echt?

(Sie gibt ihr die Hand.)

Oh Mann, das ist alles so spannend. Ich auch, weißt du?

Maren: Und was machst du?

(Petra zeigt auf das Graffiti.)

Petra: Na, „Creeps“.

Maren: Das mach ich.

(Stille)

Petra: Also, die haben bei mir angerufen und so.

Maren: Bei mir auch.

Petra: Das wusste ich nicht.

Maren: Ich auch nicht.

Petra: Vielleicht machen wir das ja zusammen oder so. Gibt‘s ja öfters.

Maren: Ich weiß nicht, was sie dir gesagt haben.

Petra: Da kommt ja bestimmt gleich jemand.

Maren: Aber du hast auch ein Videoband geschickt?

Petra: Ja klar.

(Lilly kommt herein.)

Maren: Guten Tag. Hallo, ich bin Maren Terbuyken, wir haben da gerade ein Problem. Wir sind wegen der Moderation da …

Lilly: Na? Habt ihr auch eine message gekriegt?

Maren: Ich wurde angerufen.

Lilly: ‚Du bist es! Du! Du! Du! Ganz fette Glückwünsche von uns allen und bis bald.‘

Maren *(irritiert):* Ja, genau, jetzt sieht es aber so aus, als ob …

Lilly: Genau das haben die mir auch gesagt. Regt euch ab, ich gehöre nicht zu dem Laden.

Petra: Versteh ich nicht.

(Lilly setzt sich.)

Lilly: Das hier ist ein Casting.

Petra: Aber ich hab doch eine Zusage gekriegt, das ist Fakt.

Lilly: Das ist eine Endauswahl. Haben die euch das in der Verwaltung nicht gesagt? Klar nicht, echte Wichser. Ich hab die gefragt. Ich hab mir schon gedacht, dass da irgendein Haken bei ist, war zu einfach, so geht das nicht. Na okay.

Maren: Was heißt denn das?

Lilly: Ist doch nicht so schwer. Eine von uns dreien wird es. Falls nicht noch mehr kommen.

Petra: Vielleicht sollen wir das ja alle drei zusammen machen.

Lilly: Zwei fliegen raus, basta.

1. Beschreibt den Aufbau dieser Szene und erarbeitet das Auftreten der Mädchen.
2. Versetzt euch in die Lage von Petra, Lilly oder Maren und stellt euch vor, ihr wäret an ihrer Stelle. Mit welchen Erwartungen würdet ihr in diese Situation gehen?
3. Die erste Begegnung zwischen Maren und Petra endet mit der Bühnenanweisung „Stille". Schreibt aus der Sicht von Petra oder Maren einen inneren Monolog.
4. Der Textauszug endet mit der Bemerkung von Lilly: „Zwei fliegen raus, basta." Überlegt, welche Konflikte sich aus dieser Situation ergeben, und besprecht, wie ihr mit dieser Situation umgehen würdet.
5. Bildet Gruppen und probiert aus, wie ihr mit eurer Körperhaltung Nähe, Distanz, Ablehnung … ausdrücken könnt.

Arbeitstechnik

Der innere Monolog ist ein Selbstgespräch, das jemand mit sich führt, wenn etwas Wichtiges geschehen ist. Einer Figur gehen eine Reihe widersprüchlicher Gedanken und Gefühle durch den Kopf.
So könnt ihr einen inneren Monolog schreiben:

- Versetzt euch in die Lage der Figur und schreibt in der Ich-Form.
- Formuliert die Gedanken so, wie sie euch gerade einfallen.
- Der Satzbau entspricht dem Nachdenken, er ist kurz, reihend und kann unvollständig sein.
- Eure Gedanken können hin- und herspringen, denn dies ist ein wesentliches Merkmal des inneren Monologes.

▶▶ **Seite 208 ff.** Szenische Texte verstehen
LS „Umgang mit literarischen Texten"

Umgang mit Texten/Medien

Sprechen und Zuhören

Ein Theaterstück entwickelt sich – Der Höhepunkt des Theaterstückes

Nachdem die Mädchen den ersten Schreck überwunden haben, lassen sie sich auf die Castingsituation ein. Sie stellen sich vor, interviewen sich gegenseitig und geraten immer mehr in einen Konkurrenzkampf, der in der folgenden Szene seinen Höhepunkt hat.

OV: Okay, Petra, interviewst du Lilly?

(Petra setzt sich, Jingle.)

Petra: Unterstützen das deine Eltern, dass du dich beworben hast?

Lilly: Vielleicht stell ich mich erst mal kurz vor. Ich bin Lilly Marie Teetz hier aus Hamburg, aber nenn mich einfach Lilly. Hallo, Petra.

Petra: Hallo, Lilly.

Lilly: Ich hab schon immer mit Medien zu tun gehabt, mein Vater ist art director bei … ner ziemlich guten Adresse. Ich interessiere mich für Mode, ich mag Musik, das passt alles wunderbar zusammen, also, warum nicht.

Petra: Hast du einen Freund?

Lilly: Ich will mal in den Staaten Journalismus studieren. Da lohnt es sich nicht, hier noch ein Herz zu brechen, long distance Beziehungen, da hat keiner was von, höchstens die Telekom.

Petra: Und was für Musik hörst du gerne?

Lilly *(zur Kamera):* Das ist doch ein bisschen öde, oder? Wollen wir nicht was Verrücktes machen, Petra?

Petra: Ja, klar.

Lilly: Machen wir es auf Englisch?

(Petra überlegt.)

Petra: What music are you hearing?

Lilly: At the moment I don't hear any music at all. But I like Triphop. Next question.

Petra: Why do you think you do the job here good?

Lilly: Because my English is good enough for outstanding interviews with international superstars. Thank you.

OV: […] Jetzt erst mal Päuschen. Wenn ihr in die Kantine wollt, zweite Tür links und dann den Pfeilen nach, oder rechts runter, hinter der ersten Tür rechts haben wir ein bisschen frische Luft für euch besorgt. Hängt einfach mal ein bisschen ab, das ist ja alles auch irgendwie anstrengend, oder? Auch wenn es einen Riesenspaß macht, unter uns, mein Nikotinpegel hängt im Keller. Baut euch auf, ihr seid super. Ich drück euch, bis gleich.

(Stille)

Petra: Warum hast du das gemacht?

Lilly: Was denn? Das englische Interview? Ganz einfach. Copy kills. Nur meine Fragen nachplappern ist ein bisschen arm.

Petra: Warum lässt du es mich nicht auf meine Art machen? Es war meine Runde.

Lilly: Musik, was? Was wäre denn dann gekommen? Lieblingsfarbe? Schönstes Ferienerlebnis? Dann mach lieber „Einsame Herzen".

Petra: Du wolltest mich doch nur …

Lilly: Jetzt lass mal die gequälte Ossiseele stecken. Wenn du dir das Interview aus der Hand nehmen lässt, bist du falsch für den Job, alte Journalistenregel. Dranbleiben, es ist deine Nummer.

Maren: Jetzt tu doch nicht so!

Lilly: Mit dir rede ich gerade gar nicht.

Maren: So eine Arroganz hab ich noch nie erlebt, so eine Gemeinheit, du eitle Schnepfe, Hauptsache du, egal was andere Leute machen …

Lilly *(laut):* Das ist ein Casting! Hier geht es um einen Job! Kriegt ihr das nicht in die Birne? Das ist keine Klassenfahrt mit Schnitzeljagd, das ist ein Job beim TV für Acht im Monat, Markenklamotten frei Haus, Home

stories, Vip lounge, Trips zu allen Events, das ist ein knallhartes Ding.
Was wollt ihr denn in der Sendung machen? Sackhüpfen?
Ihr müsst mal checken, dass ihr was bringen müsst!

Maren: Darum geht es doch nicht, du verlogenes Miststück, das weißt du genau!

Lilly: Worum geht es denn? Worum?

Maren: Diese Scheißfragen nach meiner Mutter, nach der Schule, du hast mich reingeritten, mit voller Absicht.

Lilly: *(schreit):* Du stehst doch auf Theater, dann mach doch einen auf Kelly Family, dann lüg doch.
Das ist denen doch scheißegal, ob deine Eltern geschieden sind oder nicht, lass doch die Psychokacke. Wo ist denn das Problem, wenn du ein Loser in der Schule bist, ist das meine Schuld? Soll ich dich aufbauen? Ich? Nachdem du mich so übel angeschissen hast? Ich? […] ist das mein Problem, wenn du kaputt bist?

(Maren geht auf Lilly los, ohrfeigt sie, Lilly schreit.
Petra geht dazwischen. Maren will wieder zuschlagen.)

Petra: Aufhören, sofort!

(Petra trennt die beiden, Maren bricht zusammen, beginnt hysterisch zu heulen.)

Lilly: Bist du verrückt? Du bist ja total verrückt!!
Du gehörst doch in die Klappse!!

Petra: Halt die Schnauze! Hau ab! Lass sie doch in Ruhe!

Lilly: Die soll mich in Ruhe lassen!

(Lilly schnappt ihre Tasche, setzt sich in die Ecke, wühlt in ihrer Tasche, holt den Player heraus, die Zigaretten, sucht das Feuerzeug u. ä.
Petra geht zu Maren.)

Petra: Das kannst du doch nicht machen.

Maren: Hau ab, lass mich in Frieden, das kapierst du nicht.

Petra: Ich will ja nur …

Maren: Das kapierst du nicht!

Petra: Das ist doch nur … ich meine … klar, ich hab auch gedacht, dass ich es bin … aber so voll ernst darf man das doch nicht nehmen, oder?

Maren: Das geht schief, das weiß ich. Aus. Vorbei. Gelaufen. Kaputt … weg … fertig … erledigt … jetzt ist es passiert.
Oh Scheiße, und ich hab gedacht, ich schaff das noch. Jetzt ist es schlimmer, es ist noch schlimmer …

1. Lest den Text mit verteilten Rollen und gliedert ihn anschließend.
2. Bildet Standbilder zu den einzelnen Abschnitten. Beschreibt in Ich-Form eure Gedanken und Gefühle.
3. Erkundet den Höhepunkt dieser Szene. Stellt in einer Skizze dar, in welchem Verhältnis die Mädchen zueinander stehen, und belegt dies mit Zitaten.
4. Vergleicht diesen Auftritt der Mädchen mit dem aus der ersten Szene. Besprecht, wie sich die Mädchen verändert haben.

Personen eines Theaterstückes – Eine Charakterisierung

(Helles Kameralicht, ein Jingle, die Offvoice/ OV schaltet sich ein.)

OV: [...] okay, ich bin Arno von der Regie, ich werde euch gleich mal erklären, wie das hier so läuft und was Sache ist. Wir gehen das alles ganz locker an, macht euch keinen Stress, wir müssen hier noch ein paar Sachen checken, Tasten sortieren, die Regler durchzählen, things like that, Geduld, macht's euch gemütlich, cool bleiben.

(Maren sieht sich suchend um.) [...]

Erst mal Glückwunsch von uns allen, ich kann euch verraten, wir hatten eine Menge Demos, no shit, aber nur bei euch dreien haben wir alle wow! gesagt. Ihr drei habt das, was wir brauchen, und das ist credibility. Wir wollen keine Hochglanzmodelabziehbilder, sondern Leben live, Leute, die ihre eigenen Styles flashen, die genauso sind wie die Posse da draußen, Generation@Personalities, die ihre eigene Denke haben, keine Spaßbremsen mit Plastikcharme, sondern Persönlichkeit und Präsenz. Und das haben wir auf euren und nur auf euren Tapes gesehen. Dafür erst mal ein fetter Applaus.

(Applaus wird eingeblendet.)

Okay, wir probieren mal ein paar Sachen durch, ganz easy. Ich weiß, das ist irgendwie uncool, es nur mit ner Kamera zu machen, aber das ist der Job. Wir sehen es uns hier auf dem Screen an, da muss es rüberkommen. Wenn die rote Kanne da leuchtet, läuft die Maz, dann seid ihr auf Sendung.

1 Wie spricht Arno die Mädchen an? Schreibt in einer Tabelle auffällige Redewendungen auf und stellt die beabsichtigte Wirkung dar.

CREEPS CREEPS CREEPS CREEPS CREEPS CREEPS CREEPS CREEPS CREEPS CREEPS CREEPS CREEPS CREEPS CREEPS CREEPS

OV: Was macht ihr denn, wenn ihr so nachts auf Tour seid?

Petra: Hab ich ebend gesagt.

OV: Kein Stress mit den Bullen? Wegen Randale, Graffiti, solche Sachen?

(Petra schüttelt den Kopf.)

Oder mit einer anderen Gang? Kerle, die euch blöd kommen, irgendwelche Arschlöcher [...]

Petra: Mit solchen Leuten will ich nichts zu tun haben.

OV: Klar, klar, will keiner. Aber es gibt sie doch, oder?

Petra: Arschlöcher? Klar gibt's die, gibt's doch überall, oder?

OV: Bloody right. Und in KM Stadt ist doch die Hölle los, oder? Hast du doch gesagt. KM ist doch real hardboiled, oder?

Petra: Versteh ich jetzt nicht.

OV: Was weiß ich, irgendwelche Wessis, die es raushängen lassen, oder Glatzen, die durchticken, solche Typen, da läuft doch eine Menge, gerade in der Kante, post industrial landscapes, Fabrikruinen, Feuer in alten Ölfässern, oder mit dem Trabbi die Piste runter, Crash kids, Musik hochgezogen bis zum Anschlag, oder? Mensch Petra, du weißt doch, was ich meine, du willst es mir nicht sagen, right?

Petra: So was gibt es bei uns nicht.

OV: *(lacht)* Petra, hör zu, du bist eine Superfrau, weißt du, du hast so was Direktes und ich find es auch echt süß, dass du deine Leute schützen willst, aber irgendwie musst du auch dazu stehen, dass du aus dem Osten kommst. Ich meine, wir wissen, was da läuft. Das ist nicht so voll die heile Welt, right? Du hast doch was durch, dieses ganze neue Leben, du musst auch zu der Scheiße stehen, die da läuft. Da steckt ja auch eine Sehnsucht in der ganzen Gewalt und Verzweiflung da drüben. Die Hirnwäsche, der Druck und so, und auf einmal seid ihr im Überfluss, ich red ja nicht von Bananen, ich meine das feeling, neue Werte, all that stuff. Da steckt doch irgendwo auch eine Kraft, oder? Die spüre ich doch bei dir, Petra. Mach doch mal deine Seele auf.

(Petra hat mit wachsender Wut zugehört.)

2 Besprecht diesen Dialog zwischen Arno und Petra, und begründet, warum Petra „mit wachsender Wut“ zuhört.

CREEPS CREEPS CREEPS CREEPS CREEPS CREEPS CREEPS CREEPS CREEPS CREEPS CREEPS CREEPS CREEPS CREEPS CREEPS

(Die Offvoice ist zu hören, mitten in ein Gespräch reingeschnitten, jemand ist auf die Gegensprechtaste gekommen.)

OV: *(gackernd)* … oder unsere Hanseatenzicke, das Gesicht, close up, hey Lilly of the valley, wir haben uns entschieden, wir drehen dir einen Henkel in den Kopf und verklappen dich bei den teletubbies, mach mal ah-oooh!! … aber voll sexy. *(Gelächter)* Und wisst ihr was? Wenn das Vatertier mal wieder die Leitung vollsülzt, sagen wir einfach: Herr Teetz, beruhigen sie sich, alles im grünen Bereich. Ihre Tochter ist gebucht, all down the Elbchaussee und der Frotteepuschel von Gucchi. *(Gelächter)* Super, super!!!! …

(Die Übertragung bricht abrupt ab. Stille. Keine der drei rührt sich.)

3 Beschreibt, was in dieser Szene geschehen ist.

▸▸ **Seite 212**
Eine Szene beschreiben
LS „Umgang mit literarischen Texten“

CREEPS CREEPS CREEPS CREEPS CREEPS CREEPS CREEPS CREEPS CREEPS CREEPS CREEPS CREEPS CREEPS CREEPS CREEPS

Es folgt ein Trailer aus Zitaten des Castings, auch aus den Offzeiten, kurze Clips der Moderationen, Tanznummern.
Die Ohrfeige von Maren, ihr Zusammenbruch, unterlegt von Petras wütender Hassrede, alles sehr schnell geschnitten, geht langsam über in eine Remixversion von ‚Drei Chinesen‘ dazwischen Schnipsel aus Dialogen, Lillys ‚Arno!‘-Rufe.
Eine perfekte kurze Nummer über drei sehr coole Frauen, Liebe, Hass, Statements, Texteinblendungen etc. […]
Gegen Ende des Clips wird der Schriftzug ‚Creeps‘ eingeblendet, dann ein Mädchen, stilistisch zwischen Björk und Franca Potente.
Ansage: Hallo Leute, hier ist Kathleen, willkommen bei ‚Creeps‘, dem neuen Livestylemagazin mit den etwas anderen Tipps. (Black)

OV: Kommt gut, oder? Wartet mal ab, bis wir das richtig hochgetunt haben.

Mädchen: *(off voice)* Hallo, Mädels, ich bin Kathleen, hi. Ich hab gerade hier oben in der Regie den Rough cut angeschaut, den die gezaubert haben, und ich muss sagen, ich bin total begeistert. Ihr seid so was von authentisch. Das wird ein super Trailer für meine Sendung.

OV: Okay, danke Kathleen. Ich sag euch, Mädels: Der Clip läuft vor jeder Sendung und in jedem Werbeblock. Mit so ’nem Trailer und Kathleen als Moderatorin: das zieht, das knallt, das toppt die Quote! […]

4 Zeigt mit Hilfe dieser Textauszüge auf, in welchen unterschiedlichen Situationen Arno auftritt, und charakterisiert Arno. Arbeitet dabei mit Zitaten.

▸▸ **Seite 211**
Eine Figur charakterisieren
LS „Umgang mit literarischen Texten“

5 Das Theaterstück beginnt mit der Vorbemerkung „Moments can change your life“. Was denkt ihr, ist damit gemeint?

Impulse zur Weiterarbeit

- Überprüft doch einmal den Spielplan eurer benachbarten Bühnen: Welche Jugendtheaterstücke führen sie auf? Besucht eine Aufführung.
- Ihr könnt zu dieser Aufführung anschließend eine Kritik schreiben.
- Ihr könnt ein Lexikon zur Mediensprache anlegen.
- Ihr könnt Zeitschriftenartikel zu verschiedenen Casting-Serien sammeln und daraus eine Ausstellung gestalten.
- Ihr könnt eine Casting-Serie ins Zentrum stellen und diese, z.B. über den Zeitraum von einer Woche, kritisch anschauen. Um den Blick zu schärfen, müsst ihr dazu Fragen und Beobachtungsaspekte entwickeln.

Vielerlei Deutsch – Sprachvarianten und Sprachwandel

Menschen benutzen ihre Sprache, um sich untereinander zu verständigen.
Menschen als Individuen in ihrer Umwelt verändern sich. Zeitepochen verstreichen.
Somit verändert sich auch die Sprache – die gesprochene genauso wie die geschriebene.

Im Einzelnen

- untersucht ihr, wovon die Wahl der Ausdrucksweise abhängt
- befasst ihr euch mit der Sprachvariante „Jugendsprache"
- erhaltet ihr am Beispiel von Anglizismen Einblick in den Sprachwandel
- grenzt ihr Dialekte von der Standardsprache ab
- gewinnt ihr einen Einblick in die Geschichte der deutschen Sprache
- erkennt ihr Zusammenhänge zwischen verschiedenen Sprachen

„Ach, so hast du das gemeint!“ – Wahl der Ausdrucksweise

Nachdenken über Sprache

Umgang mit Texten/Medien

Hilde Domin

Unaufhaltsam

Das eigene Wort,
wer holt es zurück,
das lebendige
eben noch ungesprochene
Wort?

Wo das Wort vorbeifliegt,
verdorren die Gräser,
werden die Blätter gelb,
fällt Schnee.
Ein Vogel käme dir wieder.
Nicht dein Wort,
das eben noch ungesagte,
in deinen Mund.
Du schickst andere Worte
hinterdrein,
Worte mit bunten, weichen Federn.
Das Wort ist schneller,
das schwarze Wort.
Es kommt immer an,
es hört nicht auf anzukommen.

Besser ein Messer als ein Wort.
Ein Messer kann stumpf sein.
Ein Messer trifft oft
am Herzen vorbei.
Nicht das Wort.

Am Ende ist das Wort,
immer
am Ende
das Wort.
1962

Rolf Dieter Brinkmann

Zwischen den Zeilen

Zwischen

den Zeilen

steht nichts

geschrieben.

Jedes Wort

ist schwarz

auf weiß

nachprüfbar.
1974

1 Besprecht, was Hilde Domin und Rolf Dieter Brinkmann mit ihren Gedichten über die Sprache und ihre Wirkung ausdrücken wollen.

2 Welche Erfahrungen habt ihr selber mit der Wirkung von geschriebener und gesprochener Sprache gemacht? Nennt Beispiele.

3 In welchen Situationen wählt ihr eure Worte ganz bewusst? Nennt Beispiele und besprecht diese.

In ganz alltäglichen Situationen wissen wir normalerweise, welche Ausdrucksweise wir jeweils am besten benutzen sollten, um unser Ziel zu erreichen.

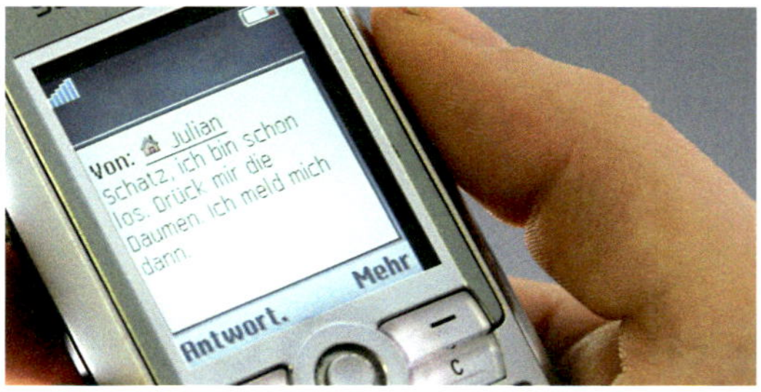

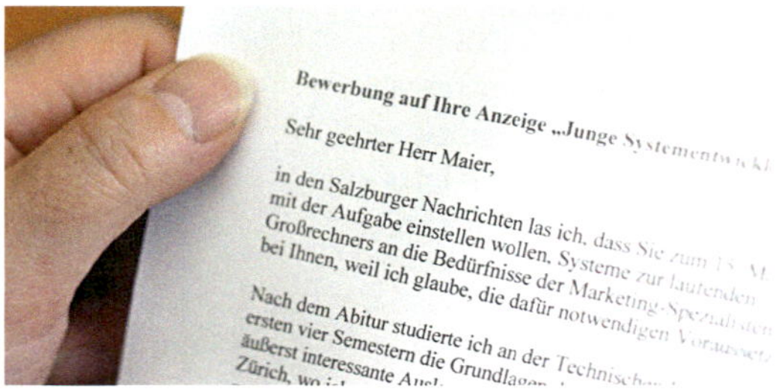

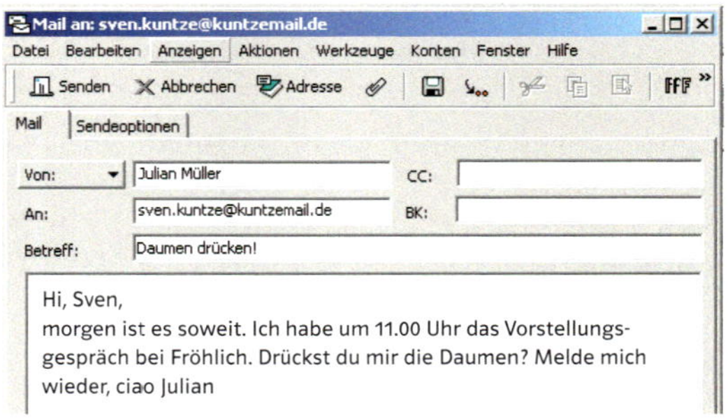
Mail an: sven.kuntze@kuntzemail.de

Datei Bearbeiten Anzeigen Aktionen Werkzeuge Konten Fenster Hilfe

Senden Abbrechen Adresse

Mail | Sendeoptionen

Von: Julian Müller CC:

An: sven.kuntze@kuntzemail.de BK:

Betreff: Daumen drücken!

Hi, Sven,
morgen ist es soweit. Ich habe um 11.00 Uhr das Vorstellungsgespräch bei Fröhlich. Drückst du mir die Daumen? Melde mich wieder, ciao Julian

4 Erarbeitet die Unterschiede zwischen den verschiedenen Ausdrucksweisen. Unterscheidet dabei nach
- öffentlichen und privaten Kommunikationssituationen
- mündlichem oder schriftlichem Sprachgebrauch.

An welchen sprachlichen Formulierungen könnt ihr die Wirkungsabsichten erkennen, die den einzelnen Äußerungen zugrunde liegen?

5 Überprüft die Angemessenheit der Ausdrucksweisen in den Beispielen, indem ihr bewusst eine andere, unangemessene Ausdrucksweise einsetzt.

Merke

Die Wahl unserer Ausdrucksweise hängt ab:
- von der Situation (offiziell/inoffiziell)
- vom Ziel der Äußerung (der Wirkungsabsicht/der Funktion)
- von unserer inneren Einstellung (gespannt, locker, nervös …)
- von der Gesprächspartnerin/dem Gesprächspartner
- von Mündlichkeit oder Schriftlichkeit.

„Voll krass und schwer busy" – Jugendsprache

Der Gong zum Break! Das dämliche Mathe ist endlich over. Völlig zugetextet macht sich die Posse auf in die Aula, um zehn Minuten zu chillen …

1 Schreibt diesen Text in der Jugendsprache weiter und erstellt danach eine „Übersetzung".

Jugendsprache im Wandel

	2001	2002	2003	2004	heute
Solarium	Asitoaster	Tussitoaster, Tussistrahler	Münz-mallorca	…	…
Auf jemanden einreden	jemanden eintexten, volltexten, jemandem Koteletts ans Ohr reden	jemandem die Kassette einlegen	jemanden zufönen	…	…
dummer Mensch	Gollo, Spacko, Nullchecker, Nullpeiler, Flachzange	Hasenhirn, Spaten, Honk, Opfer, Evolutions-bremse, Brotgehirn, Intelligenz-allergiker	Intelligenz-allergiker, Klopskind, Pfosten, Poperze	Schnippi, Noop	…
Eltern	…	Ellies, Erzeu-gerfraktion	Kohle-beschaffer	…	…
Rauchen	quarzen	harzen, chiggen	knörzen	wacken, chiggen	…
super	krass, ham-mer, korrega, phat, endgeil	heftig, fett, dick, tierst, vierlagig	…	abfetzmäßig, porno	…
kleiner Hund	…	Fußhupe	Teppich-porsche	Teppich-porsche	…

2 Einigt euch auf Ausdrücke für die leere Spalte.

3 Führt dazu eine Umfrage bei Parallelklassen durch.

4 Fragt ältere Leute nach jugendsprachlichen Ausdrücken aus ihrer Zeit.

5 Wie entsteht Jugendsprache eurer Meinung nach?
Was unterscheidet sie von der so genannten Standardsprache?

[1] *bröken = starke Beugungsform von „breaken“*

6 Warum heißt die Karikatur „Die neue Höflichkeit der Straße“?

7 Wieso ist die Ausdrucksweise des älteren Paares unangemessen? Warum redet das Paar so und welche Wirkung möchte es eigentlich erzielen?

8 Wie würdet ihr an Stelle der Jugendlichen reagieren?

Was ist Jugendsprache?

Jugendsprache ist die Bezeichnung für die recht unterschiedlichen Sprechweisen Jugendlicher, die sie meist untereinander und zur Abgrenzung gegenüber der Welt der Erwachsenen benutzen. Dazu werden

- insbesondere Wortbedeutungen verändert; Wörter aus der Umgangssprache erhalten neue Bedeutungen *(angraben, Weichei)*,
- oft neue Zusammenstellungen zur Übertreibung gewählt *(oberaffengeil)*,
- häufig Anglizismen verwendet *(over, chillen)*.

Die meisten Ausdrücke der Jugendsprache verschwinden nach etwa 10 bis 20 Jahren wieder aus dem Sprachgebrauch. Manches bleibt aber auch erhalten und ist eine Quelle für den allmählichen Sprachwandel. Die Benutzung von „Jugendsprache“ durch ältere Menschen (etwa durch Politiker) schlägt meist fehl und löst Heiterkeit aus.

9 Was beabsichtigen Jugendliche, wenn sie die Jugendsprache benutzen? Diskutiert.

10 Erklärt Merkmale der Jugendsprache an Beispielen.

11 Welche Sprachvarianten kennt ihr außer der Jugendsprache?

„Deutsch ist doch easy!“ – Anglizismen

1 Worauf macht die Karikatur aufmerksam?

Laptop, Paper, Flyer, Airbag, Golf, Internet, Shorts, Surfer, Xmas, Youngster, Aftershave, Band, Bluejeans, E-Mail, Evergreen, boxen, Copyright, Update, zoomen, Zippverschluss, klonen, Disko, Drummer, Hardliner, Marketing, World Wide Web, checken

2 Sortiert die Begriffe danach, ob sie bereits eingedeutscht sind oder nicht. Achtet dazu auf die Rechtschreibung und auf die Endungen.

Microsoft Internet Explorer

Datei Bearbeiten Ansicht Favoriten Extras ?

Zurück Suchen Favoriten

Adresse http://www. Wechseln zu Links

Coole Kids mit krassen Sprüchen

Eine Welle von Begriffen schwappt über den Ozean. Die enorme Vielfalt von Anglizismen lässt Amerika als Ursprung der Veränderungen erkennen. Nach dem Motto, gut ist, was anders klingt, saugen die Kids englische Begriffe geradezu auf und ersetzen damit das deutsche Pendant. Die Folge: Es entsteht ein Sprachen-Mix, Deutsch wird sozusagen globalisiert. Stirbt damit die deutsche Sprache aus? Im Gegenteil, sie wird reichhaltiger! Viele junge Menschen sind kreativ, suchen neue Ausdrücke für alles Mögliche.

Christoph Kaspar

3 Gebt die Aussagen des Textes mit eigenen Worten wieder. Welche Haltung vertritt der Autor dem „Denglisch“ gegenüber?

4 In welchen Situationen verwendet ihr diese Anglizismen? Wann vermeidet ihr sie eher?

5 Erstellt eine Liste mit Anglizismen, die ihr häufig verwendet. Ihr könnt dazu Liedtexte untersuchen, einen Gang durch den Supermarkt machen sowie Produktwerbung oder eine Jugendzeitschrift analysieren. Welche Ausdrücke aus eurer Liste gehören bereits zu eurer Alltagssprache, welche benutzt ihr sehr zielgerichtet?

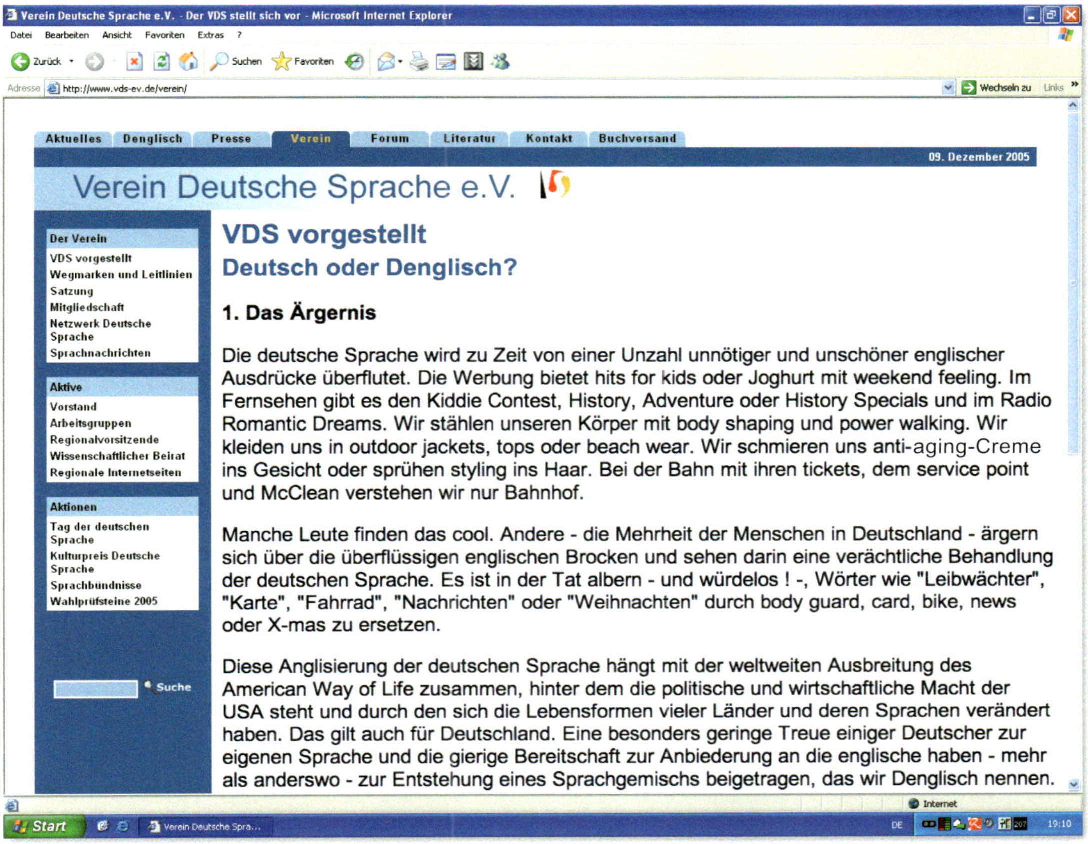

Verein Deutsche Sprache e.V. - Der VDS stellt sich vor - Microsoft Internet Explorer

Adresse http://www.vds-ev.de/verein/

Aktuelles | Denglisch | Presse | Verein | Forum | Literatur | Kontakt | Buchversand

09. Dezember 2005

Verein Deutsche Sprache e.V.

Der Verein
- VDS vorgestellt
- Wegmarken und Leitlinien
- Satzung
- Mitgliedschaft
- Netzwerk Deutsche Sprache
- Sprachnachrichten

Aktive
- Vorstand
- Arbeitsgruppen
- Regionalvorsitzende
- Wissenschaftlicher Beirat
- Regionale Internetseiten

Aktionen
- Tag der deutschen Sprache
- Kulturpreis Deutsche Sprache
- Sprachbündnisse
- Wahlprüfsteine 2005

Suche

VDS vorgestellt

Deutsch oder Denglisch?

1. Das Ärgernis

Die deutsche Sprache wird zu Zeit von einer Unzahl unnötiger und unschöner englischer Ausdrücke überflutet. Die Werbung bietet hits for kids oder Joghurt mit weekend feeling. Im Fernsehen gibt es den Kiddie Contest, History, Adventure oder History Specials und im Radio Romantic Dreams. Wir stählen unseren Körper mit body shaping und power walking. Wir kleiden uns in outdoor jackets, tops oder beach wear. Wir schmieren uns anti-aging-Creme ins Gesicht oder sprühen styling ins Haar. Bei der Bahn mit ihren tickets, dem service point und McClean verstehen wir nur Bahnhof.

Manche Leute finden das cool. Andere - die Mehrheit der Menschen in Deutschland - ärgern sich über die überflüssigen englischen Brocken und sehen darin eine verächtliche Behandlung der deutschen Sprache. Es ist in der Tat albern - und würdelos ! -, Wörter wie "Leibwächter", "Karte", "Fahrrad", "Nachrichten" oder "Weihnachten" durch body guard, card, bike, news oder X-mas zu ersetzen.

Diese Anglisierung der deutschen Sprache hängt mit der weltweiten Ausbreitung des American Way of Life zusammen, hinter dem die politische und wirtschaftliche Macht der USA steht und durch den sich die Lebensformen vieler Länder und deren Sprachen verändert haben. Das gilt auch für Deutschland. Eine besonders geringe Treue einiger Deutscher zur eigenen Sprache und die gierige Bereitschaft zur Anbiederung an die englische haben - mehr als anderswo - zur Entstehung eines Sprachgemischs beigetragen, das wir Denglisch nennen.

6 Diskutiert die Haltung dieses Autors dem „Denglisch" gegenüber und vergleicht sie mit der von Christoph Kaspar. Welcher Auffassung seid ihr? Begründet sie.

7 Sucht Beispiele für Begriffe aus dem Englischen, die bereits deutsche Wörter ersetzt haben, so dass sie nicht mehr als Fremdwörter auffallen. Welche Wörter werden noch als fremd wahrgenommen?

8 Vergleicht die Wirkung der Anglizismen im Text oben mit denen aus dieser Karikatur. Warum wirken die Anglizismen im Zusammenhang mit einem Dialekt besonders ungewöhnlich?

„Wat sechsse? – Dialekte

Als i letschden Sommer aus Frankreich kam – nach 5 Wochen Sommerurlaub –, bin i im Flieger neben sonm Mädl gsessä, un die hat mi d'ganze Zeit zugelabert. Ich hab fast gar nix gerafft. Keine Ahnung, was die gelabert hat, hat sich auf jeden Fall net wie Deutsch angehört … Die kam von irgendwo da aus Hessen oder so, un i han immer nur so kleine Stücke verstanda von dem, was die so gsagt hat.
I laber eigentlich au net son starken Dialegt (schwäbisch) wie die wo auf der Alb wohnen. Bei denen versteh i au fast nix, außer „Heidebimbam" oder „gelle" un „Bua"… Schließlich sollen wir in der Schule au net so ganz schwäbisch reda, weil des sonscht grammatikalisch falsch isch, weisch? Ich sag zum Beischpiel immer „I bin größer WIE du", un in Echt heißt des glaub i „Ich bin größer ALS du." Kann des sei?
Naja, Schwäbisch hin oda her, i mag so Dialegte volle un find des übel luschdig, wenn jemand zum Beispiel wien Bayer redet.
Okay, jetzt bin i fertig … *Ina Fischer*

Jörguli: Kannst du Platt sprechen?
Franz-Josef: Ioa, ik kann ganz gaut Platt snacken.
Jörguli: Ist Platt dasselbe wie Niederdeutsch?
Franz-Josef: Dat kann man so seggen, bit up lüttge Kleenigkeiten.
Jörguli: In welcher Situation sprichst du Platt und welche Bedeutung hat Platt für dich?
Franz-Josef: Ik snak Platt mit öllere Lüe, mit use Mam und Papn, oder Oma und Opa. Letztens köm ik inne Kneipe, un weken seih ik doa? Hein. „Tach uk, Hein, na wo sit dat dann ut?", segg ik. „Helle best", segg Hein. Mit Hein mot ik al Plattdütsch snacken, sons ment hei, ik bin nich ganz richtig in'n Kopp.

1 Versucht die Texte laut zu lesen. Worum geht es?

2 Welche Dialekte kennt ihr oder sprecht ihr selber?

3 Versucht die Notwendigkeit einer Standardsprache zu erklären.

Merke

Dialekte gehören ebenso wie die Umgangssprache, die Jugend- oder Szenesprache und die Fachsprache zu den Sprachvarianten. Dialekte sind auf eine bestimmte Region begrenzt.
Den Dialekten steht die Standardsprache gegenüber.

Warum es eine Standardsprache gibt

Wenn ein Norddeutscher nach Süddeutschland fährt und dort auf einen Menschen trifft, der Dialekt spricht, haben die beiden Personen in der Regel Verständigungsschwierigkeiten. Die lösen sie, indem sie miteinander in der Standardsprache reden, die auch in den Medien benutzt wird. Man hört dann zwar immer noch ihren Dialekt heraus, aber durch den gemeinsamen Wortschatz und die gemeinsame Grammatik, die beide jetzt in ihren Äußerungen verwenden, wird die Verständigung möglich.

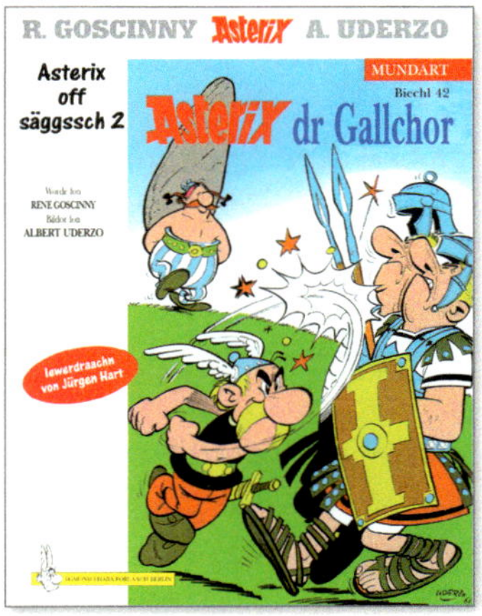

4 Recherchiert, in welchen Dialekten es die Asterix-Hefte gibt.

Rotkäppchen (Berlinisch)

Es war mal 'ne kleene, süße Joere, die imma mit 'ne rote Kappe rumlief. Wejen diese Kappe nannte se och jeda Rotkäppchen, wa.
Eenmal sachte ihre Mutta: „Rotkäppchen, deine Oma jeht's nich' jut. Du musst zu ihr jehn und ihr wat zu futtern bring', damits ihr wieda besser jeht. Pass aber uff, daste dia nich im Wald verlaufen tust und imma uff'm Wech bleibst, damit de keen Zoff mit'm Wolf kriegst!"

Dat Wettlopen twüschen den Has' un den Swinegel (Mecklenburgisch Platt)

An einen schönen Sünndagmorgen keem de Swinegel vör siene Husdöör, keek na den blagen Häben, stäk sick 'ne Piep Tobak an un wüsst nich, wat he nu anfangen süll. Sien Fru harr noch in de Koek un mit de Kinner to don, un he oewerleggt: „Künnst ees nah dat Feld gahn un naseihn, wo dat dor utsüht.
So geiht he los, un as he baben up 'n Barg is, dor kümmt de Has' em entgägen un fröggt: „Wat deist du all so früh hier buten?"

Schneewittken (Ruhrpottdeutsch)

Dammals lebte ma'ne junge Göre, die, weil'se weiß wie'ne Wand war, die olle Kalkleiste, Schneewittken gerufen wurde. Ihre Mutta war mitt'm Nachbahn durchgebrannt und Vatta hatte jetz'ne neue Lebens-Abschnitts-Gefährtin. Diese Trulla glaubte von sich, dat'se die tollste vonne Kollenie war. Um sich dat bestätigen zu lassen, frachte die Bekloppte tächlich ihren Allibert, obse dat geilste Luder im Revier is. Der Allibert sachte jedesma, damit 'se endlich Ruhe gibt: „Jaaa, du bis dat schärfste Gerät hier im Pott."
Da war die Olle so happy, dat'se sich 'nen Ei drauf gekloppt hat.

5 Versucht euch die Märchen gegenseitig vorzulesen. Vergleicht die Dialektfassungen der Märchen mit den Fassungen in der Standardsprache.

6 Es gibt auch viele Sänger und Bands, die im Dialekt singen. Besorgt euch Beispiele und hört sie gemeinsam an. Wie wirken sie auf euch?

7 Wie bewertet ihr die Tatsache, dass sich heute viele Menschen bemühen, die Dialekte wieder neu zu beleben?

Nachdenken über Sprache

Umgang mit Texten/Medien

„Ik gihorta dat seggen" – Sprachgeschichte

1643 wurde von Philipp von Zesen in Hamburg eine Sprachgesellschaft gegründet. Sie bemühte sich um die Reinheit der mit Fremdwörtern durchsetzten deutschen Sprache sowie deren Förderung innerhalb der europäischen Literatur. Gegründet wurde diese Gesellschaft von Männern aus dem Kreise des Adels und der Gelehrten.

Satzung der Deutschgesinneten Genossenschaft

1. Alle diejenigen/welche der löblichen Deutschgesinneten Genossenschaft einverleibet zu werden begehren/sollen der Edelen Hochdeutschen Sprache mächtig sein/und derselben zuwachs und aufnehmen/entweder durch schriften/oder andere mittel/zu befördern angeloben.
2. Vor allen dingen sollen alle und iede Zunftgenossen verpflichtet sein/ihren eusersten fleis an zu wenden/dass gemelter Sprache eigene angebohrne grundzierde nicht allein erhalten/und vor allem fremden unwesen und gemische bewahret; sondern auch ie länger ie treflicher vermehret/ja alles eingeschlichene unreine/ungesetzmäßige/und ausheimische abgeschaffet/und in ein besseres/wo immer tuhnlich/verändert werde.

1. Erklärt die Aussage des Cartoons.
2. „Übersetzt" die Satzung in eure Sprache. Vergleicht die Sprache der Satzung mit unserem heutigen Deutsch. Achtet dabei sowohl auf die Rechtschreibung als auch die Wortwahl und den Satzbau.
3. Vergleicht die Aussage des Textes mit der des Cartoons. Wie ist es um unseren „Fleiß" an der deutschen Sprache bestellt? Schaut euch dazu z.B. einmal im Internet die Seite des „Vereins Deutsche Sprache" an.

Unsere Sprache hat eine Geschichte

Vor dem Jahr 750 n. Chr. wurden Jahrhunderte lang nur lateinische Texte abgefasst oder abgeschrieben. Der schriftliche Gebrauch der deutschen Sprache wurde von Karl dem Großen (768–814) gefördert. Besonders kirchliche Texte, z.B. Gebete und Predigten, wurden von den Mönchen aus dem Lateinischen ins Deutsche übertragen, damit die Missionare die christliche Religion auf Deutsch verbreiten konnten. Danach fingen Gelehrte an, Texte in der Sprache des eigenen Volkes zu schreiben. So gibt es seit etwa zwölf Jahrhunderten schriftliche und seit dem 15. Jahrhundert (Gutenberg) auch gedruckte Überlieferungen in deutscher Sprache. In Luthers Bibeldruck von 1544 heißt es: Dein Name werde geheiliget. Dein Reich kome. Dein

Wille geschehe auff Erden wie im Himel, und so steht es auch heute noch, mit geänderter Rechtschreibung, in den Ausgaben der Luther-Bibel. Man erkennt, dass die Entwicklung der Sprache in Stufen vor sich geht.

Luthers Bibel war die erste neuhochdeutsche Veröffentlichung. Sie wurde überall gelesen, und so verbreitete sich ein einheitliches Deutsch.

Die vier Perioden, in denen sich das Deutsche entwickelt hat:	
Das Althochdeutsche (etwa 750 bis 1050)	Fater unsêr, thû in himilom bist, giuuîhit sî namo thîn.
Das Mittelhochdeutsche (etwa 1050 bis 1350)	Vater unsir, du in himile bist, din namo werde giheiliget.
Das Frühneuhochdeutsche (etwa 1350 bis 1650)	Vater unser, der da bist in den himeln geheiliget wert din name.
Das Neuhochdeutsche (seit etwa 1650)	Vater unser im Himmel, geheiligt werde dein Name.

4 Überlegt, warum in der Kirche inzwischen nicht mehr der originale Luther-Text gelesen und gepredigt wird.

5 Vergleicht die Anfänge des Vaterunsers miteinander.

Bei der Weiterentwicklung des Deutschen haben sich nicht nur Rechtschreibung und Wortbedeutungen vielfach geändert. Zusätzlich sind Wörter aus anderen Sprachen und Lebenswelten in die deutsche Sprache aufgenommen worden. Dabei unterscheidet man Lehnwörter und Fremdwörter.

Delphin · Theater · Wein · Mauer · Tee · Jeans · tanzen

Film · Lyrik · Algebra · Symphonie · Salto · Optik · Spionage

Majonäse · Physik · Shampoo

Hobby · Januar · diskutieren

6 Welche dieser Wörter würdet ihr eher den Lehnwörtern und welche eher den Fremdwörtern zuordnen? Warum?

7 Sucht Gründe dafür, dass Wörter aus anderen Sprachen ins Deutsche übernommen werden.

8 Sammelt weitere Beispiele für Fremdwörter, die heute häufig verwendet werden.

Merke

Lehnwörter sind einer anderen Sprache entlehnt. Sie haben sich in Form und Aussprache an das Deutsche angepasst, sodass sie kaum noch als „fremd“ wahrgenommen werden.
Als **Fremdwörter** bezeichnet man Wörter, die aus einer anderen Sprache übernommen wurden und sich in Lautung, Schriftbild und Flexion (noch) nicht dem Deutschen angepasst haben, sodass sie als fremd empfunden werden.

Mund/mouth/bouche/boca – Verschiedene Sprachen

„How do I *know* you're Zeus?"

1 Warum spricht Europa mit dem Stier Englisch?

2 Wann benutzt ihr selber das Englische als Verständigungssprache, und welche andere/n Sprache/n lernt oder sprecht ihr in eurer Klasse oder zu Hause?

Deutsch	Englisch	Französisch	Italienisch	Spanisch	Niederländisch	Türkisch	Russisch
Buch	book	livre	libro	livro	boek	...	...
Fenster	...	...	...	...	raam/ venster	...	...
Fahrrad	...	bicyclette	...	...	fiets	...	...
...	umbrella	...	...	...	...	...	...

3 In wie vielen Sprachen könnt ihr Gegenstände aus eurer näheren Umgebung benennen? Sammelt die Begriffe in einer Tabelle. Ihr könnt auch Wörterbücher zu Hilfe nehmen.

4 Untersucht eure Tabelle näher. Welche Wörter weisen ganz offensichtlich Ähnlichkeiten auf? Womit hat das zu tun? Bezieht in eure Überlegungen auch den Sprachenbaum aus dem Europa-Kapitel (S. 122) ein.

VS sturen in 2018 opnieuw mensen naar de maan

ANP – De Amerikaanse ruimtevaartorganisatie NASA wil vóór 2018 vier astronauten naar de maan sturen. De vier moeten reizen in een capsule die wordt aangedreven door een nieuw te bouwen raket. Dat heeft een woordvoerder van de NASA maandag laten weten. De laatste bemande missie naar de maan was in 1972.

De Volkskrant, 19. 09. 2005

US to return to the moon in 2018

America will send four astronauts to the moon in 2018 in a return to its pioneering manned mission into space, Nasa has announced.

The space agency will design a new rocket based on the technology from its ageing shuttles that are to be retired in 2010, Michael Griffin, the Nasa administrator, said.

The last manned mission to the moon was the Apollo 17 rocket in 1972. But the new mission will enable preparations to set up a permanent base on the moon, Griffin said.

Daily Telegraph, 19.09.05

Gli Usa decisi a tornare sulla Luna

„Quattro astronauti entro il 2020“

La Nasa, l‘ente spaziale americano, conferma l‘intenzione di riportare l‘uomo sul satellite. L‘ultima spedizione dell‘ Apollo 17 risale a 33 anni fa. L‘obiettivo è quello di avviare i lavori per una vera e propria base

La Repubblica, 19. 09. 05

5 Lest die drei Zeitungsausschnitte. Was versteht ihr?

Niederländisch	astronauten	maan	...	nieuw	laatste	...	bemannde missie
Englisch	...	...	american	...	last	four	...
Italienisch	astronauti	luna	...	...	...	quattro	...

6 Übertragt die Tabelle in euer Heft und ergänzt sie um die fehlenden Wörter.

7 Schreibt einen vergleichbaren deutschen Zeitungstext.

8 Welche Schilder versteht ihr mühelos? Wodurch ist das möglich?

9 Beschreibt Situationen aus eurem Urlaub, in denen ihr in einer anderen Sprache auf bekannte Wörter zurückgegriffen habt, um euch zu verständigen.

Impulse zur Weiterarbeit

- Ihr könnt einen Artikel für eure Schülerzeitung schreiben, in dem ihr an Beispielen über „Neuentwicklungen" in der Jugendsprache informiert.

- Ihr könnt die Anzeigen in Jugendzeitschriften auf Jugendsprache hin untersuchen.

- Ihr könnt Geschichten, Sprüche, Witze, Lieder oder Rätsel in einem Dialekt eurer Gegend aufschreiben und an einem Elternabend vortragen. Vielleicht hilft euch da auch der Mundartverein in eurer Stadt.

- Sucht in einer Bibliothek oder im Internet nach Texten aus dem Althochdeutschen, dem Mittelhochdeutschen oder dem Frühneuhochdeutschen und versucht sie zu lesen und zu übersetzen.

- Sucht in fremdsprachlichen Wörterbüchern Vokabeln, die den entsprechenden deutschen Wörtern jeweils sehr ähnlich sind. Versucht eine Erklärung.

- In eurer Stadt oder Gemeinde gibt es sicher Dokumente über die Gründung der Stadt, ihre Entwicklung oder über historische Bauwerke und Einrichtungen. Schaut nach, in welchem Deutsch sie geschrieben sind, und versucht eine Übertragung in die heutige Sprache.

Unter den Meeren – Rund um den Konjunktiv

Der französische Autor Jules Verne gilt als „Vater der Sciencefiction". In seinen fantastischen Reisen hat er vor über 100 Jahren Menschen auf den Mond, zum Mittelpunkt der Erde und auf den Grund der Meere geschickt. Sein Roman „Zwanzigtausend Meilen unter den Meeren" ist auch heute noch spannend zu lesen. Er beginnt mit einer außergewöhnlichen Erscheinung … In diesem Kapitel erfahrt ihr, wie der Konjunktiv verwendet werden kann, wenn über Fantastisches und Unerklärliches gesprochen wird oder wenn verschiedene Standpunkte zu einem Thema wiedergegeben werden sollen.

Im Einzelnen

- lernt ihr, wie ihr Vermutungen sprachlich ausdrücken könnt
- übt ihr mit Hilfe des Konjunktivs II über Vergangenes, Gegenwärtiges und Zukünftiges zu spekulieren
- erfahrt ihr, welche Rolle der Konjunktiv I bei der Wiedergabe direkter Rede spielen kann
- übt ihr komplexere Texte und Gedankengänge mit Hilfe der indirekten Rede wiederzugeben

Nachdenken über Sprache

Umgang mit Texten/Medien

Eine unerklärte und unerklärliche Erscheinung – Tatsachen, Vermutungen, Hypothesen

Im Jahre 1866 erregte ein seltsames Ereignis, eine unerklärte und unerklärliche Naturerscheinung, die fraglos unvergessen bleiben wird, erhebliches Aufsehen. Nicht allein die Bevölkerung der Hafenstädte wurde durch Gerüchte in Aufregung versetzt, auch die öffentliche Meinung im Binnenland war betroffen, besonders aber gerieten die Seeleute in Unruhe. [...] Tatsache war, dass seit geraumer Zeit verschiedene Schiffe auf hoher See einem enormen Körper begegnet waren, einem länglichen, spindelförmigen, mitunter phosphoreszierenden Objekt, das unendlich viel größer und schneller war als ein Wal.

1 Lest den hier abgedruckten Beginn des Romans „Zwanzigtausend Meilen unter den Meeren" von Jules Verne. Wie würdet ihr die „unerklärte und unerklärliche Naturerscheinung" erklären?

2 Im Roman werden verschiedene Hypothesen über das unbekannte schwimmende Objekt aufgestellt. Untersucht die Äußerungen:
- Welche Sprecher sind von ihrer Hypothese besonders überzeugt, welche weniger?
- Woran könnt ihr sprachlich erkennen, dass in den Aussagen keine Tatsachen wiedergegeben, sondern lediglich Annahmen formuliert werden?

Merke

Es gibt in der deutschen Sprache verschiedene Möglichkeiten, sprachlich zu kennzeichnen, dass eine Aussage nur begrenzt Gültigkeit hat:

- durch einleitende Sätze
  (Ich vermute, dass … ; Es heißt, dass …)
- durch Adverbien
  (wahrscheinlich, vielleicht …)
- durch das Tempus Futur
  (So wird es [wohl] sein.)
- durch Modalverben
  (können, müssen, sollen, wollen, dürfen)
- durch den Konjunktiv II

3 Erstellt eine Liste von Adverbien, mit denen sich die Gültigkeit einer Aussage einschränken lässt. Sortiert die Adverbien nach dem Grad der Gültigkeit, den sie einer Aussage verleihen. Tragt sie auf der angegebenen Skala ein.

Keine Gültigkeit ⟷ *Uneingeschränkte Gültigkeit*

keineswegs … *zweifelsohne*

4 Verändert diese Aussage der Naturforschers Professor Aronnax aus Jules Vernes Roman so, dass ihre Gültigkeit eingeschränkt wird. Benutzt dafür möglichst viele sprachliche Varianten. Versucht auch, verschiedene Möglichkeiten zu kombinieren.

hätte | wäre | würde | wüsste

käme | ginge | ließe | bliebe

könnte | sollte | müsste | dürfte

5 Oben seht ihr eine Liste von Verben im Konjunktiv II. Findet jeweils den Infinitiv der Verben.

6 Schreibt eure Vermutungen darüber auf, wie der Roman weitergehen könnte. Benutzt dazu möglichst viele der aufgelisteten Verben im Konjunktiv II, z. B.: *Professor Aronnax könnte sich auf die Suche nach dem Ungeheuer machen. Er wüsste vielleicht aus der Zeitung, dass …*

Merke

Neben Person und Numerus, Tempus und Handlungsart unterscheidet man bei Verbformen auch nach dem **Modus:**
Der Indikativ, die Wirklichkeitsform, ist der geläufige Modus. Der Konjunktiv ist die Möglichkeitsform des Verbs.

Eine fantastische Reise auf den Grund des Meeres – Konjunktiv II

Was wäre, wenn ein Mensch ein Fahrzeug entwickeln würde, mit dem man bis auf den Grund des Meeres tauchen könnte? Was fände er in der Tiefe des Meeres vor? Welche Gefahren würden in der Tiefe lauern? Welche ungeahnten Möglichkeiten böten sich der Menschheit? Könnten Menschen in einem solchen Fahrzeug überleben, ohne dass sie an Land zurückkehren müssten? Würde das Meer sie ernähren?

Wie würden die Menschen eine solche Erfindung nutzen? Würden sie auf den Meeresboden tauchen, um ihrer Neugierde und Abenteuerlust nachzugehen, oder würden sie sie für ihre Machtinteressen missbrauchen?

Diesen Fragen geht Jules Verne in seinem Roman „Zwanzigtausend Meilen unter den Meeren" nach, in dem er seinen Protagonisten Professor Aronnax auf eine fantastische Reise im Unterseeboot des Aussteigers und Menschenhassers Nemo schickt.

1 In diesem Text werden fast ausschließlich Verbformen im Konjunktiv benutzt. Begründet dies.

▶▶ Seiten 245, 250
Bildung der Konjunktivformen
LS „Sprache untersuchen – Grammatik"

Merke

Mit dem **Konjunktiv II** lässt sich nichtreales Geschehen ausdrücken. Der Konjunktiv II wird also dann gebraucht, wenn über Mögliches und Unmögliches spekuliert wird und Vermutungen geäußert werden.
Der **Konjunktiv II** wird mit dem Wortstamm der Präteritumform des Verbs und der Personalendung des Konjunktivs gebildet, z.B.: *denken* → *er dachte* → *er dächte*
Häufig wird aber auch die **Ersatzform mit „würde"** benutzt, und zwar
- wenn der Konjunktiv II nicht (mehr) gebräuchlich ist oder
- wenn die Form des Konjunktiv II mit der des Präteritums identisch ist, z.B.:
  tauchen → *sie tauchte* → *sie würde tauchen*

2 Schreibt aus dem Text alle Verbformen im Konjunktiv heraus. Findet dann jeweils den Infinitiv des benutzten Verbs. Entscheidet schließlich, ob es sich um den Konjunktiv II des betreffenden Verbs oder die Ersatzform handelt, z.B.:

Verbform	*Infinitiv*	*Konjunktiv II oder Ersatzform?*
es wäre	*sein*	*Konjunktiv II*

▶▶ CD-ROM | dp3
Konditionalsätze
LS „Sprache untersuchen – Grammatik"

3 Überlegt, weshalb der letzte Satz des Textes oben nicht im Konjunktiv steht.

4 Stellt euch vor, ihr könntet auf den Meeresgrund reisen. Beschreibt diese Reise. Benutzt dazu Wenn-dann-Sätze (konditionale Gefüge) und natürlich den Konjunktiv, z.B.:
Wenn ich auf den Grund des Meeres reisen könnte, dann …

Wenn ich ein Unterseeboot hätte, könnte ich auf den Grund des Meeres reisen.

Wenn ich ein Unterseeboot gehabt hätte, hätte ich auf den Grund des Meeres reisen können.

5 Vergleicht die beiden Sätze. Was unterscheidet die beiden Aussagen?

Merke

Die Vergangenheitsform des Konjunktivs II wird mit **hätte** oder **wäre** und dem Partizip Perfekt gebildet, z.B.: *denken* → *hätte + gedacht* → *er hätte gedacht*
tauchen → *wäre + getaucht* → *sie wäre getaucht*

▸▸ **Seite 250**
Bildung der Konjunktivformen
LS „Sprache untersuchen – Grammatik“

Als Jules Verne seinen Roman „Zwanzigtausend Meilen unter den Meeren“ 1870 veröffentlichte, hätte es kaum jemand für möglich gehalten, dass Menschen einmal Fahrzeuge bauen würden, mit denen sie in die Tiefen des Meeres tauchen würden.

„Zwanzigtausend Meilen unter den Meeren“ war daher zu seiner Zeit ein fantastischer Roman, ein Roman also, der Dinge und Ereignisse beschrieb, die in der Realität nicht möglich waren. Jules Verne schilderte darin aber nicht nur Abenteuer, die Menschen in einem Unterseeboot erleben könnten, er beschrieb auch sehr genau, wie „sein“ Unterseeboot technisch funktionieren würde. Konnte der Autor etwa in die Zukunft blicken? Nein! Hätte Jules Verne zukünftige Unterseeboote gekannt, dann wäre seine „Nautilus“ nicht mit aus dem Meer gewonnener Elektrizität angetrieben worden, sondern sie hätte einen Dieselmotor gehabt oder wäre mit Atomenergie betrieben worden.

6 In diesem Text werden Verbformen im Indikativ und im Konjunktiv II in verschiedenen Zeitformen verwendet. Schreibt alle Verbformen aus dem Text heraus und bestimmt jeweils Modus und Tempus.

7 Überlegt anhand des letzten Satzes des Textes, in welchen Zusammenhängen die Vergangenheitsform des Konjunktivs II gebraucht wird.

Nachdenken über Sprache

Jules Verne – Indirekte Rede und Konjunktiv I

„Die Romane von Jules Verne sind in der Tat hervorragend! Ich habe sie als Erwachsener gelesen und erinnere mich, dass sie mich begeistert haben."

Leo Tolstoi (1828–1910)

Der russische Dichter Leo Tolstoi schrieb, die Romane von Jules Verne seien in der Tat hervorragend. Er habe sie als Erwachsener gelesen und erinnere sich, dass sie ihn begeistert hätten.

1 Hier ist eine Äußerung des russischen Dichters Leo Tolstoi über Jules Verne, einmal als direkte und einmal als indirekte Rede wiedergegeben.
Vergleicht die beiden Arten der Rede. Sammelt alle Unterschiede, die euch auffallen.

Seite 246 ff.
Indirekte Rede und Konjunktivformen
LS „Sprache untersuchen – Grammatik"

Merke

Die **indirekte Rede** ist eine Form der Redewiedergabe. Im Gegensatz zur direkten Rede stehen die Verben in der indirekten Rede oft im **Konjunktiv I.**
Der Konjunktiv I wird mit dem Wortstamm des Verbs und der Personalendung des Konjunktivs gebildet, z. B.:
denken → er denke *haben → sie habe* *können → ich könne*
Wenn die Form des Konjunktiv I mit der des Präsens Indikativ identisch ist, wird häufig als **Ersatzform der Konjunktivs II** benutzt, z. B.:
denken → sie denken (Konjunktiv I) → sie dächten (Konjunktiv II)

Ich habe lediglich eine Fiktion aus dem entwickelt, was in der Folge zur Tatsache werden musste, und so ist meine Absicht mit diesem Verfahren auch nicht das Prophetisieren gewesen, sondern geographisches Wissen unter der Jugend zu verbreiten, indem ich es auf größtmögliche Weise anziehend gestalte.

Jules Verne

„Er bringt die Wissenschaft auf die Bühne … Das Genre will ich nicht diskutieren, es scheint mir alles Wissen der Kinder zu verderben … Allein bin ich gezwungen, den Erfolg zur Kenntnis zu nehmen."

Emile Zola (1840–1902)

2 Lest die beiden Äußerungen. Klärt unbekannte Begriffe. Welchen Nutzen schreiben die beiden Schriftsteller dem Genre Sciencefiction zu?

3 Gebt die beiden Äußerungen in indirekter Rede wieder. Beginnt dabei jeweils mit einem Einleitungssatz, in dem der Urheber der Äußerungen benannt wird.

An dem Schriftsteller Jules Verne (1828 bis 1905), der den Sciencefiction-Roman „Zwanzigtausend Meilen unter den Meeren“ schrieb, scheiden sich die Geister. Einige Zeitgenossen warfen ihm vor, er schreibe lediglich Abenteuerromane für Jugendliche und es gehe ihm nur um den Erfolg beim Publikum. Diesen Erfolg hatte er allerdings. Verne wurde und wird weltweit begeistert gelesen. In Biografien über Jules Verne kann man oft lesen, dass er der Vater der Sciencefiction sei. Was bedeutet das?

In Sciencefiction-Literatur geht es um ferne, fremde Welten, in die die Helden der Geschichte dank einer fiktiven Erfindung gelangen können. Das Interesse der Sciencefiction-Literatur gilt dabei nicht nur den Abenteuern, sondern richtet sich auch auf ihre naturwissenschaftlich-technische Realisierbarkeit.

Es heißt, Jules Verne sei der erste Autor gewesen, der Romane dieser Art verfasst habe. Daher werde er auch immer einen festen Platz in der Weltliteratur einnehmen.

4 Welche der Behauptungen über Jules Verne werden in diesem Text als Tatsachen dargestellt, welche als Meinungen einzelner? Woran könnt ihr dies erkennen?

5 Findet im Text alle Sätze, in denen die indirekte Rede verwendet wird. Notiert jeweils den Einleitungssatz der indirekten Rede und die Verben im Konjunktiv I. Bestimmt auch das Tempus der Verben.

Merke

Im **Konjunktiv I** gibt es nur **eine einzige Vergangenheitsform.** Sie wird in der indirekten Rede für die Wiedergabe aller Vergangenheitsformen gebraucht:

er hat gedacht,
er dachte, → *er habe gedacht*
er hatte gedacht

Tipp

Der Gebrauch des Konjunktivs I in der indirekten Rede ist immer dann sinnvoll, wenn eine fremde Aussage wiedergegeben werden soll, für deren Wahrheitsgehalt der Sprecher/Schreiber keine Garantie übernehmen will.

Nachdenken über Sprache

Umgang mit Texten/Medien

Sciencefiction – Indirekte Rede in Inhaltsangaben

Warum Sciencefiction?

„Klassenausflug nur zum Mond? Unsere Klasse fliegt zum Mars!“

Seit Menschengedenken malen wir Menschen uns das Leben in anderen Zeiten und an anderen Orten aus. Wir wollen wissen, wie es auf anderen Kontinenten, unter der Meeresoberfläche und auf dem Mond aussieht. Wir fragen uns, was uns die Zukunft bringen wird. Wir stellen uns vor, welche Möglichkeiten sich die Menschheit noch erschließen kann. Die Antworten auf viele unserer Fragen finden wir nicht in unserer Realität. Also müssen wir sie in der Fantasie, in Geschichten, in der Fiktion suchen.

Im Laufe der Jahrhunderte haben sich die fantastischen Geschichten geändert. Je weiter der Mensch tatsächlich reisen konnte, desto ferner mussten die Ziele sein, die er in seiner Fantasie ansteuerte. In einem Zeitalter, in dem Mondreisen tatsächlich möglich geworden sind, richten sich die Träume noch weiter in die Ferne. Schließlich wissen wir jetzt, dass es keinen Mann im Mond gibt. Aber wie sieht es zum Beispiel auf fremden Planeten oder in fernen Galaxien aus? Gibt es dort Lebewesen, die uns ähneln? Werden wir ihnen jemals begegnen? Auf all diese Fragen sucht Sciencefiction eine Antwort.

▸▸ **Seite 246 ff.** Indirekte Rede
LS „Sprache untersuchen – Grammatik“

1 Gebt diesen Text Satz für Satz in indirekter Rede wieder. Achtet dabei darauf, in den Einleitungssätzen möglichst treffende und abwechslungsreiche Verben zu verwenden. Auf welche Schwierigkeiten stoßt ihr? Welche Lösungen scheinen euch sinnvoll?

2 Überlegt gemeinsam, wieso es für eine Inhaltsangabe nicht sinnvoll ist, den ganzen Text in indirekter Rede mit Konjunktiv I wiederzugeben.

3 Verfasst nun eine Inhaltsangabe zum Text. Bedient euch dabei verschiedener Möglichkeiten der Redewiedergabe.

Merke

Die Wiedergabe einer fremden Rede kann man verdeutlichen durch:

- Gebrauch der direkten Rede *(Zitieren)* *(Der Autor behauptet: „Dies ist ein alter Hut.“)*
- Gebrauch von indirekter Rede, meist mit Konjunktiv I *(oder dessen Ersatzform)* *(Der Autor behauptet, dies sei ein alter Hut.)*
- Paraphrasieren *(Der Autor bezeichnet dies als alten Hut.)*
- Einschübe *(Dies ist, so der Autor, ein alter Hut.)*

Die bessere Zukunft

Dass der Mensch mit den gesellschaftlichen und politischen Verhältnissen, die ihn umgeben, nur selten zufrieden ist, ist bekanntlich ein alter Hut. Schon im Mittelalter wird dafür gepöbelt, gestreikt, demonstriert und revolutioniert, dass die Situation im Staate besser wird. Seitdem Menschen lesen und schreiben können, haben sie sich auch literarisch kritisch mit ihrer Gegenwart auseinandergesetzt. Manchmal haben sie nicht nur gemeckert, sondern sogar Alternativen aufgezeigt. Die Sciencefiction betrachtet die utopischen Ideen noch heute als eine ihrer maßgeblichen Aufgaben. [...]

Faszination Technik

Sciencefiction-Autoren sind keine Wissenschaftler, aber sie lieben die Wissenschaften. Sie sind fasziniert von neuen Erfindungen. Sie glauben daran, dass Technik alles möglich machen kann. In ihren Visionen werden künstliche Menschen geschaffen. Ihre Helden reisen durch die Zeit und durch virtuelle Räume.

So unwahrscheinlich das alles klingt, eine gute Sciencefiction-Geschichte beruht immer auf wissenschaftlichen Tatsachen, gewürzt freilich mit einer ordentlichen Prise Fantasie. Sie ist immerhin theoretisch möglich.

Dennoch ist ein Sciencefiction-Roman natürlich keine wissenschaftliche Abhandlung. Im Zentrum stehen immer die Abenteuer, die die Helden der Geschichten in der durch den technischen Fortschritt veränderten Welt zu bestehen haben. Und diese Welt ist oft alles andere als erstrebenswert. Die Autoren glauben zwar an Technik, sie glauben aber nicht, dass Technik alles besser machen wird.

4 In allen drei Texten dieser Doppelseite geht es um die Motivation für das Verfassen von Sciencefiction. Fasst die drei Texte in einem zusammenhängenden Text zusammen und stellt sie einander gegenüber. Benutzt dabei auch die indirekte Rede.

5 Überlegt, welche Erfahrungen ihr mit Sciencefiction gemacht habt. Welche solcher Romane, Filme oder Serien kennt ihr? Was ist das Interessante daran?

Impulse zur Weiterarbeit

- Ihr könnt Zeitungstexte oder Nachrichtensendungen daraufhin untersuchen, ob sie und in welchen Zusammenhängen sie indirekte Rede enthalten. Bei welchen Themen oder Arten von Texten bietet sich der Gebrauch der indirekten Rede besonders an?

- Ihr könnt eure Mitschüler zu einem interessanten Thema interviewen und anschließend für die Schülerzeitung einen Artikel über die Ergebnisse eurer Befragungen schreiben. Dabei könnt ihr interessante Äußerungen in indirekter Rede wiedergeben.

- Ihr könnt euch über die Geschichte und die Technik von U-Booten informieren.

- Ihr könnt den Roman „Zwanzigtausend Meilen unter den Meeren“ oder auch einen anderen der utopischen Romane von Jules Verne lesen.

- Lesetipps:
  - Jules Verne: Zwanzigtausend Meilen unter den Meeren
  - Jules Verne: Reise um die Erde in 80 Tagen
  - Jules Verne: Reise zum Mittelpunkt der Erde
  - Jules Verne: Reise um den Mond

Die Metropole Berlin – Fremdwörter

Berlin ist eine Reise wert. Wenn ihr dieses Unterrichtsvorhaben durchgearbeitet habt, werdet ihr ahnen, was mit diesem Satz gemeint sein könnte. Ihr werdet auch verstehen, dass die Vielfalt der Menschen, die in einer Stadt wie Berlin zusammenkommt, Spuren hinterlässt. Dies gilt auch für unsere Sprache, die in der Vergangenheit Wörter aus anderen Sprachen aufgenommen hat und auch heute noch aufnimmt.

Im Einzelnen

- erfahrt ihr, aus welchen Sprachen Wörter Eingang in die deutsche Sprache gefunden haben und woran man diese erkennen kann
- lernt ihr einige Regeln zur Schreibweise von Fremdwörtern
- beschäftigt ihr euch mit modernen Fremdwörtern, die vor allem aus dem Englischen ins Deutsche übernommen werden
- erfahrt ihr, wann man Fremdwörter in der eingedeutschten Schreibweise schreiben darf und wann nicht

Nachdenken über Sprache

Sprechen und Zuhören

Eine multikulturelle Stadt – Fremdwörter und deren Ursprung

Ankunft am Bahnhof Zoo

Der Bahnhof Zoo hat nicht mehr die Bedeutung, den er hatte, als Berlin noch eine geteilte Stadt war. Wer hier aussteigt und auf den Bahnhofsvorplatz tritt, dem begegnet aber dennoch das bunte Leben der multikulturellen und aktiven Großstadt Berlin.

Hier trifft sich weiterhin die Welt, sitzen Menschen aller Couleur in Cafés bei Espresso und Latte Macchiato oder verzehren im Vorübergehen Gyros, Pizza, Döner oder Currywurst. Ruhig geht es hier keinesfalls zu: Menschen hasten zu ihren Bussen, Straßenkünstler versuchen, mit ihrer Show und lauter Musik aus plärrenden Ghettoblastern auf sich aufmerksam zu machen. Teenager mit ihren Skateboards knattern über das Pflaster oder übertrumpfen sich gegenseitig mit hippen Klingeltönen ihrer Handys.

Sprachen aus vielen Ländern sind zu hören, und Werbeslogans versprechen das große Glück auf Englisch. In Berlin herrscht der Rhythmus einer Weltstadt, in der Menschen aus allen fünf Kontinenten leben.

1 Sucht die Wörter aus dem Text heraus, die die Behauptung stützen, dass die deutsche Sprache von anderen Sprachen beeinflusst wird.

Vielfach gehorchen Fremdwörter noch den Rechtschreibregeln ihrer Herkunftssprachen. Anhand von bestimmten Buchstabenkombinationen kann man ihre Herkunft bestimmen:

aus dem Griechischen	th	ph	y	rh	-ik
	Theater	*Physik*	*Lyrik*	*Rhetorik*	*Optik*
aus dem Lateinischen	-ieren	-tion	-iv	-ent	-ismus
	agieren	*Intention*	*massiv*	*Kompliment*	*Dualismus*
aus dem Französischen	-eur/-euse	-é	-eau	-age	oi
	Kommandeur	*Varieté*	*Niveau*	*Spionage*	*Toilette*
aus dem Italienischen	gh	cch	zz	cc	gn
	Spaghetti	*Zucchini*	*Pizza*	*Capuccino*	*Lasagne*
aus dem Englischen	-y	oo	-ing	ea	oa
	Party	*cool*	*Pudding*	*Jeans*	*Download*

2 Ordnet die folgenden Fremdwörter nach ihrer Herkunftssprache, und ergänzt die Wörterlisten durch weitere, euch bekannte Fremdwörter.
Dynamit, Rhabarber, Sweatshirt, Hairstyling, Skizze, Roadmovie, Thron, Dirigent, Hobby, Recycling, Malheur, Team, Logik, Beat, Hommage, beamen, Croissant, Atmosphäre, Shampoo, Rheuma, passiv, Ghetto, Trenchcoat

3 Untersucht, aus welchen inhaltlichen Bereichen die aufgelisteten Fremdwörter stammen (Essen, Musik, Politik …).

Mit der Linie 100 auf City-Tour

Wem der Trubel auf dem Bahnhofsvorplatz zu viel ist, dem sei eine Fahrt mit dem Bus der Linie 100 empfohlen. Zum Ärger der Anbieter kommerzieller Sightseeing-Tours bieten die Berliner Verkehrsbetriebe eine Busroute an, auf der man zu einem günstigen Ticketpreis zahlreiche Highlights der Metropole zu sehen bekommt. Wer Glück hat, erwischt nicht nur einen der begehrten Fensterplätze auf der oberen Plattform, sondern auch einen Fahrer, der sich als heimlicher Entertainer entpuppt: „Komm' Se rinn, wer zu spät kommt, den bestraft das Leben." Im langsamen Stop-and-go-Verkehr – hier herrscht zur Freude der Touristen fast immer Rushhour – geht es zunächst vorbei am Kino „Zoo-Palast", wo sich einst anlässlich der jährlichen Filmfestspiele die internationalen Stars feiern ließen. Hier rissen sich dann Journalisten um Interviews. Und wenn die Shootingstars der Saison ihrem Publikum die neuesten Kreationen der Modebranche präsentierten, dann kämpften Fotografen um die beste Perspektive. Die Fahrt geht weiter, vorbei am Elefantentor und dem Aquarium des Berliner Zoos. Hinter einem grünen Wall aus Rhododendren und Azaleen verbirgt sich der artenreichste Tierpark der Welt. Schon nach kurzer Zeit überquert der Bus den Landwehrkanal und taucht in die grüne Lunge der City ein, den Tiergarten. Die nächste Attraktion lässt nicht lange auf sich warten: „Gold-Else", ruft der Chauffeur in sein Mikrofon und meint damit die 69 Meter hohe Siegessäule. Vorbei am Schloss Bellevue, in dem der Bundespräsident residiert, führt die Fahrt zur ehemaligen Kongresshalle, aufgrund ihres Aussehens auch „Schwangere Auster" genannt. Seit dieses Gebäude zum „Haus der Kulturen der Welt" umgewidmet wurde, ist es zum Mekka für Ethno-Pop-Fans geworden. Von dort ist es nicht mehr weit bis zum Reichstagsgebäude sowie zum berühmten Brandenburger Tor. Hier beginnt der Prachtboulevard „Unter den Linden", an dem auch die Museumsinsel liegt und der Berliner Dom mit seiner großen Krypta. Nach zwei weiteren Stationen endet die Tour am Alexanderplatz, dem wahrscheinlich noch lange der Charme der alten DDR-Hauptstadt anhaften wird.

4 Untersucht den Text auf die in ihm verwendeten Fremdwörter hin (Schreibweise, Aussprache, Ursprung).

5 Schreibt mit mindestens zehn Fremdwörtern dieser Doppelseite eine Reportage über eine Bustour durch einen Ort, den ihr gut kennt.

! Merke

Der fremdsprachliche Ursprung eines Wortes lässt sich häufig auch an der Aussprache oder an der Betonung erkennen:

- Aussprache, z.B. *Team* [tiːm], *Pointe* [ˈpo̯ɛ̃ːtə]
- Die Betonung liegt nicht auf der ersten Silbe oder auf der Stammsilbe, sondern auf dem Ende des Wortes (z.B. *absolút* oder *Energíe*).

▶▶ **Seite 234 ff.** Reportage LS „Umgang mit Medien – Zeitung"

Unsere Hauptstadt Berlin – Fremdwörter mit langer Geschichte

In Berlin sprach man einst Französisch

Wer im 17. und 18. Jahrhundert im preußischen Berlin etwas auf sich hielt und mit der Zeit gehen wollte, der sprach Französisch. Man schaute nach Versailles auf das pompöse Leben am Hofe Ludwig XIV. So ging man nicht auf dem Bürgersteig, sondern promenierte auf dem Trottoir. Der Kavalier hatte ein Rendezvous mit Mademoiselle, deren Parfum exquisit war und deren Dekolleté, entsprechend der Mode am französischen Hofe, tiefe Blicke zuließ. Eine Straße hieß nun Chaussee und die Hautfarbe wandelte sich zum Teint. Man gab sich charmant und wahrte die Etikette. Die Mehrheit im Lande ging aber nicht auf die Toilette, sondern weiterhin auf den Abort.

1 Klärt unbekannte Wörter aus dem Text oder der Wörtersammlung mit Hilfe eines Wörterbuches.

2 Die französische Sprache hat vor allem in den Bereichen Mode und Kultur auf die deutsche Sprache Einfluss genommen. Belegt diese Aussage mit Hilfe des Textes sowie der Wörter aus der Wörtersammlung: *adrett, Amüsement, brillant, Café, Kuvert, Manschette, Taille, Courage, Journal, Chauffeur, Friseur, Croissant, Baguette, Etat, Gendarm, Dessert, Chanson, Manege, Arrangement, Charmeur, Chauvinist, Conferencier, echauffieren, Feuilleton, Boulevard, Repertoire, Atelier, Gourmet, Souterrain, Etablissement, Balance*

3 Schreibt einen Dialog zwischen zwei Damen, die in einem Café sitzen und sich gerne mit Wörtern französischen Ursprungs schmücken.

! Merke

Wörter in der deutschen Sprache, die französischen Ursprungs sind, orientieren sich auch heute noch überwiegend an der französischen Schreibweise. Man erkennt sie an den für das Französische typischen Buchstabengruppen (*oi, -eau, -age, -eur, -ou* und dem *é*) sowie an der weichen Aussprache.

Berlin und die politische Macht

Seit dem 23. Mai 1999 befindet sich der Regierungssitz des vereinten Deutschlands wieder in Berlin. Riesige Bau-Investitionen waren nötig, um dem Parlament (Legislative) und der Regierung (Exekutive) mit ihren zahlreichen Ministerien einen neuen Arbeitsplatz zu schaffen. Seit 2001 hat auch das Bundeskanzleramt sein eigenes repräsentatives Gebäude, das im Volksmund jedoch schnell den Namen „Waschmaschine" erhielt. Dicht daneben liegt das eigentliche Zentrum der demokratisch gewählten Macht, der 1894 fertiggestellte Reichstag. Hier streiten Regierung und Opposition um Mehrheiten, diskutieren Vertreter konservativer Parteien mit Liberalen und so genannten Progressiven. Wer möchte, kann diesem Debattierklub aufs Dach steigen und von der 1998 eröffneten Glaskuppel aus zusehen. Dies ist ein wichtiges Symbol für den demokratischen Geist unserer Republik, denn der eigentliche Souverän unseres Landes ist das Volk. Das war nicht immer so und die Geschichte dieses Gebäudes kann von Monarchen,

Revolutionen und Diktaturen erzählen. Insofern hat der 8. November 1918 eine besondere Bedeutung, denn damals proklamierte der Sozialdemokrat Philipp Scheidemann von einem Fenster des Reichstags aus das Ende der Monarchie und den Beginn der deutschen Republik.

4 Findet heraus, aus welcher Ursprungssprache die unterstrichenen Fremdwörter in beiden Texten stammen.

5 Bildet einen Oberbegriff, und klärt die Frage, zu welchem Thema diese Ursprungssprache offenbar viele Wörter in die deutsche Sprache eingebracht hat. Überprüft eure Überlegungen anhand weiterer Fremdwörter aus dem Text.

! Merke

In den meisten Wörtern aus fremden Sprachen schreibt man ein langes ***i*** ohne Dehnungszeichen *(Klima, Maschine, naiv)*. Ausnahmen bilden Wörter mit der Nachsilbe **-ie** *(Industrie)* bzw. **-ier** *(Klavier)* sowie Verben auf **-ieren** *(informieren)*.

▸▸ **Seite 242**
Oberbegriffe
LS „Wörter klassifizieren"

Die Berliner Mauer

Am 13. August 1961 sperrten Einheiten der Volkspolizei sowie der Nationalen Volksarmee den Ostsektor Berlins ab und verhinderten so, dass Menschen aus Ostberlin und der DDR in den Westteil der Stadt gelangen konnten. Kurz nach diesem Termin entstand eine rund 155 Kilometer lange innerstädtische Mauer aus Beton, die propagandistisch in der Sprache der DDR als „antifaschistischer Schutzwall" bezeichnet wurde. 28 Jahre lang war sie das sichtbare Symbol für eine Welt, in der sich Kapitalismus und Sozialismus scheinbar unversöhnlich gegenüberstanden. In den 70er Jahren wurden zwar die Ausreisebestimmungen der DDR liberalisiert und der Transit von Westdeutschland nach Westberlin vereinfacht, doch erst die Demonstrationen des Jahres 1989 brachten die Wende. Die Staatsmacht der DDR kapitulierte – auch aufgrund der großen wirtschaftlichen Krise – vor dem Willen des Volkes und öffnete die Grenzen. Innerhalb weniger Tage wurde die Mauer von euphorischen „Mauerspechten" fast restlos abgetragen.

6 Sucht alle betreffenden Fremdwörter, in denen ein lang gesprochenes *i* vorkommt, aus den Texten heraus und schreibt sie geordnet in eure Hefte.

7 Ergänzt eure Liste mit den 14 Fremdwörtern aus dem Wortkasten, die alle ein lang gesprochenes *i* besitzen.

P	E	R	S	P	E	K	T	I	V	E
I	L	E	E	J	M	O	A	N	I	G
R	I	V	N	U	O	P	X	T	S	A
O	T	I	S	S	B	I	I	E	I	R
N	E	E	I	T	I	E	X	N	T	D
I	T	R	B	I	L	N	O	S	E	I
E	X	X	E	Z	X	X	X	I	X	N
X	X	X	L	M	O	T	I	V	X	E
L	A	W	I	N	E	A	K	T	I	V

Nachdenken über Sprache

Sprechen und Zuhören

Berlin – Stadt der Events und des Sports – Anglizismen

Berliner Szene

Hier spüren Sie Club-Feeling pur! Es erwarten Sie die angesagtesten DJs mit den besten Club-Sounds, eine Stimmung der Extraklasse und ein Publikum, das die Nacht zum Tag macht. In trendigen Locations können Party people bis in den Morgen feiern – ohne Sperrstunde.

Wir2ei

Wir2ei heißt die neue Veranstaltung der Berliner Partycrew Klangsucht & Horslinger. Und wieder zieht es sie in ihre Stammlocation, den 103 Club in der Falkensteinstraße. Nach der erfolgreichen Backjumps Eröffnung und der Berlin Insane Party scheint sich hier das nächste Highlight anzubahnen. Elektronisch frech und akustisch durchgeknallt geht es hier ab 23 h mit Elektrogrößen wie den Rostockern Kombinat 100, den Berlinern Phon.o, whatyes und Sam (alle live) los. Unterstützung bekommen sie von den Djs Sportbrigade Sparwasser, Sven Dohse, Kook, Peer Gregorius, Digitalex und Gregor Heyden. Obendrauf gibt es auf dem Panoramafloor von 23:30 h–02:30 h das einzigartige One Man Freakshow Festival, bei dem die Künstler Ricoloop, K-Chico und Vanishing Breed auftreten.
Was da abgeht, wird nicht verraten, man muss es einfach gesehen haben.

▸▸ **Seite 64 f.**
Anglizismen
UV „Vielerlei Deutsch“

1. Schreibt die Anglizismen aus den Texten heraus und klärt ihre Bedeutung.
2. Sammelt weitere Anglizismen aus den Bereichen „Musik“ und „Entertainment“, und vergewissert euch, wie sie geschrieben werden (eventuell auch mit Hilfe eines englischen Wörterbuches).

! Merke

Das Englische ist seit dem 20. Jahrhundert zur wichtigsten Sprache im internationalen Austausch geworden. Sein Einfluss auf die deutsche Sprache ist groß. Englischsprachige Ausdrücke, die fester Bestandteil einer anderen Sprache geworden sind, nennt man Anglizismen (Singular: *Anglizismus*).

Chill und Out für die Loveparade

Zwischen 1989 und 2003 wiederholte sich alljährlich das Großereignis Love Parade. Was mit einer Birthday Party begann, entwickelte sich innerhalb von zehn Jahren zu einem Megaevent mit mehr als 1 000 000 Ravern auf der Straße des 17. Juni. Love-Trucks, auch „Floats“ genannt, beschallten die technobegeisterten Massen mit House, Electro, Trance, TripHop und Techno. Im Verlauf der Jahre wurde der Musik-Sound aber immer mehr zum Mainstream, und die Parade wandelte sich zu einer riesigen Werbeveranstaltung für Plattenlabels, Clubs und Mobilfunkbetreiber. Tonnen von Müll blieben zurück; diese zu entsorgen und zu recyceln kostete die Stadt Millionen. 2004 erkannte Berlin dieses Mega-Ereignis nicht mehr als politische Demonstration an, und seitdem weiß keiner, wer die Kosten tragen soll. Is this the end?

Die Sportstadt Berlin

Berlin ist mit Leib und Seele sportlich. Am Wochenende findet man allerorten Freizeitteams, die Fußball, Basketball, Volleyball, Rugby oder Hockey spielen. Auch Individualsportarten wie Tennis, Golf und Badminton, oder Trendsportarten wie Streetsocker, Beach-Volleyball und Inline-Skating sowie Funsportarten wie Footbag oder Zorbing sind groß in Mode. Man findet sogar Kitesurfer auf den Binnenseen rund um die Stadt.
Jährliche Sporthighlights sind vor allem die German Open der Tennis-Damen, der Berlin-Marathon, die German Masters der Golfer, das Berliner 6-Tage-Rennen sowie das Fußball-Pokalfinale im Berliner Olympiastadion.

3 Bildet zu den Anglizismen dieser Seite einen sinnvollen Oberbegriff und listet sie darunter auf.

4 Ergänzt eure Liste durch weitere, euch bekannte Anglizismen. Einigt euch auf die jeweils richtige Schreibweise.

5 Macht euch bewusst, wie in den Texten auf dieser Seite mit zusammengesetzten Fremdwörtern umgegangen wird.

6 Wie schreibt ihr folgende zusammengesetzte Wörter, die hier nach englischer Rechtschreibung aufgelistet sind?
swimmingpool, cocktailparty, sciencefiction, comeback, shoppingcentre, layout

! Merke

Zusammengesetzte Fremdwörter werden wie in ihrer Herkunftssprache zusammengeschrieben *(Fairplay, Tiebreak)*. Zur besseren Lesbarkeit können die einzelnen Bestandteile auch getrennt *(Fair Play)* oder verbunden durch einen Bindestrich (zwischen zwei Nomen) geschrieben werden *(Tie-Break)*.

Das Berliner Olympiastadion

Vier Jahre (2000–2004) lang dauerte der Umbau des alten Stadions, das die Nationalsozialisten 1936 anlässlich der Olympischen Spiele in Berlin bauen ließen. Heute besitzt die Stadt eines der modernsten Stadien der Welt. 74 500 Fans begrüßten hier zur WM 2006 mit Standing Ovations die besten Fußballspieler der Welt. Gut gefüllt ist das Stadion auch dann, wenn das Team von Hertha BSC um ein Comeback in die internationale Spitzenklasse kämpft. Und wenn einer der Megastars der Popmusik nach Berlin kommt, dann können die Ticketcenter bei der Kartennachfrage kaum nachkommen. Es lohnt sich, denn 19 High-End-Lautsprecherampeln im Stadiondach versorgen die Zuschauer bei jedem Konzert mit einem Sound in bester CD-Qualität.

7 Schreibt einen Bericht von einem Sport- oder Musikereignis. Macht euch bewusst, wann ihr dabei Anglizismen verwenden wollt und wann nicht.

Berlin – Stadt der Wissenschaft und Kultur – Eindeutschung von Fremdwörtern

Der Berliner und sein Kiez

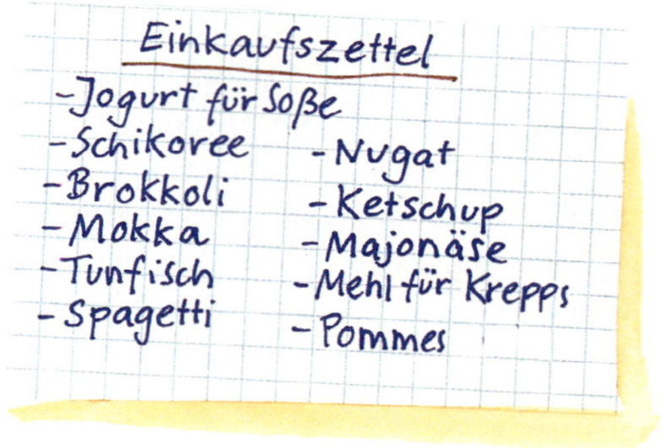

Am wohlsten fühlt sich der Berliner in seinem Kiez. Das ist sein Wohnviertel, in dem er alles bekommt, was er zum Leben braucht. Dort gibt es Einkaufsläden, wo man manchmal sogar noch anschreiben lassen kann, wenn man sein Portemonnaie vergessen hat, und Wochenmärkte für die Dinge des täglichen Bedarfs. Auch der Friseur ist nicht weit, bei dem man mit den neuesten Nachrichten aus dem Viertel versorgt wird, sowie die Eckkneipe, die für manche Berliner wie ein zweites Wohnzimmer ist. Und natürlich kann man überall in Imbissbuden seinen kleinen oder großen Hunger stillen: Dönerkebab – übrigens eine Erfindung aus Berlin – Currywurst mit Ketchup, Pommes frites mit Mayonnaise, Pizza und Spaghetti vom Italiener oder süße Crêpes aus der französischen Küche …

1 Vergleicht die Schreibweise der Wörter auf dem Einkaufszettel mit denen im Text.

2 Diktiert euch gegenseitig die folgenden Wörter und ermittelt, welche Schreibweise bei euch in der Klasse jeweils vorherrscht: *Panter/Panther, Tunfisch/Thunfisch, Biografie/Biographie, Fantasie/Phantasie, Ketschup/Ketchup, Sketsch/Sketch, Klub/Club, zirka/circa, Majonäse/Mayonnaise, Portmonee/Portemonnaie, Jogurt/Joghurt, Saxofon/Saxophon, Spagetti/Spaghetti, Parfüm/Parfum*

! Merke

Manche Fremdwörter gehören so zum Allgemeinwortschatz, dass sie in ihrer Schreibweise eingedeutscht werden können *(Delphin – Delfin, Parfum – Parfüm).* Weil es keine eindeutige Regelung gibt, für welche Fremdwörter eine eingedeutschte Form möglich ist, muss man im Zweifelsfall auf ein Wörterbuch zurückgreifen. Fremdwörter aus Fachsprachen werden dagegen niemals eingedeutscht *(Theologie, Katalysator).*

Die Universitätsstadt Berlin

Berlin verfügt über zahlreiche Hochschulen und Universitäten. Die größte unter ihnen ist die Freie Universität Berlin, in der heute mehr als 43 000 Studenten eingeschrieben sind. Die berühmteste Universität ist aber die Humboldt-Universität. An ihr lehrten seit ihrer Gründung im Jahre 1810 viele namhafte Wissenschaftler, z.B. der Philosoph und erste Rektor Johann Gottlieb Fichte, der Geograph und Forschungsreisende Alexander von Humboldt, die Philologen Jakob und Wilhelm Grimm, der Historiker Theodor Mommsen, die Physiker Max Planck und Albert Einstein sowie die Orthopädin Karin Büttner-Janz. Wer heute in Berlin studieren will, kann zwischen allen Fakultäten wählen. Beispielhaft seien hier folgende genannt: Mathematik, Medizin, Philosophie, Theologie, Philologie, Archäologie, Wirtschaftswissenschaften, Pädagogik, Germanistik, Linguistik, Psychologie, Geschichte, Publizistik, Physik, Biologie, Chemie, Sozial- und Politikwissenschaften, Anglistik, Kunst und Design.

3 Besprecht, was der Gegenstand der verschiedenen Fachrichtungen (Fakultäten) ist und was man damit später beruflich anfangen kann.

4 Klärt die Bedeutung der folgenden Fachbegriffe und sortiert sie den verschiedenen Fakultäten zu:
Aquarell, Infektion, Katalysator, Optik, Okkupation, Bourgeoisie, Rhetorik, Rhythmus, Phobie, Rheuma, Ästhetik, Metapher, Botanik, Logarithmus

Merke

Die Wortbestandteile **„phon"**, **„phot"** und **„graph"** werden zu **„fon"**, **„fot"** und **„graf"**, wenn sie in Wörtern vorkommen, die im Alltag häufig gebraucht werden. Dies gilt z.B. für die Wörter *Mikrofon* und *Fotograf* sowie vor allem für das Wort *Telefon*.

Kulturelle Highlights in Berlin

Unüberschaubar ist der Schatz der mehr als 160 Museen in Berlin. So findet sich zum Beispiel auf der Museumsinsel das Ägyptische Museum mit seiner Sammlung von Zehntausenden (Papieren aus Pergament) und ägyptischen Kunstwerken, darunter auch die berühmte Büste der Königin Nofretete. Im Filmmuseum werden multimedial (filmische Seltenheiten) der deutschen Filmgeschichte präsentiert, und in der Schatzkammer des Museums für (Verständigung) liegt der Traum eines jeden (Briefmarkensammlers): die „Blaue Mauritius". Hochinteressant sind die Sammlungen der (Wissenschaft der Gesteine) und der (Wissenschaft von den Lebewesen vergangener Erdperioden) im Museum für Naturkunde. Hier steht auch das zwölf Meter hohe Originalskelett eines Brachiosaurus.

Neben ihren Museen bietet die Stadt zwei Opernhäuser und ein breites (Angebot) von (Theatern mit bunt wechselndem Programm) und Theatern. Kulturelle Veranstaltungen wie die Internationalen Filmfestspiele und das Berliner Jazzfest genießen international hohe(s) (Anerkennung). Das (ungleichmäßige) Gebäude der (Name von Orchestern) ist Heimat der Berliner Philharmoniker. Unter der Leitung weltberühmter (Orchesterleiter) werden hier auf hohem (Stand) die großen (Musikstücke) der klassischen Musik gespielt.

5 Ersetzt die in Klammern stehenden Ausdrücke jeweils durch passende Fremdwörter:
Sinfonien/Symphonien – Renommee – Philharmonie – Papyri – Repertoire – cineastische Raritäten – Varietees/Varietés – Dirigenten – Kommunikation – Niveau – Philatelisten – Mineralogie – Paläontologie – asymmetrische

Impulse zur Weiterarbeit

- Zum Thema Berlin:
  - Ihr könnt unterschiedliche Klassenfotos machen und sie in der Klasse aufhängen.
  - John F. Kennedy sagte 1963: „Ich bin ein Berliner“. Versucht herauszubekommen, was der amerikanische Präsident damit sagen wollte.

- Zum Thema Fremdwörter:
  - Ihr könnt für zukünftige Schülergenerationen einen Text mit vielen Fremdwörtern, den ihr erarbeitet habt, in ein verständlicheres Deutsch übersetzen.
  - Wie wäre es, wenn ihr die Lieblingsfremdwörter eurer Lehrer sammeln und ihre tatsächliche Bedeutung herausbekommen würdet?
  - Ihr könnt Zeitungen auf den jeweiligen Gebrauch von Fremdwörtern hin untersuchen.
  - Ihr könnt für eure Klasse eine Wandzeitung erstellen, auf der die wichtigsten Fremdwörter der einzelnen Fächer aufgeschrieben sind.

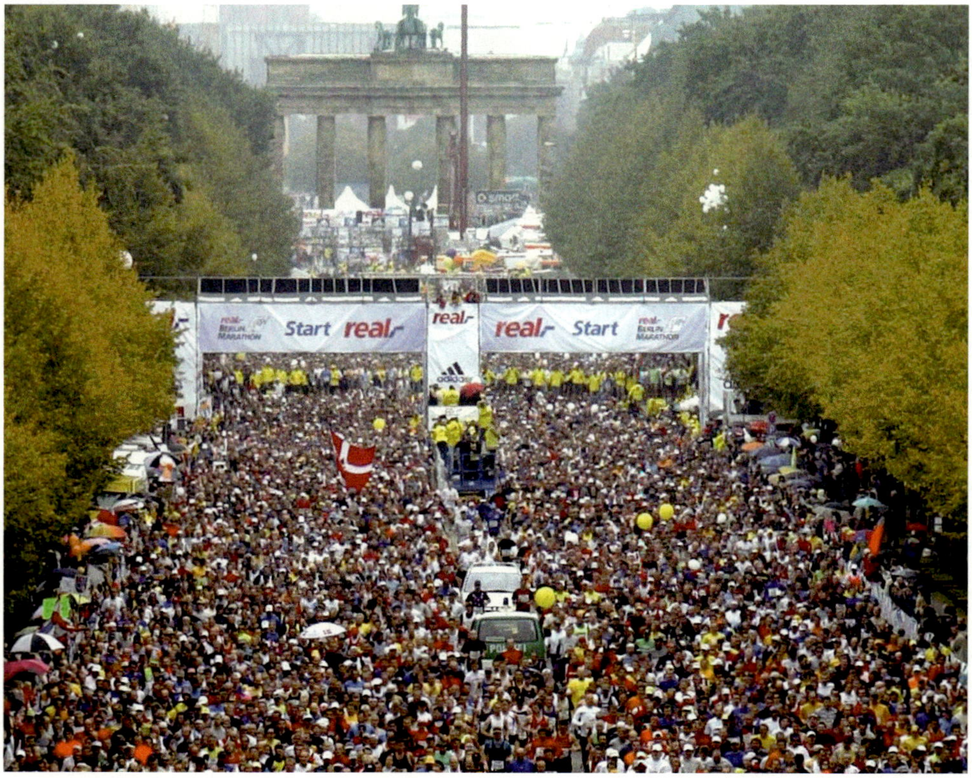

Tausende Läuferinnen und Läufer beteiligen sich jedes Jahr am Berlin-Marathon.

„Hast du das schon gelesen?" – Zeitung

Alle wollen sich informieren – im Fernsehen, im Internet und auch in der Zeitung. Zeitungen gibt es an vielen Orten – am Kiosk, beim Bäcker, im Supermarkt, im Briefkasten, online … Viele Haushalte abonnieren eine regionale oder überregionale Tageszeitung, manche lesen regelmäßig eine Wochenzeitung, zahlreiche Menschen kaufen sich Zeitschriften. Nicht jeder liest alle Seiten einer Zeitung: Der Erste öffnet sofort den Sportteil, der Zweite beginnt bei einer regionalen Zeitung mit den Todesanzeigen, der Dritte interessiert sich vor allem für das Politikressort, ein Vierter entscheidet sich für die Kultursparten. Jeder nutzt die Zeitung also anders – und jede Zeitung wird in der Regel von vielen Personen gelesen.

Im Einzelnen

- untersucht ihr den Aufbau einer Zeitung
- unterscheidet ihr Textsorten in Zeitungen
- besprecht ihr Inhalte und beabsichtigte Wirkungen ausgewählter Zeitungstexte
- erschließt ihr Sachtexte aus Zeitungen und verfasst entsprechende Inhaltsangaben
- schreibt ihr einen lesergerechten Zeitungsartikel

Sprechen

„Wo find' ich denn den Sport?" – Merkmale einer Zeitung

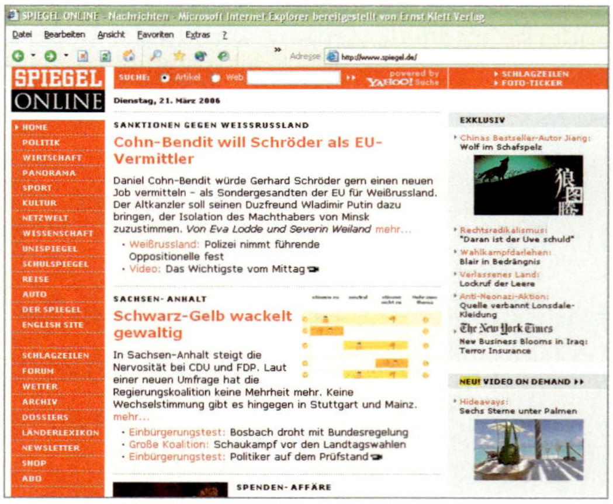

▶▶ **Seite 154**
Leseabsichten
LS „Lesestrategien, Lesetechniken"

1 Erzählt euch anhand der Bilder, wie und wo ihr Zeitungen und Zeitschriften am liebsten lest.

2 Mit welchen Absichten lest ihr die verschiedenen Teile einer Zeitung?

Fernsehprogramm | Artikel | Börse | Redakteur | Magazin | Wetter | Leserbrief | Politik | Unterhaltung

Titelseite | Schlagzeile | Redaktion | Fortsetzungsroman | Wirtschaft | Kultur | Impressum | Feuilleton | Sportseite | Nachrichtenagentur | Anzeigen | Lokales | Zeitungskopf | Kreuzworträtsel | Rubrik | Meldung | Kleinanzeigen | Vorspann/Lead | Leitartikel | Aufmacher | Ressort

3 Wie gut kennt ihr den Aufbau einer Zeitung? Besorgt euch mehrere Tageszeitungen und untersucht ihren Aufbau. Berücksichtigt dabei Sparten, Ressorts sowie Rubriken, und ordnet ihnen thematische Beispiele zu. Sichert eure Ergebnisse, indem ihr eine Mindmap erstellt.

4 Nennt Merkmale, die alle Zeitungen gemeinsam aufweisen.

Merke

Sparte:
Seitenüberschrift einer Zeitung, z.B. *„Deutschland und die Welt"*

Ressort:
Arbeitsbereich einer Zeitung, z.B. *Politik, Wirtschaft, Sport, Feuilleton (Kultur) und Lokales*

Rubrik:
Teilthema eines Ressorts, z.B. *„Nachrichten für junge Leser"*

Nachrichtenagenturen

Ein großer Teil dessen, was Zeitungen drucken, Hörfunk und Fernsehen ausstrahlen oder im Internet präsentiert wird, stammt von Nachrichtenagenturen. Es sind die mit Abstand wichtigsten Informationsquellen. Man erkennt sie an ihren Kürzeln, die statt Namen der Redakteure vor oder hinter den Artikeln stehen.

5 Ermittelt die Bedeutung der Abkürzungen von Nachrichtenagenturen, die in eurer Lokalzeitung benutzt werden.

Seite 230
Nachrichtenagenturen
LS „Umgang mit Medien – Zeitung"

„Ich hab' das aber so gelesen ..." – Textsorten in Zeitungen

Der „schiefe Turm" von Köln steht wieder gerade

■ **Köln** – Der „schiefe Turm" von Köln steht wieder aufrecht – rund ein Jahr nach seinem Absacken. Der Hebevorgang dauerte sechs Stunden. Der Turm der Kirche St. Johann Baptist war bei Arbeiten für eine U-Bahn abgesackt und rund 75 Zentimeter in Schieflage geraten. Nun wurde ein Betonrost unter dem Bauwerk angehoben und der dadurch entstandene Hohlraum aufgefüllt. Die Aktion kostete eine Million Euro. Anwohner waren nicht gefährdet. (dpa)

Kölner Stadtanzeiger 26.10.05

Schiefer Turm wird aufgerichtet

■ **Köln.** Der vor gut einem Jahr in die Schräglage gekippte „schiefe Turm von Köln" wird in der kommenden Woche wieder aufgerichtet. Der Turm der Kirche St. Johann Baptist in der Kölner Südstadt solle bereits am Mittwoch wieder vollkommen gerade stehen, teilten die Kölner Verkehrsbetriebe (KVB) am Freitag mit.

Nach unterirdischen Arbeiten für eine U-Bahn war der 38 Meter hohe Backsteinturm am 29. September 2004 um knapp einen Meter abgesackt – und seitdem zu einer vielbesuchten Attraktion für Touristen aus dem In- und Ausland geworden. Seit März wird an der Wiederaufrichtung gearbeitet. Mit zwei Autokranen soll am Montag und Dienstag zunächst die aufwendige Stahlabstützung des Kirchturms wieder demontiert werden. Anschließend wird das rund 1600 Tonnen schwere Bauwerk mit Hilfe von vier Hydraulikpressen hochgedrückt. Der Vorgang werde rund sechs Stunden dauern.

Nach unterirdischen Bohrungen für einen inzwischen fertiggestellten U-Bahn-Schacht waren Ende September 2004 unvorhersehbare Hohlräume entstanden. Dadurch hatte sich der Turm vom Kirchenschiff gelöst und war ein deutliches Stück zur Seite gesackt. Die Versicherung der Kölner Verkehrsbetriebe kommt für die auf rund eine Million Euro geschätzten Baukosten auf.

Kölnische Rundschau 21.10.2005

Der schiefe Turm von Köln

In der Nacht zum 29. September geschah das Undenkbare: Der Turm der Kirche St. Johann Baptist, vormals ob des Kölner Kirchenreichtums wegen eher nur am Rande wahrgenommen, war plötzlich in aller Munde. Während der Arbeiten an einem Erkundungsstollen für die Nord-Süd-Stadtbahn neigte sich der 44 m hohe Turm um fast einen Meter. Schnell wurde das Bauwerk per Stahlkonstruktion gesichert. Gleichfalls mussten die umliegenden Wohnungen mehrere Tage evakuiert werden, auch der Straßen- und Stadtbahnverkehr auf der Severinsbrücke und in der Severinstraße wurde längere Zeit eingestellt.
Immerhin ist Köln mit seinem neuen schiefen Turm nun sogar von der renommierten „New York Times" zum „Two-Step"-Touristenziel geadelt worden. Lange von der Reisebranche vergrämt, es gäbe wenige Städte auf der Welt, wo sich das touristische Interesse derart auf ein einziges Bauwerk konzentrieren würde, waren in den letzten Wochen verstärkt insbesondere

japanische Gäste mit Kameras nahe St. Johann Baptist zu sehen. An Wochenenden wurden ganze Busse mit Schaulustigen aus Holland und Belgien vermeldet. Damit wird inzwischen auch fleißig diskutiert: Soll man das Ding nun wieder aufrichten oder, wenn denn die Sicherheit gewährleistet ist, einfach so stehen lassen? 70 Prozent aller Kölner sind Umfragen zufolge dafür.

Nur eine Woche nach dem Turm gab es dann schon die nächste Aufregung beim U-Bahn-Bau: Eine unterirdische Sprengung im Bereich Chlodwigplatz kündigte man in großem Stil an, in einem Sprachstil, der Schlimmes befürchten ließ. Dann wurde das Ganze nach kurzem Geistesblitz der Bauleitung ohne Vorwarnung plötzlich eine halbe Stunde früher durchgeführt, als noch alle an den Fenstern hingen und guckten, was auf dem Platz passiert. Hier lief aber nichts schief, weder gingen Scheiben zu Bruch, noch fiel die Severinstorburg um.

Nun denn, glauben wir dem Kölner Mottoschatz, et kütt wie et kütt, ävver et hätt noch immer joot jejange. Und stellen wir im Dom eine Kerze für die heilige Barbara, ihres Zeichens Schutzpatronin aller Tunnelbauer, auf.

Aus: „Nachrichtenblatt“ 04/04, Panne beim U-Bahn-Bau – Köln jetzt „Two-Step“-Touristenziel, von Christoph Groneck

1 Untersucht, wodurch sich die Nachricht, der Bericht und der Kommentar unterscheiden.

Seite 231 ff.
Nachricht, Bericht, Kommentar
LS „Umgang mit Medien – Zeitung“

aktuell – sachlich – Kurzinformationen – Quellenangabe – W-Fragen – keine eigene Meinung – eigene Meinung – beschreiben – bewerten – Hintergründe – Aufhänger – Argumente – Gegenargumente – eigene Meinung – Schlussfolgerung – Zitate – Handlungen – Fakten – nicht tagesaktuell – indirekte Rede – Stellungnahme – alle Themen – berichten – Meinung des Redakteurs – (indirekter) Appell – Aufforderung – Darstellung eines Sachverhaltes – Dokumentation – Ursachen – Ereignis – Meldung – Sachbericht – wirklichkeitsgetreu – Erklärungen – wörtliche Rede

2 Sortiert die Begriffe und ordnet sie den drei Textsorten zu. Übertragt eure Ergebnisse in euer Heft. Ihr könnt dazu eine Tabelle anlegen.

Nachricht	Bericht	Kommentar
aktuell	aktuell	nicht tagesaktuell
...	...	Hintergründe

3 Stellt euch vor, ihr hättet die Ereignisse miterlebt. Schreibt einen Leserbrief. Schaut euch zuvor Leserbriefe in einer Tageszeitung an.

Seite 182
Leserbrief
LS „Gespräche führen – Diskutieren“

4 Ergänzt eure Tabelle um eine Spalte zur Textsorte „Leserbrief“. Tragt die entsprechenden Merkmale ein.

Umgang mit Texten/Medien

Schreiben

„Wenn einer eine Reise tut ...“ – Inhalt und Wirkung ausgewählter Zeitungstexte

Der Küsten-Cruiser

Busfahrer Antonio Paolillo bringt seine Passagiere sicher durch den Kurvenslalom der italienischen Costiera Amalfitana.

„Der Rückwärtsgang kann hier fatal sein“ – Serpentinen-Profi Paolillo.

■ **Gabriella Vitiello.** „Muss das sein, dass Sie mit dem Fahrer sprechen?“ – Die Dame aus Österreich schaut vorwurfsvoll. Krampfhaft hält sie sich an ihrem Koffer fest, während der Bus sanft schaukelt. Etwas blass um die Nase, blickt sie zuerst auf die Insassen, die es wagen, sich mit dem Mann hinter dem Steuer zu unterhalten, dann auf das Schildchen über ihm: Non parlare al conducente – Nicht mit dem Fahrer sprechen!

Antonio Paolillo sieht das Verbot nicht so eng wie manch ein Fahrgast. „Ich bin daran gewöhnt, während des Fahrens auch mal zu sprechen“, sagt der Busfahrer der öffentlichen Verkehrsbetriebe Sita. Eine kurze Plauderei mit der Signora hinter ihm – über gestiegene Fischpreise und das beste Rezept für Sardinen – ist für einen erfahrenen Steuermann eben keine Ablenkung.

■ Seit 13 Jahren durchpflügt Paolillo das endlose Meer aus Kurven an der Amalfitanischen Steinküste. Konzentriert und sehr gelassen navigiert er den großen Bus durch Ausbuchtungen, S-Kurven und Serpentinen. Geraden sind auf der Strada Statale 163, der sogenannten Amalfitana, die Ausnahmen. Von Positano bis Vietri sul Mare biegt, windet und krümmt sich ein schmales, 40 Kilometer langes Asphaltband die Kalkfelsen entlang. Nur vier Mal sinkt die schwindelerregende Amalfitana zum Meeresspiegel hinab.

Morgens um sieben Uhr, wenn Paolillo in dunkelgrauer Diensthose, hellblauem Hemd auf seinem Moped zur Arbeit kommt, stehen an der Uferstraße von Amalfi schon die ersten Fahrzeuge bereit. Das Zentrum der gleichnamigen Küstenlandschaft ist der wichtigste Verkehrsknotenpunkt zwischen Positano und Salerno. Siebzig Busfahrer teilen sich hier den Bezirk mit Paolillo. Die Dienstanweisung für Antonio lautet an diesem Tag: Amalfi–Salerno zwei Mal hin und zurück. Pünktlich um 7.05 Uhr fährt er mit dem silbergrünen Bus vor. Der hat zwar ein paar Beulen und Schrammen um die Stoßstange herum, aber zum Wohl der Insassen auch Klimaanlage und gut gepolsterte Komfort-Sitze. Die Passagiere steigen ein, nur eine Signora zögert: „Buongiorno, Tonino, fährst du jetzt nach Ravello?“ – „Da muss ich Sie enttäuschen“, antwortet Paolillo amüsiert. „Der Bus kommt erst in einer halben Stunde. Genau wie meine Mutter können Sie sich wohl nie die Fahrzeiten merken.“

■ Redselige Hupe. Bevor er in eine spitze Kehre einfährt, hupt er, um die Fahrer auf der anderen Seite des Felsvorsprungs zu warnen. Wer auf der Gegenfahrbahn das laute Ta-Tut, Tu-Ta-Tut hört, sollte vor der nahenden Biegung stehenbleiben. Zwar ist der Bus längst noch nicht zu sehen, aber das 10,71 Meter lange Vehikel hat einen entsprechend großen Wenderadius und braucht die Kurve für sich allein.

■ Viele auswärtige Autofahrer ignorieren jedoch die akustische Botschaft oder missverstehen die Klang-Kommunikation als rüpelhaften Eingriff in ihr Vorfahrtsrecht. „Wenn sie schon in der Kurve sind, ist es zu spät", erzählt Paolillo, „der Rückwärtsgang kann dann sogar fatal sein. Manche Fahrer manövrieren sich regelrecht in die Klemme. Meine Kollegen und ich versuchen zwar, Millimeter um Millimeter mit den Betroffenen zusammenzuarbeiten, aber das klappt nicht immer. Wir brauchen schon ein ziemlich dickes Fell, um die Beschimpfungen der Autofahrer abzuschütteln."

■ Cool passiert er an der Grenze zwischen den Orten Minori und Majori den engsten Punkt der Strecke: „Die Strecke ist an dieser Stelle nur 3,25 Meter breit. Das macht es PKW und Bus unmöglich, aneinander vorbeizukommen. In der Hochsaison oder am Wochenende hänge ich hier manchmal eine Stunde fest."

■ Gestressten Autofahrern rät Paolillo deswegen, auf der großartigsten Küstenstraße Italiens lieber den Bus zu nehmen. Das entschlackt den Verkehr und ist besser für die Nerven. „Viele Menschen haben einfach Angst, hier zu fahren. Die Straße ist so eng, dass sie das Gefühl der Verlorenheit auslöst", erklärt Antonio ruhig, während er geradewegs auf das Meer zusteuert.

Frankfurter Rundschau vom 29.10.2005

1 Einige von euch kennen sicher eine vergleichbare Situation, wie Gabriella Vitiello sie in ihrer Reisereportage beschreibt. Erzählt.

2 Welche Sinne werden in der Reportage angesprochen, und welche Wirkung entsteht dadurch bei den Leserinnen und Lesern?

3 Welche Informationen erhaltet ihr über die Gegend?

4 Warum fügt die Journalistin ihrem Text ein Foto des Busfahrers hinzu?

5 Wie würde diese Reportage als Bericht aussehen? Probiert aus. Beachtet dabei die Unterschiede zwischen den Textsorten.

6 Untersucht Inhalt und Wirkung von Texten aus verschiedenen Ressorts einer Zeitung.

▶▶ **Seite 234**
Reportage
LS „Umgang mit Medien – Zeitung"

▶▶ **Seite 231 ff.**
Texte in einer Zeitung
LS „Umgang mit Medien – Zeitung"

▶▶ **CD-ROM | dp3**
LS „Informieren – Berichten – Beschreiben"

„Wie verhält sich das genau?“ – Sachtexte erschließen, Inhaltsangaben verfassen

Engere Anbindung

Die spektakuläre Bahnstrecke nach Tibet ist fertig.

■ **Petra Kolonko.** LHASA, im November. Noch wirkt sie wie vom Himmel gefallen, die Lokomotive, die auf einem Gleis vor Tibets Hauptstadt Lhasa steht. Und auch der neue Bahnhof, der weitab der Stadt in ein Flussbett gebaut wurde, mutet in seiner leeren Umgebung noch unwirklich an. Doch der Zug ist tatsächlich auf Schienen bis nach Lhasa gekommen, und der Bahnhof hat erste Fahrgäste gesehen. Die höchste Eisenbahnstrecke der Welt ist fertig; Tibet ist an das Netz der Volksrepublik angebunden. Die chinesische Regierung bejubelt den Sieg des Fortschrittes, die Exil-Tibeter fürchten dagegen eine neue Bedrohung der tibetischen Kultur und die Ausbeutung tibetischer Reichtümer durch China.

■ Der Bau der Eisenbahn von Golmud in der chinesischen Provinz Qinghai bis nach Tibet ist eine technische Meisterleistung, die von Arbeitern und Ingenieuren unter schwierigsten Bedingungen erbracht wurde. 1142 Kilometer ist die Strecke lang, dagegen führen 960 Kilometer über eine Höhe von mehr als 4000 Metern. Der Welt höchster Bahnhof wurde hier gebaut, in Tanggula, auf 5068 Metern. Auf fast der Hälfte der Strecke musste die Bahn auf Dauerfrostboden gebaut werden.

■ Als die Strecke vor der geplanten Zeit fertiggestellt wurde, bemühte sich eigens der stellvertretende chinesische Ministerpräsident Huang Ju nach Lhasa, um Glückwünsche auszusprechen. Die chinesische Führung liebt Prestigeobjekte. Umgerechnet 3,3 Milliarden Euro lässt Peking sich diese Bahn kosten, eine gewaltige Summe für die Anbindung einer dünnbevölkerten Provinz. Tibet hat nur 2,5 Millionen Bewohner. Jetzt wird die Strecke getestet. Der Güterverkehr soll im nächsten Sommer beginnen, Passagiere sollen von Juli 2007 an fahren.

In Lhasa hängen Poster mit Bildern der Eisenbahn und fröhlichen Tibetern. Ein Schlager ist auf die Bahn gedichtet worden, der von der tibetischen Radio- und Fernsehstation gern und oft gesendet wird. Man versucht, den Bewohnern von Lhasa die neue Strecke mit der Aussicht auf Wirtschaftswachstum schmackhaft zu machen. Am Bahnhof, der etwa drei Kilometer außerhalb der Stadt liegt, soll ein modernes neues Stadtviertel entstehen, Grundstückspreise seien bereits gestiegen, erzählen Bewohner. Bis jetzt allerdings dürfen ausländische Besucher den vielgerühmten Bahnhof nur aus der Ferne betrachten.

■ Derzeit ist Tibet auf dem Landweg über Straßen aus den Provinzen Sichuan, Qinghai und Yunnan zu erreichen. Die meisten Touristen kommen mit dem Flugzeug. Die Eisenbahn-Fahrkarten werden, so erwartet man, deutlich billiger sein, weil die chinesische Regierung sie subventionieren wird. Es gibt in Lhasa aber auch skeptische Stimmen. Bewohner befürchten, dass nur noch mehr Chinesen auf der Suche nach Arbeit nach Tibet kommen würden und damit die Konkurrenz um die wenigen Arbeitsplätze noch größer wird.

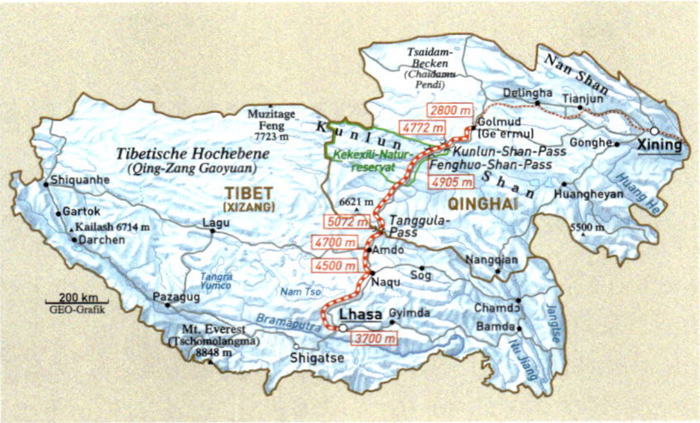

■ Tatsächlich ist es schwer, sich vorzustellen, dass sich in Tibet vieles schnell ändern wird. Hier geht alles langsamer voran als in anderen Teilen Chinas. Das liegt nicht nur an der chinesischen Politik, die sich in den vergangenen zehn Jahren von einer Besatzungspolitik zu einer Art Entwicklungspolitik geändert hat. Es liegt auch an den klimatischen und geografischen Bedingungen.Es kommen zwar Einwanderer, aber wegen der Härte des Klimas und der Höhe gehen sie nach ein paar Jahren wieder.

■ Der ganze Warentransport von und nach Tibet, der bisher mühsam auf Lastwagen über schlechte Landstraßen erfolgte, könnte bald über die Eisenbahn abgewickelt werden, heißt es optimistisch bei der Planungskommission der Region. Die Eisenbahn werde auch zur weiteren Öffnung Tibets beitragen. Man weist hier Einwände zurück, nach denen nur auswärtige Mitarbeiter an der Eisenbahn mitgewirkt und verdient hätten.

■ Mit dem Bau der Bahn war im Jahr 2001 begonnen worden, von Anfang an war sie umstritten. Die Exil-Tibeter, die mit dem Dalai Lama in Indien leben, und ihre Unterstützergruppen in Europa und Amerika befürchten böse Absichten. Nicht nur Touristen werde die Bahn nach Tibet bringen, sondern noch mehr Einwanderer aus anderen Teilen Chinas. Das werde zu einer weiteren Überfremdung und Verdrängung der Tibeter in ihrem Heimatland führen. Außerdem könne die Eisenbahn auch zum Truppentransport und zur logistischen Unterstützung der chinesischen Soldaten, die auf dem Dach der Welt stationiert sind, genutzt werden. Die Bahn kostet mehr, als China in 50 Jahren für Krankenhäuser und Schulen in Tibet ausgegeben hat.

■ Dass die Eisenbahn dazu dienen soll, tibetische Ressourcen aus der Region zu transportieren, wie die Exil-Tibeter kritisieren, wird von der chinesischen Verwaltung nicht bestritten. Die Bahn soll aber noch eine ganz andere Verbindung schlagen. Lhasa ist nur ein Anfang. Eine Strecke nach Shigatse und Linzhi ist geplant. Von dort aus soll es noch weiter gehen. Als nächstes ist eine Eisenbahnstrecke bis zum Grenzposten Yadong an der indischen Grenze vorgesehen.

Frankfurter Allgemeine Zeitung, 14.11.2005

1 Lest den Text über die Bahnstrecke nach Tibet genau und notiert zu jedem Abschnitt die wesentlichen Aussagen.

2 Der Bericht geht auf beide Seiten des umstrittenen Projektes ein. Nennt die Argumente der beiden Parteien und besprecht sie. Ihr könnt dazu auch euer Wissen aus dem Kapitel „Fern von Tibet“ in deutsch.punkt 3 einbeziehen.

3 Entnehmt dem Bericht alle sachlichen Informationen, die ihr über das Projekt erhaltet. Fasst eure Ergebnisse in einer Inhaltsangabe zusammen.

„Und warum ist das so?“ – Einen Zeitungsartikel schreiben

An die Harken, fertig, los!

Stadtentwicklungsverwaltung startet die Aktion „Rettet unsere Kastanie!“ gegen die Miniermotte. Das Einzige, was hilft, ist Fegen.

■ **Annette Kögel.** Zwischen all dem gelben, roten und beigefarbenen Herbstlaub fallen die bräunlichen Kastanienblätter nicht mehr so unangenehm auf. Doch wer ein Blatt in die Hand nimmt und den braunen Fraßgang aufschneidet, kann die fünf Millimeter kleine Puppe der Miniermotte gut erkennen. Diesem Schädling wollen Stadtentwicklungsverwaltung, Berliner Stadtreinigungsbetriebe (BSR) und die Gartenbauämter jetzt wieder zu Leibe rücken: mit der Fegeaktion „Rettet unsere Kastanie!“ Am Mittwoch nahm die Senatorin für Stadtentwicklung, Ingeborg Junge-Reyer (SPD), an der Kastanienallee im Tiergarten demonstrativ die Harke in die Hand.

■ Seit Ende der 90er gehört die „cameraria ohridella“ leider auch zum Berliner Stadtbild: der aus Osteuropa zugeflogene Schmetterling, dessen Larve sich jedes Jahr in bis zu vier Mottengenerationen durchs Grün der 48 000 weiß blühenden Rosskastanien am Straßenrand frisst. Der Schmarotzer erzeugt aber nicht nur ein optisches Problem. Die Bäume können weniger Sauerstoff produzieren, Schatten spenden, Schadstoffe aufnehmen, verlieren Saft und Kraft. Und noch immer gibt es kein Mittel gegen den Mini-Schädling. Das Einzige, was hilft: Laub sammeln und entsorgen – und zwar bis zum letzten im Dezember fallenden Blättchen.

■ Denn in jedem Blatt überwintern bis zu 20 Puppen, und sie überstehen sogar Frostgrade bis zu dreißig Grad minus. „Wenn das Laub sorgfältig gesammelt wird, gelingt es aber, den Befall zum Frühjahr um zwei Drittel zu reduzieren“, sagt Frau Junge-Reyer. Das Laub wird in Brandenburg bei mindestens 55 Grad kompostiert, um die Motte abzutöten. Die Firma Ströer stellt nun wieder berlinweit Flächen im Wert von 200 000

Euro zur Verfügung, auf 660 Plakaten werden die Berliner aufgefordert mitzutun. Wenig Sinn macht es, auf den großen Straßen zu fegen – hier ist die BSR im Zwei-Schicht-Betrieb unterwegs. Auch ABM- und Ein-Euro-Jobber werden helfen. Doch gerade in den „C-Straßen“ – unbefestigte Wege in den Außenbezirken, in denen die Anrainer keine BSR-Gebühren zahlen – ist Engagement der Anwohner gefragt. Zudem sollten Berliner in Hinterhöfen zur Harke greifen. Wer in Grünanlagen fegt, sollte dem Gartenbauamt Bescheid sagen. Viel Einsatz bringen Schulen und Kitas – die Bildungsverwaltung hat sie gerade mit wichtigen Infos per Rundschreiben versorgt.

■ Unterdessen forscht das Pflanzenschutzamt weiter zu Mitteln gegen die Motte. Besonders erfolgversprechend sind Sexuallockstoffe in Fallen mit tödlichem Gift sowie die Schlupfwespe als natürlicher Fraßfeind. Doch schon machen den Naturkundlern weitere Phänomene Sorgen: Die Linde ist von der Linden-Miniermotte bedroht. Und, noch schlimmer: von der wolligen Napfschildlaus. Die kann man noch nicht mal wegfegen, weil sie den Baum an der Rinde aussaugt.

Der Tagesspiegel vom 27.10.2005

1 Was ist der konkrete Anlass für das Erscheinen des Artikels?

2 Fasst die Informationen zusammen, wie die Stadtentwicklungsverwaltung das Problem beheben will.

3 Um was für eine Textsorte handelt es sich bei diesem Zeitungsartikel? Weist die Merkmale an einzelnen Textstellen nach.

Ladenöffnungszeiten

Schließung eines Kindergartens/eines Robinson-Spielplatzes

Umstrittener Umbau des Jugendheims

Ein neues Rathaus für die Bürger

Verlegung der Skaterbahn

Bau einer Umgehungsstraße

Schließung eines Gymnasiums

Förderverein hilft aus der Klemme

Grünflächen an den Schulen

4 In jeder Stadt, jeder Kommune gibt es zahlreiche Vorfälle, über die Bürgerinnen und Bürger diskutieren.
Wählt ein Thema aus, zu dem ihr einen Artikel schreiben wollt, und schlüpft in die Rolle des Reporters bzw. der Reporterin.

5 Stellt die Informationen zusammen, bewertet und ordnet sie. Formuliert einen ansprechenden Artikel für die Schülerzeitung oder eine örtliche Zeitung.

Impulse zur Weiterarbeit

- Ihr könnt über gewisse Zeit ein Zeitungslesetagebuch führen, in dem ihr für jeden Tag euren Lieblingsartikel einklebt und dazu vermerkt, in welchem Ressort er erschienen ist und warum ihr ihn wichtig oder interessant fandet.

- Ihr könnt für die Dauer des Zeitungsprojektes Expertenteams bilden. Diese sammeln je nach Interessengebieten Zeitungsartikel zu verschiedenen Themen und stellen diese in einer Wandzeitung dar.

- Ihr könnt in kleinen Gruppen eine Lernkartei aufbauen, in der ihr Fachbegriffe und deren Definitionen aus den verschiedenen Ressorts sammelt und für alle zur Verfügung stellt.

- Ihr könnt eine große Weltkarte aushängen und Markierungen an den Orten anbringen, von denen eine Zeitung im Laufe einer Woche, eines Monats … berichtet.

- Ihr könnt eure eigene Zeitungsseite mit einem eigenen Zeitungskopf, eigenem Layout usw. entwerfen.

- Ihr könnt eine Rezension zu einem Theaterstück oder einen Kommentar zu einem besonderen Ereignis schreiben.

Schönheit – Lust oder Frust? – Vielerlei Texte

Wer schön sein will, muss leiden, sagt eine Redensart. Leiden für die Schönheit oder gar leiden an der Schönheit? Gut auszusehen und bei anderen gut anzukommen ist wichtig, und Schönheit spielt eine entscheidende Rolle für das Selbstbewusstsein und das Selbstwertgefühl.
Schönsein wird oft zu einem schwierigen Balanceakt zwischen persönlichen und gesellschaftlichen Idealen – bei Mädchen wie Jungen.

Im Einzelnen

- sollt ihr darüber nachdenken, was Schönheit bedeutet
- erfahrt ihr, was ein Schönheitsideal ist und wer dieses Ideal entwirft
- erkennt ihr, wie unterschiedlich das Schönheitsempfinden sein kann
- soll euch klar werden, dass das Ringen um das Schönsein auch krankmachen kann

Schönheit – Was ist das für euch?

Nico (14)

Ich finde es ganz gut, wenn man weder zu dick noch zu dünn ist. Bei Männern finde ich einen Bierbauch total schlimm. Und wenn jemand zu behaart ist, finde ich das auch schrecklich. Ein richtiges Vorbild habe ich nicht. Manchmal sehe ich jemanden in einer Zeitschrift oder so, dann denke ich: „So würde ich auch gern aussehen." Aber jemanden wie Schwarzenegger finde ich übertrieben. Man muss ja nicht jeden Muskel einzeln sehen. Es soll halt ästhetisch wirken und das tut Schwarzenegger nicht. Seine Figur finde ich extrem. Ich mache morgens vor der Schule Übungen, um meine Muskeln aufzubauen. Ich mache erst einmal 30 Liegestütze und so 150 Sit-Ups. Manchmal mache ich auch etwas mit dem Bauchtrainer. Und abends mache ich das auch, aber dann trainiere ich länger. Da habe ich ja mehr Zeit. Das mache ich, um Muskeln zu kriegen. Außerdem macht es mich morgens wach. Die Muskeln kann man auch sehen. Ich bin ganz zufrieden mit mir, wenn ich in den Spiegel gucke. Wenn ich mal nicht trainiert habe, sehe ich das aber auch. Dann denke ich, dass ich am nächsten Morgen wieder früher aufstehen und was tun muss. Für mich ist es schon wichtig, gut auszusehen. Ich achte auch bei den Klamotten drauf. Natürlich muss ich nicht immer die teuersten Sachen haben. Aber manchmal will man etwas gerne haben. Dann spare ich da auch dafür. Ich trage Zeitungen aus, und davon kann ich mir dann Klamotten kaufen.
Ich finde, dass Schönheit aber auch was ist, das mit dem Charakter zu tun hat. Wenn man lächelt oder viel lacht, wirkt man schöner, als wenn man immer ernst ist. Ich fand auch schon einmal ein Mädchen toll, das ich am Anfang gar nicht so hübsch fand. Aber nach einer Weile fand ich sie dann schon ganz gut aussehend, weil sie eben sehr nett war.

Angelina (13)

Ich bin ziemlich zufrieden mit mir, wie ich aussehe. Klar, ein paar Kleinigkeiten könnten immer besser sein. Aber eigentlich finde ich mich völlig in Ordnung, so wie ich bin. Ich glaube, dass Schönheit auch viel damit zu tun hat, wie man ist. Ob man nett ist oder ein Biest. Ich suche mir meine Freundinnen ja auch nicht danach aus, ob sie schön sind, sondern ob sie nett sind. Ist mir doch egal, wie sie aussehen. Und umgekehrt ist es genauso.
Ich finde es wichtiger, Spaß zu haben und zufrieden zu sein, als schön zu sein. Eine Diät oder so habe ich noch nie gemacht, und ich glaube auch nicht, dass ich eine machen würde. Das bringt ja nichts.

Ich habe ein ziemlich gutes Selbstbewusstsein, glaube ich. Wahrscheinlich liegt das daran, dass ich schon mein halbes Leben lang Karate mache. Ich habe damit angefangen, als ich sechs war. Ich glaube, deshalb bin ich ziemlich ausgeglichen und so. Und es ist ein gutes Gefühl zu wissen, dass man sich damit verteidigen kann. Ich fühle mich stark dadurch.
Klar, es gibt mal Tage, da stehe ich vorm Spiegel und dann gefällt mir irgendetwas nicht an mir. Meistens ist das dann, wenn der Tag schon komisch angefangen hat oder in der Schule etwas passiert. Aber ich weiß, dass das wieder vorbeigeht. Ich versuche dann, etwas zu machen, was mir Spaß macht. So kriege ich wieder bessere Laune. Ich spiele dann was oder treffe mich mit einer Freundin. Das bringt mir viel mehr, als schlecht gelaunt vor dem Spiegel zu stehen. Zum Glück habe ich das aber sowieso nicht oft.

Erika Berzina

ich bin so jung

ich bin so jung
mein gesicht ist faltenlos
ich habe keine angst vor cellulitis
mein bauch ist glatt
meine hüften knabenhaft schmal
die haare glänzen von pro-vitamin
die lippen feucht
die zähne ebenmäßig
die brüste fest
wie golfbälle
die beine unbehaart
morgens trinke ich saft
und abends wein
gewissenhaft zerkaue ich jeden bissen
vor dem schlucken
ich trage keine kontaktlinsen
meine augen sind strahlend blau
aber weißt du
ich habe kein herz

1 Nico und Angelina äußern sich dazu, was sie persönlich als schön empfinden. Beschreibt, was die beiden unter Schönheit verstehen.

2 Welches lyrische Ich spricht in dem Gedicht „ich bin so jung" von Erika Berzina?

3 Das lyrische Ich schließt die Selbstbeschreibung mit den Worten „ich habe kein herz". Was könnte damit gemeint sein?

4 Stellt euch vor, ihr seid ein Freund oder eine Freundin des lyrischen Ichs. Schreibt einen Brief, in dem ihr auf die Probleme der Person eingeht.

5 Verfasst eine Definition zur Frage „Schönheit, was ist das?". Tragt die Texte im Plenum vor und diskutiert über die Gemeinsamkeiten und Unterschiede eurer Definitionen.

Schönheitsideale – Wer sagt, was schön ist?

Macht Symmetrie Menschen anziehend?

Ein ausgewogenes Gesicht – Ein gutes „Aushängeschild"

Von Stefan König.

■ „Schönheit ist ein offener Empfehlungsbrief, der die Herzen im Voraus für uns gewinnt", meinte einmal der Philosoph Arthur Schopenhauer. Aber auch die Ergebnisse der wissenschaftlichen Psychologie lassen kaum noch Zweifel daran, dass gut aussehende Menschen viele Vorschusslorbeeren genießen und in zahlreichen Situationen Vorteile erfahren. Neueste Befunde bestärken jetzt auch die Vermutung, dass das Wesen der „schönen Schale" überall in der Natur – von der Fruchtfliege bis zum Homo sapiens – durch Symmetrie bedingt ist.

■ Wenn ein Mensch, zum Beispiel bei der Partnerwahl, besonders auch das äußere Erscheinungsbild berücksichtigt, stellt sich für die Wissenschaft die Frage, welche Merkmale dieses Bild denn eigentlich so anziehend machen. Auf der Suche nach einer Antwort darauf haben Wissenschaftler um Karl Grammer von der Forschungsstelle für Humanethologie der Max-Planck-Gesellschaft in Andechs 50 Männern Phantomgesichter von Frauen zur Beurteilung vorgelegt. Diese Konterfeis waren von einem Computer durch Übereinanderkopieren von 16 verschiedenen Porträtfotos erstellt worden.

■ Der Trick mit den „Durchschnittsgesichtern" geht auf den britischen Wissenschaftspionier Francis Galton zurück, der im 19. Jahrhundert die Bilder von Strafgefangenen überlagerte. Er wollte die typische „Verbrechervisage" finden. Das ging gründlich schief, da die „Kompositionen" weniger kriminell wirkten als die Vorlagen.

■ Auch die Forscher in Andechs machten diese Beobachtung: Ihre Gesichtsmixtur schnitt im „Schönheitswettbewerb" besser ab als die einzelnen Normalgesichter. Der Gefallen an den Durchschnittsgesichtern kann mehrere Ursachen haben, meinen die Wissenschaftler. Einmal gehen bei der Überlagerung alle Besonderheiten verloren, mit denen viele Gesichter vom „Standard" abweichen. Solche auffallenden Merkmale könnten aber ihrerseits ein Anzeichen für eine besondere erbliche Belastung sein. Da Lebewesen bestrebt sind, sich mit Trägern von möglichst wertvollen Erbanlagen zu vermehren, würden diese Mängel ein unvorteilhaftes „Aushängeschild" darstellen.

Es kann aber auch sein, dass Menschen bei der Partnerwahl unterbewusst einen „Prototyp“ anstreben, einen „idealen Typus“.

■ Schließlich können „aufsummierte“ Gesichter auch deshalb anziehender wirken, weil sie besonders symmetrisch sind. Aus der Biologie ist bekannt, dass die Erbanlagen (Gene) von durchschnittlichen Mitgliedern einer Art einen höheren Anteil von heterozygoten Allelen aufweisen, die sich in der belebten Natur auch in einem erhöhten Grad an Symmetrie bemerkbar machen. Das bedeutet, dass [...] der Träger dieser Allele leichter neue, von der Norm abweichende Schutzproteine des Immunsystems produzieren und sich damit wirkungsvoller gegen Krankheitserreger abschirmen kann. Eine viel beachtete Theorie geht davon aus, dass der geheime Sinn der sexuellen Fortpflanzung darin besteht, mit hohem Tempo Vielfalt zu erzeugen und im „Rüstungswettlauf“ mit Parasiten und Keimen immer einen Schritt voraus zu sein. Symmetrische, ebenmäßige Gesichter könnten aus diesem Grund Indikatoren für gute Gesundheit und damit besonders attraktiv sein.

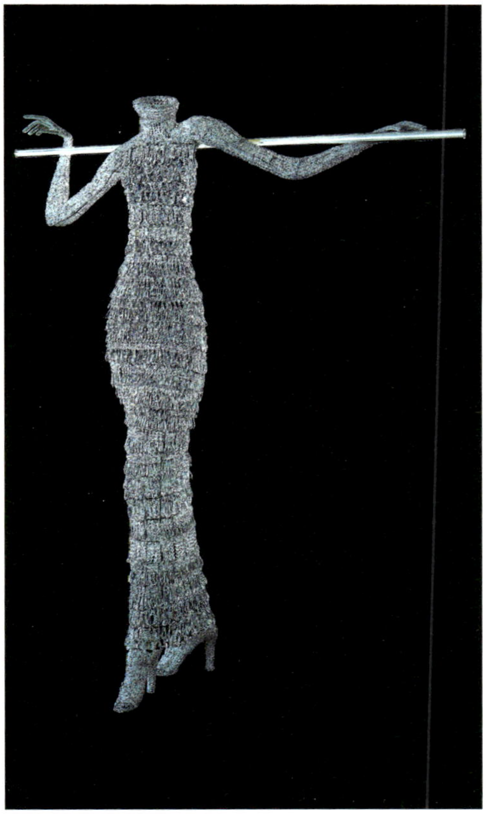

Justen Ladda, Dress II (1999)

1. Lest den Text und notiert euch aus jedem Abschnitt den Hauptgedanken.
2. Gebt mit eigenen Worten wieder, was ihr aus dem Sachtext über das Thema „Schönheit“ erfahrt.
3. „Körper machen Leute“. Diskutiert diese Aussage ausgehend vom Objekt „Dress II“.

Schönheit – Eine Frage der Perspektive?

Ingrid Kötter

Nasen kann man so und so sehen

Es ist fast 20 Uhr, als Onkel Thomas aus Kanada zu Besuch kommt. Er will sofort Irina begrüßen.

„Warte einen Augenblick!“, bittet die Mutter. „Irina ist jetzt vierzehn. Das ist ein schwieriges Alter. Um 20 Uhr ist eine Klassenfete. Mal will sie hingehen, dann wieder nicht. Sie hat fürchterliche Laune.“

Irina steht in ihrem Zimmer vor dem Spiegel.

In letzter Zeit steht sie oft dort.

Mürrisch betrachtet sie ihr Gesicht von allen Seiten. „Diese Nase!“, flüstert sie. „Diese entsetzlich große Nase! Eine Nase wie Manuela müsste man haben.“

Alle Jungen in Irinas Klasse sind hinter Manuela mit der niedlichen Stupsnase und dem albernen Gekicher her.

Mit verbissenem Gesicht kratzt Irina an einem Pickel herum, befühlt eingehend ihre Nase und stöhnt. An manchen Tagen ist es wie verhext. Da kommt einfach alles zusammen: Zwei neue Pickel, davon einer mitten auf der großen Nase, die dadurch natürlich erst recht unangenehm auffällt. Und dann noch Onkel Thomas. Irina hat ihn mindestens drei Jahre nicht gesehen. Onkel Thomas ist Mutters jüngster Bruder. Er ist 23 Jahre alt, lebt in Kanada und hat die dämliche Angewohnheit, Irina bei jedem Wiedersehen hochzuheben und abzuküssen.

„Ich mag diese Küsserei nicht“, sagt Irina zu ihrem Spiegelbild, geht zur Zimmertür und will sie abschließen. Das macht sie in letzter Zeit oft, wenn Besuch kommt, den sie nicht ausstehen kann.

„Sei nett zu meinem Lieblingsbruder! Er kommt extra aus Kanada“, hat die Mutter gesagt.

Irina denkt an den schlaksigen, pickeligen Jüngling, sie denkt: „Von mir aus kann der vom Mond kommen.“ Sie will den Schlüssel im Schloss herumdrehen. – Zu spät! Onkel Thomas steckt seinen Kopf zur Tür herein: „Hallo, kann ich reinkommen?“ Schon ist er im Zimmer.

Sieht echt gut aus, der Typ. Hat mächtig breite Schultern gekriegt. Und dann der Bart! Mensch, hat der sich verändert. Er hebt Irina nicht hoch, er küsst sie nicht ab. Er sieht mit ihr zusammen in den Spiegel, staunt, haut ihr kräftig auf die Schultern und sagt: „Meine Güte, du bist ja eine richtig hübsche junge Dame geworden!“

„Ach was! Quatsch keinen Käse!“, sagt die junge Dame und hält ihr Gesicht ganz dicht vor die Spiegelscheibe. „Sieh dir diese Pickel an und dann meine Nase!“

„Pickel hatte ich in deinem Alter auch“, sagt Onkel Thomas. „Siehst du noch welche? Und was deine Nase betrifft, tröste dich! Du bist erst vierzehn. Du und deine Nase, ihr wachst ja noch.“

Irina reißt entsetzt die Augen auf. „Wächst noch? Meine Nase? – Alles! Bloß das nicht!“

Sie betrachtet sich im Spiegel. Ihre Augen füllen sich mit Tränen.

„Na, na!“, sagt Onkel Thomas. „Ich finde deine Nase ja schon fast richtig, aber noch ein wenig zu klein.“

„Zu klein????“ Irina wischt sich eine Träne ab und sieht ungläubig in den Spiegel.

„Na ja“, meint Onkel Thomas. „Man kann Nasen so und so sehen. Es kommt wohl auf den Betrachter an.“

„Wie siehst du es denn?“

„Also, wenn du mich fragst, ich kann zum Beispiel Frauen mit Stupsnasen nicht ausstehen. Kleine Mädchen mit Stupsnasen, na gut. Aber Frauen mit Stupsnasen sind für mich einfach unmöglich. Viel zu niedlich. Zu puppig. Keine frauliche Ausstrahlung. Magst du etwa Stupsnasen?“

„Ich? – Nein. – Eigentlich nicht.“ Irina strahlt ihren Onkel an, fällt ihm um den Hals und küsst ihn ab. „Oh, Onkel Thomas! Wenn du wüsstest! Du bist prima! Kannst ruhig mal wieder vorbeikommen! Tschüs! Ich muss weg. Wir haben jetzt ’ne Klassenfete.“

1 Warum entscheidet sich Irina schließlich, doch zur Klassenfete zu gehen?

2 Wer bestimmt, was Schönheit ist? Tauscht eure Ansichten und Erfahrungen dazu aus.

Schrecklich schön – schön schrecklich (1)

Gerhard Eikenbusch

Und jeden Tag ein Stück weniger von mir

Eigentlich scheint in Fraukes Leben alles in Ordnung zu sein: Sie besucht die achte Klasse eines Gymnasiums, ist eine gute Schülerin und bereitet auch ihren Eltern keinerlei Sorgen, bis sie plötzlich im Biologieunterricht zusammenbricht und für einen Tag zur Untersuchung ins Krankenhaus muss. Da keine ernsthafte Erkrankung festzustellen ist, wird Frauke am nächsten Tag wieder nach Hause entlassen.

„Endlich!", Frauke wirft ihre Tasche aufs Bett, klatscht in die Hände. „Endlich wieder in meinem Zimmer."

„Du warst doch nur eine Nacht fort." Frau Wanter packt die Tasche aus, wirft die dreckige Wäsche in einen Korb. Frauke betrachtet die Andenken und Erinnerungsstücke auf dem Wandregal.

Ballettschuhe. Muscheln aus der Nordsee. Ein Halfter. Ehrenurkunde der letzten Bundesjugendspiele. Postkarten aus Italien, Frankreich, Österreich. Eine kleine Puppe. Stofftiere. Ein Poesiealbum.

Alles ordentlich aufgebaut. Jeder Gegenstand hat seine Geschichte. Frauke könnte erzählen, wie sie ihre Mutter immer wieder angebettelt hat, zur Ballettschule gehen zu dürfen. Wie stolz sie war, als sie endlich die Ballettschuhe geschenkt bekam. Und wie enttäuscht, als sie nach ein paar Übungsstunden von der Mutter hören musste. ‚Es passt nicht zu dir. Du bist nicht zart genug fürs Ballett.' Oder die Erinnerung an die kleine Puppe. Letztes Jahr hat sie die Puppe wegwerfen wollen – einfach in den Müll, das abgegriffene Ding. Da wollte ihre Mutter sie haben, erzählte immer wieder die Geschichten von damals: Nie sei Frauke ohne ihre geliebte Puppe eingeschlafen, die ihr Vater ihr von einer Geschäftsreise mitgebracht hatte. Ihre Mutter hatte die Puppe nie leiden können, sie immer wieder versteckt.

„Grüß dich", sagt Frauke zu ihrer Puppe, winkt dem Pferdeposter über dem Bett zu, „grüß dich." [...]

„Kommst du, es gibt Abendessen!", bittet ihr Vater. „In Ordnung."

Frauke schließt die Tür, legt sich auf den Teppich, dreht sich und bleibt still liegen. Das gehört mir. Sie kriegen mich nicht. Nie im Leben.

„Möchtest du etwas Salat?"

„Ich habe in der Klinik schon zwei Becher Heringssalat gegessen!"

„Furchtbar!" Ihre Mutter ekelt sich. „Dieses Abfallzeug. Iss bitte vom frischen Salat. Der ist in der Sommerzeit besonders wichtig. Du brauchst Vitamine."

Frauke schiebt den Teller zur Seite.

„Ich habe letzte Nacht keine Minute geschlafen, Frauke. Habe mir große Sorgen um dich gemacht. Was tust du uns nur an!"

„Das ist die Pubertät. Das kommt und geht auch wieder vorbei."

„Du willst uns nur Sorgen machen", sagt Frau Wanter erschöpft, wischt sich die Lippen mit der Damastserviette ab.

„Fraukeschatz“, beginnt Herr Wanter ruhig, „wir müssen Klarheit gewinnen. Ich möchte nicht, dass du dich in der Schule übernimmst und dich quälst. Wenn du es nicht schaffst oder willst, musst du eben zur Hauptschule gehen und machst später eine Ausbildung. Vielleicht eignest du dich doch besser für einen praktischen Beruf.“ Herr Wanter wartet auf Fraukes Widerspruch und Empörung.

[…] Frau Wanter atmet tief durch, streicht über die Tischdecke. „Ist das der Dank für unsere Arbeit?“, fragt sie. „Jetzt, wo du in die neunte Klasse kommst und das Schlimmste vorbei ist, sollen wir aufgeben?“

„Vielleicht sollte sie wirklich zur Hauptschule …“, wirft Herr Wanter ein.

„Nein“, unterbricht Frau Wanter ihren Mann, „nein, was sie jetzt abbricht, das wird nie wieder was.“

Herr Wanter fährt mit der Zunge über seine Lippen. „Frauke, was ist? Was meinst du dazu?“

„Ich gehe morgen wieder zur Schule. Weiß gar nicht, was ihr habt.“

Frau Wanter hält einen Augenblick inne, blickt dann ihren Mann an. „Früher war sie anders“, sagt sie. Frauke weiß, was ihre Mutter jetzt erzählen wird.

Dass Frauke ein pflegeleichtes Kind gewesen ist. Dass sie immer ihren Eltern gehorcht hat. […]

„Wir haben noch einmal Glück gehabt“, sagt Herr Wanter erleichtert. „Meine Tochter wirft die Flinte nicht ins Korn, die ist zäh.“

„Sie ist sensibel, kommt mehr auf mich heraus“, erwidert Frau Wanter.

„Streitet euch nicht, es ist alles in Ordnung. Ich bin wieder hier und bin gesund. Und jetzt muss ich die Schultasche noch packen“, sagt Frauke, gibt ihren Eltern die Hand, wünscht ihnen eine Gute Nacht. Sie nimmt mehrere Treppenstufen auf einmal, mit ein paar Schritten ist sie oben in ihrem Zimmer, holt gleich die Waage unter ihrem Bett hervor, stellt sich behutsam darauf, schaut auf die Anzeigescheibe, bückt sich, um genau ablesen zu können.

Sechsunddreißig Kilo. Damals wog sie zweiundfünfzig Kilo. Vor einem Jahr noch. Vor einem halben Jahr noch knapp fünfzig. Wie sie damals ausgesehen hat! Fettstirn. Pickel. Polster an den Hüften. Dicke Beine.

Sie geht ins Badezimmer, beugt sich über die Toilette, steckt den Zeigefinger zitternd in den Mund, bis das Kribbeln kommt, das Kitzeln. […]

Unten spricht Herr Wanter laut, tritt heftig auf. Ein dumpfer Stoß. Frau Wanter läuft aus dem Wohnzimmer, schlägt die Tür zu.

Nicht hinhören. Ich will sie nicht mehr sehen. Ich halte sie nicht mehr aus. […]

Sie schaut in den Spiegel, wäscht ihr Gesicht mit kaltem Wasser, putzt ihre Zähne, trinkt einen kleinen Schluck Mundwasser. Dann geht sie in ihr Zimmer, legt sich auf den Boden, macht Liegestütze. […] Fünfmal. Zehnmal. Ihr Herz rast. Sie spürt sich lange nicht mehr. Was eben geschah, ist lange vorbei.

1. Bei ihrer Rückkehr nimmt Frauke bewusst einzelne Gegenstände in ihrem Zimmer wahr. Was sagen diese über Fraukes Person und ihre Beziehung zu ihren Eltern aus?

2. Versucht zu erklären, warum Frauke Essstörungen hat.

Schrecklich schön – schön schrecklich (2)

Aus dem Gefühl, versagt zu haben, schweigen sie.

Bei jedem 10. Jungen: Bulimie/Magersucht

Von Katja Freier und Elena Hackenbracht, Klasse 9a, Realschule Bad Berleburg

■ **Bad Berleburg.** Es ist erschreckend – nicht nur Mädchen leiden unter Essstörungen, auch immer mehr Jungen hungern bis zum Erbrechen.

Fast jedes Mädchen (zwischen 14 und 20 Jahren) hat schon mindestens eine Diät hinter sich. Aber was so harmlos mit einer Diät beginnt, kann oft mit Magersucht oder Bulimie enden. Was bisher als reine Mädchenkrankheit galt, ist heute auch unter Jungen an der Tagesordnung. Das bedeutet im Klartext: Jeder vierte Mann hat schon eine Diät gemacht und jeder zehnte hungert regelmäßig. Doch die wenigsten reden darüber oder tun etwas dagegen. Aus Angst, aus Scham und aus dem Gefühl, versagt zu haben, schweigen sie ihre Krankheit einfach tot.

Jungen wie Mädchen nehmen größte Anstrengungen auf sich, um dünn und damit in ihren Augen liebenswert zu werden. Teilweise hungern sie sich bei der Magersucht zu Tode, und sogar Abführmittel und Appetitzügler sind auch unter Jungen keine Tabus mehr. Jeder fünfte Junge leidet an exzessiven Fressattacken, bei denen schon mal vier Pizzas, zwei Salate und ein Tiramisu auf einen Schlag verdrückt werden. Um dennoch schlank zu sein, stecken sie sich danach den Finger in den Hals und verlieren dabei zwischen 5000 und 15000 Kalorien. [...] Bulimiker haben bis zu zehn solcher Fressattacken am Tag.

Nach einer exzessiven Fress-Attacke, die zum Krankheitsbild zählt, wird der Finger in den Hals gesteckt.

Doch nicht nur superdünne Models und durchtrainierte Schauspieler setzen einen unter Druck – auch im Sport heißt es oft: je leichter, desto besser. Doch beim Thema Essstörungen geht es eigentlich nicht ums Essen. Essstörungen sind vielmehr der Ausdruck seelischer Probleme.

Ähnlich wie essgestörte Mädchen fühlen sich essgestörte Jungen zu dick, auch wenn sie längst unter ihrem Normalgewicht liegen.

Jugendliche mit Essstörungen kommen oft aus Familien, in denen ihnen keine Sicherheit, Geborgenheit, kein Vertrauen und keine klaren Linien gegeben wurden. Familien also, in denen Konflikte nicht offen ausgetragen, sondern unter den Tisch gekehrt werden. Kinder aus solchen Familien leiden häufig unter einem geringen Selbstwertgefühl. Sie glauben, dass sie von Freunden oder der Familie nicht geliebt werden, weil sie zu dick oder zu hässlich sind. Der Wunsch, dünn, in ihren Augen schön zu sein, ist im Grunde gleichzusetzen mit dem Wunsch, geliebt zu werden. Bei essgestörten Jungen glauben einige Therapeuten, dass sich in manchen Fällen durch die Abwesenheit des Vaters eine enge Bindung zur Mutter entwickelt hat. Der Sohn versucht unbewusst, der Mutter den Ehemann zu ersetzen, indem er besondere Stärke zeigen will.

Zwei Drittel der magersüchtigen Jungen haben sich noch nie richtig in ein Mädchen verliebt. Die meisten gestehen, extreme Angst vor einer Nähe zu einer Frau zu haben. Nicht nur dem Sex wird aus Angst entsagt, sondern auch allem anderen, was mit Lustbefriedigung zu tun hat – und damit eben auch mit dem Essen. Bulimie und Magersucht bei Jungen sind nach wie vor Tabuthemen. Aus Angst vertrauen sich viele Betroffene nicht einmal ihrer Familie oder ihren engsten Freunden an. Essstörungen sind keine Lappalie oder Modeerscheinung, sondern ernst zu nehmende und teils lebensbedrohliche Krankheiten.

Die Spätfolgen reichen von Unfruchtbarkeit über Blutbildveränderungen bis hin zu Zahn- und Haarausfall. Auch die Sterblichkeit nimmt mit der Dauer und Entwicklung zu. Während sie nach vier bis fünf Jahren bei etwa 5 Prozent liegt, liegt sie nach 20 bis 30 Jahren zwischen 15 und 20 Prozent. Der erste Schritt, die Sucht zu besiegen, ist aus seiner Heimlichkeit herauszugehen und sich Hilfe zu holen!

Es gibt viele Beratungsstellen, an die man sich wenden kann, um sich dann von dort an eine Klinik, an einen Arzt oder Therapeuten verweisen zu lassen. Man kann eine ambulante Therapie machen, bei der die Krankenkasse die Kosten übernimmt. Wenn die Eigenmotivation nicht ausreicht, sollte man sich für einen Klinikaufenthalt entscheiden. Eine ambulante Therapie dauert zwischen einem halben und zwei Jahren, bei ein bis zwei Wochenstunden. Ein Klinikaufenthalt dauert etwa zwei bis fünf Monate. Die Chancen, zu einem normalen Essverhalten zurückzufinden, sind gut. Man muss allerdings viel Geduld mitbringen.

1. Was erfahrt ihr aus dem Artikel der Schülerinnen über die Ursachen und Auswirkungen von Essstörungen bei Jungen?
2. An welchen Stellen des Textes wird die Meinung der Autorinnen zu diesem Problem zum Ausdruck gebracht? Belegt das durch Zitate.
3. Informiert euch über die Ursachen und Auswirkungen von Bulimie und Magersucht, indem ihr in Bibliotheken und im Internet recherchiert.
4. Sucht im Internet nach Erfahrungsberichten von Schülerinnen und Schülern, die ihre Essstörungen überwunden haben.

Impulse zur Weiterarbeit

- Untersucht, wie sich Schönheitsideale im Laufe der Zeit gewandelt haben. Dazu könnt ihr eine Wandzeitung erstellen. Nutzt auch Beispiele aus der bildenden Kunst.

- Ihr könnt Sprüche und Redensarten zum Thema „Schönheit" sammeln und sie in Form eines Posters oder einer Wandzeitung präsentieren.

- Ihr könnt Experten oder Expertinnen einladen, die euch weiter über das Thema „Essstörungen" informieren.

- Vielleicht habt ihr Lust, eine Ganzschrift zu diesem Thema zu lesen. Hier einige Lektüretipps:
  - Antonis, Jessica: Hunger nach weniger
  - Arold, Marliese: Völlig schwerelos
  - Eikenbusch, Gerhard: Und jeden Tag ein Stück weniger von mir
  - Feher, Christine: Dann bin ich eben weg
  - Frey, Jana: Luft zum Frühstück

- Bei den folgenden bundesweiten Einrichtungen könnt ihr euch weiter informieren:
  - Bundeszentrale für gesundheitliche Aufklärung, Postfach 910152, 51071 Köln
  - Deutsche Gesellschaft für Ernährung, Postfach 930201, 60457 Frankfurt/Main
  - Dick & Dünn. Beratung bei Essstörungen e.V., Innsbrucker Str. 25, 10825 Berlin

  Auch gibt es zahlreiche lokale Hilfsadressen, die ihr im Internet unter Verwendung der Stichworte „Essstörung", „Bulimie", „Magersucht" findet.

- Ihr könnt eure Mitschüler und Mitschülerinnen durch einen Artikel in der Schülerzeitung für das Thema interessieren.

Europa – Bunte Vielfalt

Ihr wohnt in einem Ort in Deutschland, die Familien eurer Freundinnen und Freunde sind vielleicht aus Italien, in eurer Klasse ist ein Mädchen aus Polen, am Wochenende geht ihr griechisch essen, eure Lieblingsmusik kommt aus England, euer Verein veranstaltet ein Freundschaftsspiel gegen eine belgische Mannschaft, eure Eltern fahren einen französischen Wagen …
Ihr findet gemeinsam sicher noch zahlreiche solcher Beispiele.
In diesem Kapitel lernt ihr verschiedene Gesichter Europas kennen.

Im Einzelnen

- lest ihr eine Sage über den Namen „Europa“
- entnehmt ihr Sachtexten aus Geschichte und Politik Informationen
- befasst ihr euch mit der Sprachenvielfalt in Europa
- untersucht ihr Erlebnisschilderungen in Reiseberichten
- erschließt ihr einen Schülerbericht über den Besuch der Partnerschule

Umgang mit Texten

Eine schöne Frau namens Europa – Eine Sage erschließen

Die Sage erzählt ...

Raub der Europa – pompejische Wandmalerei

Einst erstreckte sich an der Ostküste des Mittelmeeres im heutigen Land Libanon das mächtige Reich von Sidon. Hier herrschte König Agenor. Er hatte eine wunderschöne Tochter namens Europa, die er über alles liebte. Eines Nachts erschienen der jungen Frau im Traum zwei Frauen, von denen jede behauptete, das Mädchen gehöre zu ihr. Die eine, Asien genannt, umarmte Europa zärtlich und sagte, sie habe sie geboren und aufgezogen. Darum müsse sie bei ihr bleiben. Die andere aber, fremd von Aussehen, riss sie aus den Armen der Mutter weg und nahm sie mit sich. Und obwohl das Mädchen sich nach der Geborgenheit der Mutter Asien sehnte, fühlte sie doch, dass sie sich ihrem Schicksal nicht entziehen konnte.

Voller Bangen wachte Europa auf. Sie wusste nicht, was der Traum zu bedeuten hatte. Aber die helle Morgensonne vertrieb ihre Sorgen. An einem so schönen Tag wollte sie sich besonders hübsch kleiden. Sie wählte ein Gewand, das in ihrer Familie schon lange als Brautkleid vererbt wurde. Dann eilte sie mit ihren Freundinnen zu den blumenübersäten Wiesen am Ufer des Mittelmeeres. Da pflückte die eine Narzissen, die andere Hyazinthen. [...] Europa aber stand da, einen Strauß leuchtend roter Rosen im Arm.

Dies sah hoch vom Himmel der Göttervater Zeus, und gerade in dieser Sekunde schoss sein Enkel, der Liebesgott Eros, einen Pfeil auf ihn ab. Da fühlte sich Zeus, der sonst selbst Blitze schleuderte, wie vom Blitz getroffen und verliebte sich in die schöne Königstochter aus Sidon. Hierfür konnte er allerdings auf wenig Verständnis bei seiner Gemahlin Hera hoffen, die aufgrund früherer Seitensprünge ihres Gatten stets ein wachsames Auge auf ihn hatte. Zeus aber wusste Rat. Er befahl seinem Sohn Hermes, dem Götterboten, die Rinder des Königs, die auf den Hügeln am Meer weideten, auf die Blumenwiesen hinabzutreiben, auf denen die Mädchen sich vergnügten. Er selbst verwandelte sich in einen weißen Stier, wie man schöner nie einen gesehen hatte, und mischte sich, ohne dass Hermes es wusste, unter die Herde.

Voll Freude über die saftige Weide zerstreuten sich die Rinder bald weit hin, nur der weiße Stier näherte sich wie zufällig der Stelle, wo Europa und ihre Freundinnen gegenseitig ihre Blumenkränze bewunderten. Dieser Stier machte einen so zahmen Eindruck, dass die Mädchen nicht Reißaus nahmen. Europa war am mutigsten. Sie hielt ihm einen Blumenstrauß vors Maul. Der Stier nahm die Blumen und leckte ihr sanft die Hand. Europa wagte es, ihm einen Kuss auf die Stirn zu geben. Da wurde der Stier noch sanfter, legte sich zu Füßen der jungen Frau nieder, blickte sie sehnsüchtig an und schien sie einzuladen aufzusitzen. Europa schmückte seine Hörner mit den Kränzen, die sie und ihre Freundinnen geflochten hatten, und schwang sich auf den breiten Rücken des Tieres.

Der Stier erhob sich ganz vorsichtig und machte ein paar langsame Schritte auf das Meer zu. Kaum aber hatte er den sandigen Strand erreicht, als er immer schneller wurde. Bald schwamm er mit Europa in den Fluten. Vergeblich rief diese um Hilfe. Es blieb ihr nur, sich an den Hörnern ihres Entführers festzuklammern. Schon war das Ufer verschwunden, dann ging die Sonne unter. Die ganze Nacht und auch den folgenden Tag hindurch trug der Stier seine Beute durch die Fluten, so geschickt, dass nicht ein einziger Wassertropfen das Mädchen berührte.

Endlich erreichten sie ein Land, das Europa gänzlich unbekannt war. Vorsichtig ließ der Stier sie von seinem Rücken gleiten und verschwand, um dann in Gestalt eines Mannes wiederzukehren, schön wie ein Gott. Er erklärte, er sei der König dieser Insel, die er Kreta nannte, und wollte sie zur Frau nehmen. Europa willigte ein – was blieb ihr auch anderes übrig? – und Zeus erreichte, was er wollte.

Am nächsten Morgen aber war er verschwunden. Nun wurde Europa klar, worauf sie sich eingelassen hatte. Einsam in einem fremden Land, von einem Heiratsschwindler betrogen! Laut jammernd beklagte sie ihr Schicksal, fest entschlossen, sich von einem steilen Felsen ins Meer zu stürzen. Da erschien ihr plötzlich die Liebesgöttin Aphrodite mit ihrem kleinen Sohn Eros und eröffnete ihr, dass sie ihr den Traum geschickt hatte und dass ihr Liebhaber niemand anderes als der Göttervater Zeus gewesen war. „Dein Name“, sagte sie, „wird unsterblich werden, denn der Erdteil, der dich aufgenommen hat, wird hinfort Europa heißen.“

Mit diesen Worten verschwand sie. Europa aber wurde auf Kreta glücklich und gebar hier Zeus einen Sohn, den sie Minos nannte. Dieser beherrschte die Insel viele Jahre lang mit so großer Gerechtigkeit, dass er nach seinem Tod zusammen mit seinem Bruder Radamantys in der Unterwelt zum Totenrichter eingesetzt wurde.

1 Lest die Sage von Europa und notiert euch die wichtigsten Fakten.

2 Erzählt die Sage mit Hilfe eurer Notizen. Wie kam der Kontinent zu seinem Namen?

3 Besorgt euch weitere Fassungen der Sage und vergleicht sie miteinander.

4 Was wisst ihr über den Kontinent Europa? Tragt die Informationen in einer Mindmap zusammen.

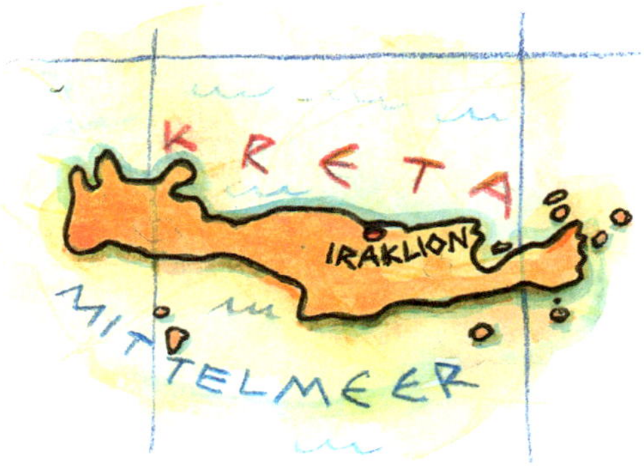

Umgang mit Texten

Geschichte und Politik Europas – Sachtexten Informationen entnehmen

Europäische Erdgeschichte

Das Gebiet des heutigen Europas lag viele Millionen Jahre lang nahe dem Äquator. Vor 450 Millionen Jahren bestand es aus mehreren Inseln im Ozean zwischen nur zwei Kontinenten. Zu dieser Zeit entstanden die Gebirge Norwegens und Schottlands aus Meeresablagerungen, die allmählich aufgefaltet wurden.

Vor 300 Millionen Jahren hatte sich das Land gehoben und war von dichten urzeitlichen Wäldern bedeckt. Gesteine aus jener Zeit finden sich in Südwestengland, im französischen Zentralmassiv, in den Ardennen, dem Rheinischen Schiefergebirge, den Sudeten, im Harz sowie im Ural. Damals wuchsen in sumpfigen Tälern riesige Wälder, aus denen sich später die Steinkohlelagerstätten Europas bildeten.

Vor 280 Millionen Jahren waren weite Gebiete Europas Wüste. Unter der heißen Sonne häuften sich in Flüssen und Seen rötliche Ablagerungen an. Sie verfestigten sich später zu rotem Sandstein. Bald darauf brach ein warmes, flaches Meer in diese Wüste ein; seine Ablagerungen bilden heute unter anderem Teile der Alpen, die Schwäbische und Fränkische Alb und die Schichtstufengebiete in Süddeutschland, um Paris und in Südostengland. Vor 70 Millionen Jahren war Europa erneut Festland, und vor 18 000 Jahren lagerten riesige Flächen unter einem mächtigen Eispanzer.

Ein besonders prägendes Ereignis war die Entstehung des gewaltigen Gebirges der Alpen. Sie bildeten sich, als vor etwa 50 Millionen Jahren der afrikanische Kontinent gegen Europa drückte und dabei begann, Meeresablagerungen und ältere Gesteine vor sich her zu schieben und aufzufalten. Auch die Pyrenäen in Spanien und Frankreich, die Apenninen in Italien und osteuropäische Gebirge wie die Karpaten entstanden auf diese Weise. Die Hebung dauert noch immer an, in der Schweiz etwa um gut einen Millimeter pro Jahr. Der Zusammenstoß der Kontinente hatte weitreichende Folgen. In Mitteleuropa brachen vor etwa 50 Millionen Jahren Vulkane auf, etwa in der Eifel, im Siebengebirge und in der Rhön. Der Vulkanismus dauert bis heute an. Auch die Erdbeben im Mittelmeerraum sind eine Folge dieser geologischen Vorgänge.

Vor zwei Millionen Jahren gingen die Temperaturen weltweit um mehrere Grad zurück. Das führte dazu, dass die Gletscher wuchsen, während der Meeresspiegel um über hundert Meter sank, da viel Wasser als Eis gebunden wurde. In Europa stießen Gletscher von Norden her nach Mitteleuropa vor und bedeckten das Land mit einem Eispanzer, der mehrere hundert Meter dick war. In wärmeren Perioden schmolzen die Gletscher ab. Zwischen nördlichem und südlichem Eisrand blieb ein eisfreies, aber nur karg bewachsenes Gebiet, in das die Schmelzwässer der Gletscher breite Täler wuschen. Erst vor etwa zehntausend Jahren ging diese „Eiszeit“ zu Ende. Zurück blieb ein verändertes Land: Die Gletscher ließen gewaltige Massen aus Sand und Gesteinsschutt zurück, die sie abgehobelt und mitgeführt hatten. Das Matterhorn etwa verdankt seine kantige Form vorbeischrammenden Gletschern. Der Südrand der Ostsee besteht seither aus mächtigen sandigen Ablagerungen. An vielen Stellen hinterließ das Eis Vertiefungen, die zu Seen und Mooren wurden.

Die Europäische Union

Die Europäische Union (Abkürzung: „EU“) ist ein Zusammenschluss von 25 Ländern in Europa. Zum Gebiet der Europäischen Union gehören nicht nur die auf dem europäischen Kontinent liegenden Gebiete der 25 Mitgliedsländer. Auch Gebiete in Übersee sind Teil der EU.

In der Europäischen Union leben über 450 Millionen Menschen. Sie ist damit weltweit der größte Zusammenschluss von Menschen, die für gemeinsame Ziele arbeiten. Die Geschichte der Europäischen Union begann wenige Jahre nach dem Zweiten Weltkrieg, in dem Millionen Menschen ihr Leben verloren hatten. Um den Frieden in Europa zu sichern, mussten die Länder miteinander versöhnt und eine friedliche Zukunft durch eine enge Zusammenarbeit der Länder Europas gesichert werden.

Die Europäische Union nahm ihren Anfang in den 50er Jahren in Gestalt der „Europäischen Gemeinschaften“, die damals aus sechs Mitgliedsländern bestanden: Belgien, Deutschland, Frankreich, Italien, Luxemburg und den Niederlanden. Das Anwachsen der EU auf heute 25 Mitgliedsländer erfolgte in sechs Schritten:

Jahr	Anwachsen auf	Neue Mitgliedsländer
1973	9 Mitgliedsländer	Dänemark, Irland, Vereinigtes Königreich (Großbritannien)
1981	10 Mitgliedsländer	Griechenland
1986	12 Mitgliedsländer	Portugal, Spanien
1990	12 Mitgliedsländer	durch die deutsche Wiedervereinigung die neuen Bundesländer
1995	15 Mitgliedsländer	Finnland, Österreich, Schweden
2004	25 Mitgliedsländer	Estland, Lettland, Litauen, Malta, Polen, Slowakei, Slowenien, die Tschechische Republik, Ungarn, Zypern

1. Lest den Text über die europäische Erdgeschichte. Erstellt einen Zeitstrahl.
2. Gebt die wesentlichen Aussagen über die Entwicklung der EU mit eigenen Worten wieder.
3. Informiert euch über die Zielsetzungen der EU.
4. Schlagt im Atlas nach, welche Gebiete in Übersee zur EU gehören.

▸▸ **CD-ROM | dp1**
Informationen auswerten
LS „Sich und andere informieren“

Ein Europa, viele Sprachen – Den Nutzen von Fremdsprachen erkennen

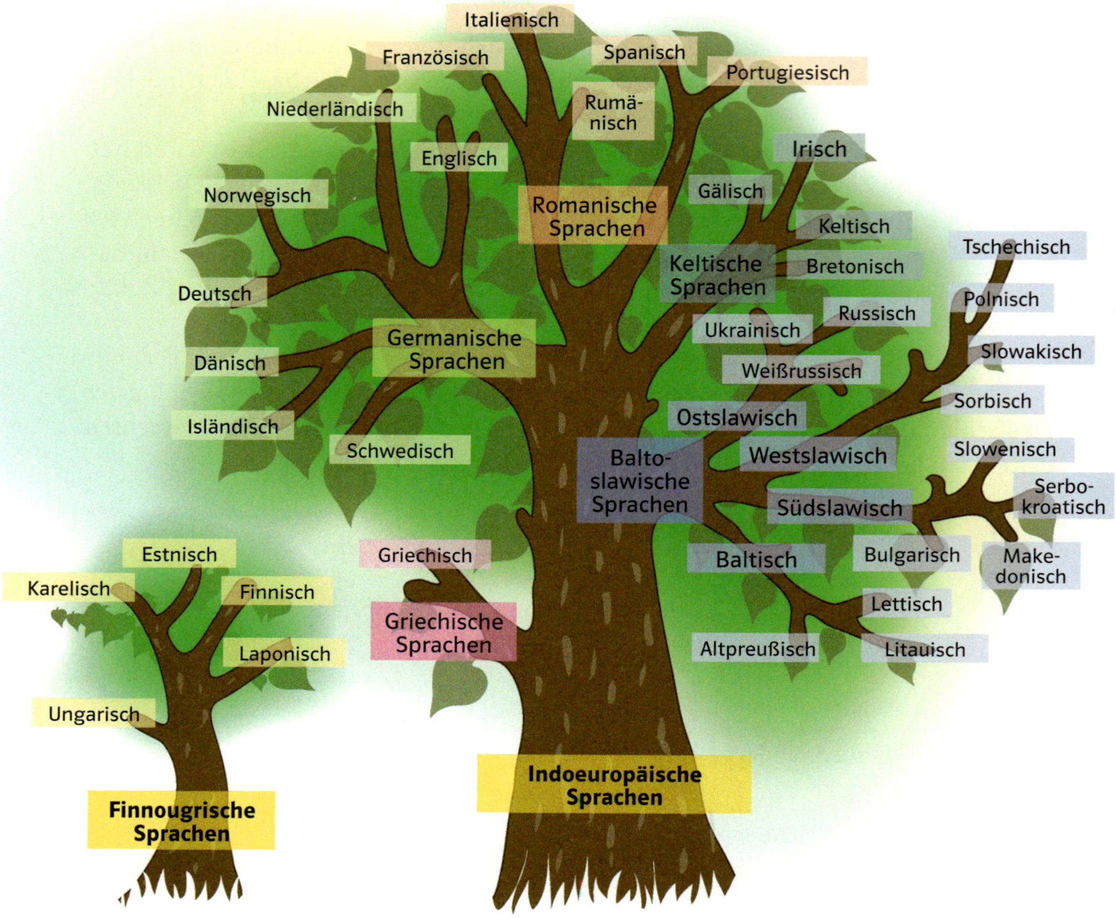

Europa bietet eine große Sprachenvielfalt. Die wesentlichen Sprachfamilien sind Germanisch, Romanisch und Slawisch. Außerdem werden finnougrische Sprachen gesprochen. Die EU-Institutionen haben jetzt 20 Amtssprachen.
Es ist sehr wichtig, Fremdsprachen zu lernen, andere Kulturen zu entdecken und sich selbst zu kennen, um ein wahrer europäischer Mitbürger zu sein.
Einige europäische Sprachen werden auch in anderen Teilen der Welt gesprochen.

1. Stellt euch gegenseitig Fragen zur Herkunft der verschiedenen Sprachen.
2. In welchen Sprachen könnt ihr euch verständigen?
3. Welche Sprachen werden in eurer Klasse und in eurem Bekanntenkreis gesprochen? Erstellt eine Übersicht.
4. Vergleicht verschiedene Sprachen miteinander. Was ist gleich oder ähnlich (Wortschatz, Grammatik, Lautung, Schrift)?

Ein Missverständnis

Viele Sprachen, viele verschiedene Welten. Ich gehe in eine solche Klasse, in der es sehr viele Kinder mit unterschiedlichen Muttersprachen gibt: Kroatisch, Türkisch, Marokkanisch, Serbisch usw. Da gibt es manchmal auch Missverständnisse. Eins möchte ich gern erzählen. Es hatte mich schon lange geärgert: Manche Kinder in meiner Klasse sprachen oft türkisch miteinander, und ich verstand natürlich kein Wort. Ob sie wohl über mich redeten? Oder über die anderen Kinder aus meiner Klasse? Ich hätte zu gern gewusst, worüber sie redeten, aber ich konnte es ja leider nicht verstehen. Deshalb wollte ich Türkisch lernen, und anfangen wollte ich mit türkischen Schimpfwörtern, da konnte ich mich wehren, wenn ich Streit hatte, und ich konnte sie verstehen, wenn die anderen sie benutzten. Also fragte ich einen türkischen Jungen aus meiner Klasse, ob er mir nicht ein paar Wörter aufschreiben könnte. Hasan sagte ja und schrieb mir eine lange Liste auf, z.B. domos = Schwein, esek = Esel, deli = doofe Kuh usw. Ich freute mich riesig und dachte: Jetzt brauchst du dir nichts mehr gefallen zu lassen. Einige Tage später kam ein türkischer Junge aus einer türkischen Klasse auf dem Schulhof auf mich zu und sagte etwas, was ich nicht verstand, auf Türkisch natürlich, und er guckte dabei ziemlich grimmig. Also war ich mir sicher, dass er mich beleidigte. Schnell guckte ich auf meinen Zettel und sagte dann: „Sen igi kalbi briisin!“, was soviel heißen sollte wie „Du Blödmann, lass mich in Ruhe!“ Triumphierend sah ich ihn an und dachte: Na, da staunst du, was?! Doch der Junge guckte mich plötzlich ganz komisch an. Er war mehr überrascht als ärgerlich, fing an zu lachen und sagte dann auf Deutsch: „Also eigentlich finde ich dich auch ganz nett …“ Dann ging er wieder zu seinen Freunden und mir ging allmählich ein Licht auf. Hasan hatte mich reingelegt. Darum ging ich zu meiner türkischen Freundin Aylin und fragte sie, was denn an dem Satz so witzig sei, und Aylin erklärte mir dann, was ich mir schon gedacht hatte: Hasan hatte sich einen Scherz daraus gemacht, mir eine falsche Übersetzung aufzuschreiben. So hatte ich dem Jungen in Wahrheit gesagt, wie nett ich ihn fände. […] So kann es Missverständnisse geben, wenn man nicht die gleiche Sprache spricht.

Stephanie Kohls, Schülerin

1 *Wer Fremdsprachen kann, …*
Findet ein passendes Ende für diesen Satz.

2 Welche Erfahrungen habt ihr selbst mit der Anwendung von Fremdsprachen gesammelt?

In Europa unterwegs – Reiseberichte

Erhart Kästner

Ölberge, Weinberge

Ein Dorf lag am Weg. Es war Sonntag, die jungen Leute standen zusammen und grüßten. An den Hauswänden saßen die Alten. Sie ließen uns nicht vorüberziehen; wir mussten uns zu ihnen setzen und mit ihnen die wichtigen Themen behandeln: Wetter, Ernte, Krieg. Ob er bald zu Ende sein werde. „O Theos monos to xeri, Gott weiß es allein", sagte ein Alter, deutete mit dem Finger nach oben, nahm das Käppchen vom Kopf und machte das Kreuz. Alles schwieg eine Weile. Dann wurde aus dem Haus ein Krug hellroten Harzweins geholt, zwei Gläser mit Wein ausgewaschen, dazu kam ein Teller mit Stücken von weißem Schafskäse. Allmählich umgab uns das halbe Dorf, die Kinder voran, im Kreise dahinter die Halbwüchsigen, dann die Mütter mit den Kleinen auf den Armen, wie im Dorfzirkus. *1953*

Renate Schostack

Babylon. Londoner Notizen

Das Hotel hatte zwölf Stockwerke, nicht gerade viel, wenn man an den Turm von Babel denkt, aber Ähnlichkeiten mit der babylonischen Sprachverwirrung waren bereits festzustellen. Der alte Herr am Frühstückstisch klopfte an den Milchtopf, zuerst zaghaft, dann immer heftiger, sein Gesicht war knallrot, nachdem er zum zehnten Mal vergeblich gerufen hatte: „Du lait chaud!" Drei Asiatinnen, alle braun gekleidet, mit weißen Schürzen, alle drei gleich unwissend in mitteleuropäischen Frühstücksgewohnheiten, standen ratlos um ihn herum. „Alles okay", sagten sie, „die Milch ist okay, gute Milch, was will er nur?" „Du lait chaud", schrie der alte Herr, der drei Wochen mit einem Touristenbus durchs Land gefahren war, ohne zu lernen, was „warme Milch" auf Englisch heißt. In der Gruppe waren solche Kenntnisse überflüssig, losgesprengt von ihr, allein im 800-Betten-Hotel, das von Japanern und Koreanern, Indern und Persern, Türken und Marokkanern in Gang gehalten wurde, war der alte Franzose verloren.

Ähnliche Situation um halb Sieben morgens. „Your luggage, Sir", ruft eine kehlige Stimme auf dem Gang. „your luggage, please." „Wie bitte, was, ich verstehe nicht." Die Hilflosigkeit des Herrn Kannitverstaan ist buchstäblich durch die Wände zu spüren.

Drei Schritte hinter dem Hotel ein Trupp, dem man die Entschlossenheit, London zu erobern, ansieht. Karten sind entfaltet, Metro-Pläne werden studiert, doch es scheint Schwierigkeiten zu geben. „Please, Miss", sagt der Couragierteste mit den besten Englischkenntnissen, „wie kommt man am besten zum Oxford Circus?" Aber die Miss kann weder Englisch noch Holländisch, wo der Trupp herkommt, noch Deutsch. Sie ist Spanierin. *1977*

György Konrád

Die Budapester

Die Budapester haben etwas geheimnisvoll Bezauberndes an sich. Die ganze Stadt redet. Sie reden in den Kaffeehäusern, sie reden in den Kneipen, sie reden in den Weinstuben, sie reden in den Büros, sie reden auf der Straße, sie reden in den Geschäften, sie besuchen einander und reden. Sie lassen einen nicht in Frieden, abends klingeln sie an der Wohnungstür, ohne dass sie vorher etwa angerufen hätten und sind eben da, einfach nur so, sie wollten nur mal vorbei schauen; sie bleiben bis Mitternacht und reden. Freunde, Bekannte kommen zusammen und reden; auch ich rede, und ich gehe auf einen Sprung zu jemandem, ich rede hier, und ich rede da, wir reden schrecklich viel. Natürlich geben wir auch viel langweiliges Zeug von uns. Doch irgendwie macht uns das Reden Spaß. *1986*

George Sand

Ein Winter auf Mallorca [1]

Strömender Regen …

Auf Mallorca ist die Stille tiefer als sonstwo. Sie wird nur manchmal unterbrochen, wenn die Eselinnen und die Maultiere, die nachts auf der Weide sind, ihre Glocken schütteln, deren Klang weniger tief und melodiöser ist als der der Schweizer Kuhglocken. An den entlegensten Orten und in den schwärzesten Nächten ertönt der Bolero. Es gibt keinen Bauern, der nicht eine Gitarre besitzt und sie ständig dabeihat. Von meiner Terrasse aus hörte ich auch das Meer […]

Doch nach so heiteren Nächten begann plötzlich die Sintflut. Eines Morgens vernahmen wir, nachdem der Wind die ganze Nacht am Hause gerüttelt und uns mit seinen langgezogenen Klagen eingewiegt hatte, während der Regen an unsere Scheiben trommelte, den Lärm des Bachs, der sich zwischen den Steinen seines Betts einen Weg zu bahnen begann […]

Daß die Mallorquiner so wenig Vorsichtsmaßnahmen gegen Sturm und Regen, diese Plagen, treffen, ist unbegreiflich. Ihre Selbsttäuschung, aber auch Prahlsucht in der Hinsicht sind so groß, daß sie diese gelegentlichen, jedoch ernsten Unfreundlichkeiten ihres Klimas einfach abstreiten. Bis zum Ende des zwei Monate anhaltenden sintflutartigen Regens, den wir ertragen mußten, beharrten sie uns gegenüber darauf, daß es auf Mallorca niemals regne. […]

[1] Alte Rechtschreibung

1 Untersucht, aus welcher Perspektive die Autorinnen und Autoren jeweils über den Ort oder die Situation schreiben.

2 Beschreibt selber einen Ort oder eine Situation während einer Reise. Gebt dabei Stimmungen und Eindrücke möglichst genau wieder.

▸▸ **Seite 190 f.**
Reiseerlebnisse schildern
LS „Texte schreiben“

Ein lehrreicher Kulturschock – Einen Schülerbericht erschließen

Reiseträume und ein verkanntes Land

Ein Schülerbericht

Dinge sind nie so, wie sie sind, sie sind immer das, was man aus ihnen macht.

Verdammt. Ich bin wirklich in Polen! Hätte es nicht Frankreich, Italien oder wenigstens Österreich sein können? Aber nein, jetzt sitze ich in einem sicherheitsuntauglichen, geruchlich bedenklichen Kleinbus mit einer ganzen Horde schnatternder Mitschülerinnen auf dem Weg nach Krakau, und das alles nur, weil wir die EU-Osterweiterung mit unserer neuen Partnerschule begrüßen wollen. […]

Wir sind endlich angekommen! Neugierig steige ich aus dem Bus, um mir die relativ unbekannte Umgebung anzuschauen. […]

Vor mir sehe ich unsere Unterkunft für die nächsten paar Tage – eine kleine, etwas altmodische Jugendherberge. „Na, das kann ja was werden!“, denke ich mir so. Doch was hatte ich denn erwartet – ein Vier-Sterne-Hotel? Als wir unser Gepäck in unsere relativ geräumigen Zimmer schaffen, muss ich mir eingestehen, dass es doch eigentlich gar nicht so schrecklich ist. Okay, also hatte ich mich in diesem Punkt geirrt, aber ansonsten wird Polen bestimmt genauso sein, wie immer erzählt wird: heruntergekommen, kriminell, grau und nicht gerade sehr spannend … Aber das werde ich wohl erst morgen erfahren.

Der nächste Morgen – und schon wieder sitze ich im Bus. Diesmal allerdings auf dem Weg zur Stadtrundfahrt durch die Krakauer Innenstadt. Am Fenster ziehen kleine Häuser vorbei, und meine Freundin Kristin, die neben mir sitzt, sagt nur immer wieder, wenn sie ältere Häuser oder Menschen, deren Klamotten nicht so „westlich“ aussehen, sieht: „Die Armen, die haben es ja wirklich nicht so gut wie wir – hier möchte ich nicht unbedingt wohnen.“

Als ich schon fast wieder am Einschlafen bin, hält der Bus ruckartig an. Mit einem Mal stürzen alle hinaus in den Sonnenschein. Durch das schöne Wetter sieht Polen doch gleich viel weniger grau aus, und als wir um die nächste Ecke biegen, bin ich unglaublich beeindruckt von der faszinierenden Architektur der Gebäude auf dem restaurierten Marktplatz. Ich bin erstaunt, wie sehr mich doch diese polnischen Sehenswürdigkeiten bis jetzt beeindruckt haben.

Nach diesem äußerst lehrreichen Kulturschock sieht man allen an, dass sie dringend Abwechslung nötig haben. Deshalb beschließen wir, in ein schnuckeliges Straßencafé zu fahren. Dort warten zu unserer Überraschung unsere Partnerschüler! Ich muss schon sagen: Diese Reise wird immer besser. Die polnischen Schüler kommen sofort auf uns zu, begrüßen jeden überschwänglich und beginnen meine Freunde und mich in perfektem Englisch auszufragen. Zuerst sind wir zwar noch etwas zurückhaltend, aber nach kurzer Zeit verstehen sich alle richtig gut. Wir haben in etwa dieselben Interessen, und deshalb verabreden wir uns gleich für den nächsten Tag. […]

Dann kommen auch schon unsere polnischen Freunde. Wir fahren zusammen in die Stadt, und sie zeigen uns von ihrem Lieblingseisstand bis zum besten Klamottenladen einfach alles, was uns interessieren könnte. Abends gehen wir außerdem noch in eine Disko, wo wir noch einmal richtig feiern. […] Aber dann müssen wir leider auch schon Abschied von Polen und seinen Landsleuten nehmen, da der letzte Tag unseres Kurztrips gekommen ist.

Ich habe mich in Bezug auf emotionale Ausbrüche immer für immun gehalten, doch jetzt muss ich mir eingestehen, dass meine Augen feucht werden, als ich den Menschen sehe, mit dem ich mich in den letzten zwei Tagen am besten verstanden habe – den wundervollen Jacek. Er kommt auf mich zu, nimmt mich in den Arm, murmelt etwas auf Polnisch, das ich leider nicht verstehe, und steckt mir dabei seine Handynummer und Adresse zu. Schweren Herzens verabschiede ich mich vom Rest der Truppe und bereite mich seelisch und moralisch auf die Fahrt nach Hause vor und den Alltag, der mich dort erwartet.

Als wir die deutsche Grenze erreichen, wird mir klar, dass ich diesen Ausflug bitter nötig hatte, denn er hat mir gezeigt, dass nicht alles so ist, wie es auf den ersten Blick scheint, und man sich niemals von Vorurteilen leiten lassen sollte.

1. Was meint wohl die Verfasserin, wenn sie von einem „lehrreichen Kulturschock" spricht?
2. Besprecht, inwieweit sich die verschiedenen Reiseberichte auf S. 124–127 in ihren Themen, ihrem Sprachstil und in ihrem Aufbau voneinander unterscheiden und wo sie Gemeinsamkeiten haben.
3. Schildert selbst ein Reiseerlebnis.

▸▸ **Seite 190 f.**
Reiseerlebnisse schildern
LS „Texte schreiben"

Impulse zur Weiterarbeit

- Ihr könnt in eurer Schule untersuchen, welche Sprachen eure Mitschülerinnen und Mitschüler beherrschen. Informiert auf einem Poster über eure Ergebnisse.

- Ihr könnt weitere Sachinformationen – auch mit Bildern und Tabellen oder Grafiken – zur erdgeschichtlichen Entwicklung Europas zusammentragen. Achtet dabei besonders auf die Entstehung des geografischen Raumes, in dem ihr lebt.

- Das Internet ist voll von Informationen zum Euro. Da gibt es Sachinformationen zu den Münzen und Scheinen; ihr könnt Geschichten über seine Entwicklung finden; Menschen erzählen über ihre Erlebnisse, die sie mit dem Geld hatten … Gestaltet eure große Euro-Collage als Wandzeitung.

- Ihr könnt Reiseberichte aus den Reisebeilagen von Zeitungen und Zeitschriften sammeln. Gruppiert sie nach Ländern und Regionen. Ergänzt die Texte mit eigenen Reiseberichten.

- Europa findet ihr auch in eurem Supermarkt. Tragt möglichst viele Beispiele von Produkten mit fremdsprachigen Aufdrucken zusammen. Ihr könnt überprüfen, welche Sprachen aus dem Sprachenbaum besonders häufig vertreten sind. Diese Aktion lässt sich auch gut als digitales Fotoprojekt durchführen.

Die Natur und ihre Elemente – Lyrische Texte

Schon in der Antike sahen griechische Philosophen die Naturgewalten und die Elemente als schöpferische Prinzipien an. Feuer, Wasser, Luft und Erde übten immer eine Faszination auf die Menschheit aus und werden seit eh und je in der Literatur – und besonders auch in Gedichten – behandelt.

Im Einzelnen

- untersucht ihr lyrische Texte und tragt sie gestaltend vor
- lernt ihr spezifische Merkmale von lyrischen Texten kennen
- deutet ihr verschiedene Gedichte
- vergleicht ihr verschiedene Gedichte zu einem Thema
- wendet ihr selbst lyrische Formen und Ausdrucksmittel an

„Der Grundton der Natur" – Gestaltend vortragen

gerhard rühm

naturbeschreibung

die wolken ziehen sich in falten
die blumen erbleichen
die wiesen wenden sich ab
die wege verkriechen sich
die steine starren vor sich hin
die berge versinken in schweigen
die täler erschauern
ein windstoß entringt sich den lüften
die flüsse treten aus den ufern
die büsche raufen sich die blätter
die bäume schlagen die äste über
den wipfeln zusammen

die erde taumelt in die nacht
1979

Martin Bush: „Farbennatur" (2005)

Jürgen Becker

Natur-Gedicht

In der Nähe des Hauses
der Kahlschlag, Kieshügel, Krater
erinnern mich daran –
nichts Neues; kaputte Natur,
aber ich vergesse das gern,
solange ein Strauch steht.

Justinus Kerner

Der Grundton der Natur

Wenn der Wald im Winde rauscht,
Blatt mit Blatt die Rede tauscht,
Möcht ich gern die Blätter fragen:
Tönt ihr Wonnen? Tönt ihr Klagen?

Springt der Waldbach Tal entlang
Mit melodischem Gesang,
Frag ich still in meinem Herzen:
Singt er Wonne? Singt er Schmerzen?

Lausch der Äolsharfe nur!
Schmerz ist Grundton der Natur;
Schmerz des Waldes rauschend Singen,
Schmerz – des Baches murmelnd
Springen,
Und am meist aus Menschen Scherz
Tönt als Grundton Schmerz,
nur Schmerz.

Wassili Kandinsky: „Die Straße nach Murnau" (1909)

Ludwig Fels

Natur

Hierher, sagen mir Bekannte, bauen wir
unser Häuschen.
Auf ihrem Grundstück grasen Kühe
und Blumen wachsen im Klee.
Hier ist alles noch so natürlich, sagen sie, die Luft
und der Wald, Hügel und Felder,
hier werden wir wohnen …

Ohne euch
sag ich
würde es so bleiben.
1975

Claudia Vecchiarelli „Naturgewalt" (2003)

Rose Ausländer

Gemeinsam

Vergesset nicht
Freunde
wir reisen gemeinsam

besteigen Berge
pflücken Himbeeren
lassen uns tragen
von den vier Winden

Vergesset nicht
es ist unsre
gemeinsame Welt
die ungeteilte
ach die geteilte

die uns aufblühen lässt
die uns vernichtet
diese zerrissene
ungeteilte Erde
auf der wir
gemeinsam reisen

1. Was verbindet ihr mit „Natur und ihre Elemente"? Bezieht die Bilder mit in eure Gedanken ein.
2. Lest die Gedichte und besprecht, wie die Natur in ihnen thematisiert wird.
3. Gebt die Aussagen der Gedichte zusammengefasst mit eigenen Worten wieder.
4. Probiert verschiedene Möglichkeiten des Vortrags. Experimentiert dabei mit Lesetempo, Lesedynamik, Artikulation …
5. Interpretiert die Gedichte, indem ihr z. B. die Redewendungen aus „Naturbeschreibung" pantomimisch umsetzt oder die Klänge in „Grundton der Natur" durch die Art eures Vortrags veranschaulicht.
6. Sucht zu „Natur-Gedicht" selber ein Bild aus.

▶▶ **Seite 202 ff.**
Gedichte untersuchen
LS „Umgang mit literarischen Texten"

„Herrgott, ist das ein Wetter!“ – Merkmale lyrischer Texte

Justus Georg Schottelius[1]

Donnerlied

1

Swefel/Wasser/Feuer und Dampf
Wollen halten einen Kampf;
Dikker Nebel dringt gedikkt/
Licht und Luft ist fast erstikkt.

2

Drauf die starken Winde bald
Sausen/brausen/mit Gewalt/
Reissen/werfen/Wirbelduft/
Mengen Wasser/Erde/Luft.

3

Plötzlich blikkt der Blitz herein/
Macht das finstre feurig seyn/
Swefelklumpen/Strahlenlicht/
Rauch und Dampf herein mit bricht.

4

Drauf der Donner brummt und kracht/
Rasselt/rollet hin mit Macht/
Prallet/knallet grausamlich/
Puffet/sumsend endigt sich.

5

Bald das Blitzen wieder kommt/
und der Donner rollend brummt:
Bald hereilt ein Windesbraus/
und dem Wetter macht garaus.

[1] Das Gedicht wurde auch vertont.

Eugen Roth

Vor dem Gewitter

Die Luft steht still. Die Landschaft ist
wie gläsern.
Von grellen Zuckungen der Himmel flirrt.
Kein Windhauch streicht in all den
Sommergräsern.
Heiß ist die Erde. Tief von Lust verwirrt.
Ein Sonnenstrahl, der durchs Gewölke
klirrt,
Ist schon die Tuba, die erdröhnen wird
Am Mund von himmlischen
Fanfarenbläsern.

Sarah Kirsch

Nach dem Gewitter [1]

Nach dem Gewitter glänzt die Landschaft im Spiegel. Die Blätter die Bäume Häuser Berge haben ein schwarzes Rändchen und heben sich wieder ab voneinander. Es gibt zehn Grautöne mehr und eine Aussicht bis ans Ende der Welt. Der Mont Ventoux liegt vor der Tür. Der Mistral hat die Wolken zerstückelt, die kleinen Vliese verkugelt und aufgewickelt. Wollene Tiere purzeln über die Himmel. Abgeerntete Felder von glühendem Knöterich verzehrt. Riesenwegwartenbüsche und Sträuchlein – Pflanzen mit so dünnen grauen Stengeln, kräftigen zartblauen Blüten, daß sie wie Rauchwölkchen über der Erde schweben. Erdrauch müßten sie heißen, und so heißen sie auch.

1980

Ursula Holly „Luft" (1999)

[1] *alte Rechtschreibung*

Schau dir diesen Himmel an!

Dass die kalte Bora aus dem Hinterland über Triest hinwegrennen wird, das spüren viele Bewohner des Landes zumindest gleichzeitig mit den Geräten der Wetterwarte. Der bedrückende Scirocco, mit dem in Sizilien eine zentralafrikanische Stickigkeit bis in die Häuser eindringt, der enervierende und doch gleichzeitig reinigende Mistral, der das Rhone-Tal herunterfegt, unser Föhn, wenn er den Schnee frisst, wie mit Löffeln – wir spüren den Wind manchmal, als hätten sich die ganzen Vorzeichen unseres Lebens geändert. „Winds of change", sagen die Engländer. Und nicht nur, dass die Instrumente nicht nur die ganze Wahrheit ausdrücken können – manchmal gehen uns sogar die Begriffe unserer eigenen Sprache aus, und man kann zum anderen nur noch sagen: „Jetzt schau dir diesen Himmel an!"

Klima, 1994

1. Welche Erfahrungen habt ihr mit Wetterfühligkeit?
2. Lest die Texte. Wodurch unterscheiden sie sich?
3. Setzt die Metaphern in den Texten in Bilder, Zeichnungen oder Collagen um.
4. Besprecht die spezifischen Merkmale der beiden Gedichte.
5. Schreibt zu dem Sachtext ein Gedicht, und nennt es „Winds of change".

Seite 202 ff.
Gedichte untersuchen
LS „Umgang mit literarischen Texten"

„Wenn man ihm zwei Hände Erde gibt" – Lyrische Texte deuten

Martin Auer

Über die Erde

Über die Erde sollst du barfuß gehen.
Zieh die Schuhe aus, Schuhe machen dich blind.
Du kannst doch den Weg mit deinen Zehen sehen.
Auch das Wasser und den Wind.

Sollst mit deinen Sohlen die Steine berühren,
mit ganz nackter Haut.
Dann wirst du bald spüren, dass dir die Erde vertraut.

Spür das nasse Gras unter deinen Füßen
und den trockenen Staub.
Lass dir vom Moos die Sohlen streicheln und küssen
und fühl das Knistern im Laub.

Steig hinein, steig hinein in den Bach
und lauf aufwärts dem Wasser entgegen.
Halt dein Gesicht unter den Wasserfall.
Und dann sollst du dich in die Sonne legen.

Leg deine Wange an die Erde, riech ihren Duft und spür,
wie aufsteigt aus ihr eine ganz große Ruh'.
Und dann ist die Erde ganz nah bei dir,
und du weißt: Du bist ein Teil von Allem und gehörst dazu.

Bertolt Brecht

Von der Freundlichkeit der Welt

1

Auf die Erde voller kaltem Wind
Kamt ihr alle als ein nacktes Kind.
Frierend lagt ihr ohne alle Hab
Als ein Weib euch eine Windel gab.

2

Keiner schrie euch, ihr wart nicht begehrt
Und man holte euch nicht im Gefährt.
Hier auf Erden wart ihr unbekannt
Als ein Mann euch einst nahm an der Hand.

3

Von der Erde voller kaltem Wind
Geht ihr all bedeckt mit Schorf und Grind.
Fast ein jeder hat die Welt geliebt
Wenn man ihm zwei Hände Erde gibt.

Kalendarische Erdgeschichte

Um die zeitliche Entwicklung der Erde besser zu veranschaulichen, ist es hilfreich, die Zeitspanne von 4,6 Mrd. Jahren auf ein Kalenderjahr zu projizieren. Demnach würde die Erde am 1. Januar entstehen. Der Kern, Mantel und die Kruste bilden sich in den ersten sieben Wochen des Jahres. Gegen Ende Februar entstehen die ersten primitiven Lebensformen, doch es dauert noch das ganze Frühjahr, den Sommer und den Anfang des Herbstes, bis sich auf der Erde die Kontinente und Ozeane ungefähr in ähnlicher Form gebildet haben, wie wir sie heute kennen. Am 25. Oktober beginnt die Periode des Kambriums, in dem die ersten höheren Organismen auftreten. Doch erst am 7. Dezember entwickeln sich die ersten Reptilien, und an Weihnachten, dem Ende der Kreidezeit, sterben die Dinosaurier aus. Am zweiten Weihnachtsfeiertag beginnt sich der heutige Nordatlantik zu öffnen, und am Nachmittag des 30. Dezember steigt die Insel Island aus den Fluten des Nordatlantiks empor. Der Homo Sapiens, also der moderne Mensch, erblickt erst an Silvester um 23 Uhr das Licht der Welt. Um 23:58 Uhr und 45 Sekunden endet die letzte Eiszeit. Der Wikinger Leif Eriksson entdeckt sieben Sekunden vor Mitternacht den nordamerikanischen Kontinent. Christoph Kolumbus geht dort 3,5 Sekunden nach ihm an Land.

Ulla Hahn

Schöne Landschaft

Mitunter tut sich
der Himmel auf
zeigt sein Geheimnis
im Spiegel der Erde

Zeigt uns was
wir noch übrig ließen
von der Erde die einmal
sein Ebenbild war.

1. Die „Erkundung der Erde“ erfolgt in diesen Texten von verschiedenen Seiten. Besprecht die einzelnen Sichtweisen und erläutert sie. An welchen Stellen kommt ihr zu unterschiedlichen Deutungen?

▸▸ **Seite 205**
Gedichte interpretieren
LS „Umgang mit literarischen Texten“

2. Welche Bedeutung hat der Mensch nach Aussage des Gedichtes „Von der Freundlichkeit der Welt“ und des Artikels „Kalendarische Erdgeschichte“? Wie viel Erde braucht der Mensch? Wie viel Mensch braucht die Erde?

3. Deutet das Gedicht von Ulla Hahn, indem ihr ein Gegengedicht schreibt. Welches Bild passt eurer Meinung nach zu dem Gedicht?

▸▸ **Seite 185**
Produktiv verstehendes Schreiben
LS „Texte schreiben“

„Tiefe Stille herrscht im Wasser" – Motivgleiche Gedichte

Moritz Graf von Strachwitz

Meeresabend

Sie hat den ganzen Tag getobt
Als wie in Zorn und Pein,
Nun bettet sich, nun glättet sich
Die See und schlummert ein.
Und drüber zittert der Abendwind,
Ein mildes heiliges Wehn,
Das ist der Atem Gottes,
Der schwebet ob den Seen.
Es küsst der Herr auf Lockenhaupt
Die schlummernde See gelind
Und spricht mit säuselndem Segen:
Schlaf ruhig, wildes Kind!
1847

Heinrich Heine

Im Mondenglanze ruht das Meer

Im Mondenglanze ruht das Meer,
Die Wogen murmeln leise;
Mir wird das Herz so bang und schwer,
Ich denk der alten Weise,

Der alten Weise, die uns singt
Von den verlornen Städten,
Wo aus dem Meeresgrunde klingt
Glockengeläut und Beten –

Das Läuten und das Beten, wisst,
Wird nicht den Städten frommen,
Denn was einmal begraben ist,
Das kann nicht wiederkommen.

Johann Wolfgang von Goethe

Meeresstille

Tiefe Stille herrscht im Wasser,
Ohne Regung ruht das Meer,
Und bekümmert sieht der Schiffer
Glatte Fläche rings umher.
Keine Luft von keiner Seite!
Todesstille fürchterlich!
In der ungeheuern Weite
Reget keine Welle sich.
1795

Erich Fried

Meer

Wenn man ans Meer kommt
soll man zu schweigen beginnen
bei den letzten Grashalmen
soll man den Faden verlieren

und den Salzschaum
und das scharfe Zischen des Windes
einatmen
und ausatmen
und wieder einatmen

Wenn man den Sand sägen hört
und das Schlurfen der kleinen Steine
in langen Wellen
soll man aufhören zu sollen
und nichts mehr wollen wollen
nur Meer

Nur Meer

Dagmar Mack „Ocean"

Sarah Kirsch

In den Wellen

Das Meer so
Grün und so offen

Habe die Füße
Im Wasser

In den Wellen
Sehe ich Fische

Der Sommer
der Sommer ist da.
Bei dir.

1 Die Gedichte thematisieren auf sehr unterschiedliche Art die Wirkung des Wassers. Besprecht, wie die Ruhe als Motiv in den einzelnen Texten aufgegriffen wird.

2 Welches Gedicht gefällt euch am besten? Begründet eure Wahl und tragt euer Lieblingsgedicht vor. Welche Gedichte entsprechen euren eigenen Erfahrungen?

3 Warum wählen eurer Meinung nach so viele Autorinnen und Autoren das Motiv des Wassers?

Seite 202 ff. Gedichte untersuchen
LS „Umgang mit literarischen Texten"

4 Besprecht, worauf die Wirkung der einzelnen Texte beruht. Tragt die Gedichte so vor, dass ihr diese Wirkung veranschaulicht. Ihr könnt euren Vortrag auch musikalisch unterstützen.

„Zündhölzer stecken die Köpfe zusammen" – Mit Gedichten experimentieren

Ursula Holly „Feuer" (1999)

Karl Krolow

Erinnerung an Feuer

Zündhölzer stecken
die Köpfe zusammen.

Der Geist einer Flamme
Aus umgestürzten Kerzen –
Man legte Brand
An ein Nachtstück.

Glut unbekannter Blicke:
Lautlos brennende Zuneigung.

Jedesmal im Herbst
die Feuersnot
eines Blätterhauses.
Sturm warf die Lunte
nach ihm aus.

Dieses offene Licht
in deinen Augen.

Portugal: Auf der Flucht vor den Flammen

Mehr als 3400 Feuerwehrleute und Soldaten haben am Freitag in Portugal bei drückender Hitze gegen mehr als 20 Waldbrände gekämpft. Angefacht von heißem Wind aus Afrika breiteten sich die Flammen immer weiter aus.

Die Rettungskräfte arbeiteten an der Grenze ihrer Belastbarkeit. Die Regierung forderte Unternehmer auf, freiwillige Feuerwehrleute von der Arbeit freizustellen. […] In der Nacht wurden einige entlegene Dörfer evakuiert, denen die Flammen bedrohlich nahe gekommen waren. Mit einer Entspannung der Lage wurde zunächst nicht gerechnet. Die Meteorologen sagten für das Wochenende Temperaturen von fast 45 Grad Celsius voraus. […] Portugal leidet derzeit unter der schwersten Dürre in der Geschichte. In diesem Jahr sind in Portugal bereits 68 000 Hektar Busch- und Waldland ein Raub der Flammen geworden. […]

FAZ, 06. August 2005

Ulla Hahn

Bildlich gesprochen

Wär ich ein Baum ich wüchse
dir in die hohle Hand
und wärst du das Meer ich baute
dir weiße Burgen aus Sand.

Wärst du eine Blume ich grübe
dich mit allen Wurzeln aus
wär ich ein Feuer ich legte
in sanfte Asche dein Haus.

Wär ich eine Nixe ich saugte
dich auf den Grund hinab
und wärst du ein Stern ich knallte
dich vom Himmel ab.

Ludwig Steinherr

Feste Welt

Schalt das Licht an –
Das Zimmer ist noch da
Im Zimmer noch der Schreibtisch
Auf dem Schreibtisch noch das Buch
Im Buch noch die Seite
Auf der Seite noch der Satz
Im Satz noch der Funke
Der Seite Buch Tisch Zimmer
Und Haut und Haar
In Brand stecken kann

Marc Chagall „Das Paradies“

1 Experimentiert mit den Gedichten. Ihr könnt dazu aus vielen Möglichkeiten wählen:
- ein Gedicht in eine Erzählung umformen
- Gedichtzeilen in umgekehrter Reihenfolge zu einem neuen Gedicht montieren
- ein Gedicht parallel zu dem Original aufbauen
- ein lyrisches Ich interviewen
- einen Gegenspieler für das lyrische Ich konzipieren
- die Sprachbilder (Metaphern, Vergleiche, Personifikationen) in bildhafte Darstellungen umschreiben
- ein Gedicht z. B. in einem Cartoon oder einer Fotogeschichte darstellen
- eines der Gedichte in eine Spielhandlung umsetzen

▸▸ Seite 185 f.
Produktiv verstehendes und produktiv gestaltendes Schreiben
LS „Texte schreiben“

2 Formuliert den Zeitungsbericht über die Waldbrände in Portugal in ein Gedicht um. Dabei könnt ihr einzelne Schlüsselbegriffe des Textes übernehmen.

3 Denkt euch zu „Feste Welt“ einen inneren Monolog aus.

4 Verfasst zu dem Gedicht von Ulla Hahn einen Text mit dem Motto: Was wäre, wenn …

5 Schreibt zu einem der Bilder ein Gedicht oder eine Erzählung.

Impulse zur Weiterarbeit

- Ihr könnt nach weiteren Beispielen für Naturlyrik suchen und sie mit den Texten in diesem Lesekapitel vergleichen. Dabei könnt ihr den inhaltlichen Schwerpunkt auf Jahres- und Tageszeiten legen.

- Ihr könnt aus den vorhergehenden Seiten euer Lieblingsgedicht aussuchen. Schreibt es handschriftlich ab und malt ein kleines Bild dazu. Schreibt die Elementendefinition aus dem Lexikon dazu. Gestaltet mit den Postern eine Wand in eurer Klasse. Ihr könnt an einem Elternabend euer Gedicht auswendig vortragen oder mit verteilten Rollen lesen.

- Ihr könnt Fotos zu den vier Elementen machen und selber kleine Gedichte dazu schreiben.

- Ihr könnt in Büchern eurer Bibliothek oder im Internet nach weiteren epischen Texten zu den vier Elementen suchen und sie mit den lyrischen Texten vergleichen.

- Ihr könnt ein Gedicht zu einem Naturerlebnis schreiben, an das ihr euch besonders intensiv erinnert.

- Ihr könnt gemeinsam eine Lyrikseite für eure Schul- oder Klassenhomepage gestalten, indem ihr Gedichte selber schreibt, sie visuell gestaltet und vertont.

Zeitenwenden – Literarische Texte

Am 1. November 1755 zerstörten ein Erdbeben und der ihm folgende Tsunami die portugiesische Stadt Lissabon fast vollständig. Heute schätzt man, dass das Erdbeben eine Stärke von etwa neun auf der Richter-Skala hatte und mehr als 100 000 Menschen ihm zum Opfer fielen. Diese Katastrophe hatte große wissenschaftliche, politische und kulturelle Auswirkungen: Zum einen wurde hierdurch wesentlich die Entwicklung der modernen Seismologie beeinflusst. Zum anderen löste sie zahlreiche Debatten unter den Denkern der so genannten Aufklärung aus.

Im Einzelnen

- erfahrt ihr, warum sich Autoren des 20. Jahrhunderts mit einem Erdbeben des 18. Jahrhunderts beschäftigt haben
- erfahrt ihr, wie Autoren des 18. Jahrhunderts über das Erdbeben von Lissabon erzählt haben
- erfahrt ihr, wie sich frühere Autoren dieses Ereignis erklärt haben
- gewinnt ihr einen ersten Einblick in die Epoche der Aufklärung und könnt die Reaktionen der Zeitgenossen auf das Erdbeben einordnen

Das Erdbeben von Lissabon aus heutiger Sicht

Autoren des 20. Jahrhunderts schreiben über das Erdbeben von Lissabon aus dem Jahre 1755 und seine Auswirkungen. Ein Beispiel ist der Schriftsteller und Philosoph Walter Benjamin (1892–1940).

Walter Benjamin

Erdbeben von Lissabon[1]

[1] *alte Rechtschreibung*

[...] Das Erdbeben aber, das Lissabon am 1. November 1755 vernichtet hat, war nicht nur ein Unheil wie tausend andere, sondern in vielem einzigartig und merkwürdig. Und von dem, worin es das war, will ich euch erzählen. Erstens einmal ist es allerdings eines der größten und vernichtendsten gewesen, die jemals stattfanden. Aber nicht nur darum hat es, wie wenige Dinge, in jenem Jahrhundert die ganze Welt erregt und beschäftigt. Die Zerstörung von Lissabon, das war damals so, als würde man heute sagen, die Zerstörung von Chicago oder von London. Um die Mitte des 18. Jahrhunderts stand Portugal noch auf der Höhe seiner gewaltigen Kolonialmacht. Lissabon war eine der reichsten Handelsstädte der Erde; sein Hafen an der Mündung des Tejo war jahraus, jahrein voller Schiffe und eingesäumt von den gewaltigen Handelshäusern der englischen, französischen, deutschen, vor allem der Hamburger Kaufleute. 30 000 Häuser zählte die Stadt und weit über 250 000 Einwohner, von denen ungefähr der vierte Teil bei diesem Erdbeben umkam [...]

Daß [...] dies Ereignis die Leute so ungeheuer bewegte, zahllose Flugblätter darüber von Hand zu Hand gingen, ja noch fast 100 Jahre später neue Berichte davon erschienen, das hat nun noch einen besonderen Grund. Dieses Erdbeben nämlich war seiner Auswirkung nach das umfassendste, von welchem man je gehört hat. Über ganz Europa bis nach Afrika hin verspürte man es, und man hat berechnet, daß es mit seinen entferntesten Ausläufern die ungeheure Fläche von zweieinhalb Millionen Quadratkilometern erfaßt hat. Die stärksten Erschütterungen reichten bis zu den Küsten Marokkos einerseits, bis zu den Küsten Andalusiens und Frankreich andererseits. Die Städte Cádiz, Jerez und Algeciras wurden fast vollkommen vernichtet. In Sevilla zitterten die Türme der Kathedrale nach einem Augenzeugen wie Schilfrohr im Winde. Die gewaltigsten Erschütterungen jedoch pflanzten sich durch das Meer fort. Von Finnland bis Holländisch-Indien spürte man die gewaltige Wasserbewegung. Man hat berechnet, daß sich die Erschütterung des Ozeans von der portugiesischen Küste bis an die Elbmündung mit ungeheurer Schnelligkeit, nämlich einer Viertelstunde, fortpflanzte. Soviel von dem, was gleichzeitig mit dem Unheil verspürt wurde. Mehr noch als dies aber hat die Fantasie der damaligen Menschen beschäftigt, was in den Wochen vorher an seltsamen Naturereignissen beobachtet wurde, die man dann nachträglich, und wohl nicht immer mit Unrecht, als Vorzeichen des künftigen Unheils ansah. So brachen zwei Wochen vor dem Unglückstage auf einmal in Locarno, in der Südschweiz, Dämpfe aus der Erde, die in zwei Stunden sich in einen roten Nebel verwandelt hatten, der gegen Abend als ein purpurner Regen niederfiel. Von der Zeit an will man fürch-

terliche Orkane, verbunden mit Wolkenbrüchen und Überschwemmungen, in Westeuropa beobachtet haben. Acht Tage vor der Erschütterung war die Erde bei Cádiz mit einer Menge ausgekrochenen Gewürms bedeckt. Niemand hat sich damals mit diesen merkwürdigen Vorgängen mehr beschäftigt als der große deutsche Philosoph Kant, von dem manche von euch immerhin vielleicht den Namen schon einmal gehört haben. Der war zur Zeit, als das Erdbeben stattfand, ein junger Mann von 24 Jahren, war weder vorher noch ist er später je aus Königsberg, seiner Heimat, herausgekommen, aber mit einem ungeheuren Eifer hat er alle Nachrichten, die er von diesem Erdbeben bekommen konnte, zusammengestellt, und eine kleine Schrift, die er darüber verfaßte, ist eigentlich der Anfang der wissenschaftlichen Erdkunde in Deutschland gewesen. Bestimmt der Anfang der Erdbebenkunde. Gern würde ich euch etwas über den Weg erzählen, den diese Wissenschaft von jener Schilderung des Erdbebens von 1755 bis heute gemacht hat.

Aber da muß ich behutsam sein, damit unser Engländer, von dem ich euch noch die Beschreibung seiner Erlebnisse bei dem Erdbeben vorlesen will, nicht ganz ins Gedränge gerät. Er wartet schon ungeduldig, weil er nach 150 Jahren, wo sich niemand um ihn gekümmert hat, wieder einmal zu Wort kommen will, und erlaubt mir, euch von dem, was wir heute über Erdbeben wissen, nur ein paar Worte zu sagen. Eins zuvor: So wie ihr euch die Sache vorstellt, ist sie nicht. Denn ich wette, wenn ich jetzt eine kleine Pause machen könnte und euch dann fragte, wie ihr versuchen würdet, ein Erdbeben zu erklären, ihr würdet zuerst an die Vulkane denken. Wirklich sind ja Vulkanausbrüche oft mit Erdbeben verbunden oder wenigstens von ihnen verkündet worden. So haben denn auch 2000 Jahre lang von den alten Griechen bis Kant und noch weiter bis ungefähr zum Jahre 1870 die Leute geglaubt, die Erdbeben kämen von den feurigen Gasen, Dämpfen im Erdinnern und Ähnlichem. Als man dann aber der Sache mit Meßinstrumenten und mit Berechnungen, von deren Schärfe und Feinheit ihr euch keine Vorstellung machen könnt – und von denen auch ich mir kaum eine mache – kurz, als man die Sache nachprüfte, ergab sich etwas ganz anderes, jedenfalls für die großen Erdbeben, wie das von Lissabon eines war. Die entstehen nicht aus dem tiefsten Erdinnern, das man sich auch heute noch flüssig oder besser gesagt schlammartig, wie einen Feuerschlamm, vorstellt, sondern durch Vorgänge in der Erdrinde. Die Erdrinde, das ist eine Schicht von ungefähr 3000 km Dicke. In dieser Schicht ist andauernd Unruhe; andauernd verschieben sich die Massen in ihr, wobei sie immer wieder versuchen, in ein Gleichgewicht miteinander zu kommen. Von den Gründen, die dieses Gleichgewicht stören, kennt man einige, andere ist man in unaufhörlicher Arbeit im Begriff zu erforschen. Soviel steht fest, daß die wichtigsten Veränderungen vor sich gehen durch die andauernde Abkühlung der Erde. Durch sie entstehen ungeheure Spannungen in den Gesteinsmassen, unter deren Einwirkung diese schließlich zerrissen werden und in einer Umlagerung, die wir als Erdbeben spüren, ein neues Gleichgewicht suchen. Andere Veränderungen kommen zustande durch die Verwitterung der Gebirge, die also leichter werden, durch die Anschwemmungen des Meeresbodens, der also schwerer wird. Stürme, wie sie vor allen Dingen im Herbst um die Erde sausen, erschüttern ihrerseits deren Oberfläche. [...]

[...] Desto schlimmer, wenn plötzlich aus heiterm Himmel dieses Beben verspürbar wird. Aus heiterem Himmel – das ist ganz wörtlich zu nehmen. „Denn“, so schreibt unser Engländer, der nun endlich zu Wort kommt, „die Sonne schien in ihrem Glanze. Der Himmel war völlig rein und klar und nicht das geringste Anzeichen von irgendeinem Naturereignisse zu spüren, als zwischen 9 und 10 Uhr morgens, da ich am Schreibtisch saß, mein Tisch eine Bewegung erlitt, die mich, da ich gar keine Ursache erkannte, ziemlich überraschte. Indem ich eben noch über die Ursache nachdachte, erzitterte das Haus von oben bis unten. Unter der Erde erbebte ein Donner, als ob ein Gewitter in großer Ferne sich entlade. Jetzt legte ich aber doch schnell die Feder weg und sprang auf. Die Gefahr war groß, doch Hoffnung blieb, daß die Sache ohne Schaden ablaufen werde; allein der nächste Augenblick machte dem Zweifel ein Ende. Es ließ sich ein furchtbares Geprassel hören, als ob alle Gebäude in der Stadt zusammenstürzten. Auch mein Haus wurde so erschüttert, daß die oberen Stockwerke auf der Stelle einstürzten, und die Zimmer, in denen ich wohnte, schwankten so, daß alles Gerät über den Haufen fiel. Jeden Augenblick erwartete ich, erschlagen zu werden, denn die Mauern barsten, und aus den Fugen stürzten große Steine heraus, während die Dachbalken überall fast schon in der freien Luft schwebten. In dieser Zeit aber verfinsterte sich der Himmel so, daß man keinen Gegenstand mehr erkennen konnte. Es trat eine ägyptische Finsternis ein, entweder als Folge des unermeßlichen Staubes, den die einstürzenden Häuser verursachten, oder weil sich eine Menge schwefliger Dünste aus der Erde entwickelten. Endlich erhellte sich die Nacht wieder, die Gewalt der Stöße ließ nach; ich bekam einige Fassung und blickte umher. Mir wurde klar, daß ich bis dahin mein Leben einem kleinen Zufall verdankte; wäre ich nämlich angekleidet gewesen, so hätte ich mich sicher sofort auf die Straße geflüchtet und wäre von den zusammenstürzenden Gebäuden erschlagen worden. Ich warf mich geschwind in Schuhe und Rock und stürzte nun auf die Straße, nach dem St. Pauls Kirchhof zu, auf dessen Höhe ich am sichersten zu sein glaubte. Niemand war imstande, die Straße, wo er wohnte, noch zu erkennen, viele wußten gar keine Antwort zu geben, wie ihnen geschehen wäre, alles war zerstreut und keiner wußte, wo das Seinige oder die Seinigen hingekommen waren. Auf der Höhe des Kirchhofs war ich nun Zeuge eines schrecklichen Schauspiels: Soweit das Auge ins Meer hin schweifen konnte, wogten eine Menge Schiffe und stießen miteinander zusammen, als ob der heftigste Sturm wüte. Mit einem Mal versank der mächtige Kai am Ufer und alle Menschen, die sich auf ihm in Sicherheit glaubten. Die Boote und die Fahrzeuge, auf denen so viele Rettung suchten, wurden zu gleicher Zeit eine Beute des Meeres." Es war, wie man aus anderen Berichten weiß, ungefähr eine Stunde nach dem zweiten und verheerendsten Erdstoße, daß jene ungeheure Wasserwoge von 20 m Höhe, die der Engländer von fern sah, auf die Stadt einstürzte. Als die Flutwelle zurücklief, erschien das Bett des Tejo plötzlich ganz trocken; ihr Rückstoß war so gewaltig, daß sie das ganze Wasser vom Flusse mitriß. „Als der Abend", so schließt der Engländer, „sich auf die verödete Stadt niedersenkte, schien sie ganz ein Feuermeer zu werden: Es war so hell, daß man einen Brief lesen konnte. An 100 Orten mindestens stiegen die Flammen empor und wüteten sechs Tage lang. Was das Erdbeben verschont hatte, verzehrten sie. Versteinert von Schmerz starrten Tausende nach ihnen hin, indessen Weiber und Kinder alle Heiligen und Engel um Hilfe anflehten. Die Erde bebte zugleich immerfort, mehr oder weniger, oft eine Viertelstunde ununterbrochen."

Soviel von diesem Unglückstage, dem 1. November 1755. Das Unheil, das er brachte, ist eines der ganz wenigen, denen die Menschheit heute noch so machtlos gegenübersteht wie vor 170 Jahren. Doch auch hier wird die Technik Mittel finden, sei es auch nur auf dem Umwege über die Vorhersage. Vorläufig freilich sind, wie es scheint, die Sinnesorgane mancher Tiere unseren feinsten Instrumenten noch überlegen. Besonders Hunde sollen schon tagelang vor dem Ausbruch von Erdbeben eine so unverkennbare Unruhe zeigen, daß man in gefährdeten Gegenden auf den Erdbebenwarten ihrer sich als Helfer bedient. Damit sind meine 20 Minuten um, und ich hoffe, sie sind euch nicht lang geworden.

1. Gliedert den Text in Abschnitte. Notiert zu jedem Abschnitt die wesentlichen Gedanken. Gebt den Inhalt des Textes mit Hilfe eurer Notizen wieder.

2. Was meint ihr, hat Autoren des 20. Jahrhunderts dazu bewegt, von einem Erdbeben zu erzählen, das bereits 1755 geschah?

3. Benjamin meint, dass auch ihr die Ursachen von Erdbeben erklären könnt. (Zeilen 52–55) Tut dies und vergleicht eure Erkenntnisse mit den verschiedenen Erklärungen des Textes.

Das Erdbeben von Lissabon aus zeitgenössischer Sicht

Autoren des 18. Jahrhunderts sind beeinflusst vom Erdbeben von Lissabon …

Johann Wolfgang von Goethe

Aus meinem Leben. Dichtung und Wahrheit.[1]

Erster Teil, Erstes Buch

[1] *alte Rechtschreibung*

Durch ein außerordentliches Weltereignis wurde jedoch die Gemütsruhe des Knaben zum erstenmal im tiefsten erschüttert. Am ersten November 1755 ereignete sich das Erdbeben von Lissabon und verbreitete über die in Frieden und Ruhe schon eingewohnte Welt einen ungeheuren Schrecken. Eine große prächtige Residenz, zugleich Handels- und Hafenstadt, wird ungewarnt von dem furchtbarsten Unglück betroffen. Die Erde bebt und schwankt, das Meer braust auf, die Schiffe schlagen zusammen, die Häuser stürzen ein, Kirchen und Türme darüber her, der königliche Palast zum Teil wird vom Meere verschlungen, die geborstene Erde scheint Flammen zu speien, denn überall meldet sich Rauch und Brand in den Ruinen. Sechzigtausend Menschen, einen Augenblick zuvor noch ruhig und behaglich, gehen miteinander zugrunde, und der Glücklichste darunter ist der zu nennen, dem keine Empfindung, keine Besinnung über das Unglück mehr gestattet ist. Die Flammen wüten fort, und mit ihnen wütet eine Schar sonst verborgner, oder durch dieses Ereignis in Freiheit gesetzter Verbrecher. Die unglücklichen Übriggebliebenen sind dem Raube, dem Morde, allen Mißhandlungen bloßgestellt; und so behauptet von allen Seiten die Natur ihre schrankenlose Willkür. Schneller als die Nachrichten hatten schon Andeutungen von diesem Vorfall sich durch große Landstrecken verbreitet; an vielen Orten waren schwächere Erschütterungen zu verspüren, an manchen Quellen, besonders den heilsamen, ein ungewöhnliches Innehalten zu bemerken gewesen; um desto größer war die Wirkung der Nachrichten selbst, welche erst im allgemeinen, dann aber mit schrecklichen Einzelheiten sich rasch verbreiteten. Hierauf ließen es die Gottesfürchtigen nicht an Betrachtungen, die Philosophen nicht an Trostgründen, an Strafpredigten die Geistlichkeit nicht fehlen. So vieles zusammen richtete die Aufmerksamkeit der Welt eine Zeitlang auf diesen Punkt, und die durch fremdes Unglück aufgeregten Gemüter wurden durch Sorgen für sich selbst und die Ihrigen um so mehr geängstigt, als über die weit verbreitete Wirkung dieser Explosion von allen Orten und Enden immer mehrere und umständlichere Nachrichten einliefen. Ja vielleicht hat der Dämon des Schreckens zu keiner Zeit so schnell und so mächtig seine Schauer über die Erde verbreitet. Der Knabe, der alles dieses wiederholt vernehmen mußte, war nicht wenig betroffen. Gott, der Schöpfer und Erhalter Himmels und der Erden, den ihm die Erklärung des ersten Glaubensartikels so weise und gnädig vorstellte, hatte sich, indem er die Gerechten mit den Ungerechten gleichem Verderben preisgab, keineswegs väterlich bewiesen. Vergebens suchte das junge Gemüt sich gegen diese Eindrücke herzustellen, welches überhaupt um so weniger möglich war, als die Weisen und Schriftgelehrten selbst sich über die Art, wie man ein solches Phänomen anzusehen habe, nicht vereinigen konnten.

*Heinrich von Kleist**

**1777–1811*

Das Erdbeben in Chili

In St. Jago, der Hauptstadt des Königreichs Chili, stand gerade in dem Augenblicke, der großen Erderschütterung vom Jahre 1647, bei welcher viele tausend Menschen ihren Untergang fanden, ein junger, auf ein Verbrechen angeklagter Spanier, namens Jeronimo Rugera, an einem Pfeiler des Gefängnisses, in welches man ihn eingesperrt hatte, und wollte sich erhenken. [...]

Eben stand er, wie schon gesagt, an einem Wandpfeiler und befestigte den Strick, der ihn dieser jammervollen Welt entreißen sollte, an eine Eisenklammer, die an dem Gesimse derselben eingefugt war; als plötzlich der größte Teil der Stadt mit einem Gekrache, als ob das Firmament einstürzte, versank und alles, was Leben atmete, unter seinen Trümmern begrub. Jeronimo Rugera war starr vor Entsetzen; und gleich als ob sein ganzes Bewusstsein zerschmettert worden wäre, hielt er sich jetzt an dem Pfeiler, an welchem er hatte sterben wollen, um nicht umzufallen. Der Boden wankte unter seinen Füßen, alle Wände des Gefängnisses rissen, der ganze Bau neigte sich, nach der Straße zu einzustürzen, und nur der seinem langsamen Fall begegnende Fall des gegenüberstehenden Gebäudes verhinderte, durch eine zufällige Wölbung, die gänzliche Zubodenstreckung desselben. Zitternd, mit sträubenden Haaren, und Knien, die unter ihm brechen wollten, glitt Jeronimo über den schief gesenkten Fußboden hinweg, der Öffnung zu, die der Zusammenschlag beider Häuser in die vordere Wand des Gefängnisses eingerissen hatte. Kaum befand er sich im Freien, als die ganze, schon erschütterte Straße auf eine zweite Bewegung der Erde völlig zusammenfiel. Besinnungslos, wie er sich aus diesem allgemeinen Verderben retten würde, eilte er, über Schutt und Gebälk hinweg, indessen der Tod von allen Seiten Angriffe auf ihn machte, nach einem der nächsten Tore der Stadt. Hier stürzte noch ein Haus zusammen und jagte ihn, die Trümmer weit umherschleudernd, in eine Nebenstraße; hier leckte die Flamme schon, in Dampfwolken blitzend, aus allen Giebeln und trieb ihn schreckenvoll in eine andere; hier wälzte sich, aus seinem Gestade gehoben, der Mapochofluß auf ihn heran und riss ihn brüllend in eine dritte. Hier lag ein Haufen Erschlagener, hier ächzte noch eine Stimme unter dem Schutte, hier schrieen Leute von brennenden Dächern herab, hier kämpften Menschen und Tiere mit den Wellen, hier war ein mutiger Retter bemüht zu helfen; hier stand ein anderer, bleich wie der Tod, und streckte sprachlos zitternde Hände zum Himmel. Als Jeronimo das Tor erreicht und einen Hügel jenseits desselben bestiegen hatte, sank er ohnmächtig auf demselben nieder. [...]

1 Goethe hat mehr als ein halbes Jahrhundert später das Erdbeben von Lissabon als ein Schlüsselerlebnis seiner Kindheit bezeichnet. Untersucht, wie er die Ereignisse im Rückblick beschreibt und deutet.

2 Vermutlich wurde Kleist zu seiner Novelle durch das Erdbeben von Lissabon angeregt. Beschreibt, wie die Figur Jeronimo das Erdbeben erlebt.

Seite 200 f. Eine Novelle untersuchen
LS „Umgang mit literarischen Texten“

Erklärungsversuche

Ein anonymer protestantischer Pfarrer schrieb 1756:

Man meinte es besser zu wissen und dachte, solche Zorngerichte [Gottes] könnten nicht kommen. [...] Gesalzene Spöttereien, bittere Scherze, hämische Lästerungen belustigen den Spötter und andere, wenn er damit die herrlichen Ermahnungen der Knechte Gottes verspottete [...]. Nun hat der Herr selbst gepredigt. Weil man seine Boten verachtete und ihre Predigten für Scherz hielt, so hat er selbst Zeugen und ein neues Exempel der heutigen Welt geben wollen, [...] [Das Erdbeben] ist eine Warnung für die Sünder. Diese sind es, welche die Plagen des Allmächtigen mit Gewalt zu sich rufen [...]. Diese Unseligen sind es, denen verkündet wird, Ungnade und Zorn, Trübsal und Angst über alle Seelen der Menschen, die da Böses thun. [...] Ja Sünder, der du jetzt hörest, was Lissabon und ihren Schwestern geschehen ist, denke nicht, daß diese Stätte vor anderen sündig gewesen ist. Wo du und deine Mitbürger in der Stadt euch nicht bessert, werdet ihr alle also umkommen. [...] Darum thut Buße, thut Buße, entflieht dem kommenden Zorn, daß er euch nicht treffe. Gott hat viele, sehr viele Mittel, womit er züchtigen kann. Es braucht nicht immer ein Erdbeben zu seyn.

Immanuel Kant[1]

Als Menschen, die geboren waren, um zu sterben, können wir es nicht vertragen, daß einige im Erdbeben gestorben sind, und als die hier Fremdlinge sind und kein Eigentum besitzen, sind wir untröstlich, daß Güter verloren worden, die in kurzem durch den allgemeinen Weg der Natur von selbst wären verlassen worden. Es läßt sich leicht rathen: daß, wenn Menschen auf einem Grunde bauen, der mit entzündbaren Materien angefüllt ist, über kurz oder lang die ganze Pracht ihrer Gebäude durch Erschütterungen über den Haufen fallen könne; aber muß man denn darum über die Wege der Vorsehung ungeduldig werden? Wäre es nicht besser also zu urtheilen: Es war nöthig, dass Erdbeben bisweilen auf dem Erdboden geschähen, aber es war nicht nothwendig, dass wir prächtige Wohnplätze darüber erbaueten? Die Einwohner in Peru wohnen in Häusern, die nur in geringer Höhe gemauert sind, und das übrige besteht aus Rohr. Der Mensch muß sich in die Natur schicken lernen, aber er will, daß sie sich in ihn schicken soll. Was auch die Ursache der Erdbeben den Menschen auf einer Seite jemals für Schaden erweckt hat, das kann sie ihm leichtlich auf der andern Seite mit Gewinst ersetzen.

[1] *Philosoph, 1724–1804*

Ein wissenschaftlicher Text aus dem Jahre 1757:

Der eine stellet mit der Elektrisier-Maschine allerley Spiele an, und es schien ihm gewiß, daß die Elektricität den ganzen Erdboden erschüttern könne; Ein Anderer fand unter der Erde sulphurische [schwefelige] Theile; Ein Dritter höret gar Gewitter unter der Erde; Ein Vierter roch unterirdische Dünste; Ein Fünfter wollte schon, um solche auszuführen, aus dem Innersten der Erde Canäle bauen; Einem Sechsten brauseten die unterirdischen Winde in seinen Ohren; Ein Siebenter fand zwischen den feuerspeyenden Bergen und dem Erdbeben einen Zusammenhang; Ein Achter berief sich auf die unterirdischen Wasser; Ein Neunter verband die unterirdischen Feuer und Quellen zusammen; Ein Zehnter bemerkte in der magnetischen Materie eine ganze Zerrüttung; Ein Elfter sähe weiter über sich und fand in dem veränderten Drucke der Schwere eine neue Ursache, ohne zu bedenken, daß eine anderweitige würkende Ursache nöthig sey, von welcher dieser veränderte Druck in der Schwere herrühre; Ein Zwölfter stieg wol gar mit seinen Gedanken in den Mond; und mich wundert, daß noch niemand seine Zuflucht zu des Pontoppidans [dänischer Schriftsteller und Theologe] großem See-Ungeheuer, dem Kraken, oder zu dessen Seewurm genommen hat.

Richter-Skala

Grad	Stärke	Wirkungen auf Personen	Gebäude	Natur
I	unmerklich	nicht verspürt		
II	sehr leicht	vereinzelt verspürt		
III	leicht	vor allem von ruhenden Personen verspürt		
IV	mäßig stark	in allen Häusern allgemein verspürt aufweckend	Fenster klirren	
V	ziemlich stark	im Freien allgemein verspürt	Verputz an Häusern bröckelt ab, hängende Gegenstände pendeln, Verschieben von Bildern	
VI	stark	erschreckend	Kamine und Verputze beschädigt	vereinzelt Risse im feuchten Boden
VII	sehr stark	viele flüchten ins Freie	mäßige Schäden, Kamine fallen herunter	vereinzelt Erdrutsch an steilen Abhängen
VIII	zerstörend	allgemeiner Schrecken	alte Häuser erleiden Schäden, Rohrleitungsbrüche	Veränderungen in Quellen, Erdrutsche an Straßendämmen
IX	verwüstend	Panik	starke Schäden	Bodenrisse Bergstürze
X	vernichtend	allgemeine Panik	Backsteinbauten werden zerstört	Verbiegen von Eisenbahnschienen
XI				
XII				

1 Untersucht, wie die verschiedenen Autoren im 18. Jahrhundert das Erdbeben erläutern. Klärt hierzu unklare Begriffe mit Hilfe eines Nachschlagwerkes.

2 Beurteilt die damaligen Erklärungsversuche vor dem Hintergrund der heutigen naturwissenschaftlichen Kenntnisse.

3 Vermutet, warum das Erdbeben die Zeitgenossen so erschüttert hat. Bezieht dabei die Richterskala mit ein.

Symbol einer Zeitenwende?

Zweifel an der besten aller Welten

Wie Dichter und Philosophen unserer Zeit auf das Erdbeben von Lissabon reagierten

„Begrabe die Toten und füttere die Lebenden“ – die dringendsten Aufgaben, die jetzt im südasiatischen Raum nach dem Seebeben zu erfüllen sind. Vor 250 Jahren ging mit diesen Worten der portugiesische Außen- und Kriegsminister Marquès de Pombal daran, den zerstörten Südwesten Portugals wiederaufzubauen. Augenzeugenberichten zufolge war der 1. November 1755 in Lissabon ein schöner, sonniger Tag, die Lissabonner befanden sich in der Kirche und feierten Allerheiligen. Erdstöße erschreckten plötzlich die Menschen, wie von Zauberhand zog sich das Meer zurück, um auf einmal als Flutwelle auf die Stadt zuzurasen. Der Tsunami, den das Beben am Meeresgrund westlich von Faro ausgelöst hatte, zerstörte allerdings „nur“ die Hafenanlagen der florierenden Handelsstadt. Die eigentliche Katastrophe aber spielte sich in der folgenden Woche ab: Eine Feuersbrunst, ausgelöst durch Kochfeuer und brennende Lampen, vernichtete die Stadt. Das stärkste Beben in Europa, das heute auf der Richterskala bei 8,5 liegen würde, tötete vermutlich 60 000 Menschen. Erschüttert hatte es aber auch auf lange Zeit das Denken der Zeitgenossen, ihren Glauben an Gott, den Menschen oder die Zivilisation. Hunderte von Stichen und Gemälden – mit brennenden Häusern, einem wogenden Meer, Gebäudetrümmern im Wasser – entstanden noch bis weit ins 19. Jahrhundert hinein und zeugen von der Bedeutung des Unglücks. Natürlich hatte es auch zuvor schon Katastrophen mit ähnlichen Ausmaßen gegeben. Doch erst mit der beginnenden Reisetätigkeit zur Zeit der Aufklärung und einem einigermaßen schnellen und zuverlässigen Nachrichtenwesen nahm man auch außerhalb der eigenen Lebenswelt Kenntnis davon. [...]

Münchener Merkur, 30. 12. 2004

Literaturepoche Aufklärung

Begriff Bezeichnung für eine geistesgeschichtliche Epoche, die Ende des 17. Jh. begann und von England und Frankreich ausgehend das europäische Geistesleben bis ins 19. Jh. prägte und bis ins 20. Jh. hinein wirkte. Anliegen der verschiedenen Richtungen der A. ist es, gegen Autoritätsglauben, Vorurteile und die Bevormundung des Menschen zu kämpfen und mit vernunftgeleiteten Erkenntnissen die Selbstständigkeit des Menschen zu fördern. Speziell meint der Begriff die v.a. das 18. Jh. beherrschende Bewegung in der europäischen Geistesgeschichte, die die mittelalterlichen Denk- und Lebensformen endgültig überwand, [...] wodurch alle Kulturbereiche aus dem übergreifenden Zusammenhang der Religion gelöst und damit die Entwicklung der modernen Welt eingeleitet wurden.

Philosophischer Hintergrund Die Philosophen der Aufklärung waren es, welche den Beginn der Moderne eigentlich einläuteten. [...]. Der wichtigste Philosoph in Deutschland war Immanuel Kant [...]. In seinem Werk „Was ist Aufklärung?“ beschreibt er die Ideen und Ideale dieser Zeit: „[...] Aufklärung ist der Ausgang des Menschen aus seiner selbstverschuldeten Unmündigkeit. Unmündigkeit ist das Unvermögen, sich seines Verstandes ohne Leitung eines anderen zu bedienen. Selbstverschuldet ist diese Unmündigkeit, wenn die Ursache derselben nicht am Mangel des Verstandes, sondern der Entschließung und des Mutes liegt, sich seiner ohne Leitung eines andern zu bedienen. Sapere aude!“ Habe Mut, dich deines eigenen Verstandes zu bedienen! ist also der Wahlspruch der Aufklärung.

Die Dichtung der Aufklärung [...] Die Dichtung des 18. Jahrhunderts wandelte sich stark: im Mittelpunkt stand nicht mehr das Lob der Fürsten und die Unterhaltung der höfischen Gesellschaft, sondern das bürgerliche Leben und die Aufklärung des Bürgertums. Die Leserschaft aufklärerischer Dichtung war zunächst gering, da die größten Bevölkerungsteile weder lesen noch schreiben konnten. [...] Doch auch die Bürgerlichen, die lesen konnten, befassten sich meist mit religiöser Dichtung. Es musste darum erst eine literarisch interessierte Gesellschaft und eine breite Leserschaft geschaffen werden. Moralische Wochenschriften, die eine Aufklärung des Bürgertums zum Ziel hatten, förderten eine literarisch interessierte Öffentlichkeit. Die Abkehr von der höfischen Dichtung bewirkte auch eine Ablösung der Hofdichter. An ihre Stelle trat nun der freie Schriftsteller. Doch dieser hatte es im 18. Jahrhundert nicht leicht, war er zwar finanziell von fürstlichen und kirchlichen Gönnern unabhängig, doch konnte er kaum von den geringen Auflagen seiner Werke leben. [...]

Eine wichtige Rolle bei der literarischen Veröffentlichung spielte die Zensur. [...] Den Aufklärern gelang es jedoch nicht, die Zensur abzuschaffen. Im Gegenteil, nach der Französischen Revolution 1789 wurde sie noch verschärft. [...]

Die Ablösung der höfischen Dichter hatte auch eine Ablöse der höfischen Dichtung zur Folge. An ihre Stelle trat nun eine Literatur, welche die Ideen der Aufklärung vertrat: Vernunft, Humanität und Nützlichkeit.

1 Im Anschluss an das Erdbeben im Indischen Ozean im Dezember 2004 erinnert ein Zeitungsartikel an das Erdbeben von Lissabon aus dem Jahre 1755. Warum stellt der Autor diese Verbindung her?

2 „Erschüttert hatte es aber auch auf lange Zeit das Denken der Zeitgenossen, ihren Glauben an Gott, den Menschen oder die Zivilisation.“ – Erklärt dieses Zitat aus dem Zeitungsartikel vom 30.12.2004.

3 Was erfahrt ihr über die Epoche der Aufklärung? Notiert die wichtigsten Gesichtspunkte aus den Lexikonartikeln und gestaltet hierzu eine Mindmap.

Impulse zur Weiterarbeit

- Ihr könnt die vollständige Novelle „Das Erdbeben in Chili“ von Heinrich von Kleist lesen.
- Ihr könnt ein fachübergreifendes Referat zum Thema „Entstehung von Erdbeben“ halten.
- Wie sehen bildende Künstler und Künstlerinnen Erdbeben? Sucht nach Abbildungen und vergleicht diese miteinander.
- Informiert euch noch ausführlicher über die Epoche der Aufklärung und erstellt eine Wandzeitung hierzu.

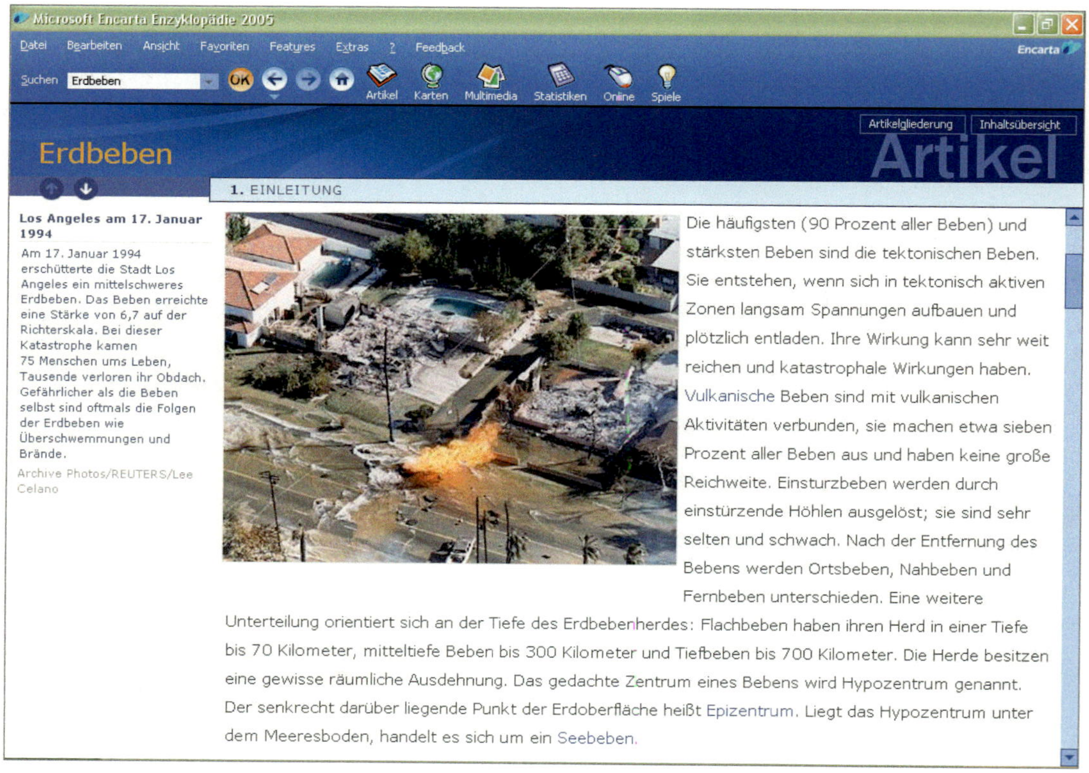

Lernstationen

Mit Hilfe der Lernstationen kannst du wichtige Inhalte des Deutschunterrichts

- selbstständig erarbeiten, wiederholen und vertiefen und
- überprüfen, ob du wirklich erfolgreich gelernt hast.

In den Lernstationen ist Vieles ähnlich wie in den Unterrichtsvorhaben: Sie sind in (Teil-)Kapitel gegliedert und haben Verweise in den Randspalten, die sich vor allem auf die Unterrichtsvorhaben beziehen. Wenn du diesen Verweisen nachgehst, findest du Materialien und Hinweise, die dir helfen, das Gelernte zu vertiefen.

Die letzte Seite der Lernstationen hat eine besondere Funktion. Hier kannst du selbst überprüfen, ob du das Wichtigste aus der Lernstation tatsächlich beherrschst.
Wenn du diese letzte Seite regelmäßig bearbeitest, entsteht nach und nach dein persönliches Portfolio für den Deutschunterricht.

Zur Selbstüberprüfung gehören drei Schritte:

- Im Abschnitt „Kann ich das wirklich? – Lernspiegel" werden dir Fragen gestellt, die sich auf wichtige Inhalte beziehen und in der Lernstation behandelt werden. Wenn du die Antwort nicht weißt, solltest du die Lernstation ein zweites Mal durcharbeiten. Danach gehst du wieder zurück zu den Fragen des Lernspiegels.

- Um dir das Lernen zu erleichtern, solltest du ein eigenes Lernlexikon anlegen. Im Abschnitt „Lernlexikon" werden dir deshalb jeweils die Stichworte genannt, zu denen du eine Karteikarte anlegen bzw. bereits angelegte Karten ergänzen solltest.

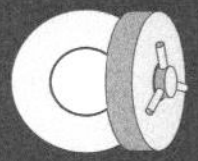

- Im „Lerndossier" legst du Texte und andere Produkte (Collagen, Tonaufnahmen usw.) ab, die bei der Erarbeitung der Lernstationen entstanden sind und mit denen du nachweisen kannst, dass du die Ziele der Lernstation erreicht hast.

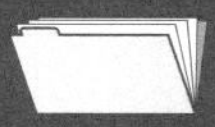

Übrigens:
Die Lösungen für die meisten der Aufgaben in den Lernstationen kannst du kostenlos unter www.klett.de aus dem Internet herunterladen. Auf diese Weise kannst du dich jederzeit selbst überprüfen.

Lernstation: Lesestrategien, Lesetechniken

1 Aufgaben und Arbeitsaufträge prüfen – auf Signalwörter achten – die geeignete Lesestrategie festlegen

*Du hast in deutsch.punkt u.a. die **Strategien des überfliegenden, suchenden und genauen Lesens** kennengelernt.*
*In der Formulierung von Aufgaben und **Arbeitsaufträgen** zu den Lesetexten zeigen oft bestimmte **Signalwörter** an, welche Lesestrategie zu wählen ist, damit die geforderten Informationen erschlossen, verarbeitet und gegebenenfalls präsentiert werden können. Fehlen solche Signalwörter, sollte man sie selbst ergänzen und sich damit auf eine geeignete Lesestrategie festlegen, um den Leseauftrag erfolgreich erfüllen zu können.*

Beispiele für Signalwörter	Lesestrategien	Leseabsicht/Leseauftrag
Verschaffe dir einen Überblick *über …* ***Fasse*** *kurz* ***zusammen, worum*** *es in dem Text* ***geht.***	Überfliegendes Lesen	Man will/soll sich rasch einen Überblick über den Inhalt des gesamten Textes verschaffen (ohne die Einzelheiten zu erfassen), um sich bei der weiteren Arbeit mit dem Text besser orientieren zu können.
Benenne … ***Ordne … zu.***	Suchendes Lesen	Man will/soll rasch bestimmte Einzelinformationen im Text auffinden.
Stelle dar, *auf welche Weise …* ***Beschreibe,*** *wie …* ***Erkläre,*** *warum …* *Gib mit eigenen Worten wieder, wie …*	Genaues Lesen	Man will/soll bestimmte Stellen des Textes (einschließlich Illustrationen) auffinden, diese detailliert erfassen, Lesehindernisse für das Verstehen beseitigen und sich Notizen machen, um die im Text dargestellten Sachverhalte anschließend wiedergeben zu können.

1 Erläutere an dem folgenden Beispieltext „Blüten im Schnee“ die verschiedenen Lesestrategien, die du anwenden musst, um die Aufgaben zu lösen. Welche Signalwörter in den Aufgaben können dir helfen, die richtige Lesestrategie zu finden?

2 Suche in deinen Lehrwerken (z.B. für den Erdkunde-, Geschichts- oder Biologieunterricht) nach Signalwörtern in Aufgaben, die sich auf die Lesestrategien des überfliegenden, suchenden und genauen Lesens beziehen.

Blüten im Schnee

Wer im Frühjahr Schneeglöckchen im Garten haben möchte, muss im Herbst Schneeglöckchenzwiebeln pflanzen. Im Längsschnitt durch eine solche Zwiebel ist die junge Pflanze schon zu erkennen. Die winzige Blütenknospe sitzt auf einem kurzen Stängel. Er verbreitet sich nach unten hin zur Zwiebelscheibe, aus der bald nach dem Einpflanzen kleine Wurzeln herauswachsen. Die Hauptmasse der Zwiebel wird von mehreren saftigen Zwiebelschalen gebildet. Das sind Blätter, die zu Nährstoffspeichern verdickt sind. Wie Knospen befinden sich zwischen ihnen Ersatz- und Brutzwiebeln.

Noch vor Beginn des Winters wird am oberen Ende der Zwiebel eine Spitze sichtbar, die von einem weißlichen häutigen Hüllblatt eingeschlossen ist. Im Frühjahr gelangt Tauwasser an die Wurzeln. Der Spross beginnt zu wachsen. Aus dem Hüllblatt schieben sich zwei längliche Laubblätter hervor. Zwischen ihnen liegt gut geschützt der Stängel mit der Blütenknospe. Diese steht zunächst aufrecht und wird von zwei Hüllblättern umschlossen. Sie sind durch ein Häutchen miteinander verwachsen. Wegen ihrer Stellung am oberen Ende des Stieles werden sie als Hochblätter bezeichnet. Wenn der Blütenstiel etwa 15 cm lang geworden ist, geben die Hochblätter eine einzige glockenförmige Blüte frei.

Die Blüte ist bei Frosteinbruch nicht der Kälte ausgeliefert. Der Blütenstiel krümmt sich und legt sich mitsamt dem Blütenglöckchen waagerecht auf die Erde. So sind die Blüten der eiskalten Luft weniger ausgesetzt. Das Schneeglöckchen ist nicht auf Fremdbestäubung angewiesen. Bleiben die Bienen aus, so kommt es zur Selbstbestäubung. Nach der Befruchtung entwickelt sich aus dem Fruchtknoten eine dreifächrige Kapsel, in der Samen heranreifen. Mit der Zeit neigt sich der Blütenstiel zum Boden hin. Die Frucht liegt auf der Erde und entlässt die reifen Samen, an denen sich ein nährstoffhaltiges Anhängsel befindet.

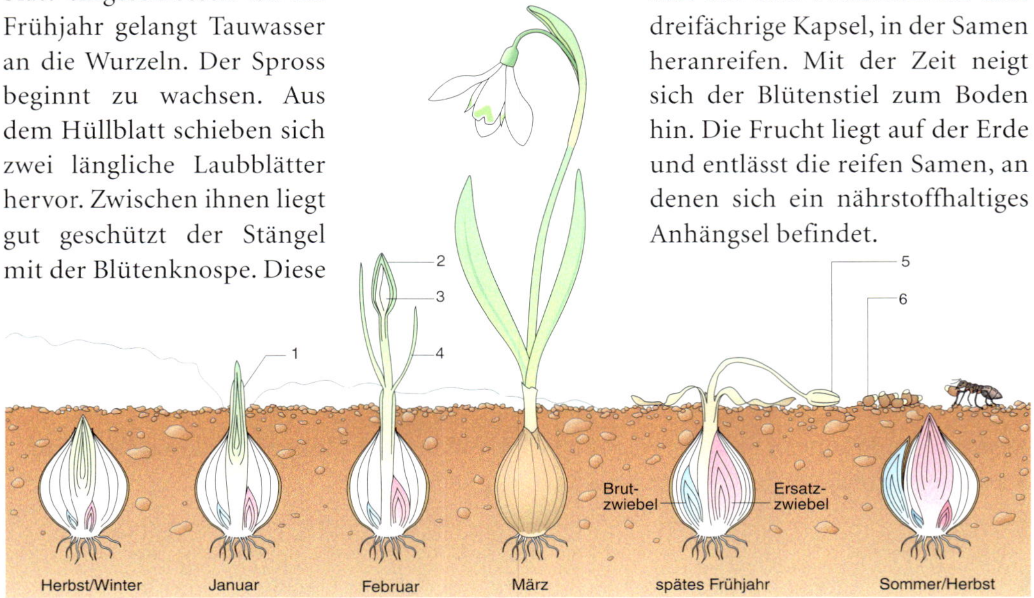

Leseaufträge:

a) Ordne den Ziffern in der Abbildung die richtigen Begriffe zu.

b) Gib an, durch welche Einrichtungen die Blüte gegen Kälte geschützt ist.

c) Beschreibe, wie sich das Aussehen einer Zwiebel im Jahresverlauf verändert.

d) Der Samen des Schneeglöckchens besitzt ein nährstoffhaltiges Anhängsel, das von Ameisen gern gefressen wird. Welche Bedeutung hat das für die Schneeglöckchen?

2 Erschließendes Lesen

Aufgaben, die dazu auffordern, Sachverhalte zu beschreiben oder zu erläutern, beziehen sich meist auf mehrere Stellen im Text. Um diese Aufgaben erfolgreich bearbeiten zu können, muss man nicht nur diese Textstellen aufspüren und genau lesen, man muss auch erkennen, wie diese Textstellen inhaltlich zueinander stehen, Schlüsse ziehen und manches aus eigenen Kenntnissen und Erfahrungen ergänzen. Diese **Lesestrategie** nennt man **erschließendes Lesen.**

Wasseraufbereitung für Dauerduscher

Sauberes Wasser ist kostbar und ein wiederverwertbarer Rohstoff, mit deutscher High Tech sogar innerhalb eines einzigen Haushalts. Wasser ist wertvoll. Man kann es sparen, indem man Stopptasten am Spülkasten der Toilette einbaut oder Sparduschköpfe verwendet. Doch wie viel bringt das? Und zieht da jeder mit? An der Technischen Universität Hamburg-Harburg (TUHH) wird das Wassersparen von morgen entwickelt. Und das sieht gar nicht danach aus: Klospülung, so oft man will. Kein schlechtes Gewissen wegen des gurgelnden Wasserhahns. Selbst Dauerduschen ist keine Verschwendung mehr. Denn das Wasser fließt nicht in die Kanalisation, sondern zurück in die Leitung. Der Freiburger Erfinder Ulrich Braun […] hat ein System für das Haus der Zukunft entwickelt. Fäkalien, Urin und Spülwasser aus Toiletten („Schwarzwasser") trennen die beiden kategorisch vom restlichen „Grauwasser". Im patentierten Schwarzwasserkreislauf werden die Hinterlassenschaften der Bewohner von einer Anlage im Keller aufbereitet. Chemische und biologische Oxidation wechseln sich mit feinsten Filtermembranen ab, UV-Licht tötet letzte Keime. Heraus kommt klares Wasser, das wieder in die Toilettenspülung eingespeist wird, wo der Mensch neuen Wertstoff hinzufügt – das System wirft Humus und Mineraldünger ab. Dank der Schwarz/Grau-Trennung kann man das Wasser aus Spüle, Dusche und Waschbecken in einem ähnlichen Prozess ebenfalls reinigen – und in Trinkwasserqualität wieder in die Leitungen speisen. Hygienisch ist das unbedenklich. Um 80 bis 90 Prozent lässt sich der Wasserverbrauch im Haushalt so reduzieren. „Unser Ziel ist die Wasserwaschmaschine für Einfamilienhäuser", sagt Braun.

Leseauftrag: Erläutere, wie die „Wasserwaschmaschine" der Zukunft funktionieren und warum eine solche Erfindung für uns so wichtig sein könnte.

1. Jemand hat Markierungen am Text angebracht, um sich das Erschließen des Textes zu erleichtern. Wie ist er/sie dabei vorgegangen? Was sollen die Farben signalisieren?
2. Bringe die markierten Textstellen in eine logische Reihenfolge, um die beiden Sachverhalte erläutern zu können.
3. Zu welchem der beiden Sachverhalte würdest du eigenes Wissen und eigene Erfahrungen hinzufügen?

Arbeitsschritte für das erschließende Lesen

- die Aufgabenstellung analysieren, auf Signalwörter achten, gegebenenfalls Signalwörter selbst ergänzen
- sich einen Überblick über den Text verschaffen
- die Stellen im Text auffinden und markieren, die für die Bearbeitung der Aufgabe wichtig sind
- Kernaussagen der Textstellen notieren
- Bezüge zwischen den Textstellen herstellen; die Textstellen in eine logische Reihenfolge bringen
- prüfen, ob die Informationen aus dem Text für die Bewältigung der Aufgabe ausreichen oder ob man selbst eigene Kenntnisse und Erfahrungen hinzufügen sollte

Signalwörter für das erschließende Lesen: untersuche – erschließe – stelle dar – ordne ein – vergleiche – erkläre – erläutere – setze in Beziehung

Eine Stadt in meinem Alter

Ich schlief ein paar Stunden in einem Hotel, dann ging ich in die Stadt. Es dauerte eine Weile, bis ich bemerkte: Mit Emmerich stimmt etwas nicht.
Eine kleine Stadt, an den großen Fluss geschmiegt, […] die Rheinpromenade – ich lief sie ab und dann die Fußgängerzone hinter den Häusern. Ich schlenderte hin und her durch alte Tore mit alten Namen, bis ich begriff: Die sind ja gar nicht alt. So gut wie nichts hier ist alt. Die Promenade nicht und nicht die Häuser an ihr. Auch die Giebel nicht in den krummen Gassen. Die sind alle neu. Nicht älter als du. Viele jünger.
Das Porzellangeschäft am Platz hatte sich festlich geschmückt zur Feier seines hundertjährigen Bestehens, aber das Haus, in dem es lag, war keine fünfzig. Und am backsteinernen Stufengiebel wenige Schritte weiter stand eine Jahreszahl aus einem fernen Jahrhundert: 1650. Darunter noch eine, die echte: 1957. Der Giebel aus der niederrheinischen Spätrenaissance war so alt wie meine westdeutsche Schultüte.
In Emmerich sah ich nun Leute durch die abendliche Fußgängerzone eilen, sie strebten ins Stadtmuseum. Vorhin war mir der Aushang aufgefallen: Emmerich gedenkt des sechzigsten Jahrestags seiner Zerstörung. Ich folgte ihnen in den voll besetzten Saal. Das Licht ging aus, ein Film wurde gezeigt, grobkörnige Bilder, aufgenommen aus der Sicht der Bombenschächte oder im Schlamm dort unten. Sie flackerten über die weiße Wand, alles saß still da, wer keinen Platz gefunden hatte, stand. Andächtig blickten die Leute auf das Flackern an der Wand, ab und zu einen Namen mitmurmelnd, hinterhermurmelnd wie eine Gebetsformel, ein Amen. Den Namen eines Generals, einer Straße, eines Flugzeugtyps, einer Stadt – den niederrheinischen Rosenkranz. […]
Es war, was es schien – eine Messe. Die Stadt beging ihren höchsten, schwärzesten Feiertag mit einer Messe in Schwarzweiß. Ich zog mich leise zurück und stand wieder am Fluss.

Leseauftrag: Erkläre, was mit der Stadt Emmerich nicht stimmt. Welche Bezüge werden zwischen dem Alter des Erzählers und dem der Stadt hergestellt?

4 Bearbeite den Leseauftrag, indem du die Arbeitsschritte für das erschließende Lesen an dem Text „Eine Stadt in meinem Alter“ anwendest.

3 Kritisches Lesen

Gerade im Alltag, wenn es um die eigenen Interessen geht, muss man Texte danach prüfen, ob sie mit der Absicht der Beeinflussung verfasst und arrangiert sind. Das trifft vor allem auf Werbung zu, aber auch auf andere Darstellungen in den Medien, die mit der Absicht verfasst sind, Einfluss auf Meinung und Handeln der Leser zu nehmen. Solche Texte bearbeitet man am besten mit der **Strategie des kritischen Lesens.**

Warum die Formulierung „zu Hause"? Etwa, um die Angst vor Heimweh zu nehmen?

Warum die Betonung, dass die Firma schon seit 24 Jahren existiert? Etwa um zu zeigen, wie seriös und erfolgreich die Firma ist?

Was soll das mit dem „Herz" in Wort und Bild? Wird hier etwas verschenkt aus Mildtätigkeit? Und die Buchstaben JM? Hier geht es doch um eine Firma und nicht um eine Person, die ich kenne.

Eigentlich würde ich gern wissen, was bei den Ausflügen passiert und welche Leistungen im Preis inbegriffen sind.

Eigentlich soll wohl nur Druck aufgebaut werden, dass man schnell und online bucht.

1 Was fällt dir beim kritischen Lesen noch an dieser Werbung auf? Welche Fragen und Bemerkungen würdest du hinzufügen?

Beim kritischen Lesen achtet man darauf, ...	
ob die Informationen, die man braucht, vollständig sind oder ob wichtige Dinge ausgeblendet werden	Was will/muss ich sonst noch wissen? Warum fehlt gerade diese Information im Text?
ob dargestellte Sachverhalte in sich stimmig sind	Gibt es im Text Aussagen, die sich widersprechen? Worum geht es dabei?
ob die Aussagen – soweit man es selbst weiß und prüfen kann – der Wirklichkeit entsprechen	Habe ich den Sachverhalt anders erlebt oder erfahren? Habe ich in anderen Texten dazu anderes gelesen? Wer hat Recht, und wie kann ich das prüfen?
ob verstärkt Wörter gebraucht werden, die etwas behaupten, ohne dass Belege dafür angeführt werden	Warum werden „beschönigende“ Adjektive in großer Fülle gebraucht? Woran kann ich ablesen, dass diese auch zutreffen?
ob es im Text Wörter und Wendungen gibt, die Hinweise auf ein verdecktes Problem geben	Was steckt eigentlich hinter den Wörtern und zwischen den Zeilen?

Das Hotel „Hispania“ liegt direkt an jenem Strand, der dem Gebiet seinen Namen gibt, und nur 600 m entfernt von den wichtigsten Freizeitzentren (RIU – Center und Balneario 6) im Herzen der Zone, die Ihnen alle Vergnügungsmöglichkeiten bietet, ohne weite Wege in Kauf nehmen zu müssen.
Das Hotel, renoviert 1995, hat 164 Zimmer sowie einen 5000 qm großen Garten. Das Hotel bietet Ihnen eine Empfangshalle mit Rezeption (24 Stunden besetzt) und 2 Aufzügen. Ferner stehen Ihnen ein Salon mit Bar, eine Cafeteria, in der Sie Snacks bekommen können, ein klimatisiertes Nichtraucher-Restaurant mit Kinderhochstühlen, TV sowie ein Konferenzraum und ein öffentliches Internetterminal zur Verfügung.
Das Hotel ist ein modernes Hotel, welches sich direkt an der Playa de Palma befindet. Nur ein paar Minuten vom Flughafen entfernt, verkehrsgünstig gelegen und dadurch ganz in der Nähe der wichtigsten Ortschaften der Insel, ist die Playa de Palma der ideale Ausgangsort für all jene, die die schönsten Ecken der Insel erkunden möchten.
Im Außenbereich des Hotels befindet sich in windgeschützter Lage ein Süßwasserpool mit separatem Kinderbecken, möblierter Sonnenterrasse und einer Snackbar. Es gibt ein saisonabhängiges Animationsprogramm, und Sie haben die Möglichkeit, Billard zu spielen.
Auch im Winter geöffnet. Vereine und Kegelclubs willkommen.

2 Lies diesen Text kritisch. Stelle Fragen an den Text.
Mache dir klar, was dich in diesem Hotel erwartet.

4 Wertendes Lesen

Wenn man das Lesen bzw. Verstehen von Texten nutzt, um sich eine Meinung zu bilden, Stellung zu beziehen oder ein Problem zu lösen, geht es um die **Strategie des (be-)wertenden Lesens.** Dazu gehört, dass man sich zu dem Text selbst – und nicht nur zu seinen Inhalten – eine begründete Meinung bildet. Auf dem Weg zum kompetenten Lesen ist dies die letzte und schwierigste Stufe, die man in aller Regel erst dann erreicht, wenn man die anderen Lesestrategien gut beherrscht.

Studie widerlegt pauschalen Kriminalitätsvorwurf gegen Ausländer

Forscher lehnen Unterscheidung nach Nationalität ab/Quote der Gewalttaten bei Asylbewerbern niedriger als bei Deutschen

HANNOVER, 29. September. Die verbreitete Auffassung, mit dem Zuzug von Ausländern wachse die Kriminalität, lässt sich nicht belegen. Das sagt das Kriminologische Forschungsinstitut Niedersachsen. Es wertete in einer Untersuchung alle in einem Jahr von der niedersächsischen Polizei registrierten Delikte aus.

Den Wissenschaftlern fiel auf, dass die Kriminalität ausländischer Arbeitnehmer in Niedersachsen, aber auch im übrigen Westdeutschland in den vergangenen Jahren deutlich abgenommen hat. Innerhalb von fünf Jahren ging die Zahl der Tatverdächtigen aus dieser Bevölkerungsgruppe um fast zehn Prozent zurück.

Besonders gegen Asylbewerber werden oft unberechtigte Vorwürfe erhoben. So zum Beispiel lautete eine Überschrift der *Bild-Zeitung*: „Immer mehr Asylbewerber, immer mehr Verbrechen!" Aber in Wirklichkeit lassen sich viele Vergehen von Asylbewerbern mit denen von Deutschen gar nicht vergleichen: 55 Prozent der tatverdächtigen Asylbewerber begingen einen Verstoß gegen das Asyl- oder das Ausländergesetz. Schon in eine benachbarte Stadt zu fahren kann zum Beispiel eine Straftat sein. Dieses und ähnliche Vergehen können keinem Deutschen angelastet werden. 33,5 Prozent der tatverdächtigen Asylbewerber wurden darüber hinaus kleinerer Vergehen, wie zum Beispiel Ladendiebstahl, beschuldigt.

Auch der Anteil an der registrierten Gewaltkriminalität liegt der Studie zufolge bei Asylbewerbern deutlich tiefer als bei Deutschen. Von hundert Delikten, die Asylbewerber verübten, waren knapp vier Gewalttaten, bei deutschen Tatverdächtigen hingegen waren es etwa sieben. Außerdem fand das Forschungsinstitut heraus, dass Asylbewerber bei Eigentumsdelikten in der Regel viel geringeren Schaden anrichten als Deutsche. […]

Man sollte künftig bei der Kriminalität nicht zwischen Deutschen und Ausländern unterscheiden. Das empfahl zum Abschluss der Untersuchung der Direktor des Instituts Professor Christian Pfeiffer. Stattdessen solle man unabhängig von der Nationalität unterscheiden zwischen Menschen, die Arbeit, Wohnung und Lebensperspektiven haben, und denjenigen, die sozial weniger gut integriert sind.

Eckart Spoo, Frankfurter Rundschau

Schüler einer achten Klasse wurden aufgefordert, zu dem Text „Studie widerlegt pauschalen Kriminalitätsvorwurf gegen Ausländer“ aus der „Frankfurter Rundschau“ eine kurze Stellungnahme zu formulieren.
Das haben Paula, Gerd und Michael dazu geschrieben:

Paula:

Am wichtigsten ist für mich der Satz: „Man sollte künftig bei der Kriminalität nicht zwischen Deutschen und Ausländern unterscheiden“, sondern „zwischen Menschen, die Arbeit, Wohnung und Lebensperspektiven haben, und denjenigen, die sozial weniger gut integriert sind“. Er beweist, dass man Menschen nicht danach beurteilen darf, woher sie kommen. Warum sie kriminell werden, hat mehr damit zu tun, in welchen Verhältnissen sie leben. Wenn man so denkt, kann man wirklich etwas gegen Ausländerfeindlichkeit tun.

Gerd:

Der Artikel ist schwer, man muss ihn mehrfach lesen. Ich glaube, man kann alles auch einfacher sagen. Die vielen Zahlen sind nicht wichtig, um zu zeigen, dass es nicht richtig ist, immer die Ausländer für alles verantwortlich zu machen. Die Deutschen sind auch nicht besser. Aber das wusste ich schon vorher, weil mein Freund aus Kenia stammt und genauso denkt wie ich.

Michael:

Ich glaube, dass der Text stimmt. Als ich neulich mit der Stadtbahn nach Hause gefahren bin, habe ich von meinem Fenster aus gesehen, wie eine Frau auf dem Bahnsteig umherschrie: „Meine Tasche, meine Tasche!“ Sie schlug wild um sich und zeigte mit ihrem Schirm in Richtung der Bahngleise. Ich schaute in dieselbe Richtung und erkannte einen Jungen, der ganz schnell über die Gleise sprang und lose eine Tasche über den Rücken geworfen hatte. „Immer die Ausländer!“, schrie die Frau wütend. Sie konnte ihn aber gar nicht so genau gesehen haben. Woher wollte sie wissen, dass er ein Ausländer war?

1 Welche der Stellungnahmen zu dem vorliegenden Artikel wird deiner Ansicht nach dem Artikel am meisten gerecht? Wähle eine aus und begründe.

Lesestrategien

Suchendes Lesen	einzelne Zahlen, Wörter, Begriffe, Aussagen in Texten finden, nach denen man gezielt suchen kann	
Genaues Lesen	Einzelinformationen in Texten auffinden, ohne dass Zahlen, Wörter, Begriffe, Aussagen durch die Aufgabenstellung konkret vorgegeben sind	
Erschließendes Lesen	Textaussagen ermitteln, indem man mehrere Stellen im Text genauer liest und Bezüge zwischen diesen Stellen herstellt sowie Schlüsse zieht	
Kritisches Lesen	Textstellen genau lesen, auch verborgene Textaussagen ermitteln, indem man „zwischen den Zeilen liest“; darauf achten, ob Sachverhalte verschwiegen, einseitig oder wahrheitswidrig dargestellt werden	
Wertendes Lesen	den Text in Einzelheiten und in seiner Gesamtheit verstehen, sich dazu eine Meinung bilden und Position beziehen, die angetroffenen Textaussagen für die eigenen Überlegungen und das eigene Handeln – auch als Anregung für die Gestaltung eigener Texte – nutzen	

5 Was ich über Lesestrategien und Lesetechniken gelernt habe – Portfolio

5.1 Kann ich das wirklich? – Lernspiegel

Kann ich ...

- die wichtigsten Lesestrategien nennen und die Unterschiede erläutern?
- einer Leseabsicht bzw. einem Leseauftrag eine Lesestrategie zuordnen und begründen, weshalb sie dafür geeignet ist?
- mir rasch einen Überblick verschaffen, worum es in einem Text geht?
- rasch die Stellen in einem Text auffinden und markieren, die für die Bearbeitung der Aufgabe wichtig sind?
- Bezüge zwischen verschiedenen Textstellen (Kernaussagen) herstellen, die für die Realisierung des Leseauftrages von Bedeutung sind?
- in einem Text auch „zwischen den Zeilen" lesen und erkennen, ob Sachverhalte bewusst verschwiegen werden, einseitig oder wahrheitswidrig dargestellt sind?
- erkennen, ob ein Text u.a. mit der Absicht, die Leser in ihrer Meinung zu beeinflussen, verfasst wurde und wovon die Leser überzeugt werden sollen?
- mir, wenn das der Leseauftrag fordert, zum Text insgesamt eine Meinung bilden und diese unter Bezug auf entsprechende Aussagen des Textes zum Ausdruck bringen?

5.2 Lernlexikon

In deinem Lernlexikon solltest du zum Thema „Lesestrategien, Lesetechniken" Einträge u.a. zu folgenden Punkten angelegt haben:

Lesestrategien – Lesetechniken – Leseaufträge – Signalwörter – überfliegendes Lesen – suchendes Lesen – genaues Lesen – erschließendes Lesen – kritisches Lesen – wertendes Lesen

5.3 Schatztruhe – Lerndossier

Im Zusammenhang mit dem Thema „Lesestrategien, Lesetechniken" könntest du Folgendes in deinem Lerndossier abgelegt haben:

einen Sachtext, in dem du wichtige Stellen markiert und in eine Beziehung zueinander gesetzt hast, um ihn durch erschließendes Lesen zu bearbeiten – einen Sachtext, den du kritisch gelesen und mit entsprechenden Textmarkierungen und Fragen/Bemerkungen versehen hast – eine Stellungnahme, die du zu einem Text im Zusammenhang mit dem wertenden Lesen formuliert hast

Lernstation: Informieren – Präsentieren

1 Sich und andere informieren

Wenn du dich und andere über ein Thema informieren willst, solltest du dir genau überlegen, welche Orte, Methoden, Formen und Medien du wählst, um dir Informationen zu beschaffen oder Informationen an andere weiterzugeben.

Informieren

sich informieren | **andere informieren**

Wo?	Mit welchen Methoden?	In welcher Form?	Mit welchen Hilfsmitteln und Medien?
Bilbliothek TV/Film Buchhandlung Lexika Experten PC	Befragung Internetrecherche Lexikarecherche W-Fragen Brainstorming Mindmap Notizen Karteikarten	Kurzvortrag halten Referat halten Standpunkt darlegen Text schreiben Text vorlesen/ vortragen	Lernplakate Folien Grafiken Diagramme Skizzen Cluster Handouts

▸▸ **CD-ROM | dp3**
Informieren
LS „Informieren – Berichten – Beschreiben“

1 Mache dir mit Hilfe des Schemas den Zusammenhang zwischen „sich informieren“ und „andere informieren“ klar. Welche Erfahrungen hast du selbst mit den aufgezeigten Situationen, Methoden, Formen und Hilfsmitteln gemacht?

2 Rufe dir die Arbeitsschritte zum „Sich informieren“ anhand der Lernstationen in *deutsch.punkt 1* bis *3* in Erinnerung.

2 Ein Referat/Einen Vortrag halten

Informationen präsentieren
- **Visualisierungen**
  - Lernplakat, Folie
  - Grafik, Diagramm, Skizze
  - Mindmap
- **Redebeiträge**
  - Einen Kurzvortrag/ein Referat halten
  - Einen Standpunkt darlegen/ein Statement geben

In der Schule und im Beruf gibt es immer wieder Situationen, in denen du zu einem Thema, einem Problem oder zu einem Arbeitsprozess kurze Referate oder Vorträge halten musst. Zunächst musst du die Voraussetzungen und Rahmenbedingungen für dein Referat mit deinem Lehrer/deiner Lehrerin und später mit deinem Vorgesetzten/deiner Vorgesetzten klären.

Voraussetzungen/Rahmenbedingungen		
	Arbeitsschritte zum erfolgreichen Referat:	
Vorbereitungszeit Thema Adressatenkreis Dauer des Referats	▶ 1. Fragestellungen entwickeln, das Thema eingrenzen ▶ 2. Informationen sammeln und auswerten ▶ 3. Referat ausarbeiten ▶ 4. Visualisierungen vorbereiten ▶ 5. Referat halten ▶ 6. Feedback einholen	Arbeitsplan Medien Ort des Vortrags

Damit das Referat erfolgreich gehalten werden kann, müssen verschiedene Arbeitsschritte innerhalb genau festgelegter Zeitpunkte erledigt werden. Daher solltest du dir einen Arbeitsplan erstellen, z. B.:

1. Arbeitswoche		2. Arbeitswoche	
Montag:	Infos in Bibi suchen, Internetrecherche	Montag:	Folien zum Referat herstellen
Mittwoch:	Mit Björn Texte und Infos auswerten, Karteikarten erstellen	Mittwoch:	Referat üben, Karteikarten zum Vortrag anlegen
Donnerstag:	Gliederung erstellen, ersten Entwurf schreiben	Freitag:	Referat halten

2.1 Arbeitsschritte zum erfolgreichen Referat

Erster Arbeitsschritt: Fragen entwickeln und das Thema eingrenzen

Beispielthema: *„Rettungsflieger – ein wichtiger und aufregender Beruf"*
Im Rahmen der Unterrichtsvorhabens zu Berufsbildern und zur Berufsinformation sollst du deine Mitschüler durch ein Referat über das Berufsbild des Rettungsfliegers informieren.

Zeitrahmen: Du hast zwei Wochen Zeit, dich vorzubereiten.
So kannst du vorgehen:

1. Formuliere Fragen zu dem Thema, wie z.B.: *„Welche Ausbildung braucht ein Rettungsflieger?", „Welche Tätigkeiten gehören zu dem Beruf?"*
2. Fertige dir anhand deiner Fragen eine Mindmap an. Ordne die Fragen den Ästen der Mindmap zu.

Zweiter Arbeitschritt: Informationen sammeln und auswerten

Informationen sammeln

Du kannst dir zunächst durch ein Brainstorming oder durch deine Mindmap klarmachen, welche Informationen du zum Berufsbild des Rettungspiloten unbedingt brauchst. Anschließend kannst mit Hilfe des Schemas „Informieren" (S. 164) überlegen, wo und wie du dir Informationen zu dem Thema beschaffen willst.

Informationen auswerten

Texte, Bilder und Diagramme, die du zu dem Berufsbild des Rettungsfliegers gefunden hast, musst du mit Bezug auf deine Fragen zum Thema bzw. deine Mindmap sichten und auswerten.

▸▸ CD-ROM | dp2
5-Schritt-Lesemethode
LS „Lesestrategien, Lesetechniken"

3. Bearbeite die gefundenen Texte gründlich nach der 5-Schritt-Lesemethode. Markiere die Informationen, die zu deinen Fragen passen. Bearbeite auf diese Weise die Kopie des Textes *„In zwei Minuten ist ‚Christoph 54' startklar".*
4. Lege dir zu jeder deiner Fragen jeweils eine oder mehrere Karteikarten an. Notiere dir auf den Karten wichtige Informationen, die du in den Texten, Diagrammen und Bildern gefunden hast.
5. Vergiss nicht, dir auch die Quellen aufzuschreiben, aus denen du die Informationen entnimmst.

Bei der Auswertung von Texten kann dir folgende Checkliste helfen:

- ✔ Zu welcher meiner Fragen passt die Information?
- ✔ Zu welchem Aspekt meines Themas passt die Information?
- ✔ Sind der Autor und die Quelle des Textes angegeben bzw. eindeutig erkennbar?
- ✔ Sind die Informationen übersichtlich und gut verständlich geschrieben?
- ✔ Sind die Informationen sachlich und objektiv dargestellt?
  Kann man Informationen klar von Meinungen abgrenzen?

In zwei Minuten ist „Christoph 54“ startklar

Rettungsflieger brauchen eine hervorragende Ausbildung und starke Nerven

■ **Christine Bönisch.** Alarm! Die drei Mann in den orangefarbenen Overalls springen auf und rennen nach draußen zum Start- und Landeplatz ihres Rettungshelikopters „Christoph 54“. In nur zwei Minuten schwebt die Maschine in der Luft und ist auf dem Weg zum Unfallort. Am Feldberg hat ein 17 Jahre alter Snowboardfahrer einen Unfall gehabt. [...]

Um bei der DRF (Deutsche Rettungsflugwacht Freiburg)arbeiten zu dürfen, muss man einiges Können aufweisen. Demmel erklärt: „Unsere Piloten steigen mit etwa 2500 Flugstunden ein. Unsere Angestellten weisen im Durchschnitt 6000 Flugstunden auf.“ Die besten Ausbildungsmöglichkeiten böte die Bundeswehr. Ein DRF-Pilot verbringt dort etwa acht bis zwölf Jahre, bevor er zur Luftrettung geht. „Man kann die Ausbildung auch privat machen, aber dann kommen enorm hohe Kosten auf den Einzelnen zu. „Einmal jährlich müssen die Piloten eine Fortbildung bei der Flugschule besuchen. Nicht anders sieht es bei den Notärzten aus: Sie müssen sehr viel Erfahrung in der Intensiv- und Notfallmedizin mitbringen. Die Rettungsassistenten haben eine Sonderausbildung in der Intensivpflege. Frauen sind in der Minderzahl. Dies beruhe unter anderem auf der Kraftfrage. „Manchmal ist der Transport der Geräte zur Unfallstelle oder des Verletzten zum Landeplatz des Helikopters durch unwegsames Gelände nicht einfach, da muss man kraftmäßig schon fit sein“, sagt Demmel. Die Arbeit erfordert starke Nerven. Vor allem bei schlechtem Wetter. „Manchmal schaukelt es ziemlich, und man wird ganz schön durchgeschüttelt. Aber Angst haben darf man keine, sonst darf man nicht einsteigen.“ [...] Die Dienstzeiten betragen je nach Jahreszeit neun bis 14 Stunden. „Unser Dienst beginnt um 7.30 Uhr und endet eine halbe Stunde nach Sonnenuntergang. Nachts ist dann die Station in Basel für die Notfallflüge zuständig.“ Die Mannschaft rettet Menschenleben in einem sehr großen Einsatzgebiet. „Für die Notfalleinsätze steht alle 50 Kilometer Luftlinie ein Helikopter bereit: in Freiburg, Karlsruhe, Basel und Villingen-Schwenningen. Es kann aber durchaus auch sein, dass wir mal weiter fliegen müssen für unsere Verlegungspatienten, die von kleineren Kliniken in größere Zentren oder Spezialkrankenhäuser transportiert werden.“ [...] Alle Einsätze werden nach gesetzlich vorgegebenen Sichtflugregeln geflogen. Kann der Helikopter aus wettertechnischen Gründen nicht fliegen, wird der Verunglückte mit dem Rettungswagen transportiert. „Allerdings probieren wir, wenigstens den Arzt so schnell wie möglich zum Unfallort zu bringen.“ Im Winter wird die Crew oft zu Skiunfällen im Schwarzwald gerufen. Im Sommer muss sie verunglückte Wanderer/Mountainbiker und Gleitschirm- und Drachenflieger retten. Die Besatzung besteht aus einem Piloten, einem Rettungsassistenten, der zugleich auch Kopilot ist, und einem Notarzt. Und natürlich gibt es Platz für einen Patienten, bei Geräteausbau, was aber nur im absoluten Notfall geschieht, würden auch zwei Patienten Platz finden. [...]

FAZ, 19. 7. 05

Dritter Arbeitsschritt: Das Referat ausarbeiten

Zum Tätigkeitsfeld des Rettungsfliegers

Der Rettungsflieger arbeitet immer mit einem Rettungsassistenten zusammen. Im Rettungshubschrauber ist immer ein Team.

Quelle: Retter aus der Luft. In: Schüler lesen Zeitung/Rheinische Post, S. 18

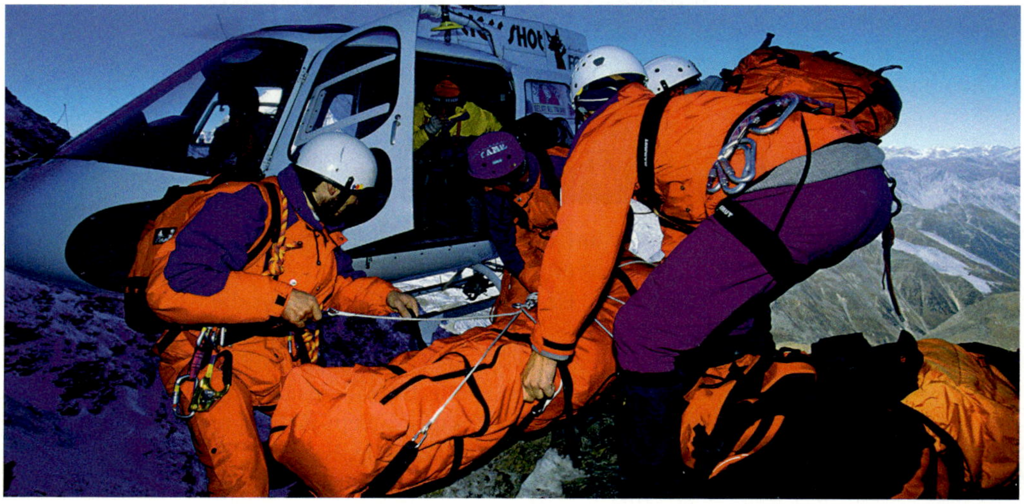

Beim Ausarbeiten deines Referates kannst du Karteikarten benutzen, die du nach Bereichen ordnest. Dazu musst du überlegen, wie du deine Informationen im Referat anordnen willst; deshalb solltest du zunächst eine Gliederung für dein Referat erstellen und aufschreiben, z. B.:

Grobgliederung des Referates „Rettungsflieger, ein wichtiger und aufregender Beruf"

1. *Einleitung: Foto, interessanter Beruf*
2. *Berufsbild und Tätigkeiten eines Rettungsfliegers*
3. *Schulische und körperliche Voraussetzungen für den Beruf*
4. *Berufsausbildung*
5. *Besonderheiten des Berufsbildes*

6 Vergleiche die Gliederungspunkte mit den Ästen deiner Mindmap. Wenn diese nicht übereinstimmen, dann erstelle eine eigene Gliederung nach deiner Mindmap.

7 Überlege, welche deiner Karteikarten zu welchen Gliederungspunkten passen, und ordne sie zu.

8 Zur Vorbereitung deines Vortrages musst du deine Informationen wahrscheinlich noch einmal reduzieren. Konzentriere dich nur auf die wichtigsten Informationen zu jedem Gliederungspunkt. Suche dir dazu die entsprechenden Karteikarten heraus.

Vierter Arbeitsschritt: Visualisierungen vorbereiten

Die Visualisierungsmaterialien zu deinem Referat, also z.B. Folien, Diagramme, Fotos und Bilder, solltest du schon einige Tage vor dem Vortragstermin fertiggestellt haben. Dann hast du Zeit, den Vortrag zwei bis dreimal mit diesen Materialien zu üben.

Du solltest möglichst frei sprechen; das gelingt dir gut, wenn du dir zu einzelnen Karteikarten oder Gliederungspunkten Folien erstellst und diese dann erläuterst. Für das Referat zum Thema „Rettungsflieger, ein wichtiger und aufregender Beruf“ könntest du zum Beispiel folgende Folien erstellen:

7. Verdienstmöglichkeiten
6. Arbeitszeiten
5. Berufskleidung und Arbeitsmittel
4. Tätigkeitsbereiche, mögliche Arbeitsplätze
3. Typische Tätigkeiten
2. Voraussetzungen für die Berufsausbildung
1. Einstieg: Bild von Rettungsfliegern

So könnte eine Folie übersichtlich gestaltet sein:

Voraussetzungen für die Berufsausbildung zum Rettungspiloten

Schulische Abschlüsse	Körperliche Voraussetzungen
– Abitur – gute Englischkenntnisse – gute naturwissenschaftliche Kenntnisse	– hervorragende Sehfähigkeit – gute Konstitution – keine chronischen Krankheiten

9 Erstelle zu diesen Teilbereichen deines Referates übersichtlich gestaltete Folien: *„Berufsausbildung“, „Gefahren und Risiken des Berufes“, „Besonderheiten des Berufes“.* Achte dabei auf folgende Punkte:

- ✔ Schreibe nur das Wichtigste zu einem Thema auf (Stichwörter, kurze Sätze).
- ✔ Gliedere deine Informationen durch Überschriften. Unterstreiche deine Überschriften oder schreibe sie in einer anderen Farbe.
- ✔ Die sprachlichen Informationen kannst du durch Skizzen, Diagramme, Zeichnungen, Fotos usw. veranschaulichen.
- ✔ Wenn du verschiedene Sachgebiete auf einer Folie unterbringen willst, dann solltest du sie deutlich voneinander trennen, z.B. durch Rahmen oder verschiedene Farben.
- ✔ Achte darauf, dass du bei den Folien einen angemessenen Rand lässt.

Fünfter Arbeitsschritt: Das Referat halten

Das Vortragen eines Referates oder Textes ist eine wichtige Fähigkeit, die du allerdings auch gezielt üben musst.
Dabei solltest du dir folgende Grundsätze bewusstmachen und einprägen:

- ✔ Gib eine lockere Einführung mit einer guten Visualisierung, die das Interesse der Zuhörer wecken kann.
- ✔ Sprich deutlich und laut und beachte die unten stehenden Vorschläge zum Vortragen.
- ✔ Verwende nur notwendige Fach- oder Fremdwörter und erläutere diese.
- ✔ Verwende Formen der Visualisierung, um deinen Vortrag zu unterstützen.
- ✔ Schreibe auf deine Karteikarten oder Folien nur Stichworte oder knappe Sätze, so kannst du im Referat deine Gedanken zu den Folien frei und ausführlich formulieren.

Übe dein Referat vorher und nutze beim Üben einen Kassettenrekorder oder eine Videokamera. Nimm deinen Vortrag auf und prüfe anschließend, ob Betonung, Sprechtempo, Pausen, Stimmlage und Lautstärke sowie Gestik und Mimik angemessen sind.
Worauf du bei deinem mündlichen Vortrag achten musst:

- ✔ Betone nur die wichtigen und sinntragenden Wörter, zu viele und falsche Betonungen machen einen Text schwer verständlich.
- ✔ Sprich nicht immer im gleichen Tempo, sondern variiere dein Sprechtempo je nach dem Inhalt des Textes. Spannende Textteile darfst du ruhig etwas schneller sprechen.
- ✔ Vergiss nicht Sprechpausen einzulegen, zum Beispiel am Ende eines Abschnittes.
- ✔ Klebe mit deinem Blick nicht die ganze Zeit am Text fest. Mache dir Karteikarten zu einzelnen Punkten und lerne diese auswendig. Dann kannst du frei sprechen und Blickkontakt zu deinen Zuhörern halten.
- ✔ Deine Stimmlage sollte dem Text angemessen sein, je nach Inhalt des Textes kannst du eine sachliche, lustige, ironische, ernste oder appellierende Ausdrucksform wählen.
- ✔ Übe das Vortragen des Textes vor einem Spiegel, damit du deine Körperhaltung, Gestik und Mimik selbst beobachten kannst. Gut sind ein fester Stand, eine aufrechte, den Zuhörern zugewandte Haltung sowie eine Gestik und Mimik, die zeigen, was du selbst an dem Thema interessant findest.

*Das heißt: Im **Einleitungsteil** sollte man ankündigen, was Gegenstand des Vortrages ist. Im **Hauptteil** sollte man den Gegenstand in möglichst gegliederter Form darlegen. Im **Schlussteil** sollte man das Wichtigste des Vortrages noch einmal zusammenfassen.*

10 Übe den Vortrag deines Referates zum Berufsbild des Rettungsfliegers und trage es in der Klasse vor.

11 Erarbeite nach den vorgegebenen Arbeitsschritten ein Referat zum Berufsbild des Dramaturgen/der Dramaturgin am Theater und trage es vor.

12 Erstelle dabei Folien zum Tätigkeitsbereich sowie zur Berufsausbildung des Dramaturgen/der Dramaturgin.

Sechster Arbeitsschritt: Ein Feedback einholen

Um dich selbst und dein Referat besser einschätzen zu können und um deine Vortragsweise zu verbessern, brauchst du eine Reaktion deiner Zuhörer. Deshalb bitte deine Zuhörer am Ende eines Referates, Fragen zu stellen zu Dingen, die sie nicht genau verstanden haben, oder zu Punkten, zu denen sie noch mehr wissen wollen. Bitte sie auch, dir ein kurzes Feedback durch Kommentare, Anmerkungen und Urteile zu deinem Vortrag zu geben.

▸▸ CD-ROM | dp3
Feedback
LS "Lern- und Arbeitstechniken"

Wenn du ein Feedback erhältst, kannst du ...	
zuhören	Höre dir das Feedback an. Es ist die persönliche Meinung deines Gegenübers. Deshalb musst du dich nicht verteidigen.
nachfragen	Frage nach, wenn du etwas nicht verstanden hast.
Stellung nehmen	Es liegt an dir, das für dich Bedeutsame auszuwählen und darauf einzugehen.

2.2 Ein Referat/Eine Präsentation bewerten

Für ein differenzierteres Feedback kannst du nach bestimmten Feedback-Regeln vorgehen:

Wenn du jemandem ein Feedback gibst, ist es ...	
verstärkend	Betone in deinem Feedback beobachtete Stärken. Dann kann auch Kritik besser angenommen werden.
genau	Beschreibe möglichst genau, was du in welcher Situation beobachtet hast. Bleibe dabei sachlich.
aufbauend	Mache Verbesserungsvorschläge.
persönlich	Verdeutliche, dass es sich um deine persönliche Meinung handelt. Formuliere Ich-Botschaften und vermeide Verallgemeinerungen wie z. B.: *„Alle finden, dass du ...“*

Ihr könnt auch ein Feedback mit Zielscheibe (Evaluations- oder Auswertungszielscheibe) geben. Diese Methode eignet sich gut, um das Meinungsbild einer Gruppe zu visualiseren.

- Auf einen großen Papierbogen, auf die Tafel oder auf eine Folie wird eine Zielscheibe gemalt. Wie auf einer Dart-Scheibe erhält der innere Kreis 100, jeder weiter nach außen liegende Kreis 10 Punkte weniger (90, 80, 70 ...). Der äußere Kreis erhält 10 Punkte.
- Diese Zielscheibe wird durch vertikale, horizontale und diagonale Linien wie ein „Kuchen“ aufgeteilt. Die „Stücke“ werden mit Bereichen, die bewertet werden sollen, beschriftet.
- Jeder kann nun mit farbigen Punkten eine persönliche Bewertung abgeben, indem er die Punkte an die seiner Meinung nach angemessene Stelle klebt oder malt (in jedem Kuchenstück wird ein Punkt platziert).
- Anschließend wird über das Ergebnis gesprochen.

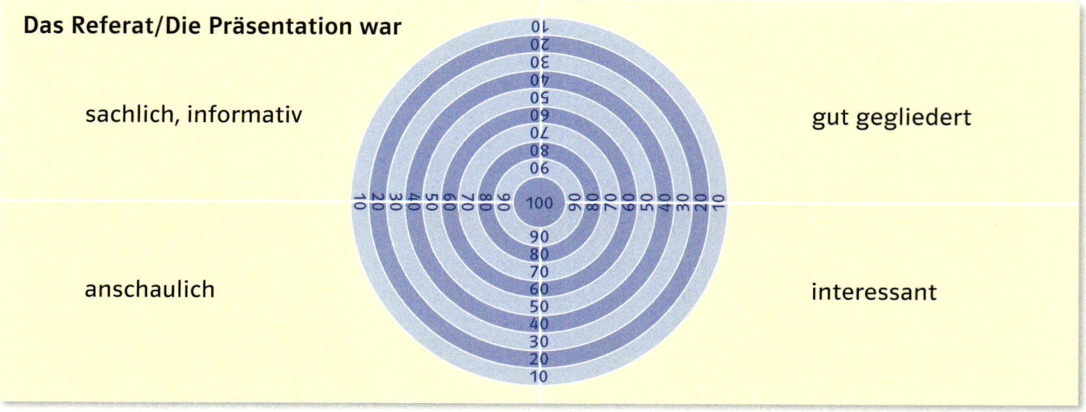

1 Überlege dir für dein eigenes Referat vier (eventuell andere) Bewertungskriterien (eines für jedes „Kuchenstück“ der Zielscheibe), nach denen dich deine Zuhörer bewerten sollen.

3 Was ich über das Thema „Informieren und Präsentieren" gelernt habe – Portfolio

3.1 Kann ich das wirklich? – Lernspiegel

Kann ich ...

- verschiedene Möglichkeiten, mich und andere zu informieren, nennen und sicher anwenden?
- mindestens zwei Methoden der Visualisierung nennen und anwenden, mit denen ich ein Referat/einen Vortrag anschaulicher gestalten kann?
- eine Mindmap zu einem Thema und zu einem Text erstellen?
- die verschiedenen Arbeitsschritte zur Erstellung eines Referates nennen?
- ein mediengestütztes Referat, z.B. zu einem Berufsbild, halten?
- ein Referat gut betont und adressatengerecht vortragen?
- ein Feedback nach Regeln geben und auch empfangen?
- Kriterien benennen, nach denen ein Referat/Vortrag zu bewerten ist?

3.2 Lernlexikon

In deinem Lernlexikon solltest du zum Thema „Informieren und Präsentieren" folgende Einträge gemacht haben:

Arbeitschritte zum erfolgreichen Referat – Grundsätze für einen guten Vortrag – Grundsätze zur Gestaltung von Folien und Plakaten – Feedback – Feedback-Regeln

3.3 Schatztruhe – Lerndossier

In deinem Lerndossier solltest du Folgendes abgelegt haben:

gelungene Referate und Mindmaps zu einem Beruf aus dem Theaterbetrieb – sämtliche Visualisierungsformen, die deine Referate unterstützt haben

Lernstation: Gespräche führen – Diskutieren

1 Gesprächsformen

1.1 Gesprächsformen unterscheiden

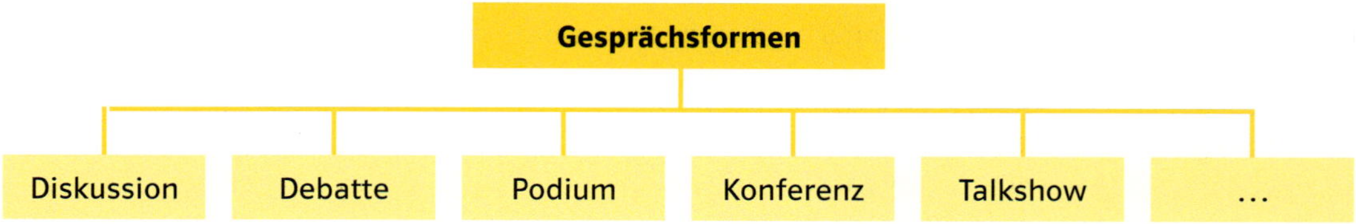

▸▸ **CD-ROM | dp3** Gesprächsformen LS „Sich verständigen – Gespräche führen – Argumentieren"

1 Rufe dir ins Gedächtnis, was du bereits über Gesprächsformen gelernt hast.

2 Mache dir klar, warum man zwischen „Diskussion", „Debatte" … und „diskutieren", „debattieren" … unterscheidet und was jeweils gemeint ist.

1.2 Die Diskussion

In einer Diskussion geht es in der Regel um ein Thema, ein Problem oder eine Streitfrage, die gemeinsam geklärt werden soll. Dabei versuchen die Diskussionsteilnehmer ihre Auffassungen auszutauschen, um sich eine Meinung zu bilden oder ihrer Meinung Geltung zu verschaffen, indem sie diese durch Argumente begründen.

Damit eine Diskussion ergiebig ist und zu einem sinnvollen Ergebnis führt, sollte jeder Diskussionsteilnehmer folgende Punkte beachten:

Sich auf die Diskussion vorbereiten ▶
- das Thema der Diskussion genau klären
- sich über das Problem im Einzelnen informieren (z.B. mit einer Mindmap oder Materialien zum Thema)
- Argumente pro und kontra sammeln
- Beispiele, Belege, Zitate zum Abstützen der Argumente sammeln

Auf eine Diskussionssituation angemessen reagieren ▶
- prüfen, was in der Diskussion bereits gesagt worden ist
- überlegen, an welchen Diskussionsbeitrag man anknüpfen kann
- überlegen, welchen neuen Gedanken, welches neue Argument man einbringen kann

Sich mit der Meinung anderer auseinandersetzen ▶
- die Meinung und Argumente der anderen Diskussionsteilnehmer prüfen
- die Beiträge anderer Diskussionsteilnehmer nicht unsachlich durch „Killerphrasen" oder „Totschlagargumente" abblocken (z.B. „*Wenn ich das schon höre, kriege ich die Krise.*")

Zu einer Entscheidung kommen ▶
- durch Austausch und Prüfung vieler Argumente eine Entscheidung in der Sache vorbereiten und herbeiführen
- zu einer Lösung – z.B. durch einen Kompromiss – kommen

Beispiel:

Rauchen und Konsum alkoholischer Getränke in der Schule
Runderlass des niedersächsischen KM vom 3.6.2005 – 23-82 114/5

1. Das Rauchen und der Konsum alkoholischer Getränke sind im Schulgebäude und auf dem Schulgelände während schulischer Veranstaltungen sowie bei Schulveranstaltungen außerhalb der Schule verboten.
2. Die Schule entwickelt unter Einbeziehung der Schülerschaft und der Erziehungsberechtigten ein Präventionskonzept mit dem Ziel, die heutige und zukünftige Generation vor den gesundheitlichen, gesellschaftlichen, umweltrelevanten und wirtschaftlichen Folgen des Tabak- und Alkoholkonsums sowie des Passivrauchens zu schützen. [...]
3. Das Präventionskonzept ist jährlich neu zu beschließen. [...]
4. Im Einzelfall sind von dem Verbot alkoholischer Getränke nach Ziffer 1 Ausnahmen zulässig. Eine Befreiung von Schülerinnen und Schülern ist nur zulässig bei Schülerinnen und Schülern des Sekundarbereichs II, die das 16. Lebensjahr vollendet haben. Unter Anlegung eines strengen Maßstabes kann von dem Verbot befreien die Schulleiterin oder der Schulleiter bei besonderen Gelegenheiten (z.B. Schulentlassungsfeiern, Jubiläen usw.) sowie die Aufsicht führende Lehrkraft bei Schulveranstaltungen außerhalb der Schule. Wenn an der Schulveranstaltung minderjährige Schülerinnen und Schüler teilnehmen, ist die Zustimmung der jeweiligen Klassenelternschaften erforderlich.
5. Von dem Verbot nach Ziffer 1 sind solche Räume und Grundstücksflächen ausgenommen, die ausschließlich Dritten überlassen sind.
6. [...] Dieser Erlass tritt mit sofortiger Wirkung in Kraft. [...]

1 Wie verstehst du den Erlass? Wer ist betroffen?
Welchen Geltungsbereich hat das Rauch- und Alkoholverbot?

2 Welche Meinung hast du zu dem Erlass?

Die Reaktionen speziell auf das Rauchverbot waren lebhaft und strittig – bei Schülerinnen und Schülern, bei Eltern und auch bei Lehrerinnen und Lehrern. In einer 8. Klasse wurde darüber diskutiert. Hier ein Diskussionsausschnitt:

Arno Also, das ist ja wohl voll der Hammer, einem immer alles verbieten!
Berta Typisch die da oben – die haben doch keine Ahnung, was in der Schule wirklich läuft.
Doris Wahrscheinlich ist der Kultusminister Nichtraucher.
Hamit Endlich kriegen die blöden Raucher mal eins auf den Deckel!
Falko Ha, ha, ha, du traust dich ja nur nicht zu rauchen, weil du Ärger mit deinen Alten kriegst.
Gerlind Eigentlich sind wir doch noch gar nicht von so einem Erlass betroffen, oder?

3 Was hältst du von diesem „Einstieg" in die Diskussion? Wie beurteilst du die Beiträge?

Diskussionsleiterin Ich finde, wir reden hier ziemlich unsachlich. Man kann das Problem „raucherfreie Schule“ doch auch in Ruhe angehen und vernünftig diskutieren.

Gerlind Finde ich auch. Also ich denke, so ein Rauchverbot ist gar nicht so schlecht. Es bringt die Raucher dazu, das Rauchen zu lassen und über ihre Gesundheit nachzudenken. Außerdem werden jüngere Schüler davon abgehalten, mit dem Rauchen anzufangen. Ich rauche ja noch nicht. Vielleicht überlege ich mir jetzt, ob ich überhaupt mit dem Rauchen anfange.

Berta Glaubst du wirklich, dass die Raucher an unserer Schule wegen eines solchen Rauchverbots aufhören zu rauchen? Die verlassen jetzt das Schulgelände und rauchen auf der anderen Straßenseite, wo die Schule keine Macht – also das heißt, glaube ich, „Aufsichtspflicht“ – mehr hat. Meine ältere Schwester zum Beispiel macht das jetzt auch so.

Doris Na ja, vielleicht einige aus der Oberstufe. Aber wir dürfen das Schulgelände doch noch gar nicht verlassen – ich glaube bis Klasse 10.

Arno Ich weiß von meinem Bruder aus der 12. Klasse, dass der während einer Klausur dringend mal eine rauchen muss, sonst kann er sich nicht richtig konzentrieren und wird nervös. Was soll der jetzt machen? Er kann doch wegen einer Zigarette nicht das ganze Schulgelände verlassen, das kostet doch viel zu viel Zeit.

Hamit Ja, und so wie deinem Bruder geht es noch vielen anderen Rauchern. Für die ist das Rauchverbot eine echte Strafe.

Ute Das kann ja sein, aber denkt doch mal an unsere rauchenden Lehrerinnen und Lehrer, die müssen sich die Zigarette jetzt auch verkneifen. Den JUMBO habe ich neulich meckern hören, dass er in der Pause seine gemütliche Pfeife nicht mehr rauchen darf.

Falko Trotzdem, ich finde, gerade die Lehrer sollten mit gutem Beispiel vorangehen.

Hamit Auch wenn die Lehrer jetzt nicht mehr rauchen, eine „raucherfreie Schule“ lässt sich meiner Meinung nach gar nicht durchführen, das ist viel zu schwer zu kontrollieren.

Gerlind Das Rauchverbot allein hilft noch nicht viel. Die Schule müsste mehr aufklären über die gesundheitlichen Gefahren und so.

Doris Ja, es müsste im Unterricht auch mehr zur Vorbeugung getan werden – also zur „Prävention“, wie das heißt; das steht ja auch im Erlass.

Arno Das finde ich auch. Wir in Klasse 8 sind ja noch nicht so betroffen; aber langsam geht das auch bei uns mit dem Rauchen los, stimmt’s, Falko?

4 Wie hat sich die Diskussion in dieser Phase gegenüber dem Anfang geändert? Woran liegt das? Wie argumentieren die Diskussionsteilnehmer jetzt?

5 Welche Argumente „pro“ und „kontra“ werden in den Beiträgen vorgebracht? Stelle sie in einer Tabelle zusammen, z. B.:

KONTRA	*PRO*
– Einschränkung der persönlichen Freiheit	*– Gesundheitsfürsorge*
– Verlagerung der Problems aus der Schule heraus	*– Anlass zum Nachdenken*
– Benachteiligung von Rauchern während Klausuren	*– ...*

6 Wie stützen die Diskussionsteilnehmer ihre Argumente?

7 Mit welchen sprachlichen Mitteln knüpfen die Teilnehmer an einen vorangegangenen Diskussionsbeitrag an?

8 Führt die Diskussion zu einer Lösung (zu einer Entscheidung, einem Beschluss)?

9 Welche Konsequenzen bzw. Forderungen (z.B. „Präventionskonzept") könnten sich aus der Diskussion ergeben?

Mündliche Diskussionsbeiträge halten sich nicht immer streng an das Argumentationsschema: These – Argument – Beispiel/Beleg/Zitat. Sie bringen oft nur – mehr oder weniger überzeugende – Argumente.

10 Überprüfe die Argumente in der Diskussion: Welche sind deiner Meinung nach überzeugend, welche weniger, welche gar nicht?

11 Formuliere zur Übung einige „ideale" Diskussionsbeiträge zum Thema „rauchfreie Schule" mit Stellungnahme, Argument, Beispiel und evtl. Schlussfolgerung, z.B.: *„Ich bin gegen eine vollständig „raucherfreie" Schule, denn das Rauchen wird nur nach draußen verlagert. Zum Beispiel rauchen jetzt die Oberstufenschülerinnen und -schüler auf der anderen Straßenseite. Und dort wird es bald Ärger mit den Anwohnern geben."*

12 Formuliere solche „idealen" Beiträge auch zu anderen Diskussionsthemen, z.B.:
Maut auf Autobahnen auch für Pkws?
Waldeinsatz in Klasse 8?
Markenkleidung?
Sollte Schleichwerbung im Fernsehen erlaubt sein?
Ohne Eltern in den Urlaub?

13 Melde dich in deiner Klasse für die Rolle des Beobachters, wenn ihr über ein aktuelles Thema diskutiert. Beurteile die Beiträge mit Hilfe des folgenden Schemas.

Beispiel:

Berta „Glaubst du wirklich, dass die Raucher an unserer Schule wegen eines solchen Rauchverbots aufhören zu rauchen? Die verlassen jetzt das Schulgelände und rauchen auf der anderen Straßenseite, wo die Schule keine Macht – also das heißt, glaube ich, „Aufsichtspflicht" – mehr hat. Meine ältere Schwester zum Beispiel macht das jetzt auch so."

Thema	Bezug auf Vorredner	Argument: Inhalt	Argument überzeugend?	Beispiel/ Beleg?	Schlussfolgerung? Bezug auf Thema?
„Raucher-freie Schule"?	+, Frage	Verlassen der Schule	+	Schwester	–

1.3 Die Podiumsdiskussion

Sinn einer Podiumsdiskussion ist es, einem Plenum (Zuhörerkreis) zur Meinungsbildung über ein Thema zu verhelfen. In einer Podiumsdiskussion diskutieren „Experten" auf dem Podium ein Thema oder Problem meist kontrovers.

Die Podiumsdiskussion

- Das Thema soll von allgemeinem Interesse, aktuell und umstritten sein.
- Auf dem Podium sitzen etwa vier bis sechs „Experten", die sich gründlich auf die Diskussion vorbereitet haben.
- Jeder Experte steht für eine bestimmte „Position" in der Diskussion, die sich aus seiner Rolle oder seinem Beruf herleitet.
- Vor Beginn der Diskussion stellt jeder Experte seine Position in einem „Statement" (knappe Darstellung der Meinung) vor.
- Ein neutraler Diskussionsleiter erteilt das Wort und achtet auf etwa gleichmäßige Beteiligung und Redezeit.
- Er kann Gesprächsanstöße geben, z.B. Fragen an die Teilnehmer stellen, und Ergebnisse zusammenfassen.
- Nach Ablauf einer (meist festgelegten) Zeit wird die Podiumsdiskussion ausgeweitet und das Publikum einbezogen, das dann selbst Fragen stellen und Beiträge liefern kann.

1. Bereite dich auf die Rolle eines „Experten" in einer Podiumsdiskussion vor, die ihr in der Klasse zu einem wichtigen, euch interessierenden Thema führt, z.B.:
   - *Braucht unsere Schule einen Schulvertrag?*
   - *Computer im Unterricht?*
   - *Mehr Sport an der Schule?*
   - *Nebenjobs zur Aufbesserung des Taschengelds?*
   - *Ein eigenes Handy?*

1.4 Die Konferenz

- Sie wird aus einem bestimmten Anlass (zum Beispiel einem Disziplinarvorfall in der Klasse) oder regelmäßig (z.B. eine Gesamt- oder Schulkonferenz in der Regel viermal im Schuljahr) zusammengerufen und abgehalten.
- Beteiligt ist ein bestimmtes Gremium (z.B. Schulleitung, Elternvertreter, Lehrer, Schülervertreter).
- Sie diskutiert wichtige Themen, die als Tagesordnungspunkte in der Tagesordnung festgehalten sind. Auch eingegangene Anträge können diskutiert werden mit dem Ziel, darüber abzustimmen.
- Geleitet wird sie vom Konferenzleiter (z.B. dem Schulleiter).
- Der Verlauf und die Ergebnisse werden von einem Protokollanten protokolliert. Das Protokoll wird allen Teilnehmern der Konferenz zugestellt.

1. Beobachte zum Beispiel als Schülervertreter(in) in einer Fachkonferenz Zweck, Themen, Verlauf und Ergebnisse einer Konferenz.
2. Bereite dich auf deine Rolle als Konferenzteilnehmer vor, indem du vorher die Tagesordnung liest und überlegst, zu welchem Punkt du sprechen willst. Berate dich auch mit deinen Mitschülern, welche Auffassungen der Schülervertretung du einbringen sollst.

1.5 Der Talk/Die Talkshow

Der Talk/Die Talkshow

- Diese Gesprächsform kennst du bestimmt von „Talkshows" im Fernsehen.
- Dabei tauscht eine Gesprächsrunde mit mehreren Personen unterschiedlicher beruflicher und sozialer Herkunft ihre Meinung über ein meist aktuelles Thema aus.
- Das Gespräch wird vor einem Publikum (z.B. im Fernsehstudio und vor dem Bildschirm) geführt, das durch die Beiträge in seiner Meinungsbildung angeregt, aber auch unterhalten werden soll.
- Ein Moderator übernimmt die Gesprächsführung (manchmal auch zwei). Oft stellt er die jeweiligen Gesprächsteilnehmer zunächst vor.
- Bei einer Talkshow muss kein bestimmtes Ergebnis erzielt werden.

1 Verfolge im Fernsehen eine Talkshow, z.B. *„Sabine Christiansen"*, *„Berlin Mitte"*, *„3 nach 9"*. Achte auf das Gesprächsverhalten der Teilnehmer und des Moderators. Halte anschließend in einigen Sätzen fest, was du von der Talkshow „mitgenommen", gelernt, erfahren hast. Formuliere dann einige Sätze der Kritik an der Show.

2 Plane eine Talkshow in der Klasse als ein – nicht ganz ernst gemeintes – Rollenspiel und bereite dich auf eine Rolle vor.

2 Argumentative Texte untersuchen und darauf reagieren

Argumentierende (argumentative) Texte wirken überzeugend, wenn ...

- sie sich klar auf ihr Thema beziehen (z.B. „*Gemeinschaftsschule bis Klasse 10?*")
- der Standpunkt des Schreibers deutlich erkennbar ist (z.B. „*Ich bin gegen eine solche Gemeinschaftsschule…*")
- der Standpunkt durch ein oder mehrere überzeugende Argumente begründet wird (z.B. „*…weil die schwachen unter den guten Schülern leiden*")
- Argumente durch Beispiele, Belege, Zitate u.ä. veranschaulicht und gestützt werden (z.B. „*Ich habe eine Kusine in Schweden, die in eine Gemeinschaftsschule geht …*")
- ein Fazit oder eine Schlussfolgerung gezogen oder eine Forderung erhoben wird (z.B. „*Daraus ergibt sich, dass Gemeinschaftsschulen … überlegen sind.*")
- der sprachliche Ausdruck genau und verständlich ist (z.B. nicht „*irgendwie*", „*halt*" …)

Gemeinsam stark oder jeder für sich?

Im Juli-Heft wollten wir wissen, was ihr über die Idee einer Gemeinschaftsschule denkt: In einer solchen würden die Kinder von der ersten bis zur zehnten Klasse gemeinsam lernen und nicht schon nach der Grundschule getrennt.

– Ich fänd es blöd, wenn man Gemeinschaftsschulen hätte, weil die „schlechten" Schüler die „guten" dann sicherlich „Streber" nennen oder sie mobben würden. Ich denke, unser jetziges Schulsystem ist überhaupt nicht ungerecht für „Spätzünder", weil man ja auch in den höheren Klassen von der Hauptschule auf die Realschule oder von der Realschule auf das Gymnasium wechseln kann.

Julia, 13

+ Ich besuche eine Schule, welche von der 1. bis zur 10. Klasse geht – und ich befürworte das Prinzip. Ich habe selbst mitbekommen, dass manche Mitschüler ihre Leistungen stark verbessert (und manche leider auch verschlechtert) haben. Ich fände es schade, wenn ein Schüler nicht die Wahl hätte, das Abitur zu machen, nur weil er in der 4. mal nicht so gut war.

Aurelia, 16

+ Ich finde den Vorschlag sehr gut. Meiner Meinung nach werden Kinder, die in der 4. Klasse noch nicht so reif sind wie andere, in unserem System völlig übersehen. Wenn aber alle bis zur 10. Klasse zusammenbleiben, lässt sich wirklich erkennen, wer die Empfehlung für das Gymnasium verdient und wer nicht. Bekanntlich war ja auch Einstein in der Grundschule kein hervorragender Schüler.

Eva, 15

+ Ich finde den Vorschlag gut, denn ich glaube nicht, dass Viertklässler schon wissen, was von ihren Leistungen abhängt und wie wichtig sie für das spätere Leben sind. Deshalb finde ich es ungerecht, sie dann schon in „gut" oder „schlecht" einzuteilen.

Sebastian, 12

– Ich bin gegen eine Klasse, die bis zur Zehnten gemeinsam lernt. Oft merkt man schon im ersten Schuljahr, wer „mitkommt" und wer nicht. Ich glaube, dass es keine „Spätzünder" gibt, die nach dem vierten Schuljahr „zünden". Meine Meinung ist, dass es so, wie es jetzt ist, genau richtig ist.

Stephan, 11

– Ich finde den Vorschlag nicht so gut, weil man dann, wenn man das Abitur machen will, in den letzten drei Jahren total viel lernen muss. Außerdem ist es doch schwierig, in einer Klasse zu unterrichten, in der manche nichts vom Stoff kapieren, während die anderen sich langweilen. Ich fände es gut, wenn die Grundschule bis zur 6. oder 7. Klasse gehen würde.

Sunamit, 13

- Ich finde den Vorschlag nicht so toll, denn wenn einer nicht so gut mit seinen Schulkameraden auskommt, hat er es dann zehn Jahre schwer mit ihnen. Ich bin in der 4. Klasse und froh, dass die Klasse jetzt aufgeteilt wird.

Sebastian, 9

+ Ich finde den Vorschlag sehr gut, weil die Klassengemeinschaft nicht so schnell auseinandergerissen wird. Als ich aufs Gymnasium gegangen bin, habe ich meiner alten Klasse ein halbes Jahr nachgetrauert. Wenn man länger zusammenbleibt, wird man größer und behält die Nerven.

Sina, 12

+ Ich finde diese Idee genial, denn bei mir hat es erst nach der 4. Klasse „klick" gemacht, als ich schon auf der Hauptschule war. Wenn man bis zur 10. Klasse zusammen ist, haben auch „Spätzünder" bessere Chancen.

Melanie, 13

1 Worum geht es bei der „Sommer-Frage" in GEOlino? Welche Meinung hast du selbst dazu?

2 Untersuche die Stellungnahmen der Schülerinnen und Schüler im Einzelnen, z.B. mit Hilfe dieses Schemas:

Name, Alter	*Pro/kontra Gemeinschaftsschule*	*Argument*	*Beleg/ Beispiel*	*Schlussforderung, Fazit, Forderung*
Eva, 15	*Pro*	*Zu frühzeitige Auslese*	*Einstein*	–
...	...	...	...	...

3 Vergleiche die Stellungnahmen und die Argumente: Welche überzeugen dich, welche weniger, welche gar nicht? Liegt das mehr an der inhaltlichen oder mehr an der sprachlichen Gestaltung der Argumente?

4 Überprüfe, ob du deine Meinung (vgl. Aufgabe 1) nach der Untersuchung der Stellungnahmen geändert hast.

5 Nimm in einem schriftlichen Beitrag zu dem Thema „Gemeinschaftsschule" Stellung. Du solltest deine Stellungnahme anschließend inhaltlich und sprachlich überprüfen und überarbeiten.

3 Mit einem Leserbrief Stellung nehmen

Manchmal fühlt man sich durch einen Artikel in einer Zeitung oder Zeitschrift herausgefordert, Stellung zu nehmen. Da man nicht direkt mündlich antworten kann, schreibt man z.B. einen Leserbrief, in dem man zu dem Thema des Artikels argumentiert. Meistens fordern Zeitungen ihre Leser zum Verfassen von Leserbriefen auf und informieren sie darüber, wie diese abgefasst sein sollten, z.B.:

> Je kürzer der Leserbrief, desto größer ist die Chance, dass er abgedruckt wird. Anonyme Briefe werden nicht berücksichtigt. Die Redaktion behält sich Kürzungen vor. Für die geäußerten Meinungen trägt die Redaktion presserechtliche Verantwortung. Redaktion Leserbriefe, 37070 Göttingen, per Fax: 0551/901-720, per Mail erreichen Sie uns über leserbriefe@goettinger-tageblatt.de
>
> *Göttinger Tageblatt vom 14.10.2005*

1 Was wird hier von einem Leserbrief erwartet? Welche weiteren Gesichtspunkte fallen dir ein, die man beim Schreiben eines Leserbriefes berücksichtigen sollte?

CD-ROM | dp3
Sich mit einem Problem argumentierend auseinandersetzen LS „Sich verständigen – Gespräche führen – Argumentieren“

Alkoholverbot für Fahranfänger?

Bundesrat ergreift Gesetzesinitiative

■ **Fahranfänger im Alter bis zu 24 Jahren müssen sich auf eine Null-Promille-Grenze einstellen. Der Bundesrat forderte am Freitag die Bundesregierung auf, ein Gesetz auf den Weg zu bringen, das die 0,5-Promille-Grenze für junge Autofahrer während der zweijährigen Probezeit außer Kraft setzt.**

Berlin (rtr/ap). Noch-Bundesverkehrsminister Manfred Stolpe (SPD) kündigte daraufhin die kurzfristige Beratung eines solchen Gesetzentwurfs im Kabinett an. Hintergrund des Alkoholverbots für Fahranfänger ist, dass jeder dritte Verkehrsunfall mit Toten oder Verletzten durch einen alkoholisierten Fahranfänger verursacht wird. Die Bundesregierung will nach Worten von Stolpe aber eine Geringfügigkeitsgrenze in ihrem Gesetzentwurf verankern, so dass etwa die Einnahme von Hustensaft nicht gleich zum Fahrverbot führe.

Göttinger Tageblatt vom 15.10.2005

Dazu wurde folgender Leserbrief verfasst:

> *__Führerschein weg – für immer!__*
>
> *Heutzutage dürfen unsere Jugendlichen schon mit 17 Jahren am Steuer sitzen, obwohl ihnen dazu jede Fahrpraxis und jegliches Verantwortungsbewusstsein fehlt. Dazu sind sie oft noch alkoholisiert. Wer's nicht glaubt, wage sich einmal an einem Freitag- oder Samstagabend spät auf die Straße – da kann er sein blaues Wunder erleben! Gott sei Dank wird jetzt die Promillegrenze auf Null gesetzt. Und wer dann noch alkoholisiert am Steuer erwischt wird: Führerschein weg, und zwar für immer!*
>
> *Egon Schneider*

2 Was hältst du von diesem Leserbrief?

3 Untersuche im Einzelnen:
- Welche Meinung vertritt der Schreiber?
- Wie begründet er seine Meinung? Sind seine Argumente überzeugend?
- Wirkt der Leserbrief überzeugend?

4 Verfasse selbst einen Leserbrief als Antwort auf den Brief von E. Schneider. Halte dich dabei an die Gesichtspunkte für ein überzeugendes Argumentieren.

4 Was ich über das Führen von Gesprächen und das Diskutieren gelernt habe – Portfolio

4.1 Kann ich das wirklich? – Lernspiegel

Kann ich ...

- unterschiedliche Gesprächsformen nennen?
- wesentliche Gesichtspunkte angeben und erläutern, die man beachten muss, damit eine Diskussion ergiebig ist?
- erläutern, worin sich eine Podiumsdiskussion von einer Diskussion unterscheidet?
- unterschiedliche Formen von Konferenzen nennen und deren Funktion erläutern?
- den Sinn und die Eigenart einer Talkshow am Beispiel erläutern?
- erläutern, was einen argumentativen Text überzeugend wirken lässt?
- wesentliche Gesichtspunkte nennen, die man beim Verfassen eines guten Leserbriefes berücksichtigen muss?

4.2 Lernlexikon

In deinem Lernlexikon solltest du zum Thema „Gespräche führen – Diskutieren" Einträge u.a. zu folgenden Punkten angelegt haben:

Diskussion – Podiumsdiskussion – Konferenz – Talk/Talkshow – Leserbrief

4.3 Schatztruhe – Lerndossier

Im Zusammenhang mit dem Thema „Gespräche führen – Diskutieren" könntest du u.a. Folgendes in deinem Lerndossier abgelegt haben:

zwei oder drei „ideale" schriftliche Diskussionsbeiträge zu aktuellen Diskussionsthemen, wie z.B. „Raucherfreie Schule?" oder „Gemeinschaftsschule?" – einen überzeugenden Leserbrief, z.B. zum Thema „Alkoholverbot für Fahranfänger?"

Lernstation: Texte schreiben

1 Viele unterschiedliche Texte schreiben

Texte schreiben

- **Verstehendes Schreiben**
  - Analytisches argumentierendes Schreiben
    - Analyse
    - Interpretation
    - Argumentation
    - Erörterung
  - **Produktiv verstehendes Schreiben**
    - Geschichten/Gedichte weiterschreiben oder ausgestalten
- Kommunikatives Schreiben
  - Zeitungsberichte
  - Reportagen
  - Kommentare
  - Rezensionen
  - Leserbriefe
  - Werbetexte
- **Kreatives Schreiben**
  - Freies Schreiben
    - Gedichte
    - Geschichten
    - Tagebücher
    - Briefe
    - Essays
  - **Produktiv gestaltendes Schreiben**
    - Geschichten/Gedichte nach Ideen, Wörtern, Plots oder Erzählplänen schreiben
    - Reiseerlebnisse schildern
    - Erfahrungen, Gefühle schildern

▸▸ **CD-ROM | dp3** Unterschiedliche Textsorten LS „Informieren – Berichten – Beschreiben“

1 Erinnere dich an die vielfältigen Schreibprozesse, die du im Deutschunterricht kennengelernt hast, und mache dir anhand des Schemas die unterschiedlichen Textsorten klar.

2 Kläre den Unterschied zwischen produktiv verstehendem und produktiv gestaltendem Schreiben.

Gut geschriebene Texte gelingen nicht auf Anhieb, sie sind das Ergebnis eines Schreibprozesses. Auch Journalisten und Schriftsteller planen ihre Texte mit Hilfe von Notizen, Skizzen, Entwürfen oder Mindmaps und müssen ihre geschriebenen Texte auch ein- oder zweimal überarbeiten, bevor diese gut lesbar sind und veröffentlicht werden können.

Der Prozess des Schreibens eines Textes sollte in der Regel drei Phasen umfassen:
1. den Text planen (Thema und Aufbau festlegen, Textteile skizzieren)
2. den Text schreiben (den Textentwurf formulieren)
3. den Text überarbeiten (Inhalt und sprachliche Darstellung verbessern, Fehler korrigieren).

2 Produktives Schreiben

- **Produktives Schreiben**
  - **Produktiv verstehendes Schreiben**
    - Kurzgeschichten weiterschreiben
      - Geschichten aus einer anderen Perspektive schreiben
    - Leerstellen in Gedichten füllen, Parallelgedichte schreiben
  - **Produktiv gestaltendes Schreiben**
    - Gedichte schreiben
    - Reiseerlebnisse schildern
    - Geschichten schreiben
      - Geschichten zu Erzählkernen oder Erzählanfängen erfinden

2.1 Gedichte schreiben

Beim produktiv verstehenden Schreiben erhältst du die Form oder Teile eines Gedichtes vorgegeben. Die Vorgabe kannst du sinnvoll ergänzen oder ausfüllen. Beim produktiv gestaltenden Schreiben kannst du Form und Inhalte des Gedichtes selbst bestimmen, manchmal bekommst du, z. B. durch eine Wörterbörse oder Ideensterne, Anregungen zum Schreiben.

Füllen von Leerstellen

Karl Krolow
Frühjahr der alten Leute

Frühjahr. Elemente
der Wiederholung.
Es gibt verschiedene Szenen.
Ein Vorhang wird zurückgezogen.
Alle sehen, was kommt:
…

Die Verabredung der Farben
auf einer Bühne.
Ein zögerndes Theater.
Das Publikum besteht
aus alten Leuten,
die sich …

1. Schreibe das Gedicht ab. Fülle dabei die Leerstellen aus, indem du zwei Frühlingsfarben (Vers 6) benennst und durch ein Verb (Vers 12) kennzeichnest, wie sich alte Leute im Frühling fühlen. Vergleiche deine Version mit der deiner Mitschüler.

2. Schreibe ein Parallelgedicht zum Thema „Der Frühling der jungen Leute".

Wortwiederholungen

Dabei wird dir eine Form vorgegeben, und du wirst angeregt dich durch Wortwiederholungen auf bestimmte Wörter zu konzentrieren und dir deren Bedeutung bewusstzumachen.

Freundschaft

Freundschaft …
Jemanden …
Jemanden …
Jemanden …

Freundschaft …
Mit jemandem …
Mit jemandem …
Mit jemandem …

Freundschaft …
… mit dir
… mit dir
… mit dir

Freundschaft …
… Freundschaft.

3 Schreibe ein Gedicht zum Thema „Freundschaft", indem du die Leerstellen in den vorgegebenen Zeilen ausfüllst.

4 Schreibe ein Gedicht zum Thema „Angst". Überlege dir vorher, welche Wörter dazu wichtig sind und welche sich wiederholen sollen.

Metaphernbaukasten

Bilde mit deinen Mitschülern und Mitschülerinnen Gruppen von jeweils sechs Teilnehmern. Jeder Teilnehmer erhält sechs blaue und sechs rote Zettel. Auf die roten Zettel wird je ein Substantiv, auf die blauen Zettel je ein Adjektiv geschrieben. Dann werden alle Zettel in der Gruppe eingesammelt, gemischt und verdeckt auf einen Haufen gelegt. Aus dem Haufen der Zettel zieht anschließend jeder je sechs neue rote und blaue Zettel und nummeriert diese auf der Rückseite von eins bis sechs.
Danach würfelt jeder eine Zahl für ein Substantiv sowie eine Zahl für ein Adjektiv und stellt die entsprechenden Wortkarten zusammen. Auf diese Weise soll jeder insgesamt vier Wortkombinationen erwürfeln.

5 Wähle aus den vier Wortkombinationen eine oder zwei aus, zu denen du ein Gedicht schreiben willst. Sie können am Anfang, in der Überschrift oder am Ende deines Gedichtes vorkommen.

6 Lest euch eure Gedichte in der Gruppe vor und sprecht darüber, welche euch besonders gut gefallen haben.

7 Sammelt wieder alle Wortkarten ein und wiederholt das Auslosen der Wortpaare. Versucht nun Gedichte zu schreiben, in denen alle vier Wortpaare vorkommen.

2.2 Kurzgeschichten schreiben

Kurzgeschichten weiterschreiben, um sie besser zu verstehen

Du kannst eine Kurzgeschichte nach ihren Merkmalen analysieren und dazu dann eine Analyse oder Interpretation schreiben. Du kannst aber auch versuchen die Kurzgeschichte besser zu verstehen, indem du zuerst nur den ersten Teil des Textes erschließt und die Geschichte selbstständig weiterschreibst. Dabei kommt es darauf an, dass du die Situation und die Figuren möglichst genau verstehst und die Geschichte folgerichtig und gemäß den im Text angelegten Möglichkeiten zu Ende erzählst.
Die eingeführte Erzählerrolle, die Situation und das Grundproblem der Geschichte kannst du nicht willkürlich verändern; du musst deine Ideen an den vorhandenen Textteil anpassen und die Merkmale der Textsorte „Kurzgeschichte" genau beachten.

Gabriele Wohmann
Ich Sperber[1]

„Wie heißt du", fragt die Lehrerin den letzten in der Fensterbankreihe. Sie spürt wieder stärker das Lauern in der Klasse. Sie geht durch den schmalen Gang, stellt sich vor die letzte Bank. „Wie heißt du? Ich habe dich was gefragt, hast du verstanden?"

„Sperber", sagte das Kind, ohne den Blick vom Fenster weg auf die Lehrerin zu richten.

Die Klasse raunt, das Lauern löst sich, Schuhsohlen scharren, die Hosenböden werden übers Holz gewetzt.

„Und mit Vornamen?"

„Sperber."

Das Kind in der letzten Bank blickt nicht freundlich auf die Lehrerin, wendet sich wieder zum Fenster. Von den fast schon laublosen, fadendünnen Birkenzweigen hüpfen Spatzen und Nonnenmeisen auf die Fensterbrüstung, der gefräßige Kernbeißer läßt sich nicht von ihnen vertreiben.

„Du mußt doch einen Vornamen haben." Die Lehrerin starrt das Kind an. Sie hat den Eindruck, als balle sich hinter ihrem Rücken, den sie steif und warm spürt, die Kraft der Klasse. Sie beugt sich zu dem Kind hinunter: „Ganz gewiß hast du einen Vornamen, einen richtig netten hübschen Vornamen."

Das Kind dreht mit Anstrengung den Kopf zur Lehrerin. Die Lehrerin starrt in sein weißes sanftes abwesendes Gesicht, ihre flehenden Augen tasten es ab, suchen darin herum.

„Sperber. Nur Sperber."

Gelächter springt auf, neben ihr, hinter ihr.

„Nun gut. Dann eben Sperber. Du weißt nicht, was ein Vorname ist. Du bist nicht besonders gescheit. Vielleicht heißt du ja Hans Sperber."

Auf dem Götterbaum-Ast, der vor das letzte Fenster gekrümmt ist, hat ein Star sich niedergelassen.

„Oder Theobald Sperber, Franziskus Sperber. Irgendetwas Besonderes, du willst es nicht verraten."

Das Kind blickt auf den Ast. Der Star wippt, bebt vor Erwartung. Endlich ein größerer Vogel: sogar ein Perlstar. Er ist mit Leinsamen und Hanf nicht zufrieden, weil er sich nicht heranwagt? Wie kann er sich nur vor dem winzigen Gewirr der Meisen fürchten: schwarz und langgestreckt und groß. Das Kind beschließt den kleinen Vögeln einen anderen Futterplatz einzurichten. Stare und Amseln könnten landen. Aber erst der Sperber!

Die Klasse lacht, wartet. Die Lehrerin steht vor dem Kind.

„Aha. Du hast dir was Lustiges ausgedacht, willst mich anführen."

„Eine gesperberte Brust", sagt das Kind. „Weiß mit schwarzen Streifen. Ich bin der Sperber. Ich habe die Sperberbrust, alle Merkmale."

Stimmen kreischen aus dem brodelnden Lachen. „Aber jeder Spaß hat mal ein Ende."

[1] alte Rechtschreibung

Der erste Grünling dieses Vormittags schaukelt auf dem Birkenzweig. Mohn und Kolbenhirse muß es in Zukunft streuen. Der Grünling hat seine Scheu überwunden, flappt zwischen die Meisen; aber er fliegt davon, bevor er den Mut fassen konnte, sich ein Korn zu picken. Der Ast am Götterbaum ist wieder leer. Vor allem müssen Ameisenpuppen und Fliegenlarven besorgt werden. Später dann lebende Insekten. Es muß langsam und gründlich vorbereitet werden. Und soll man überhaupt den Sperber bis an das Schulfenster locken? Wird er sich mit dem, was man ihm da bieten kann, zufrieden geben? In läppischer Meisengesellschaft?

„Also ja, ja, ja", sagt die Lehrerin, „ es ist ein sehr lustiger Streich, den du dir da ausgedacht hast, du komischer kleiner Sperber." Sie dreht sich von dem Kind weg, geht den Gang zwischen den Bänken hinauf bis an ihren Tisch, stellt sich vor die Klasse. „Spaß muß sein. Nicht alle Erwachsenen sind Spielverderber."

„Er meint, er wäre ein Vogel", ruft jemand von der Türreihe her. […]

Bevor du die Kurzgeschichte weiterschreibst, musst du prüfen, …

- aus welcher Perspektive die einzelnen Abschnitte erzählt werden
- ob du dir die hier beschriebene Situation gut vorstellen kannst und dich gut in die Figur der Lehrerin hineinversetzen kannst
- an welchen Stellen etwas über die Gedanken der Lehrerin deutlich wird
- ob du dich gut in die Figur des Kindes hineinversetzen kannst
- an welchen Stellen du etwas über die Gedanken des Kindes erfährst
- welche Schlüsselwörter im Text vorkommen
- ob du weitere Figuren in die Geschichte einführen willst, und festlegen, in welchem Verhältnis sie zu den vorhandenen Figuren stehen sollen.

Wenn du die Geschichte „Ich Sperber" weiterschreiben willst, musst du dir die verschiedenen Deutungsmöglichkeiten, die in dem gegebenen ersten Textteil angelegt sind, klarmachen. So gibt es drei Stellen, an denen Deutungsmöglichkeiten angesprochen werden:

- „Du weißt nicht, was ein Vorname ist. Du bist nicht besonders gescheit. Vielleicht heißt du Hans Sperber."
- „Aha. Du hast dir etwas Lustiges ausgedacht, willst mich anführen."
- „Er meint, er wäre ein Vogel."

▸▸ **Seite 194 ff.**
Merkmale von Kurzgeschichten
LS „Umgang mit literarischen Texten"

1. Prüfe diese Möglichkeiten anhand des Textes. Welche der drei Möglichkeiten entspricht dem Text am besten?
2. Ordne sie den entsprechenden Abschnitten im Text zu. Beachte dabei besonders die Abschnitte, in denen das Kind aus dem Fenster blickt.
3. Überlege, welche Deutung dir durch diese Textpassagen nahegelegt wird.
4. Erstelle einen Schreibplan, wie du die Geschichte weitererzählen willst.
5. Formuliere anschließend die Geschichte aus. Beachte dabei die Merkmale der Textsorte „Kurzgeschichte".
6. Schreibe die Geschichte aus der Sicht des Kindes in der Ich-Erzählerperspektive neu.

Aus einem Geschichtenanfang eine Kurzgeschichte entwickeln

Der Geschichtenanfang gibt dir eine Alltagssituation und eine oder zwei Figuren vor, aber er zeigt meist auch schon das Besondere der Situation und oft auch besondere Gefühle, Einstellungen oder Handlungen der Figuren, die du nun weiterentwickeln kannst. Dabei kannst du deine Ideen einbringen und einen eigenen Handlungsablauf gestalten.

Er hatte eine Bretterwand gebaut. Die Bretterwand entfernte die Fabrik aus seinem häuslichen Blickkreis. Er hasste die Fabrik. Er hasste die Maschine, an der er arbeitete. Er hasste das Tempo der Maschine, das er selbst beschleunigte. Er hasste die Hetze nach den Akkordprämien, durch welche er es zu einigem Wohlstand, zu Haus und Gärtchen gebracht hatte. Er hasste seine Frau, sooft sie ihm sagte, heut Nacht hast du wieder gezuckt. Er hasste sie, bis sie es nicht mehr erwähnte. Aber die Hände zuckten weiter im Schlaf, zuckten im schnellen Stakkato der Arbeit. Er hasste den Arzt, der ihm sagte, Sie müssen sich schonen …

Ich habe nicht auf die neue Breite geachtet, dachte Ellebracht. Nur deswegen ist es so gekommen. Der hemdsärmelige Mann hob die rechte Hand vom Lenkrad ab und wischte sich hastig über die Brust. Als er die Hand zurücklegte, spürte er, dass sie noch immer schweißig war, so schweißig wie sein Gesicht und sein Körper. Schweißig vor Angst. Nur wegen der Breite ist alles gekommen, dachte der Mann wieder. Er dachte es hastig. Er dachte es so, wie man stammelt. Die Breite des Wagens, diese neue, unbekannte Breite. Ich hätte das bedenken sollen. Jäh drückte der Fuß Ellebrachts auf die Bremse. Der Wagen kreischte und stand. Eine Handbreit vor dem Rotlicht, das vor dem Eisenbahnübergang warnte. Fehlte gerade noch, dachte Ellebracht. Fehlte gerade noch, dass ich nun wegen einer so geringen Sache wie Überfahren eines Stopplichtes von der Polizei bemerkt werde. Nach der Sache von vorhin …

Du musst entscheiden, …
- welche Erzählform und Erzählperspektive du wählst
- welche weiteren Figuren du in die Geschichte einführen willst
- wann sie auftauchen sollen
- welche weiteren Orte und anderen Zeiträume (im Vergleich zur vorgegebenen Situation) du in die Geschichte einführen willst
- welche Handlung und welchen Höhepunkt die Geschichte aufweisen soll.

▸▸ **CD-ROM | dp3**
Erzählform und Erzählperspektive
LS „Umgang mit literarischen Texten“

Du musst bedenken, dass in der Kurzgeschichte
- Figuren, Orte und Zeiträume nicht ausführlich beschrieben werden können
- der Höhepunkt meist am Schluss der Handlung liegt
- der Schluss meist offen ist und den Leser zum Nachdenken veranlasst.

7 Entwickle aus den Anfängen jeweils eine Kurzgeschichte. Triff Entscheidungen über Figuren, Orte sowie Zeiten, und stelle einen Erzählplan auf. Formuliere dann die Geschichte aus.

8 Bitte einen Klassenkameraden sie zu lesen und dir ein Feedback dazu zu geben.

9 Überarbeite deine Geschichten alleine oder in der Gruppe.

▸▸ **Seite 194 ff.**
Merkmale von Kurzgeschichten
LS „Umgang mit literarischen Texten“

▸▸ **Seite 192**
Schreibkonferenz

▸▸ CD-ROM | dp3
Erzählform und Erzählperspektive
LS „Umgang mit literarischen Texten“

Wenn du einen Erzählkern ausgestaltest, hast du Freiheiten beim Gestalten der Handlung und kannst die Figuren ganz nach deinen eigenen Vorstellungen anlegen. Vor allem aber kannst du eine freie Entscheidung über die Erzählerrolle fällen.

Eine Frau verkauft auf der Straße einen Hunderteuroschein für fünfundneunzig Euro. Der Geldschein ist echt. Die Passanten machen einen Bogen um die Frau. 15 Minuten später muss sie im Polizeipräsidium sehr schwierige Fragen beantworten.

10 Fälle zunächst Entscheidungen über Erzählform und Erzählperspektive sowie über Handlung, Figuren, Ort und Zeit.

11 Ordne in einer Mindmap deine Ideen diesen Aspekten zu.

12 Erstelle einen Erzählplan und schreibe eine fantasievolle Kurzgeschichte.

2.3 Reiseerlebnisse schildern

▸▸ Seite 124 f.
UV „Europa – Bunte Vielfalt“

Im Unterrichtsvorhaben „Europa – Bunte Vielfalt“ findest du Reiseberichte und Schilderungen von Erlebnissen auf Reisen. Lies dir besonders die drei Texte „Babylon. Londoner Notizen“, „Die Budapester” und „Reiseträume und ein verkanntes Land“ durch. Die Texte stellen jeweils unterschiedliche Gesichtspunkte einer Stadt bzw. eines Landes oder Erlebnisse an diesen Orten ins Zentrum.

Bei einer Reiseschilderung stehen die persönlichen Wahrnehmungen und Erlebnisse im Vordergrund. Geschildert wird stets aus einer sehr subjektiven Sicht. Die Leser sollen Länder, Städte, Landschaften usw. so wahrnehmen, wie sie die Verfasser erlebt haben.

1 Wähle eine Stadt, die du gut kennst. Stelle dir vor, du kommst als Tourist zum ersten Mal in diese Stadt. Schildere deine Erlebnisse beim Stadtrundgang. Stelle dabei das, was dich persönlich am meisten beeindruckt, in den Mittelpunkt.

Du kannst die Leser in das Erlebte hineinversetzen, indem du …
- Dialoge einbaust, in denen eine Frage beantwortet werden muss
- einen inneren Monolog der handelnden/reisenden Person einfügst
- eine Person mit sich selbst sprechen lässt, während sie die Stadt erkundet.

Du kannst Spannung erzeugen, indem du …
- die Neugier der Leser weckst und Ereignisse mit solchen Wörtern wie „plötzlich“, „auf einmal“, „überraschend“ ankündigst
- den Lesern die Erregung, Freude, Überraschung oder die Ängste bestimmter Personen durch Adjektive wie „freudig“, „ängstlich“, „neugierig“, „erschrocken“ mitteilst
- den Handlungsablauf durch eine Schilderung der Landschaft einer bestimmten Straße oder eines Platzes verzögerst.

Die Panne

Kurz nach Piazenza steuern wir eine Raststätte an.

Es ist viel los hier am Samstagmorgen, Kleinhändler diskutieren miteinander beim Espresso, Familien stehen an Tischchen und frühstücken, die Kasse ist belagert, geschäftiges Treiben in allen Ecken.

Nach dem Frühstück ein kurzer Spaziergang um die Raststätte herum. Ein Polizeiauto kommt angebraust. Unser Bus steht auf dem falschen Parkplatz, dem für PKWs. Wir müssten aber auf den Platz für Brummis, dort, wo auch die anderen Busse und die Campingwagen stehen. Dort, wo jemand gerade sein kleines weißes Zelt auf dem Rasen zwischen den Fahrbahnen abbaut. Der Polizist steigt aus, ungehalten weist er unseren Busfahrer an wegzufahren, aber „subito". Kurzer Platzwechsel, doch unsere Zeit ist um, wir müssen weiter.

Nach 20 Kilometern Fahrt plötzlich ein Hupkonzert von einem Lastwagen, den der Bus gerade überholt. Der Fahrer macht wilde Gesten, zeigt auf Etwas hinten am Bus. Die hintere Sitzreihe meldet, der Bus qualmt schon seit einer Weile, der Qualm wird immer schlimmer.

Also, runter von der Autobahn auf den nächstgelegenen Parkplatz „Chiaravalle della Colomba". Verschlafenes Gefrage aus dem Bus: „Was ist los? Warum halten wir schon wieder?"

Der Bus verliert Flüssigkeit, Wasser vermutlich. Es verdampft auf dem heißen Motor.

Hinter einem Pappelhain liegen ein Kloster und ein kleiner Ort. Quer durch die Wiesen und Felder nähert sich eine Gruppe von Mönchen in schwarz-weißen Soutanen. Wo wollen die hin? Einen Morgenspaziergang auf dem Parkplatz machen? Sie steigen alle in einen auf dem Parkplatz stehenden Ford Transit und fahren ab. Nur einer bleibt da, der langsam wieder zum Kloster zurückgeht.

Von hinten, von der Motorklappe des Busses kommen inzwischen neue Nachrichten. Einige fach- und autokundige Herren haben sich zu Werner gesellt und analysieren den Schaden: Der Kühlerschlauch ist kaputt, es läuft massenweise Kühlwasser aus.

Was jetzt ? Werner hat keinen Ersatzschlauch dabei. Werner ist kein Automechaniker. Vielleicht könnten wir ja noch bis zur nächsten Tankstelle kommen? Nein, der Bus ist nicht mehr funktionsfähig, wir sitzen fest. […]

2 Prüfe, ob du dich in die Schilderung der Busfahrt nach Italien hineinversetzen kannst?

3 Welche sprachlichen Mittel verwendet die Verfasserin, um die Fahrt interessant und spannend zu gestalten? Notiere diese.

4 Schreibe die Schilderung weiter. Überlege zuerst, was passieren soll, und erstelle einen Plan.

5 Tausche deine Schilderung mit deinem Mitschüler/deiner Mitschülerin aus, und prüfe, welche Mittel er/sie angewendet hat, um die Leser in das Geschehen hineinzuversetzen und Spannung zu erzeugen.

2.4 Überarbeiten von Texten (Geschichten) mit Hilfe der Schreibkonferenz

Verfahren

- Drei bis fünf Schüler einer Klasse setzen sich in der Schreibkonferenz zusammen.
- Vor der Überarbeitung sollten sich alle über die Kriterien klar werden.
- Jeder stellt seinen Text zur Verfügung. Alle Texte werden von allen gelesen.
- Verbesserungsvorschläge und Fehler werden am Rand notiert.
- Nach der vereinbarten Zeit werden die Texte im Uhrzeigersinn weitergegeben.
- Wenn alle die Texte durchgearbeitet haben, kann jedes Gruppenmitglied die in seinem Text vorgeschlagenen Verbesserungen in der Gruppe besprechen.
- Schließlich überarbeitet jeder seine Geschichte.
- Als Hilfsmittel können in der Schreibkonferenz Nachschlagewerke benutzt werden.

Kriterien für die Prüfung von Texten

- **Inhalt**
  - Hat der Verfasser einen geeigneten Stoff, ein geeignetes Thema gewählt?
  - Wird dem Leser klar, worum es inhaltlich geht?
  - Wurden die Merkmale der Textsorte beachtet?
- **Gliederung**
  - Ist der Text sinnvoll gegliedert?
  - Bekommt der Leser notwendige Informationen über Ort, Zeit, Personen und Handlung?
  - Ist ein Höhepunkt erkennbar?
  - Ist die Handlung übersichtlich und nachvollziehbar gestaltet?
- **Gestaltung**
  - Hat der Verfasser Möglichkeiten des spannenden und lebendigen Erzählens benutzt?
  - Ist bei der Darstellung von Figuren auch die Innensicht berücksichtigt?
  - Hat der Verfasser die Möglichkeit des perspektivischen Erzählens benutzt?
  - Passt beim produktiv verstehenden Schreiben der selbstgeschriebene Teil zum Ausgangstext?
  - Gibt es wörtliche Rede und Dialoge in der Geschichte?
  - Passt die Redeweise zu den Figuren/Personen?
- **Sprachlicher Ausdruck**
  - Sind die Sätze abwechslungsreich formuliert?
  - Ist der Satzbau klar und verständlich?
  - Sind die Sätze sinnvoll miteinander verknüpft?
  - Ist die Wortwahl anschaulich, treffend und abwechslungsreich?
- **Grammatik und Rechtschreibung**
  - Welche grammatischen Fehler und Rechtschreibfehler sind im Text vorhanden?
- **Äußere Form**
  - Entspricht die äußere Form des Textes den Anforderungen (z.B. klares Schriftbild, Gliederung in Abschnitte, Rand)?

3 Was ich über produktives Schreiben gelernt habe – Portfolio

3.1 Kann ich das wirklich? – Lernspiegel

Kann ich ...

- den Unterschied zwischen produktiv verstehendem Schreiben und produktiv gestaltendem Schreiben erklären?
- wesentliche Merkmale einer Kurzgeschichte benennen?
- erkennen, aus welcher Perspektive in einer Kurzgeschichte erzählt wird?
- eine angefangene Kurzgeschichte unter Beachtung wesentlicher Textsortenmerkmale zu Ende schreiben?
- eine Reiseschilderung erkennen?
- selbst eine interessante Reiseschilderung verfassen?
- Texte nach vorgegebenen Kriterien überarbeiten?

3.2 Lernlexikon

Zum Thema „Produktives Schreiben“ solltest du in deinem Lernlexikon Einträge zu folgenden Punkten angelegt haben:

Phasen von Schreibprozessen – produktiv verstehendes Schreiben – produktiv gestaltendes Schreiben – Merkmale von Reiseschilderungen – Schreibkonferenz

3.3 Schatztruhe – Lerndossier

Zum Thema „Produktives Schreiben“ kannst du in deinem Lerndossier Folgendes ablegen:

alle Texte, die du geschrieben hast, sowie die Kommentierungen, die du von deinen Mitschülern bekommen hast

Lernstation: Umgang mit literarischen Texten

1 Erzählende Texte, Gedichte und szenische Texte unterscheiden

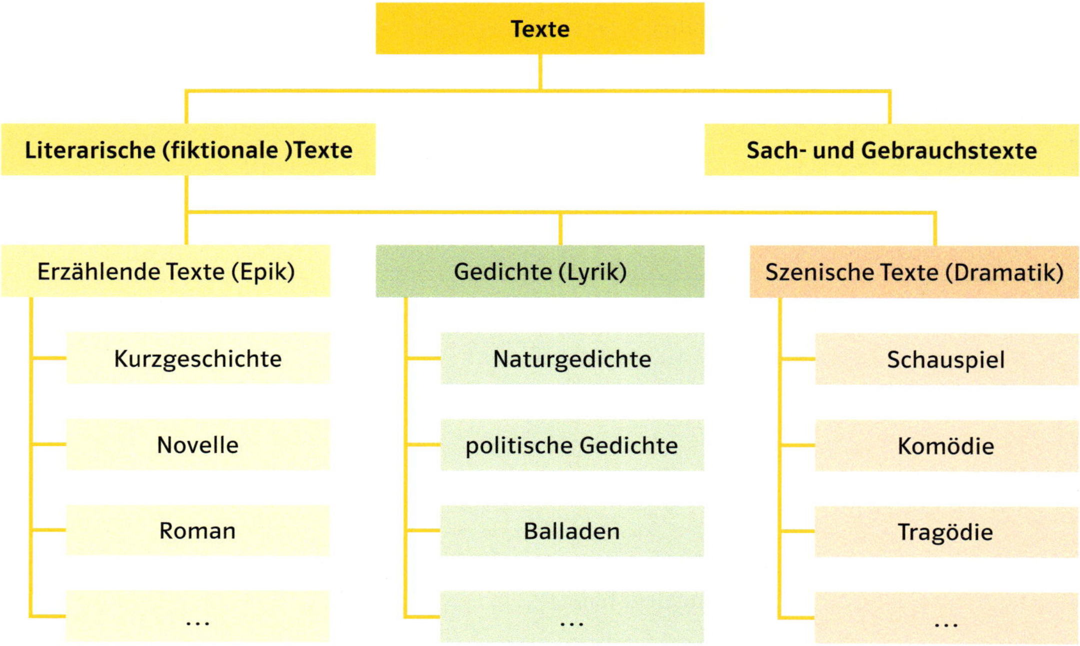

▸▸ **CD-ROM | dp3**
LS „Umgang mit literaischen Texten“

1. Erkunde anhand des Schemas Arten und Möglichkeiten literarischer Texte.
2. Was hast du über Gemeinsamkeiten und Unterschiede zwischen den drei literarischen Gattungen – erzählende Texte (Epik), Gedichte (Lyrik) und szenische Texte (Dramatik) – gelernt und behalten?

2 Erzählende Texte untersuchen

2.1 Eine Kurzgeschichte untersuchen

Die Kurzgeschichte ist eine Erzählform, die in Deutschland nach dem 2. Weltkrieg bekannt wurde. Wichtige Kurzgeschichtenautorinnen und -autoren waren/sind z.B. Wolfgang Borchert, Heinrich Böll, Elisabeth Langgässer, Wolfdietrich Schnurre, Siegfried Lenz, Ilse Aichinger.
Der Begriff „Kurzgeschichte“ ist eine Rückübersetzung aus dem Amerikanischen: Die „short story“ entstand schon im 19. Jahrhundert (Henry James, O. Henry) und wurde im 20. Jahrhundert u.a. durch Ernest Hemingway geprägt.

Du kannst eine Kurzgeschichte mit Hilfe des Vier-Punkte-Schemas untersuchen:

Inhalt, Gang der Handlung

- **Thema:** oft eine entscheidende Situation im Leben oder ein besonderes Ereignis, „ein Stück herausgerissenes Leben“ (Wolfdietrich Schnurre)
- **Figuren:** meist ein einzelner Mensch als Mittelpunktsfigur oder auch die Begegnung zweier Menschen
- **Schauplatz und Zeit:** meistens ein bestimmter Ort und ein bestimmter Augenblick, die herausgegriffen wirken und nur sparsam dargestellt werden
- **Geschehen, Handlung:** „einsträngig“, d.h. nur auf ein bestimmtes Geschehen oder eine besondere Situation beschränkt

Art und Gestaltung

- **Art:** eine kurze Geschichte von nur einer oder wenigen Seiten
- **Anfang:** unvermittelter Anfang; direktes „Hineinspringen“ in die Situation
- **Schluss:** meistens ein „offener“ Schluss, unabgeschlossene Handlung mit Aussparen der Folgen oder Konsequenzen
- **Erzähler:** oft ein personaler Er-/Sie-Erzähler, der aus der Sicht einer oder mehrerer Figuren (=Perspektivefiguren) erzählt
- **Erzählweise:** kurz, präzise, direkt; geradliniges Erzählen, fast immer auf das Wesentliche konzentriert; oft auch nur andeutendes Erzählen; keine ausführliche Vorstellung und Beschreibung der Figuren; oft Wechsel zwischen Erzählerbericht und Figurenrede; in der Regel kein Erzählerkommentar
- **Stil:** Vorherrschen der Alltagssprache; meistens einfacher Satzbau; manchmal Stilmittel der Wiederholung, des Kontrasts und der Steigerung

Seite 36 ff.
Kurzgeschichten untersuchen
UV „Fantastische Erzählungen“

CD-ROM | dp3
LS „Umgang mit literarischen Texten“

Sinn, Absicht

- Aufdecken der „Doppelbödigkeit“ oder „Mehrdeutigkeit“ einer alltäglichen Situation
- Darstellung der schicksalhaften Bedeutung eines Augenblicks für den Menschen
- indirekte Aufforderung an die Leserin/den Leser, die Konsequenzen selbst zu ziehen und zu bestimmten Einsichten zu gelangen

Zugänge und Erarbeitungsmöglichkeiten

Man kann eine Kurzgeschichte mit analytischen Untersuchungsverfahren und ebenso mit produktiv-kreativen Methoden erschließen:

- eine Kurzgeschichte auf bestimmte Gestaltungsmerkmale hin untersuchen
- den Anfang einer Kurzgeschichte ausgestalten
- den Schluss weiterschreiben
- die Kurzgeschichte aus der Perspektive einer anderen Figur erzählen
- selbst eine Kurzgeschichte nach einem Vorbild oder einer Erzählidee schreiben
- eine selbst verfasste Kurzgeschichte besprechen und überarbeiten
- eine Kurzgeschichte zu einem Gedicht oder einem szenischen Text umgestalten

Seite 187 ff.
Produktives Schreiben
LS „Texte schreiben“

Wolfgang Borchert

Die Küchenuhr

Sie sahen ihn schon von weitem auf sich zukommen, denn er fiel auf. Er hatte ein ganz altes Gesicht, aber wie er ging, daran sah man, dass er erst zwanzig war. Er setzte sich mit seinem alten Gesicht zu ihnen auf die Bank. Und dann zeigte er ihnen, was er in der Hand trug.

Das war unsere Küchenuhr, sagte er und sah sie alle der Reihe nach an, die auf der Bank in der Sonne saßen. Ja, ich habe sie noch gefunden. Sie ist übrig geblieben.

Er hielt eine runde tellerweiße Küchenuhr vor sich hin und tupfte mit dem Finger die blaugemalten Zahlen ab.

Sie hat weiter keinen Wert, meinte er entschuldigend, das weiß ich auch. Und sie ist auch nicht so besonders schön. Sie ist nur wie ein Teller, so mit weißem Lack. Aber die blauen Zahlen sehen doch ganz hübsch aus, finde ich. Die Zeiger sind natürlich nur aus Blech. Und nun gehen sie auch nicht mehr. Nein. Innerlich ist sie kaputt, das steht fest. Aber sie sieht noch aus wie immer. Auch wenn sie jetzt nicht mehr geht.

Er machte mit der Fingerspitze einen vorsichtigen Kreis auf dem Rand der Telleruhr entlang. Und er sagte leise: Und sie ist übrig geblieben.

Die auf der Bank in der Sonne saßen, sahen ihn nicht an. Einer sah auf seine Schuhe und die Frau sah in ihren Kinderwagen. Dann sagte jemand:

Sie haben wohl alles verloren?

Ja, ja, sagte er freudig, denken Sie, aber auch alles! Nur sie hier, sie ist übrig. Und er hob die Uhr wieder hoch, als ob die anderen sie noch nicht kannten.

Aber sie geht doch nicht mehr, sagte die Frau.

Nein, nein, das nicht, kaputt ist sie, das weiß ich wohl. Aber sonst ist sie doch noch ganz wie immer: weiß und blau. Und wieder zeigte er ihnen seine Uhr. Und was das Schönste ist, fuhr er aufgeregt fort, das habe ich Ihnen ja noch überhaupt nicht erzählt. Das Schönste kommt nämlich noch: Denken Sie mal, sie ist um halb drei stehengeblieben. Ausgerechnet um halb drei, denken Sie mal.

Dann wurde Ihr Haus sicher um halb drei getroffen, sagte der Mann und schob wichtig die Unterlippe vor. Das habe ich schon oft gehört. Wenn die Bombe runtergeht, bleiben die Uhren stehen. Das kommt von dem Druck.

Er sah seine Uhr an und schüttelte überlegen den Kopf. Nein, lieber Herr, nein, da irren Sie sich. Das hat mit den Bomben nichts zu tun. Sie müssen nicht immer von den Bomben reden. Nein. Um halb drei war ganz etwas anderes, das wissen Sie nur nicht. Das ist nämlich der Witz, dass sie gerade um halb drei stehen geblieben ist. Und nicht um Viertel nach vier oder um sieben. Um halb drei kam ich nämlich immer nach Hause. Nachts, meine ich. Fast immer um halb drei. Das ist ja gerade der Witz.

Er sah die anderen an, aber die hatten ihre Augen von ihm weggenommen. Er fand sie nicht. Da nickte er seiner Uhr zu: Dann hatte ich natürlich Hunger, nicht wahr?

Und ich ging immer gleich in die Küche. Da war es dann fast immer halb drei. Und dann, dann kam nämlich meine Mutter. Ich konnte noch so leise die Tür aufmachen, sie hat mich immer gehört. Und wenn ich in der dunklen Küche etwas zu essen suchte, ging plötzlich das Licht an. Dann stand sie da in ihrer Wolljacke und mit einem roten Schal um. Und barfuß, immer barfuß. Und dabei war unsere Küche gekachelt. Und sie machte ihre Augen ganz klein, weil ihr das Licht so hell war. Denn sie hatte ja schon geschlafen. Es war ja Nacht.

So spät wieder, sagte sie dann. Mehr sagte sie nie. Nur: So spät wieder. Und dann machte sie mir das Abendbrot warm und sah zu, wie ich aß. Dabei scheuerte sie immer die Füße aneinander, weil die Kacheln so kalt waren. Schuhe zog sie nachts nie an. Und sie saß so lange bei mir, bis ich satt war. Und dann hörte ich sie noch die Teller wegsetzen, wenn ich in meinem Zimmer schon das Licht ausgemacht hatte. Jede Nacht war es so. Und meistens immer um halb drei. Das war ganz selbstverständlich, fand ich, dass sie mir nachts um halb drei in der Küche das Essen machte. Ich fand das ganz selbstverständlich. Sie tat das ja immer. Und sie hat nie mehr gesagt als: So spät wieder. Aber das sagte sie jedes Mal. Und ich dachte, das könnte nie aufhören. Es war mir so selbstverständlich. Das alles war doch immer so gewesen.

Einen Atemzug lang war es ganz still auf der Bank. Dann sagte er leise: Und jetzt? Er sah die anderen an. Aber er fand sie nicht. Da sagte er der Uhr leise ins weißblaue runde Gesicht: Jetzt, jetzt weiß ich, dass es das Paradies war. Das richtige Paradies.

Auf der Bank war es ganz still. Dann fragte die Frau: Und Ihre Familie?

Er lächelte sie verlegen an: Ach, Sie meinen meine Eltern? Ja, die sind auch mit weg. Alles ist weg. Alles, stellen Sie sich vor. Alles weg.

Er lächelte verlegen von einem zum anderen. Aber sie sahen ihn nicht an.

Da hob er wieder die Uhr hoch und er lachte. Er lachte: Nur sie hier. Sie ist übrig. Und das Schönste ist ja, dass sie ausgerechnet um halb drei stehengeblieben ist. Ausgerechnet um halb drei.

Dann sagte er nichts mehr. Aber er hatte ein ganz altes Gesicht. Und der Mann, der neben ihm saß, sah auf seine Schuhe. Aber er sah seine Schuhe nicht. Er dachte immerzu an das Wort Paradies.

Notizen von Untersuchungsergebnissen:

Inhalt, Gang der Handlung

- ***Thema***: *die „Küchenuhr" als „Symbol" für das Leben vor dem Bombenangriff, das durch Liebe und Fürsorge der Mutter geprägt war („Paradies")*
- ***Figuren***: *der Zwanzigjährige mit dem ganz alten Gesicht, der wohl aus einfachen Verhältnissen stammt und in Nachtschicht gearbeitet hat; der Mann auf der Bank; die Frau (auf der Bank) mit dem Kinderwagen; weitere Personen auf der Bank („er sah sie alle der Reihe nach an"); erzählte Figur: die Mutter*
- ***Schauplatz und Zeit***: *nur angedeutet; vielleicht in einem Park, bei einer Bank; nach einem Bombenangriff (im 2. Weltkrieg)*
- ***Geschehen, Handlung***: *ein zwanzigjähriger junger Mann nähert sich nach einem Bombenangriff einer Bank, auf der …*

Art und Gestaltung

- **Art**: ca. 1,5 Seiten lang
- **Anfang**: unvermittelt ohne Einleitung; Hineinspringen in die Situation der Begegnung
- **Schluss**: „offen"; es bleibt offen, was sich der Mann unter „Paradies" vorstellt; es bleibt auch unklar, ob der junge Mann infolge des Verlusts geistesverwirrt ist oder ob er durch das Erzählen versucht, das Geschehene zu verarbeiten
- **Erzähler**: ein personaler Er-/Sie-Erzähler, der sich auf die Darstellung des „Geschehens" und der Dialoge (wörtliche Rede) beschränkt, ohne Kommentare zum Hintergrund (Bombenangriff) und zur inneren Verfassung der Figuren zu geben
- **Erzählweise**: Darstellung der Situation, in der der junge Mann berichtet, und Darstellung der Erinnerung an das „Paradies" durch den jungen Mann, also zwei Zeitebenen; andeutendes Erzählen: Aussparen des Schrecklichen (Bombenangriff, Verlust der Eltern und des Hauses); Kontrast von Inhalt des durch den jungen Mann Berichteten und der Art und Weise seines Berichtens („freudig", „aufgeregt", „er lachte"); fast keine Figurenbeschreibung, die Figuren bleiben anonym; Wechsel von Erzählerbericht und Figurenrede (wörtliche Rede)
- **Stil**: Alltagssprache mit kurzen, einfachen Sätzen; auffällige Stilmittel: Wiederholung („Witz", „Paradies", „lachte", „selbstverständlich"); Kontrast zwischen Berichtetem und der Art des Berichtens durch den jungen Mann (vgl. oben)

Sinn, Absicht

- Die „Küchenuhr" wird für den jungen Mann zum „Symbol" für das „Paradies"; im Nachhinein wird ihm klar, dass die „selbstverständliche" fürsorgliche Liebe der Mutter „das richtige Paradies" war.
- Der junge Mann klammert sich an diese Erinnerung, um den Verlustschmerz ertragen zu können; die Erinnerung an den Bombenangriff will er verdrängen („Sie müssen nicht immer von den Bomben reden.").
- Auf den Leser wirkt der junge Mann fast wie ein Geistesgestörter; doch fällt auf, dass er den Kontakt zu anderen Menschen sucht, um ihnen zu berichten und damit seinen Schmerz erträglich zu machen.
- Der Mann und die Frau auf der Bank reagieren auf den Bericht sehr „sachlich" und verstecken ihr Mitleid; deswegen vermeiden sie, den jungen Mann anzublicken …
- Durch die Erzählweise und die besondere Art der Darstellung soll dem Leser indirekt etwas von den Schrecken des Krieges vermittelt werden.
- Der Leser soll gegen den Krieg eingenommen werden.

Erarbeitungsmöglichkeiten: Teile einer Interpretation

Einleitung

In der Kurzgeschichte „Die Küchenuhr" von Wolfgang Borchert, erschienen 1948, geht es um eine Uhr, die nach einem Bombenangriff im Zweiten Weltkrieg übrig geblieben ist. Diese Uhr wird für einen jungen Mann, der Eltern und Haus verloren hat, zum Erinnerungszeichen an ein Leben, das durch die Liebe seiner Mutter bestimmt war und für ihn im Rückblick zum „Paradies" wird.

Inhaltsangabe

Die Kurzgeschichte beschreibt eine Situation, in der ein 20 Jahre alter junger Mann mit einer Uhr zu einem Mann und einer Frau auf einer Bank (in einem Park?) zugeht, um ihnen von der Uhr zu erzählen. Sie sei als einzige übrig geblieben; zwar sei sie kaputt, sehe aber äußerlich noch ganz heil aus. Aber am wichtigsten sei, dass die Uhr um halb drei stehengeblieben sei. Das komme daher, dass er um diese Zeit …

Beschreibung, Erklärung und Deutung

Die Geschichte beginnt – typisch für eine Kurzgeschichte – ohne Einleitung; es werden weder der Schauplatz noch die Zeit genannt, zu der die Geschichte spielt. Auch die Figuren werden nicht durch Namen konkretisiert, sondern bleiben anonym, vielleicht um zu verdeutlichen, dass damals viele Menschen ein ähnliches Schicksal hatten. Die Geschichte setzt sofort mit der Handlung ein, die knapp und karg ausfällt: Die Menschen auf der Bank sehen den jungen Mann kommen, der ihnen die Küchenuhr zeigt und beschreibt. Erst allmählich wird dem Leser klar, dass der junge Mann seine Eltern und sein Haus bei einem Bombenangriff verloren hat. Die Küchenuhr, die „um halb drei stehengeblieben" ist, wird ihm zum Anlass, sich an die Fürsorglichkeit seiner Mutter zu erinnern: „Das war ganz selbstverständlich, fand ich, dass sie mir nachts um halb drei das Essen machte". Im Rückblick wird dem jungen Mann klar, dass dieser Alltag für ihn das „Paradies" war: „Jetzt weiß ich, dass es das Paradies war". Der Schluss bleibt „offen", wie es für eine Kurzgeschichte typisch ist …

Die Kurzgeschichte wird von einem personalen Er-/Sie-Erzähler erzählt, der sich auf die Wiedergabe der knappen Dialoge und die ebenso knappe Handlung beschränkt. Die innere Situation der Figuren muss sich der Leser selbst erschließen.

Die Darstellung ist bestimmt durch Alltagssprache mit meist kurzen, einfachen Sätzen, die bewusst untertreibt (understatement) und im Kontrast zur Grausamkeit der Katastrophe steht („Wenn die Bombe runtergeht, bleiben die Uhren stehen. Das kommt von dem Druck."). Ein Kontrast besteht auch zwischen dem, was der junge Mann mitteilt, und der Art, wie er es sagt, z. B. „freudig", „aufgeregt", „er lachte". Der Leser könnte vermuten, dass der Bombenangriff den jungen Mann um den Verstand gebracht hat. Aber ich glaube, er versucht sich an die Erinnerung zu klammern, um …

Auch Wiederholungen fallen in der Darstellung auf, z. B. „sie ist übrig geblieben", „um halb drei stehengeblieben". Solche Wiederholungen wirken wie gesprochene Sprache und heben Wichtiges hervor …

Zusammenfassende Deutung

Die Kurzgeschichte hat die Überschrift „Die Küchenuhr", denn diese Uhr ist in der Geschichte das Zeichen für das verlorene „Paradies" … Vielleicht will die Kurzgeschichte dem Leser vor Augen führen, wie schrecklich der Krieg ist, also kein „Paradies" …

Schluss

Der Verfasser Wolfgang Borchert ist mir bekannt von … Die Kurzgeschichte wirkt auf mich …,

1 Wie beurteilst du diesen Interpretationsversuch? Was würdest du verbessern, verändern oder ergänzen? Berücksichtige die Notizen zu den Untersuchungsergebnissen (Seite 197 f.).

2.2 Eine Novelle untersuchen

Eine Novelle ist eine Erzählform in Prosa, …

- bei der ein Ereignis (Goethe: „eine sich ereignete unerhörte Begebenheit“) oder eine Ereignisfolge, ausgelöst durch einen zentralen Konflikt, im Mittelpunkt steht.
- die in der Epoche der Renaissance, also dem Übergang vom Mittelalter zur Neuzeit, entsteht.
- deren Aufbau mit dem des Dramas vergleichbar ist: eine knappe Exposition (Einleitung), ein deutlicher Höhepunkt und ein klar erkennbarer Schluss.
- deren Handlung in der Regel einsträngig und knapp ist.
- die oft mit „Leitmotiven“ oder „Dingsymbolen“ arbeitet (wie z.B. der „Judenbuche“ in Annette von Droste-Hülshoffs gleichnamiger Novelle; vgl. auch das „Dingsymbol“ der „Küchenuhr“ in Wolfgang Borcherts Kurzgeschichte, Seite 196 f.).
- die häufig zu einem Zyklus (Novellenkranz) gehört (z.B. Boccaccio: „Das Decameron“, um 1350).

Man kann sich die Eigenart der Novelle gut klarmachen, indem man sie von anderen Erzählformen abgrenzt:

Novelle in Abgrenzung zu

Kurzgeschichte	**Roman**	**Märchen, Fabel**	**Anekdote, Kalendergeschichte, Schwank**
• länger als die Kurzgeschichte, ca. 60 bis 80 Seiten • „geschlossene“ Form, also kein direkter Anfang und offener Schluss • Höhe- oder Wendepunkt • „älter“ als die Kurzgeschichte	• kürzer als ein Roman, der mindestens 100 Seiten lang ist • Beschränkung auf ein zentrales Ereignis oder einen wichtigen Konflikt • meist nur einsträngig erzählt • keine allzu ausführlichen Beschreibungen und Schilderungen von Schauplätzen und Figuren	• länger als Märchen, Fabel • deutlicher Realitätsbezug (z.B. „Das Erdbeben in Chili“)	• geplanter, kunstvollerer Aufbau als bei Anekdote, Kalendergeschichte, Schwank • inhaltlich bedeutsamer

▸▸ **Seite 147**
Auszug aus der Novelle
UV „Zeitenwenden – Literarische Texte“

1 Du kannst eine Novelle, z.B. „Das Erdbeben in Chili“ von Heinrich von Kleist, so untersuchen, wie du es mit Hilfe des „Vier-Punkte-Schemas“ (Seite 195) gelernt hast.

Inhalt, Gang der Handlung

- ***Thema***: *Eine Liebesgeschichte im Rahmen einer Erdbebenkatastrophe, die tragisch endet und die Frage nach der Gerechtigkeit Gottes aufwirft*
- ***Inhalt***: *Die Novelle spielt in St. Jago (heute: Santiago), der Hauptstadt des Königreichs Chili (heute: Chile), während des Erdbebens im Jahre 1647. Jeronimo Rugera entkommt durch ein Erdbeben dem Gefängnis, in dem er sich hatte erhängen wollen. Er war inhaftiert worden, weil er als Hauslehrer seine Schülerin Josephe, Tochter eines reichen Edelmannes, geschwängert hatte und diese während der Fronleichnamsprozession an den Stufen der Kirche einen Jungen, Philipp, geboren hatte. Josephe wird zum Tode verurteilt, doch die öffentliche Hinrichtung wird durch das Erdbeben verhindert.*
  Beide Liebenden können aus der zerstörten Stadt in ein abgelegenes, liebliches Tal fliehen, wo sie sich wieder treffen. Am nächsten Morgen werden sie von dem vornehmen Don Fernando und seiner Familie aufgenommen. Jeronimo und Josephe schließen sich dem Zug Fernandos in die Stadt an, um dort an einem großen Dankgottesdienst für die Überlebenden der Katastrophe teilzunehmen. Der Dominikanerprediger deutet das Erdbeben als Strafe Gottes für den Sittenverfall und spielt deutlich auf die „Sünde" Jeronimos und Josephes an. Als die aufgewiegelte Gemeinde die beiden unter sich entdeckt, bringt sie sie in einem Akt von Lynchjustiz um, angeführt von dem brutalen Schuster Pedrillo. Dieser tötet versehentlich anstelle Philipps Don Fernandos Sohn. Philipp überlebt wie durch ein Wunder und wird von Don Fernando an Sohnes Statt angenommen.

Art und Gestaltung

- ***Art***: *Novelle von ca. 20 Seiten; erzählte Zeit: zwei Tage*
- ***Zentrales Ereignis***: *Durch die „unerhörte Begebenheit" des Erdbebens werden die beiden Liebenden vor dem Tod gerettet, erleben sich in einem abgeschlossenen Tal als Familie und werden dann von der aufgewiegelten Gemeinde umgebracht.*
- ***Aufbau***: *drei Teile: a) in der Stadt b) in dem abgelegenen Tal c) in der Kirche der Stadt*
- ***Erzähler und Erzählweise***: *weitgehend personaler Er-/Sie-Erzähler; perspektivisches Erzählen aus der Sicht der Figuren*
- ***Stil***: *für Kleist typische Satzkonstruktionen …*

Sinn, Absicht

- *Kontrast von todbringender Katastrophe, dadurch ausgelöstem Liebesglück und grausamem Ende*
- *Frage nach der Moral des Menschen in Extremsituationen*
- *Frage nach der Gerechtigkeit Gottes, der solches Unheil zulässt*

2 Zum besseren Verständnis des Textausschnitts kannst du den Inhalt der gesamten Novelle erkunden.

3 Vervollständige die Untersuchungsgesichtspunkte, falls du dich genauer mit der Novelle beschäftigst.

3 Lyrische Texte (Gedichte) untersuchen

3.1 Gedichte – Bilder – Musik

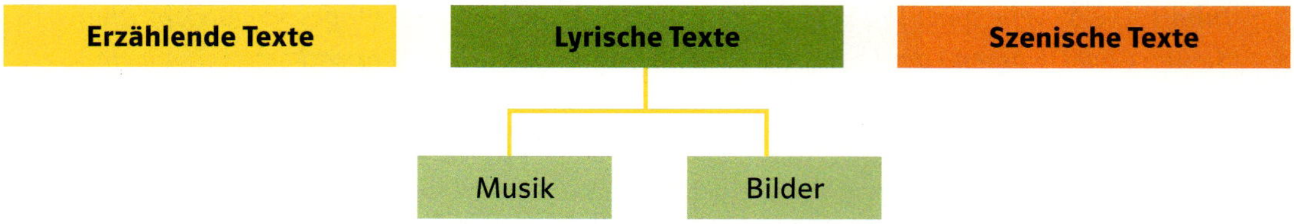

1 Erkunde anhand des Schemas,
- was Gedichte mit erzählenden und mit szenischen Texten gemeinsam haben und worin sie sich von ihnen unterscheiden,
- was Gedichte mit Bildern und mit Musik gemeinsam haben und worin sie sich davon unterscheiden.

3.2 Gestaltungsmittel in lyrischen Texten (Gedichten)

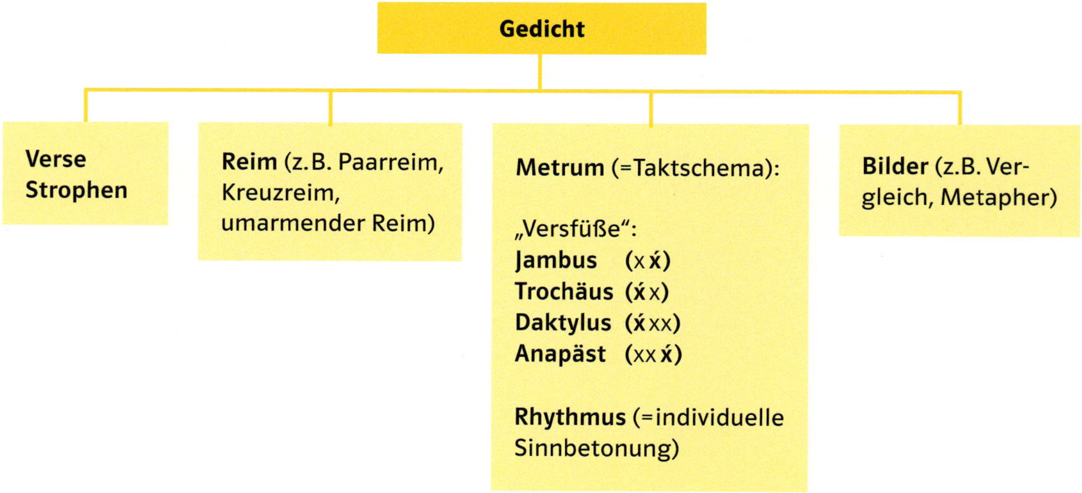

1 Erarbeite und wiederhole mit Hilfe des Schemas wesentliche Gestaltungsmittel in Gedichten (lyrischen Texten).

2 Bestimme zur Übung den Versfuß in folgenden Gedichtzeilen (Versen):

Der Mond ist aufgegangen …
Abend wird es wieder …
Wenn nun der silberne Mond …
Stiller Mond, guter Freund, / warum willst du schon ziehn?

3.3 Bilder

Wie ein Maler mit Pinsel und Farbe können auch Gedichte Bilder malen – allerdings mit Worten. Die **bildhaft-anschauliche Gestaltung** ist eines der wichtigsten Kennzeichen von Gedichten. Denn Gedichte wollen ihre Aussage und Wirkung in der Regel nicht abstrakt, z.B. wie ein schwieriger gedanklicher Text, entfalten, sondern die Sinne, und besonders das „innere Auge" ansprechen. Man kann sich solche Bilder gut vorstellen, wenn man sich ein Gedicht vorlesen lässt, dabei die Augen schließt und anschließend beschreibt, was man „gesehen" hat.

1. Mache den Versuch mit Goethes Gedicht „Meeresstille" (Seite 136). Was hast du „gesehen"? Welche Stimmung vermittelt das Bild insgesamt? Welche Einzelheiten des Bildes kannst du beschreiben?

Seite 130 ff. Bildhaft-anschauliche Gestaltung UV „Die Natur und ihre Elemente – Lyrische Texte"

Man kann verschiedene Möglichkeiten bildhafter Gestaltung unterscheiden:

Vergleich	Verknüpfung zweier Wirklichkeitsbereiche mit „wie" zur Steigerung der Anschaulichkeit
Metapher	ein sprachliches Bild oder ein bildhafter Ausdruck, der nicht in seiner eigentlichen Bedeutung, sondern in einem übertragenen, bildhaften Sinn gebraucht wird. Dabei stimmen die eigentliche und die übertragene Bedeutung in mindestens einem Punkt, dem „Vergleichspunkt" (=„tertium comparationis"), überein.
Personifikation	Darstellung von Naturerscheinungen, Gegenständen oder Begriffen als Personen, also eine Vermenschlichung

Rose Ausländer

Herbstlicher Ausschnitt

Eine schräge Strahlengarbe
Schoss vom Himmel wie ein Pfeil,
zeichnete mit goldner Farbe
auf die Erde neues Heil,
sprang im Jubel auf die Dächer,
dass sie wogten wie ein See,
schwang liebkosend einen Fächer
über Dunkelheit und Weh.

Sieh, der Himmel scheint gespalten:
Dort ein düstrer Wolkenstrom
geisterhafter Nachtgestalten;
Hier: ein stolzer Sonnendom. –
Fluss und Fenster widerblitzen,
Gassen wiegen sich im Tanz,
und es lächeln selbst die Pfützen
silberklar im jähen Glanz.

2. Untersuche die Vergleiche: Welche Dinge werden verglichen – und warum wohl? Welche Wirkung haben die Vergleiche?

3. Untersuche ebenso die Metaphern: Versuche dir daran die Definition der Metapher klarzumachen. Welche Wirkung haben die Metaphern?

4. Im Gedicht gibt es auch Personifikationen. Versuche sie zu erklären und in ihrer Wirkung zu bestimmen.

Metaphern und sprachliche Bilder kommen nicht nur in Gedichten, sondern auch im **alltäglichen Sprachgebrauch** vor, wo wir sie oft kaum noch als solche wahrnehmen, z. B. „am Fuße des Berges“, „Bachbett“.	
Häufig wurden zur Benennung von **Erfindungen** neue Metaphern gebildet, z. B. „Glühbirne, „Motorhaube“.	
Heute z. B. „Datenstrom“, „Internet“	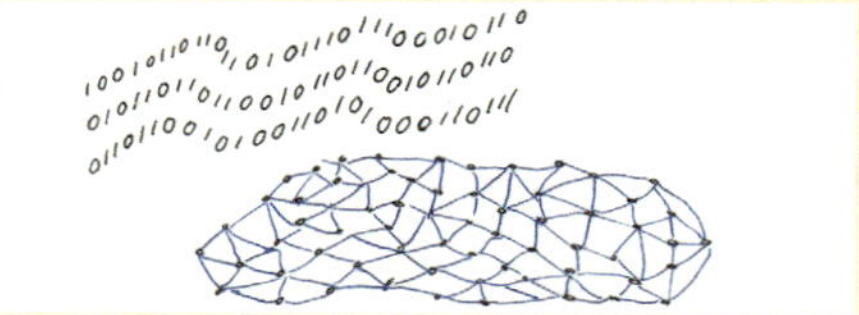

5 Erläutere diese Metaphern und kläre dabei auch den Vergleichspunkt („tertium comparationis“), indem du dich fragst, warum man z. B. von einem „*Strom* von Daten“ spricht.

6 Suche weitere Beispiele für Metaphern, z. B. aus den Bereichen Krieg – Sport („Sturmspitze“), und erläutere sie.

Auch in **Sprichwörtern** haben sich oft bildhafte Wendungen erhalten.	die Flinte ins Korn werfen jemandem etwas abknöpfen die Suppe auslöffeln müssen Schuster, bleib bei deinem Leisten.

7 Informiere dich über die wörtliche und die übertragene Bedeutung (z. B. in einem speziellen Lexikon: Krüger-Lorenzen: „Deutsche Redensarten – und was dahinter steckt“, Heyne-Taschenbuch Nr. 764, München 2001).

8 Suche und erkläre weitere Beispiele.

▸▸ **Seite 62 f.**
Jugendsprache
UV „Vielerlei Deutsch“

Auch die **Jugendsprache** prägt ständig neue bildhafte Wendungen und Metaphern.	Er hat keine Peilung. Du hast wohl ’n Rad ab. ’ne Schnecke angraben Taucherbrille (= blaues Auge) Idiotenlaterne (= Fernseher) Knete, Kohle, Asche, … anmachen abhängen

3.4 Ein Gedicht im Zusammenhang beschreiben und interpretieren

Wenn du ein Gedicht untersuchen, beschreiben und interpretieren sollst, z.B. als Hausaufgabe oder in einer Klassenarbeit, kannst du so vorgehen:

1. Schritt: Einleitung
Hier stellst du dem Leser das Gedicht vor und nennst dazu den Autor, ggf. die Gedichtart (z.B. Ballade), die Überschrift und das Thema des Gedichts sowie nach Möglichkeit das Entstehungsjahr.
Danach kannst du deinen allgemeinen Eindruck von der Aussage oder Wirkung oder Stimmung des Gedichts in ein oder zwei Sätzen zusammenfassen.

2. Schritt: Inhaltsangabe
Hier informierst du den Leser darüber, worum es in dem Gedicht inhaltlich geht. Dazu gibst du in knapper Form und mit möglichst selbstständigen Formulierungen den Inhalt des Gedichts wieder – z.B. Strophe für Strophe.

3. Schritt: Beschreibung, Erklärung und Deutung
Hier zeigst du dem Leser, welche Gestaltungsmerkmale/Gestaltungselemente für das Gedicht typisch und auffällig sind. Dabei kannst du die Gesichtspunkte in der Reihenfolge wie oben (vgl. 3.2) berücksichtigen. Bei der Beschreibung versuchst du nach Möglichkeit zu erklären, welche Wirkung die Gestaltungsmittel haben.

4. Schritt: Zusammenfassende Deutung
Hier versuchst du für den Leser alle deine Einzelbeobachtungen und -ergebnisse zu einer geschlossenen Deutung zusammenzufassen. Achte dabei nach Möglichkeit darauf, welche Gesamtstimmung im Gedicht vorherrscht oder welche Gesamtwirkung das Gedicht hat und wie diese zustande kommt. Beziehe dich auch auf deinen Gesamteindruck (1. Schritt) und die Überschrift.

5. Schritt: Schluss
Hier kannst du, wenn du dich auskennst, noch etwas zum „Hintergrund" des Gedichts schreiben, z.B. zum Thema, zum Autor und zur Entstehungszeit.
Außerdem hast du hier Gelegenheit, zu sagen, wie das Gedicht auf dich persönlich wirkt, wie du auf das Gedicht reagierst und warum das so ist.

Beispiel:
Im Folgenden hat ein Schüler das Gedicht „Meeresstrand" von Theodor Storm im Zusammenhang interpretiert:

Theodor Storm
Meeresstrand

Ans Haff nun fliegt die Möwe,
und Dämmrung bricht herein;
über die feuchten Watten
spiegelt der Abendschein.

Graues Geflügel huschet
neben dem Wasser her;
wie Träume liegen die Inseln
im Nebel auf dem Meer.

Ich höre des gärenden Schlammes
geheimnisvollen Ton,
einsames Vogelrufen –
so war es immer schon.

Noch einmal schauert leise
und schweiget dann der Wind;
vernehmlich werden die Stimmen,
die über der Tiefe sind.

(1854)

Einleitung

In dem Gedicht „Meeresstrand" von Theodor Storm, erschienen 1854, geht es um die abendliche Stimmung am Strand des Meeres.
Auf mich wirkt das Gedicht geheimnisvoll und auch etwas unheimlich, dabei aber ruhig. Es wird offenbar keine bestimmte, einmalige Situation beschrieben, sondern die Abendstimmung so, wie sie „immer schon" am Strand geherrscht hat und herrscht.

Inhaltsangabe

Die erste Strophe beschreibt die Situation am Meer in der Abenddämmerung, wenn die Möwen zur Küstenbucht fliegen und sich die letzten Sonnenstrahlen im Watt spiegeln. In der zweiten Strophe ist die Rede von grauen Vögeln am Wasser und Inseln im Meer. Die dritte Strophe stellt zwei Gehörseindrücke dar: das Geräusch des Schlamms und das Rufen der Vögel; in der letzten Strophe wird beschrieben, wie Ruhe einkehrt, der Wind sich legt und man geheimnisvolle Stimmen hören kann. Insgesamt fällt auf, dass in (fast) jeder Strophe immer zwei verschiedene Dinge oder Tiere benannt werden.

Beschreibung, Erklärung und Deutung

Das Gedicht hat vier Strophen mit jeweils vier Versen, ist also gleichmäßig gebaut. Es reimen sich immer der zweite und der vierte Vers, der erste und der dritte nicht; dadurch entsteht der Eindruck, als ob es sich in einer Strophe um zwei Langzeilen handeln würde, die sich reimen. Damit wird der Bogen sozusagen noch weiter gespannt. Das Metrum ist überwiegend jambisch, wobei jeder Vers drei Jamben aufweist. Manchmal kommen auch zwei unbetonte Silben in einem Takt vor, z.B. in II/3, III/2 und IV/3; einen solchen Versfuß nennt man Anapäst.

Dieser Wechsel zwischen Jambus und Anapäst fällt aber nicht besonders auf und ändert nichts an der ruhigen, harmonischen Wirkung. Der Rhythmus weicht wiederholt vom Metrum ab, z. B. bei den Wörtern „úber" (I/3), „spíegelt" (I/4), „Gráues" (II/1), „nében" (II/2) und „éinsames" (III/3). Dadurch wird das Gedicht in seiner Betonung etwas aufgelockert und wirkt nicht eintönig oder geleiert, was man vor allem beim Vortragen bemerken kann.

Das Gedicht beschreibt die Abendstimmung am Meer sehr genau und anschaulich, wobei der Sehsinn und der Gehörsinn angesprochen werden. In den beiden ersten Strophen überwiegen die Bilder: die Möwe, die an die Küstenbucht fliegt, die hereinbrechende Dämmerung, der sich im Watt spiegelnde Abendschein (Strophe I), das graue Geflügel, das am Wasser entlanghuscht, und die Inseln, die auf dem Meer zu liegen oder zu schwimmen scheinen. Der Vergleich „wie Träume" (II/3) lässt die Inseln entrückt und etwas unwirklich wirken. In den Strophen III und IV überwiegen die Gehörseindrücke: der geheimnisvolle Ton des Schlamms im Watt und das einsame Rufen der Vögel (III); der nachlassende Wind, der dann ganz „schweigt", und die „Stimmen" „über der Tiefe" (IV).

Der Sprecher im Gedicht (das „lyrische Ich") hält sich ganz zurück und meldet sich nur einmal ausdrücklich zu Wort: „Ich höre…" (III/1). Dadurch hat man als Leser das Gefühl, dass man mit ihm die Dinge sieht und hört, die er beschreibt, und als ob man ganz einsam ist, da Menschen nicht erwähnt werden (vgl. aber „einsames Vogelrufen", III, 3).

Der Sprecher erzeugt die besondere Stimmung im Gedicht auch durch Wörter wie z. B. „huschet" (II/1), „geheimnisvoll(en)" (III/2), „einsam(es)" (III/3) und „schauert" (IV/1). Dadurch wirkt die Natur auf mich geheimnisvoll und ein bisschen unheimlich. Das kommt am Ende des Gedichts besonders zum Ausdruck: „Die Stimmen … über der Tiefe" wirken nicht menschlich, sondern eher geisterhaft. Trotzdem stören sie die Ruhe und Harmonie nicht.

Zusammenfassende Deutung

Das Gedicht stellt die immer gleiche Stimmung am Meer dar, wenn es Abend wird. Der Sprecher im Gedicht beschreibt die Situation sehr genau und hebt optische und akustische Eindrücke hervor. Die Situation wirkt ruhig, harmonisch und einsam, aber auch geheimnisvoll und ein bisschen unheimlich.

Schluss

Mir ist Theodor Storm als Verfasser von Gedichten bisher nicht bekannt. Er hat aber die Novelle „Der Schimmelreiter" geschrieben. Storm lebte von 1817 bis 1888, überwiegend an der Nordsee. Wahrscheinlich kennt er sich daher so gut mit der Stimmung dort aus.

Mir persönlich gefällt das Gedicht gut, weil ich mich in die Stimmung hineinversetzen kann. Außerdem kann man das Gedicht gut vortragen …

1 Untersuche an dieser Interpretation:
- Wie ist der Schüler vorgegangen? Wie hat er seine Interpretation gegliedert?
- Was schreibt er jeweils zu den Schritten? Wird das deiner Meinung nach dem Gedicht gerecht? Ist es vollständig?

4 Szenische Texte verstehen

4.1 Szenische Texte als Partitur

Szenische Texte bzw. Dramen sind in der Regel nicht zum Lesen, sondern als Spielvorlage geschrieben und gestaltet. So wie die Partitur eines Musikstücks erst durch die Aufführung hörbar wird, wird auch ein Theaterstück erst durch ***Inszenierung und Aufführung*** *lebendig. An einer Inszenierung sind viele* ***Mitarbeiter und Mitarbeiterinnen*** *eines Theaters beschäftigt:*

Intendant/Intendantin:	leitet das Theater künstlerisch und oft auch kaufmännisch
Dramaturg/Dramaturgin:	erstellt zusammen mit dem Intendanten/der Intendantin den Spielplan
Regisseur/Regisseurin:	erarbeitet die „Regiekonzeption", also die Spielfassung des Stückes, und bringt das Stück mit den Schauspielerinnen und Schauspielern auf die Bühne
Schauspieler/Schauspielerinnen:	spielen die Rollen des Stücks
Bühnenbildner/Bühnenbildnerin:	erstellt das Bühnenbild für die Aufführung
Maskenbildner/Maskenbildnerin:	...
Gewandmeister/Gewandmeisterin:	...
Souffleur/Souffleuse:	spricht den Text der Schauspieler während der Aufführung mit und hilft ein
Inspizient/Inspizientin:	gibt Anweisungen und überblickt alle spielerischen und technischen Abläufe während der Vorstellung
Beleuchter/Beleuchterin:	...
Tonmeister/Tonmeisterin:	...
Requisiteur/Requisiteurin:	...

1 Erkunde anhand der Übersicht, wer alles tätig werden muss – und in welcher Weise, damit ein Stück inszeniert und aufgeführt werden kann. Ergänze die Erläuterung aus deiner Kenntnis.

Alles, was auf der Bühne und zwischen der Bühne und dem Zuschauer geschieht, kann man als eine Vielzahl von Zeichen verstehen, die durch eine „Zeichenlehre" (=Semiotik) der Bühne beschrieben und erklärt werden können. Ein Dramentext gibt dazu vielerlei Hinweise für alle an der Inszenierung Beteiligten, wie das Stück auf die Bühne zu bringen ist.

Lutz Hübner **CREEPS** *Jugendstück* * **HSV** Hartmann und Stauffacher Verlag für Bühne, Film, Funk und Fernsehen … * * *	← Verfasser ← Titel ← Art des Stückes ← Verlag	**DARSTELLER** **Petra Kowalsky** 16 Jahrte alt, Outfit gemäßigt modisch … **Maren Terbuyken** 17 Jahre alt, kurze Haare, modisch eher … **Lilly Marie Teetz** 17 Jahre alt, schwarzes Kostüm … **Offvoice** Die fröhlich intime „Guten-Morgen-Wecker"-Stimme … **Bühne** Die Studiodekoration einer Musiksendung …	← Rollen/ Darsteller/ Dramenfiguren ← Schauplatz

▸▸ **Seite 47 ff.** UV „Traumfabrik Fernsehen – Das Theaterstück ‚Creeps'"

2 Welche Informationen erhältst du als Regisseur für die Umsetzung dieses Bühnenstücks?

3 Welche Personen sind an der Umsetzung dieser Hinweise beteiligt?

(Maren beginnt nervös auf und ab zu gehen. Lilly packt ihr Handy wieder ein, nimmt sich einen Kaffee.)
Petra Was kostet denn so ein Kaffee, steht da was?
Lilly Kannst dich einfach bedienen.
Petra Das Obst da auch? Ich hab mir nämlich im Zug nichts geholt, das ist immer so teuer.
Lilly Alles spendiert, Begrüßungsgeschenk. Sogar die Südfrüchte.
Maren *(zu Lilly)* Sag mal, weißt du, wie das so läuft? So ein Casting?
Lilly Ist auch mein erstes, läuft aber ganz unterschiedlich, was man so hört. Und klingt jetzt vielleicht blöd, aber wir wollen denselben Job. Weißt, was ich meine, oder?
Ich brauch jetzt noch ein kleines Chill out.
(Sie setzt den Kopfhörer auf, schaltet den MD-Player ein. Maren geht zurück zum Sofa. Petra isst einen Apfel.)

4 Dieser Dialog enthält mehrere Regieanweisungen, die sich als Zeichen deuten lassen. Wie kann ein Zuschauer diese Zeichen deuten?

4.2 Den Aufbau eines Dramas untersuchen

Ein traditionelles „klassisches" Drama hat fünf Akte (Aufzüge) mit jeweils mehreren Szenen (Auftritten), die sich durch Schauplatzwechsel sowie Figuren- und/oder Handlungswechsel unterscheiden.

Jeder der fünf Akte hat nach alter Theatertradition eine bestimmte Aufgabe (Funktion):

1. Akt	**Exposition mit „erregendem Moment"**	Einführung des Zuschauers in • Schauplatz und Zeit • die Hauptfiguren • die Ausgangssituation (Entstehung des Konflikts: erregendes Moment) • die Vorgeschichte (was der Handlung des Stückes vorausgegangen ist)
2. Akt	**Steigerung**	Steigerung des Konflikts und der Handlung
3. Akt	**Höhepunkt oder Wendepunkt**	Umschlagen der Handlung
4. Akt	**Fallende Handlung mit „retardierendem Moment"**	den Schluss des Dramas verzögernde Handlungselemente
5. Akt	**Schluss**	Lösung des Konflikts: Happy End in der Komödie, Katastrophe in der Tragödie

▸▸ CD-ROM | dp3
Geplant und geordnet erzählen
LS „Gestalten – Unterhalten – Erzählen"

1 Vergleiche das Aktschema mit der Erzählkurve. Welche Parallelen erkennst du ?

Auch bei einem modernen Drama wie Lutz Hübners Jugendstück „CREEPS" kann man Ähnlichkeiten mit dem Aufbau eines klassischen Dramas feststellen:

Exposition	Vorstellung der drei Mädchen
erregendes Moment	Einschalten der Offvoice (Arno)
steigende Handlung	Performen der verschiedenen Aufgaben
Höhe- und Wendepunkt	Maren ohrfeigt Lilly, Streit
fallende Handlung	Performen weiterer Aufgaben mit gegenseitiger Unterstützung
Moment der letzten Spannung	Im Off wird über Lilly gelästert
Lösung des Konflikts	Vorstellung des Trailers

▸▸ Seite 52 ff.
UV „Traumfabrik Fernsehen – Das Theaterstück ‚Creeps'"

2 Wie würdest du dieses Schema zu „CREEPS" dem Aktschema (Aktfunktionsschema) des klassischen Dramas zuordnen?

3 Wenn du den vollständigen Dramentext zur Hand hast, kannst du den Aufbau von „CREEPS" anhand der Hinweise oben (im Schema) genauer untersuchen.

4.3 Eine Figur charakterisieren

Man kann sich die Eigenart und den Charakter einer Dramenfigur auf unterschiedliche Weise klarmachen, z.B. mit Hilfe einer ***Rollenbiografie*** *oder einer* ***Figurencharakterisierung.*** *Bei einer solchen Charakterisierung sollte man folgende Gesichtspunkte berücksichtigen:*

CD-ROM | dp3 Szenische Texte untersuchen LS „Umgang mit literarischen Texten“

Eine Figur charakterisieren

- das äußere Erscheinungsbild; besondere Auffälligkeiten, z.B. im Aussehen, in Gestik und Mimik, im Verhalten, in der Sprache
- die Lebensumstände, z.B. das soziale Umfeld, die Vorgeschichte
- die Beziehung zu den anderen Figuren
- die innere Einstellung, die Interessen und Absichten
- die Gedanken und Gefühle

Beispiel:

Maren ist 17 Jahre alt und kommt aus Hamm bei Dortmund. Sie hat kurze Haare und ist modisch und figurbetont gekleidet, „in Richtung Kelly family“. Sie ist ungeschminkt und wirkt sportlich. Als Hobbys gibt sie „Theaterspielen“ und „Lesen“ an, außerdem interessiert sie sich für den „Umweltschutz“. Maren lebt allein – zusammen mit ihrer Mutter. Sie hat starke Minderwertigkeitsgefühle und ist auch in ihrer Klasse wegen ihrer schlechten Leistungen nicht besonders gut angesehen. Maren möchte mit ihrem Engagement als Moderatorin beim Fernsehen beweisen, dass sie etwas kann. Im Verlaufe des Castings muss sie aber erkennen, dass …

1. Überprüfe diese Figurencharakterisierung anhand der Gesichtspunkte und führe sie zu Ende.
2. Verfasse eine Figurencharakterisierung zu Petra oder Lilly auf der Grundlage der Informationen, die du in diesem Abschnitt bekommen hast.
3. Du kannst auch Arno, die „Stimme aus dem Off“, charakterisieren. Achte dabei besonders auf dessen Sprache und deren Funktion.

4.4 Eine Szene beschreiben

Wenn man den Sinn einer Szene im Einzelnen erkunden will, sollte man beachten, dass die Figuren auch **mit Worten „handeln"** können. Solche **„sprachlichen Handlungen"** kommen in so genannten **Sprechaktverben** zum Ausdruck, z.B. „befehlen", „verbieten", „auffordern", „beschimpfen", „loben", „einwenden", „begründen", „bestreiten".
Bei der Szenenbeschreibung kann man natürlich nicht Redebeitrag für Redebeitrag als Sprechakt wiedergeben. Vielmehr muss man Sinnabschnitte zusammenfassen. Dabei achtet man – außer auf das äußere Handeln der Figuren – vor allem auf deren **wesentliche** Sprachhandlungen.
Man beginnt die Szenenbeschreibung – ebenso wie bei der Beschreibung eines erzählenden Textes – mit einer kurzen Einleitung: Angaben zum Text, zu den Figuren und zum Thema.

Lutz Hübner: CREEPS

OV Okay, Petra, interviewst du Lilly?
(Petra setzt sich, Jingle)
Petra Unterstützen das deine Eltern, dass du dich beworben hast?
…

In dieser Szene aus Lutz Hübners Jugendstück „CREEPS" treten alle Spieler (Petra, Maren, Lilly und die Stimme aus dem Off) auf. Es geht um ein Interview zwischen Petra und Lilly und dann um einen Streit, der darin gipfelt, dass Maren Lilly ohrfeigt. Diese Szene kann man als Höhepunkt des Stückes bezeichnen.
Die Szene beginnt mit einem „Jingle", einer kurzen, prägnanten Melodie eines Werbespots. Petra soll Lilly interviewen und fragt sie nach ihren Eltern, einem Freund und ihren Musikvorlieben. Lilly kritisiert die langweilige Interviewmethode und schlägt als Gag vor, das Interview auf Englisch fortzusetzen, was auch geschieht. Dabei ironisiert Lilly ihre Interviewerin.
Maren, von der Offvoice (OV) aufgefordert, nunmehr Petra zu interviewen, weigert sich und bekommt Zustimmung von OV, der eine Pause anberaumt.
Als die Mädchen allein sind, stellt Petra Lilly wegen ihres Englischvorschlags zur Rede. Als Lilly hochmütig und spitz entgegnet, Petra sei eben unfähig, legt sich Maren mit Lilly an und wirft ihr Eitelkeit und Arroganz vor. Der Streit, bei dem Lilly Maren wegen ihrer Minderwertigkeitsgefühle angreift, eskaliert: Lilly schleudert Maren ordinäre Schimpfwörter an den Kopf, woraufhin Maren Lilly ohrfeigt. Petra gelingt es, die beiden Streitenden …

1. Setze das Verfahren für die ganze Szene fort.

2. Verfasse eine Szenenbeschreibung auch für eine andere Szene.

5 Was ich über literarische Texte gelernt habe – Portfolio

5.1 Kann ich das wirklich? – Lernspiegel

Kann ich …

- Unterschiede zwischen den drei „Gattungen“ literarischer Texte nennen und an Beispielen verdeutlichen?
- eine Kurzgeschichte nach Besonderheiten im Inhalt, in Sinn und Absicht sowie in der Gestaltung erläutern?
- einige Merkmale der Novelle nennen und die Novelle von anderen Erzählformen (z.B. Kurzgeschichte, Roman, Märchen, Kalendergeschichte) unterscheiden?
- erläutern, was Gedichte mit Bildern und Musik gemeinsam haben und wo Unterschiede bestehen?
- den Unterschied zwischen Metrum und Rhythmus erklären und an einem Beispiel verdeutlichen?
- drei Möglichkeiten der bildhaften Gestaltung in Gedichten angeben und erläutern?
- erklären, warum man szenische Texte auch als „Partitur“ bezeichnet?
- erläutern, was man am Theater unter „Zeichenlehre“ versteht?
- die Funktion der fünf Akte im klassischen Drama angeben und erläutern?
- eine Dramenfigur anhand wichtiger Merkmale charakterisieren?

5.2 Lernlexikon

In deinem Lernlexikon solltest du zum Thema „Literarische Texte“ Einträge u. a. zu folgenden Punkten angelegt haben:

Kurzgeschichte – Novelle – Fortsetzung: Gestaltungsmittel in Gedichten – Aktschema (Aktfunktionsschema) des klassischen Dramas – Figurencharakterisierung – Szenenbeschreibung

5.3 Schatztruhe – Lerndossier

Im Zusammenhang mit dem Thema „Literarische Texte“ könntest du Folgendes in deinem Lerndossier abgelegt haben:

die Interpretation einer Kurzgeschichte – geordnete Untersuchungsergebnisse zu einer Novelle – eine Gedichtinterpretation – eine Figurencharakterisierung oder eine Szenenbeschreibung

Lernstation: Umgang mit Sach- und Gebrauchstexten

1 Orientierung in der Welt der Sachtexte

Sach- und Gebrauchstexte können in ihrer Erscheinungsform sehr unterschiedlich sein. Es gibt solche, die als „Langtexte" oder „Kurztexte" einen Gedankengang fortlaufend (kontinuierlich) nur mit sprachlichen Mitteln entfalten. Andere sind eine Mischung aus Texten und anderen Elementen (Bildern, Statistiken, Begriffserklärungen, schematischen Darstellungen, Diagrammen usw.), deren Erschließung nicht fortlaufend (diskontinuierlich) erfolgt, also ein „Hin- und Herspringen" zwischen dem Text und den einzelnen Elementen verlangt.
Sach und Gebrauchstexte erfüllen unterschiedliche Funktionen:

Mit Sach- und Gebrauchstexten kann man

- Persönliches mitteilen
- Denken und Erinnern unterstützen
- aufmerksam machen, für etwas werben
- etwas definieren, beschreiben, erklären
- über Ereignisse und Vorgänge berichten
- etwas empfehlen, erlauben, verbieten

CD-ROM | dp2
Sach- und Gebrauchstexte
LS „Umgang mit Sach- und Gebrauchstexten"

1 Welchen Punkten würdest du folgende Sach- und Gebrauchstexte zuordnen?
Kochrezept, Schulordnung, Zeitungsmeldung, Wetterbericht, Text im Biologiebuch, Interviewtext, Glückwunschkarte, Kommentar in der Zeitung, Protokoll von einer Diskussion, Bewerbungsschreiben, Stellenanzeige, Werbung für modische Kleidung in der Tageszeitung, Vortragsnotizen, Texte in einem Sachbuch, z. B. über die Fußball-WM

2 Suche in deinen Schulbüchern Sach- und Gebrauchstexte, und ordne sie in einer Tabelle den unterschiedlichen Funktionen zu.

2 Längere Sachtexte erschließen

Ob in alltäglichen oder schulischen Situationen – immer wieder steht man vor dem Problem, sich Inhalt und Bedeutung eines längeren Sachtextes erschließen zu müssen. Damit dieser Leseprozess möglichst aktiv und zielorientiert gestaltet wird, können vielfältige Techniken genutzt werden:

Techniken zum Erschließen von Sachtexten:

- Fragen an den Text stellen und beantworten
- Textmarkierungen und Randnotizen vornehmen
- Textstrukturen anhand von Signalwörtern erkennen
- Textinhalte grafisch darstellen

1 Mache dir bewusst, welche Techniken du häufig zur Texterschließung anwendest und welche du eher vernachlässigst. Nenne einige Beispiele.

2.1 Fragen an einen Text stellen

Alberto Manguel

Eine Geschichte des Lesens

Der Autor erzählt von seiner Erinnerung an seine ersten gelesenen Wörter und die Bedeutung, die diese für ihn hatten:

Ich war vier, als ich entdeckte, dass ich lesen konnte. Überall und immer wieder hatte ich gesehen, dass die Buchstaben, die ich kannte (weil man sie mir erklärt hatte), die Namen der Bilder formten, unter denen sie standen. Der in dicken schwarzen Strichen gezeichnete Junge mit roten Shorts und grünem Hemd (aus demselben roten und grünen Tuch, aus dem alle Bilder des Buches geschnitten waren, die Hunde und Katzen, die Bäume und die gertenschlanken Mütter) war, wie ich feststellte, auch in den strengen schwarzen Zeichen unter dem Bild enthalten, als ob er, der *boy*, in drei klare Teile zerlegt wäre: das *b* ein unvollständiger Körper mit einem Arm, das *o* ein abgetrennter, vollkommen gerundeter Kopf, das *y* die baumelnden Beine. Ich malte Augen in das runde *o*, dazu einen lachenden Mund, und füllte den leeren Körper mit Farbe aus. Aber das war noch nicht alles: Ich wusste, dass diese Zeichen den Jungen im Bild nicht nur einfach wiedergaben, sondern mir auch genau sagen konnten, was der Junge tat, indem er Arme und Beine von sich streckte. *Der Junge rennt,* sagten die Zeichen. Er sprang nicht, wie man hätte vermuten können, und tat nicht so, als wäre er am Fleck erstarrt, er spielte auch kein Spiel. *Der Junge rennt.*

Und doch war dieses Erkennen nur ein gewöhnlicher Akt der Zauberei ohne großen Reiz, weil jemand anders ihn für mich vollführt hatte. Ein anderer Leser, wohl mein Kindermädchen, hatte mir die Zeichen erklärt, und jedes Mal, wenn mir das Bild des lebenslustigen Jungen im Buch begegnete, wusste ich, was die Zeichen darunter bedeuteten. […] Das Vergnügen nutzte sich ab. Die Überraschung blieb aus.

Dann eines Tages sah ich durch das Autofenster (wohin die Fahrt ging, ist vergessen) eine Plakatfläche am Straßenrand. Ich bekam sie nur kurz zu sehen – vielleicht hielt das Auto einen Moment oder bremste nur ein wenig ab –, und dort prangten riesige Zeichen ähnlich denen in meinem Buch, und sie bildeten Folgen, die ich nie zuvor gesehen hatte. Trotzdem: Mit einem Mal wusste ich, was sie bedeuteten. Ich hörte sie in meinem Kopf, die schwarzen Zeilen und die weißen Zwischenräume verwandelten sich in klaren, klingenden Sinn. Ich hatte es ganz allein geschafft. Niemand hatte den Zauber für mich vollbracht. Ich war mit den Zeichen allein, und in einem stummen, respektvollen Gespräch gaben wir einander zu erkennen. Seit ich die dürren schwarzen Zeichen zu lebendigen Wirklichkeiten zusammenfügen konnte, war ich allmächtig. Ich konnte lesen.

1 Stelle zur ersten Erschließung des Textinhaltes W-Fragen und beantworte diese.

- *Wer? Alberto Manguel, Autor des Buches*
- *Wann?*
- *Wo?*
- *Was?*

Manchmal lassen sich auch Antworten auf folgende Fragen finden:
- *Wie?*
- *Warum?*

2 Welche der folgenden Aussagen zum Text sind richtig? Wenn du die richtigen Antworten herausfindest, ergibt sich ein Lösungswort.

- Der Autor Alberto Manguel erzählt von seinen ersten Leseerfahrungen im Alter von sechs Jahren. (KR)
- Er stellt spielerisch eine Verbindung zwischen dem geschriebenen Wort „boy“ und dem im Bilderbuch gemalten Jungen her. (PLA)
- Regelmäßig liest ihm seine Mutter aus dem Bilderbuch vor. (UNT)
- Eines Tages beobachtet der Junge vom Auto aus große Plakatflächen, auf denen er die gleichen Zeichen wie in seinem Bilderbuch wiederentdeckt. (KAT)
- Nun gelingt es ihm, die Zeichen zu entziffern, so dass er die Bedeutung der einzelnen Worte versteht. (FLÄ)
- Der Junge glaubt durch das Lesen allmächtig zu sein. (CHE)

2.2 Schlüsselwörter markieren und Randnotizen anfertigen

Folgende Möglichkeiten stehen dir zur Verfügung, um wichtige Informationen im Text hervorzuheben:

Hervorheben von Aussagen im Text:

- Unterstreichen mit einem Bleistift oder Buntstift
- Umkreisen, Unterschlängeln oder Einkästeln von Schlüsselbegriffen und Kernaussagen mit einem Bleistift oder Buntstift
- Markieren einzelner Schlüsselbegriffe mit Hilfe eines Textmarkers
- Zeichnen von Pfeilen zur Kennzeichnung von Zusammenhängen oder inhaltlichen Verklammerungen
- Setzen von Klammern zur Untergliederung und Kennzeichnung von Gedankenabschnitten
- Anfertigen von Randnotizen, die wichtige Aussagen des Textes stichwortartig zusammenfassen

Bis weit ins Mittelalter gingen die Schriftsteller davon aus, dass ihre Leser den Text vorrangig hören würden. Schließlich wurden die Worte auch bei der Niederschrift laut mitgesprochen. Da relativ wenige Menschen lesen konnten, waren öffentliche Lesungen üblich, und aus diesem Grunde ergeht in mittelalterlichen Texten wiederholt an den Leser die Bitte, einer Geschichte Gehör zu schenken. Es mag sein, dass ein ererbtes Echo dieser Lesepraktiken in einigen unserer Redewendungen fortbesteht, wenn wir etwa sagen: „Ich habe von Soundso gehört" (was auch bedeuten kann: Ich habe einen Brief erhalten) oder: „Dieser Text hört sich nicht gut an" (wenn er schlecht geschrieben ist).

1. Abschnitt:
- Mittelalter: Texte vorrangig gehört
- wenige Menschen konnten lesen
- öffentliche Lesungen
- Bitte, gut zuzuhören

Da Bücher hauptsächlich laut vorgelesen wurden, mussten die Buchstaben nicht in einzelne Wörter gegliedert werden, sondern wurden ohne Zwischenräume zu Sätzen aneinandergehängt. Die Laufrichtung, der die Augen folgen mussten, unterscheidet sich je nach Ort und Zeitalter; die Leserichtung, der wir heute in der abendländischen Welt folgen – von links nach rechts und von oben nach unten –, gilt keineswegs universell. Einige Schriften werden von rechts nach links gelesen (Hebräisch und Arabisch), andere in Kolonnen von oben nach unten (Chinesisch und Japanisch).

2. Abschnitt:
- Bücher werden laut vorgelesen
- deshalb keine Unterteilung in Worte, sondern nur Zwischenraum zwischen Sätzen
- unterschiedliche Laufrichtung Augen
- Abendland: von links nach rechts/oben nach unten

1 Überprüfe die Markierungen und Randnotizen: Gibt es Begriffe, die du nicht unterstrichen hättest? Fassen die Randnotizen den Inhalt sinnvoll zusammen?

2 Fertige eine Kopie des folgenden Textes über das laute und leise Lesen an, markiere wichtige Schlüsselbegriffe und fasse den Inhalt der einzelnen Abschnitte in Stichworten zusammen. Arbeite anfangs mit Bleistift oder Buntstift, um auftretende Fehler problemlos zu korrigieren.

Die Aufgliederung der Textschlange in Wörter und Sätze entwickelte sich nur sehr langsam. In den meisten alten Schriften wie den ägyptischen Hieroglyphen, der sumerischen Keilschrift und dem Sanskrit waren solche Unterteilungen überflüssig. [...] Um den im Lesen Ungeübten zu helfen, wendeten die Mönche in der Schreibstube eine Methode an, die unter dem Namen *percola et commata (durch Punkt und Komma)* bekannt ist und durch die der Text in Sinneinheiten von Zeilenlänge eingeteilt wurde, sozusagen eine primitive Form der Interpunktion, die dem ungeübten Leser anzeigte, wo die Stimme zu heben oder zu senken war, aber auch dem Gelehrten die Suche nach bestimmten Stellen erleichterte. [...]

Die Interpunktion blieb willkürlich, aber diese ersten Hilfsmittel unterstützten zweifellos die Fortentwicklung des stillen Lesens. Am Ende des 6. Jahrhunderts pries der heilige Isaak von Syrien die Vorteile der lautlosen Lektüre: „Ich übe mich in Stille, dass die Verse meiner Lektüre und meiner Gebete mich mit Freude erfüllen." [...]

Die Zeichensetzung entwickelte sich langsam weiter. Nach dem 7. Jahrhundert zeigte eine Kombination von Punkten und Strichen ein Satzende an, ein hochgestellter Punkt hatte die Bedeutung unseres heutigen Kommas, und das Semikolon wurde bereits so verwandt wie heute. Im 9. Jahrhundert war das stumme Lesen wahrscheinlich in den Schreibstuben so verbreitet, dass die Schreiber damit begannen, die einzelnen Wörter von ihren zudringlichen Nachbarn zu trennen, um das Lesen eines Textes zu erleichtern. [...] Ungefähr zur selben Zeit begannen die irischen Schreiber, die in der gesamten Welt für ihre Kunstfertigkeiten gerühmt wurden, nicht nur Teile der Rede, sondern auch grammatische Einheiten innerhalb eines Satzes zu trennen, und führten viele Interpunktionszeichen ein, die wir noch heute benutzen. [...]

Nach Alberto Manguel: Eine Geschichte des Lesens

3 Überprüfe deine Textmarkierungen und Randnotizen. Kontrolliere, ob du wirklich nur wesentliche Informationen markiert und auch alles Wichtige am Rand notiert hast. Falls du feststellen solltest, dass du zu viele Begriffe markiert hast und der Text unübersichtlich geworden ist, entferne einige Markierungen.

Unterstreichungen und Markierungen sind nur dann sinnvoll, wenn sie zur Übersichlichkeit des Textinhaltes beitragen. Dies ist nicht der Fall, wenn man ganze Abschnitte oder zu viele Wörter unterstreicht. Hier gilt das Sprichwort „Weniger ist mehr".

2.3 Textstrukturen erkennen

Bei der Erschließung eines Textinhaltes kann es hilfreich sein, die Textstruktur zu erkennen. Diese kann zum einen anhand der Gedankenabschnitte erschlossen werden. Zum anderen gibt es Strukturwörter, die Hinweise auf den Aufbau und damit die inhaltliche Strukturierung eines Textes geben. Es gibt unterschiedliche Arten von Strukturwörtern:

Strukturwörter

Zeitangaben

Jahreszahlen:
1452–1455, im 11. Jh. …
Zeitadverbien:
zuerst, seither, dann, später, danach, zunächst, seitdem, sofort, schließlich …

Funktion:
Es wird eine gedankliche oder zeitliche Abfolge deutlich.

Konjunktionen

Begründung:
weil, da, deshalb, denn, darum …
Gegensatz:
aber, während, nicht nur – sondern auch, zum einen – zum anderen …
Einschränkung:
trotz, während, obwohl, doch …
Folge:
sodass, so – dass, folglich …
Bedingung:
wenn, falls, im Falle dass …
Absicht/Zweck:
um … zu, damit, dass …
Aufzählung:
und, sowie …
Vergleich:
wie, ebenso, so – als ob …

Funktion:
Konjunktionen zeigen in einem Satz logische Verknüpfungen auf.

Pronomen

- dieser, diese, dieses
- jener, jene, jenes …

Funktion:
Pronomen können einen Bezug zu einem bereits geäußerten Gedanken herstellen.

1. Lies den Text zur Entwicklung des Buchdrucks in China. Unterstreiche auf einer Kopie alle Strukturwörter, um dir einen ersten Überblick über den Textaufbau zu verschaffen.
2. Unterstreiche in einem zweiten Lesegang alle wichtigen Orts- und Personenangaben sowie wichtige Informationen zur Entwicklung des Buchdrucks in China.

Gutenbergs unbekannte Brüder – Frühe chinesische Drucke

Ein Chinese würde sich wundern, wollte man ihm weismachen, ein Johannes Gutenberg in Deutschland hätte vor rund 550 Jahren das Drucken erfunden. [...] Tatsächlich ist die Druckkunst sehr viel älter, wurde in Ostasien entwickelt, und schon Jahrhunderte vor Gutenbergs Geburt um 1400 kannten Chinesen das System der „beweglichen Lettern". [...]

Als Vorform des Druckens gelten heute chinesische Abreibungen und Abklatsche von Steininschriften, die eine gezielte Verbreitung von Texten ermöglichten. Im 2. Jahrhundert nach Christus, als etwa zur gleichen Zeit in der westlichen Welt der römische Kaiser Marc Aurel seine philosophischen Gedanken auf Papyrusrollen festhielt und für die Vervielfältigung auf Schreiber angewiesen war, schnitt man in China seit dem Jahr 175 unserer Zeitrechnung über acht Jahre hinweg die Hauptwerke der klassischen chinesischen Literatur in Steinplatten. Davon wurden Tausende Kopien in Form von Abklatschen hergestellt: Man drückte befeuchtetes Papier so auf die Inschriftensteine, dass beim Bürsten des Papiers mit Tusche die eingeschnittenen Schriftzeichen sich weiß vom sonst geschwärzten Papier abhoben.

Die nächste Stufe erreichte man mit dem sogenannten Holztafeldruck im 7. Jahrhundert: Jedes Zeichen wurde seitenverkehrt in einen Holzstock geschnitten, indem man alles umgebende Holz entfernte. So entstanden erhabene Linien, die entsprechend eingefärbt und auf Papier abgerieben, in positiver Gestalt den gewünschten Text abfärbten. [...]

Doch schon um 1040, als in Europa Wilhelm der Eroberer noch seine Kindertage in der Normandie verbrachte, experimentierte ein Chinese namens Bi Sheng mit beweglichen, einzeln hergestellten Druckstempeln aus Keramik. Er ordnete sie auf einer Eisenform zu ganzen Texten an und fixierte sie mit einer Schicht Wachs und Harz. Dann wurde gedruckt. Wollte man die Zeichen erneut verwenden, erhitzte man die Eisenplatte, bis schmelzendes Wachs und Harz die Formen wieder freigaben. 300 Jahre später tauchten die ersten Lettern aus Holz auf.

Von da war es nur noch ein kleiner Schritt, die einzelnen Holzlettern gleichgroß herzustellen, um sie immer in genormten Blöcken zusammensetzen zu können. Bald experimentierte man erfolgreich mit Lettern aus Kupfer, Blei oder Messing.

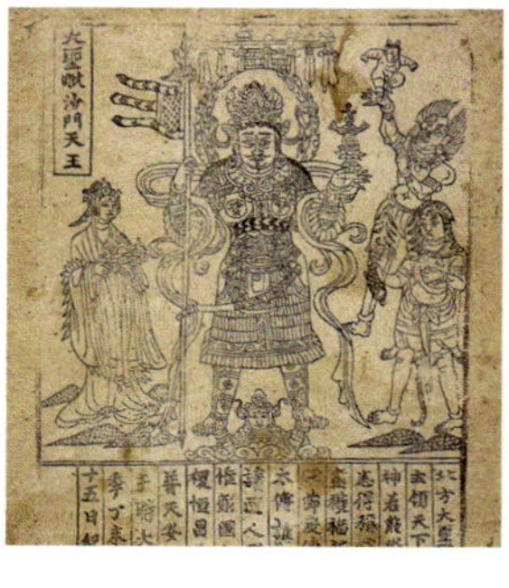

Aber das Drucken mit beweglichen Lettern hat sich in China bis zum Ausgang des letzten Jahrhunderts nie wirklich durchsetzen können. Der Grund lag auf der Hand: Das traditionelle Drucken mit ganzen Holzplatten erforderte zwar enormen Stapelplatz, aber die Abertausende chinesischer Schriftzeichen verhinderten eine einfache und vor allem schnelle Zusammenstellung von Druckplatten aus beweglichen Lettern. Um wie viel einfacher war es da für Gutenberg, mit 26 Lettern und einer Handvoll Hilfszeichen alle Worte bilden zu können!

3 Erstelle nun einen Zeitstrahl zum Buchdruck in China. Verwende hierfür die von dir im Text markierten Informationen.

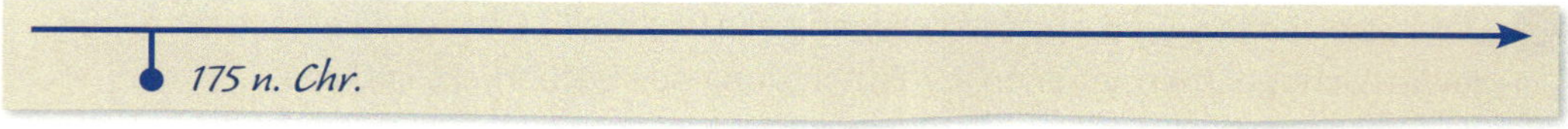

2.4 Textinhalte grafisch darstellen

Eine grafische Darstellung der Textinhalte kann zur Erschließung der Struktur und des Informationsgehaltes beitragen. Hierbei können unterschiedliche Visualisierungsmethoden verwendet werden:

Textinhalte grafisch darstellen:

- Mindmap:

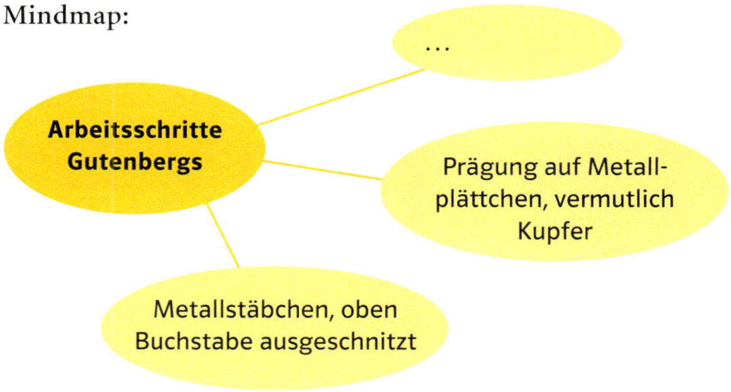

- Flussdiagramm:

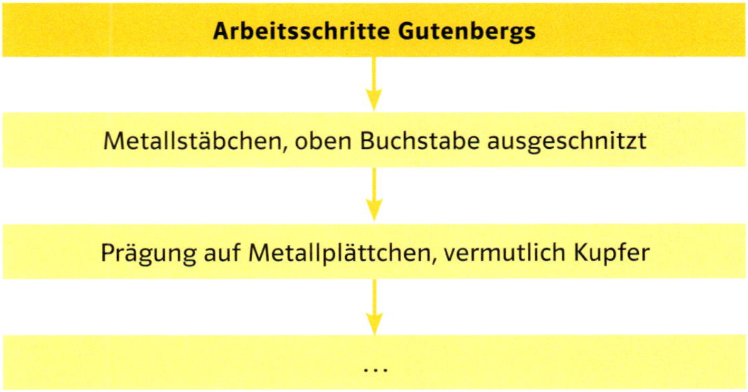

- Tabelle:

Arbeitsschritte Gutenbergs	
Arbeitsschritt 1	Metallstäbchen, oben Buchstabe ausgeschnitzt
Arbeitsschritt 2	Prägung auf Metallplättchen, vermutlich Kupfer

1 Lies den Text zur erdgeschichtlichen Entwicklung Europas auf Seite 120 aufmerksam durch und erschließe seine Struktur mit Hilfe einer geeigneten grafischen Darstellung.

3 Diagramme auswerten

Sachtexte werden häufig durch Grafiken in Form von Diagrammen ergänzt. Diese Diagramme veranschaulichen Informationen des Textes oder geben zusätzliche Informationen. Sie haben meist die Form von Kurven, Säulen, Balken oder Kreisen.
Diagramme sind in einer „eigenen Sprache" abgefasst. Nur so gelingt es, sehr komplizierte Sachverhalte auf kleinstem Raum darzustellen.

Stärken und Schwächen unterschiedlicher Darstellungsformen:

	+	−
Kreisdiagramme	Eignen sich gut, um Prozentwerte darzustellen.	Je mehr Angaben Kreisdiagramme enthalten, desto unübersichtlicher werden sie.
Säulendiagramme	Eignen sich besonders zum Vergleich von Mengenangaben zu einem bestimmten Zeitpunkt.	Die Wahl der Maßeinheiten beeinflusst, wie die Zahlen und Größenunterschiede wirken.
Kurvendiagramme	Verschaffen einen raschen Überblick; Entwicklungen lassen sich gut und schnell ablesen.	Der Maßstab kann über die wirkliche Größe der Änderungen täuschen.

Folgende Fragen können dir bei der Arbeit mit Diagrammen helfen:

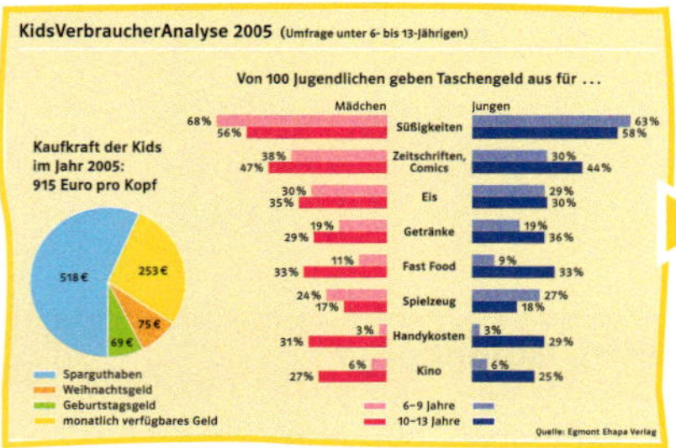

- Welche Frage will das Diagramm beantworten?
- Für welche Zeit und/oder für welchen Raum soll es gelten?
- Welche Darstellungsform wurde gewählt?
- Welche Zahlen wurden verwendet (absolute Zahlen, Prozentangaben)?
- Welche Minimal- und Maximalwerte ergeben sich?
- Welche Angaben sind weiterhin relevant?
- Wie lautet die Gesamtaussage zum Diagramm?
- Macht das Diagramm zu einzelnen Bereichen der Fragestellung keine Aussage?
- Enthält die Statistik Mängel bzw. Fehler?
- Ergeben sich Fragen aus dem Diagramm?

3.1 Kreisdiagramme

Unterschiedliche Bevölkerungsgruppen Alaskas im Jahr 2000

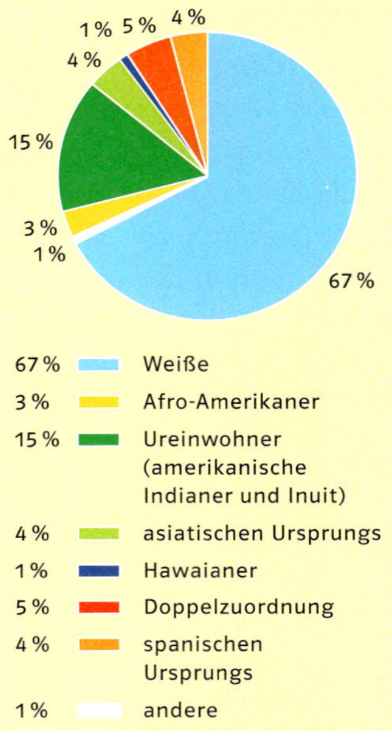

- Welche Frage will das Diagramm beantworten?
  Beispiel: *Das Diagramm gibt Auskunft über die ethnische Zugehörigkeit der Bevölkerung.*
- Für welche Zeit und/oder für welchen Raum soll es gelten?
  Beispiel: *Betrachtet wird hierbei der Lebensraum Alaska im Jahr 2000.*
- Welche Darstellungsform wurde gewählt?
  Beispiel: *Die Zahlen wurden mittels eines Kreisdiagramms dargestellt.*
- Welche Zahlen wurden verwendet (absolute Zahlen, Prozentangaben)?
  Beispiel: *Die verschiedenen ethnischen Gruppen wurden prozentual dargestellt.*
- Welche Minimal- und Maximalwerte ergeben sich?
  Beispiel: *Die Weißen bilden mit 67 Prozent die größte ethnische Gruppe; die Hawaianer sind mit 1 Prozent die kleinste namentlich benennbare Gruppe.*
- Welche Angaben sind weiterhin relevant?
  Beispiel: *Nennenswert sind weiterhin die Ureinwohner, die mit 15 Prozent verzeichnet wurden, sowie die mit jeweils 4 Prozent angesetzten Einwohner spanischen und asiatischen Ursprungs.*
- Wie lautet die Gesamtaussage zum Diagramm?
  Beispiel: *Ablesbar ist, dass im Jahr 2000 die Weißen mit 67 Prozent die größte ethnische Gruppe in Alaska bilden und sich der Rest der Bevölkerung bis auf 6 Prozent nicht benannter Größen aus Ureinwohnern, Einwohnern mit spanischer und asiatischer Herkunft, Afro-Amerikanern und Hawaianern zusammensetzt.*
- Macht das Diagramm zu einzelnen Bereichen der Fragestellung keine Aussage?
  Beispiel: *Zu insgesamt 6 Prozent der Bevölkerung Alaskas gibt das Kreisdiagramm keine genauere Auskunft.*
- Enthält die Statistik Mängel bzw. Fehler?
  Beispiel: *Zum besseren Verständnis des Diagramms wäre es wünschenswert gewesen, die einzelnen ethnischen Gruppen genauer zu definieren. So bleibt evtl. unklar, welche Bevölkerungsgruppe mit Afro-Amerikanern genau definiert ist.*
- Ergeben sich Fragen aus dem Diagramm?
  Beispiel: *Dem Betrachter stellt sich nunmehr die Frage, warum nur 15 Prozent der Bevölkerung Alaskas Ureinwohner, d.h. amerikanische Indianer und Inuit, sind.*

3.2 Säulen- bzw. Balkendiagramme

Säulendiagramme wirken zumeist komplexer als Kreisdiagramme. Bei der Auswertung gestaltet sich jedoch der Weg sehr ähnlich. Grundsätzlich sind alle Fragen, die du bei der Bearbeitung der Kreisdiagramme kennen gelernt hast, auch auf Säulen- bzw. Balkendiagramme übertragbar.

3.3 Kurvendiagramme

Bei dem hier vorliegenden Kurvendiagramm handelt es sich um ein Klimadiagramm, das dir sicher schon im Erdkundeunterricht begegnet ist. Ein Klimadiagramm zeigt für einen Ort während eines Jahres den durchschnittlichen Temperaturverlauf sowie die durchschnittliche Menge der Niederschläge und ihre Monatsverteilung. Die Auswertung eines Kurvendiagramms erfolgt nach demselben Grundschema wie die Bearbeitung von Kreis- bzw. Säulendiagrammen.

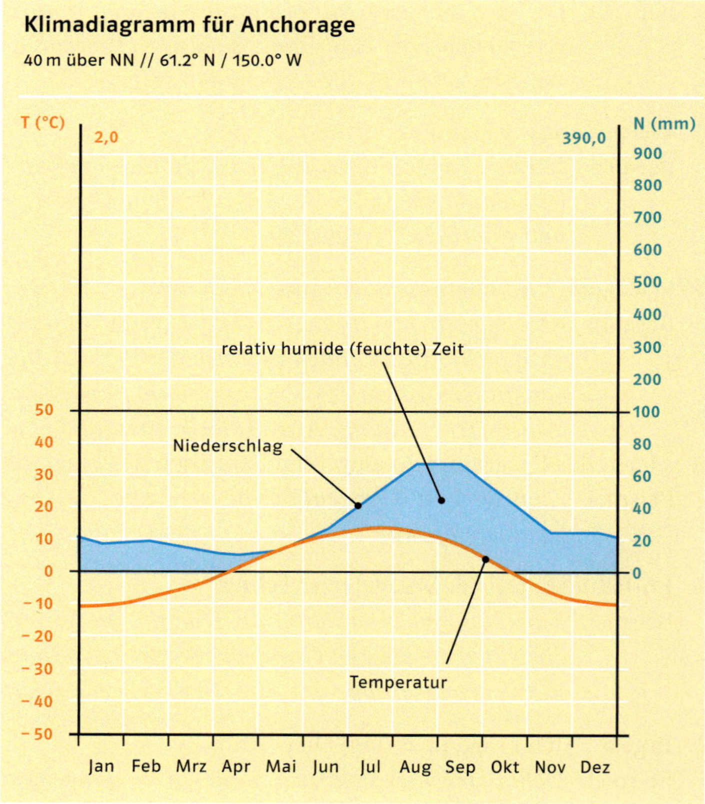

4 Was ich zum Thema „Sach- und Gebrauchstexte" gelernt habe – Portfolio

4.1 Kann ich das wirklich? – Lernspiegel

Kann ich ...

- die wichtigsten Funktionen von Sach- und Gebrauchstexten anhand von Beispielen erläutern?
- den Inhalt eines Sachtextes mit Hilfe von W-Fragen erschließen?
- die Hauptgedanken in den einzelnen Abschnitten eines Sachtextes in Form von Schlüsselwörtern markieren und notieren?
- Strukturwörter in einem Sachtext erkennen und mit ihrer Hilfe den gedanklichen Aufbau des Textes erfassen?
- Möglichkeiten zur grafischen Darstellung wesentlicher Aussagen eines längeren Sachtextes sowie dessen Struktur nennen und anwenden?
- Kreis-, Säulen(Balken-) und Kurvendiagramme voneinander unterscheiden?
- geeignete Fragen an Kreis-, Säulen(Balken-) und Kurvendiagramme stellen und sie mit Hilfe der entsprechenden Antworten auswerten und versprachlichen?

4.2 Lernlexikon

In deinem Lernlexikon solltest du zum Thema „Sach- und Gebrauchstexte" folgende Einträge angelegt haben:

Schlüsselwörter – Strukturwörter – grafische Darstellungsmöglichkeiten zur Erfassung von Textinhalten und -strukturen – Kreis-, Säulen(Balken)- und Kurvendiagramme

4.3 Schatztruhe – Lerndossier

In deinem Lerndossier kannst du zum Thema „Sach- und Gebrauchstexte" Folgendes abgelegt haben:

einen bearbeiteten Sachtext, dessen Inhalt du mit Hilfe von W-Fragen erschlossen hast – einen bearbeiteten Sachtext, in dem du Schlüsselwörter markiert und am Rand notiert hast – einen Sachtext, in dem du Strukturwörter markiert hast, die dir einen Überblick über die Textstruktur ermöglichen – die grafische Darstellung des Inhalts und der Struktur eines von dir erschlossenen Sachtextes – die Versprachlichung eines Kreis-, Säulen(Balken-) oder Kurvendiagrammes

Lernstation: Umgang mit Medien – Zeitung

1 Zeitungsleser wissen mehr

1.1 Die Vielfalt der Presseerzeugnisse

Presse

- **Zeitschriften**
  - Fachzeitschriften
    - Kunst
    - Wissenschaft
    - Didaktik
    - …
  - Themenorientierte Zeitschriften
    - Auto
    - Computer
    - Freizeit
    - …
  - Nachrichtenmagazine
    - Politik
    - Wirtschaft
    - …
  - Zeitschriften für bestimmte Lesergruppen
    - Jugendliche
    - Frauen
    - Heimwerker
    - (Hobby-)Köche
    - …
- **Zeitungen**
  - Wochenzeitungen
  - Tageszeitungen
    - Abonnementzeitungen
    - Boulevardpresse

1. Ordne die Presseerzeugnisse den Ästen des Organigramms (Schaubilds) zu. Mehrfachzuordnungen sind, vor allem bei den Zeitschriften, möglich. Erläutere deine Zuordnungen.
2. Überlege, worin der Unterschied zwischen Zeitungen und Zeitschriften besteht.

1.2 Die Aufgaben und Inhalte der Zeitung

Die Zeitung bietet stets die aktuellen Informationen, jeden Tag aufs Neue. Neben den Informationen findet man in einer Zeitung aber auch immer Kommentare zu den aktuellen Geschehnissen, Fortsetzungsromane, Kleinanzeigen, Angebote der großen Supermarktketten, Todes- und Geburtsanzeigen und wichtige Termine von Veranstaltungen und Theatern, Kinos und Museen. Eine Tageszeitung erfüllt viele Aufgaben. Man kann diese so zusammenfassen:

Sachinformation – Meinungsbildung – Unterhaltung – Werbung

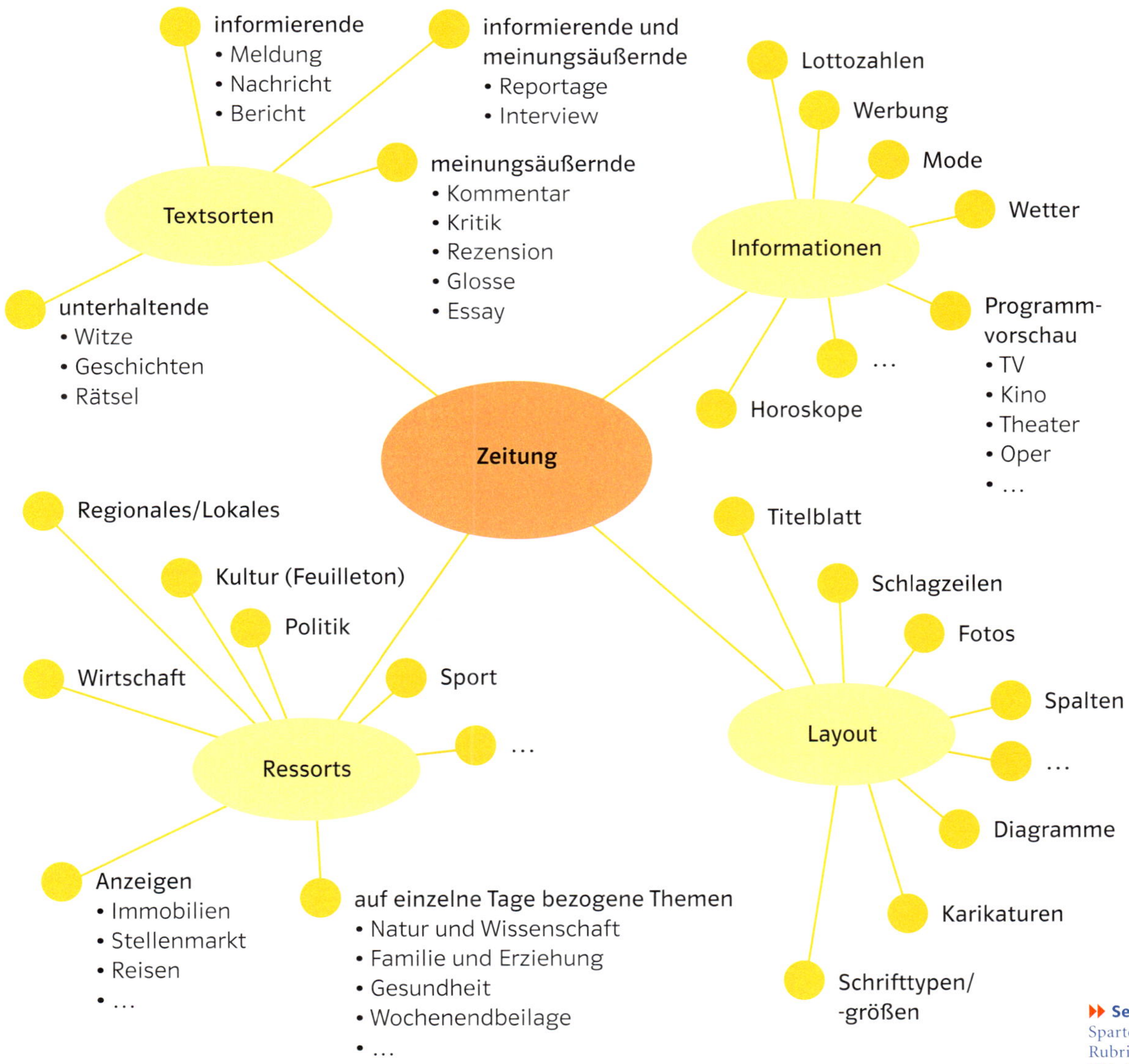

▸▸ Seite 95
Sparte, Ressort, Rubrik
UV „Hast du das schon gelesen? – Zeitung"

1 Erkunde anhand der Mindmap die Aufgaben und Inhalte von Zeitungen.

1.3 Die Titelseite

Die Titelseite wird auch als „Schaufenster einer Zeitung“ bezeichnet. Sie enthält eine Auswahl der wichtigsten Nachrichten eines Tages. Was auf der Titelseite in Kurzform steht, wird häufig auf den folgenden Seiten ausführlicher dargestellt oder auch kommentiert. Im Zentrum der Titelseite steht dabei immer der Aufmacher, die wichtigste Nachricht des Tages. Er wird fast immer von einem Bild begleitet.

1. Untersuche die Titelseite einer Tageszeitung deiner Stadt oder Region.
   - Finde heraus, welche Elemente diese enthält, und bestimme deren Funktion.
   - Analysiere die verschiedenen Gestaltungsmittel des Layouts (Schrifttypen, Schriftgrößen, Rahmen, Balken, Fotos, Grafiken …) und deren Wirkung.

2. Produziere selbst eine Titelseite. Worauf musst du achten?

1.4 Die einzelnen Ressorts

Nachbesserung bei Pflege

■ Berlin. Rot-Grün will nach massiver Expertenkritik ihren Gesetzentwurf zur Pflegeversicherung verändern. Bezieher des neuen Arbeitslosengeldes II sollen demnach den geplanten Zuschlag für Kinderlose nicht zahlen müssen. Das Gesetz zur Pflegeversicherung soll am Freitag im Bundestag verabschiedet werden. Entsprechend einer Forderung des Bundesverfassungsgerichts führt es für Kinderlose einen Beitragszuschlag von 0,25 Prozentpunkten ein. (dpa)

1

Zwei Verletzte bei Unfall

■ Frechen. Schwere Verletzungen erlitten ein 33-jähriger Autofahrer und dessen fünfjährige Tochter bei einem Unfall am Sonntagnachmittag. Der Mann bremste sein Fahrzeug an der Kreuzung der B 264 und der L 103 ab, weil die dortige Ampel von Grün auf Gelb umsprang. Eine 60-jährige Autofahrerin bemerkte das Manöver zu spät, so dass sie mit ihrem Wagen auf das Auto des 33-Jährigen auffuhr. (Günther Jelonnek)

2

Karstadt: Programm zur Rettung

Konzentration auf das Kerngeschäft

■ Essen. Der Aufsichtsrat des angeschlagenen Warenhaus- und Versandhandelskonzerns Karstadt-Quelle hat am Montagabend dem vom Vorstand erarbeiteten Programm zur Neuausrichtung des Karstadt-Quelle-Konzerns zugestimmt. Wie das Unternehmen mitteilte, sieht das Paket im Wesentlichen die Konzentration auf das Kerngeschäft, die Trennung von Randaktivitäten und die Stärkung von Wachstumsbereichen vor. (dpa)

3

„Heimat" rückt in weite Ferne

■ Die Premiere von „Himmel, deine Sterne" im Kölner Schauspiel wird vom 8. Oktober auf den 6. November verschoben. Der Schauspieler Jörg Lichtenstein ist erkrankt. Daraus ergeben sich Änderungen im Spielplan. Die für den 10. und 14. Oktober geplanten Vorstellungen entfallen, am 12. Oktober wird ersatzweise „God save America" gespielt. Für die Aufführungen am 15. und 17. Oktober gibt es „Die bitteren Tränen der Petra von Kant". Im Vorverkauf erworbene Karten sind gültig für die Ersatz-Vorstellung oder werden zurückerstattet. (EB)

4

Neuer Trainer auf Schalke?

■ Gelsenkirchen. Co Adriaanse vom niederländischen Ehrendivisionär AZ Alkmaar scheint nach wie vor der heißeste Kandidat auf den Trainerposten beim Fußball-Bundesligisten Schalke 04 zu sein. Laut holländischen Medienberichten soll Alkmaar schon nach einem Nachfolger suchen. Adriaanse steht bei Alkmaar noch bis 2005 unter Vertrag. Schalkes Manager Rudi Assauer hatte am Samstag angekündigt, innerhalb der nächsten zwei Wochen einen Nachfolger für Jupp Heynckes zu präsentieren. (sid)

5

1 Ordne die Artikel den einzelnen Ressorts zu.

2 Finde das Lösungswort, indem du folgende Buchstaben der richtigen Lösungen der Ressortbezeichnung in eine Reihe schreibst:

1: 3., 4. und 5. Buchstabe
2: 6. Buchstabe
3: 3., 8. und 10. Buchstabe
4: 2. Buchstabe
5: 4. Buchstabe

Lösungswort:
Oberbegriff für alles Geschriebene
1 2 3 4 5
_ _ _ _ _ _ _ _ _

1.5 Der Weg der Nachrichten

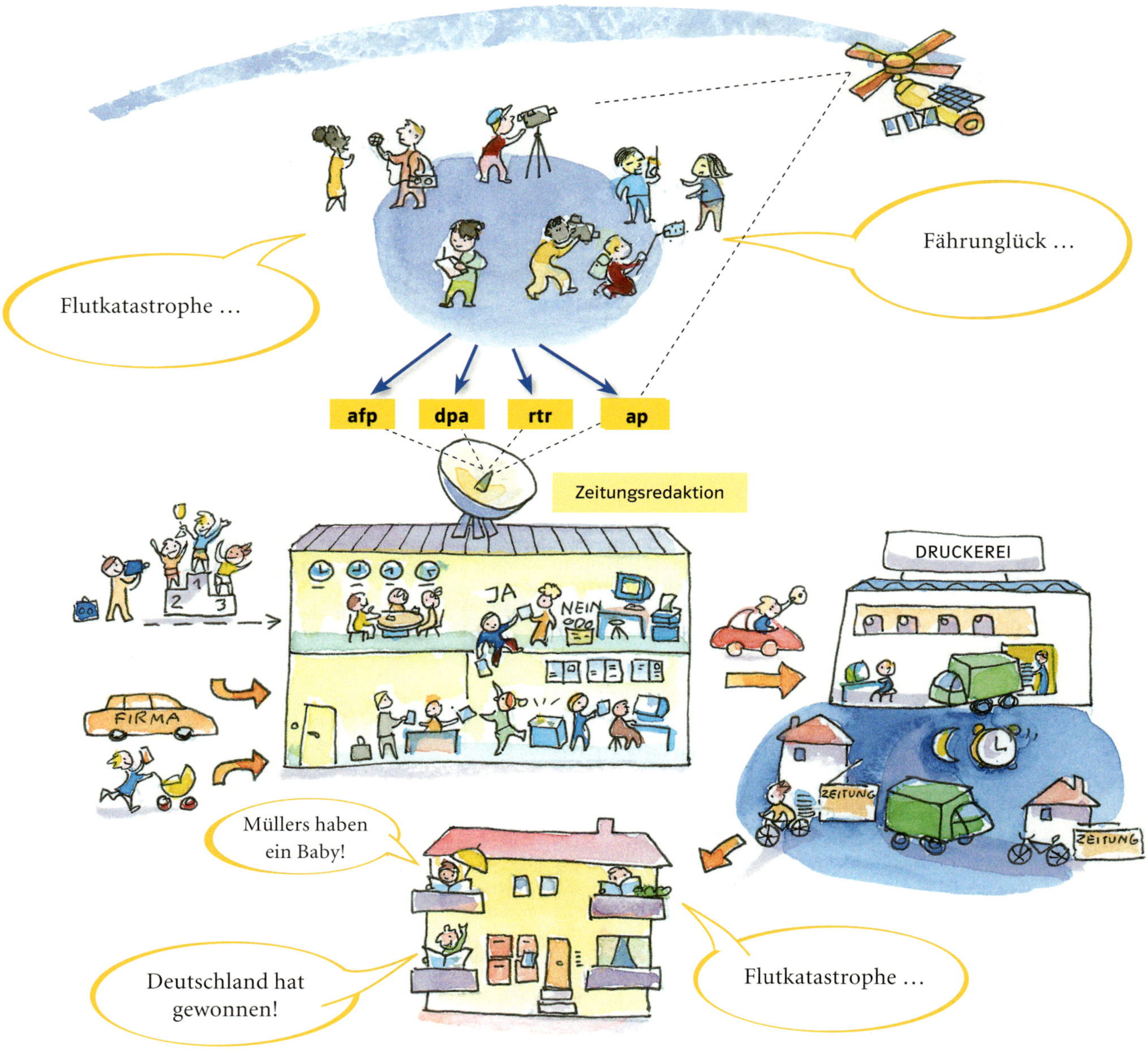

▶▶ **Seite 95**
Nachrichtenagenturen
UV „Hast du das schon gelesen? – Zeitung“

1 afp, dpa, rtr, ap sind die bekanntesten Nachrichtenagenturen. Kläre, wofür die Abkürzungen stehen.

2 Versprachliche dieses Schaubild.

2 Texte in einer Zeitung

2.1 Informierende Texte untersuchen

Meldung: Eine Meldung enthält den Informationskern einer Nachricht. Hier werden die wichtigsten W-Fragen beantwortet:
Wer hat was wann wo getan?
Wem ist was wann wo widerfahren?
Danach wird in der Regel die Quelle angegeben. Für den Leser ist es wichtig zu wissen, woher eine Information stammt, damit er sie richtig einordnen kann.

Nachricht: Eine Nachricht bietet neben dem Informationskern weitere Einzelheiten, die über Umstände des Geschehens und Ursachen oder Gründe aufklären.

- Der Informationskern steht in einer Nachricht grundsätzlich im Einstieg, auch Vorspann oder Lead genannt. Will ein Leser sich nur über das Wesentliche informieren, so muss er alle wichtigen Informationen dem Vorspann entnehmen können.
- Eine Nachricht muss vom Ende her kürzbar sein, ohne dass dadurch der Anfang an Sinn verliert.
- Die Sprache der Nachricht ist knapp, präzise und sachlich.

Bericht: Der Bericht enthält neben dem Informationskern und weiteren Einzelheiten Informationen über Hintergründe und Zusammenhänge. Häufig werden auch Fragen nach den Folgen eines Sachverhaltes geklärt.

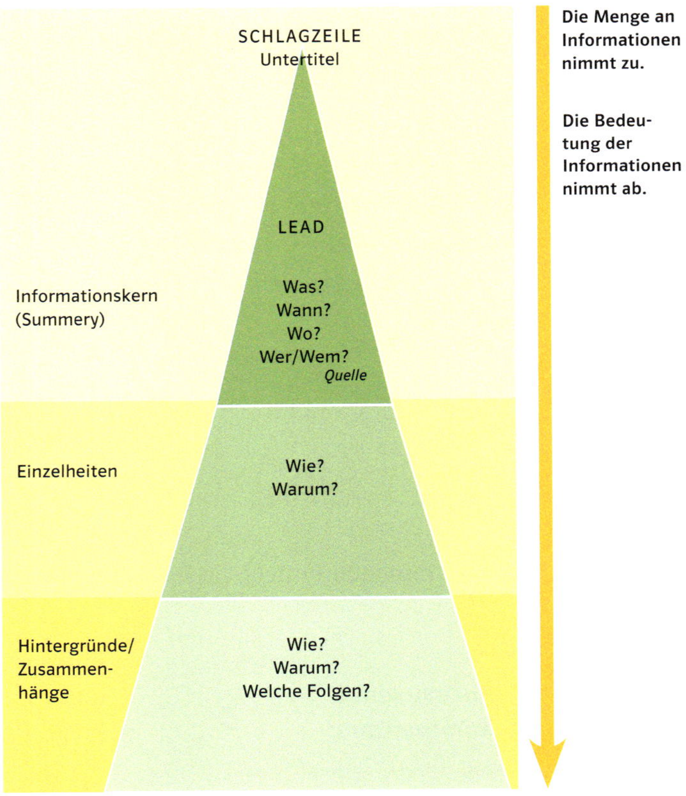

1 Überprüfe, ob es sich bei dem Artikel *„Schiefer Turm wird aufgerichtet“* (S. 96) um einen Bericht handelt, indem du
- die W-Fragen beantwortest
- den Aufbau mit Hilfe der Pyramide untersuchst
- den Artikel von seinem Ende her kürzt.

Seite 96 f.
Nachricht, Bericht
UV „Hast du das schon gelesen? – Zeitung“

2.2 Meinungsäußernde Texte untersuchen – Kommentar

Der **Kommentar** ist eine journalistische Form der Meinungsäußerung. Der Autor des Kommentars nimmt Stellung und bewertet Ereignisse und Sachverhalte, worüber die Nachricht nur berichtet.

Der Kommentar ...

- ist kein Instrument der Überredungs-, sondern der Überzeugungskunst.
- wägt unterschiedliche Auffassungen ab, bevor die durch Argumente abgesicherte eigene Meinung dargelegt wird.
- kann dem Leser helfen einen eigenen Standpunkt zu entwickeln.
- findet sich in Zeitungen häufig in unmittelbarer Nähe zur Nachricht oder zum Bericht über das gleiche Thema.

Der Kommentar besteht aus drei/vier Teilen:

Aufbau eines Kommentars:

- **Einstieg**
  meist These des Autors, möglich aber auch Zitat, Frage, Provokation, Foto
- **ggf. Zusammenfassung der Information,**
  die kommentiert wird
- **Argumentation pro und kontra**
  enthält die These des Autors, im Idealfall gestützt durch Beispiele, Belege, Zitate
- **Schlussfolgerung**
  als Beleg der Eingangsthese

Der hier abgedruckte Artikel nimmt Bezug auf die ProSieben-Show „Germany's next Topmodel" von Heidi Klum. Der Sendung war vorgeworfen worden, dass sie magersüchtig mache, da eine Bewerberin aus der Sendung flog, weil sie mit 52 kg bei einer Körpergröße von 1,76 m angeblich zu dick war.

Aufgeblasene Debatte

Sigrun Müller-Gerbes

■ Man möchte mit den Schulten zucken, ginge es nicht um einen so ernsten Hintergrund: Magersucht ist eine der schlimmsten Krankheiten, unter denen junge Frauen – und zunehmend auch Männer – leiden können. Und ausgerechnet dieses Thema wird nun zum Lehrstück in Sachen PR-Maschinerie. Denn letztlich ist die Model-Show nichts anderes als jede dümmliche Miss-Wahl, und sie folgt den gleichen fragwürdigen Prinzipien, die in der Modewelt seit Jahrzehnten Standard sind. An der Show nun eine moralisch entrüstete Generaldebatte aufzuhängen, hat lediglich ein Ziel: Aufmerksamkeit zu erzeugen. Freilich nicht für ein wichtiges Thema, sondern für das eigene Produkt.

■ Allen voran mal wieder die Bild-Zeitung. Das Blatt, das weder bisher noch künftig zögert, das ach so ungesunde Schönheits-Ideal tagtäglich auf Seite 1 mit einem superdünnen „Titel-Girl" zu zelebrieren, trat den Feldzug gegen den Schlankheitswahn los. Und kaum ein Medium zögerte, sich einzuschalten: Sind die Models, die Heidi Klum in der Show präsentiert, nun wirklich zu dünn, zu dick oder ganz gesund gebaut – und verführt die Show hilflose junge Dinger dazu, die Nahrungsaufnahme zu verweigern? Immer dabei: die Fotos der Schönen als Blickfang.
Heidi Klum und Pro 7, die in offiziellen Stellungnahmen hinreichend „schockiert" sind von der Kritik und sich wortreich verteidigen, können hinter den Kulissen jubeln: Etwas Besseres kann der Quote gar nicht passieren. Schon hat der Sender beschlossen, die letzten drei Ausgaben der Show um jeweils eine Stunde zu verlängern. Aus seiner Sicht schade ist nur, dass aus einer derart aufgeblasenen Debatte die Luft auch schnell entweicht. Schon ist die Berichterstattung über das Model-Casting auf die hinteren Seiten der Bild-Zeitung gewandert.

■ Da hatte die Werbeabteilung noch eine Idee. In ganzseitigen Anzeigen – mit Fotos der Schönen als Blickfang, versteht sich – versichern die Kandidatinnen naiv: „Bei den Dreharbeiten muss niemand hungern, im Gegenteil: Die Buffets sind superlecker." Was eine derart aufwändige Kampagne kostet, will der Sender wohlweislich nicht mitteilen. Es wird sich schon lohnen.

1. Prüfe, inwiefern der Artikel „Aufgeblasene Debatte" dem typischen Aufbau eines Kommentars entspricht. Schreibe dazu die These und die Argumentation der Autorin heraus.
2. Der Artikel enthält nur wenige Argumente. Finde weitere Argumente pro und kontra „Schlankheitswahn", suche Beispiele, Belege und evtl. Zitate als Stützen deiner Argumente, und überarbeite den Artikel dahingehend, dass er dem idealen Aufbau eines Kommentars eher entspricht.
3. Schreibe eine Meldung zu dem von dir überarbeiteten Kommentar.
4. Vergleiche die drei Textsorten: Meldung, Bericht, Kommentar. Zeige in Form einer Tabelle die Unterschiede der Texte auf und kläre ihre jeweilige Wirkungsabsicht.

▶▶ **Seite 96 f.**
Meldung, Bericht, Kommentar
UV „Hast du das schon gelesen? – Zeitung"

2.3 Mischformen zwischen informierenden und meinungsäußernden Texten untersuchen – Reportage

Zeitungstexte

informierende
- Meldung
- Nachricht
- Bericht

- Reportage
- Interview

meinungsäußernde
- Kommentar
- Leserbrief
- Rezension (Kritik)

Die **Reportage** ist ein tatsachenorientierter, aber persönlich gefärbter Bericht über eigene Erlebnisse oder Erlebnisse von anderen. Der Reporter berichtet dabei entweder aus eigener Augenzeugenschaft, oder er verwendet die Auskünfte von Augenzeugen als Rohmaterial für seine Reportage. Die Lebendigkeit der Reportage resultiert dabei häufig aus einem Wechsel zwischen der Beschreibung eines konkreten Einzelfalls (Ereignis) und dem Eingehen auf eine allgemeine Situation (Zustände, Prozesse), aus einem Wechsel zwischen Erlebnisbericht, Darstellung von Gefühlen oder Gedanken, Stimmungsschilderung, Zitat, Dokumentation und Faktendarstellung.

Reportagen können nach Inhalt und Medium unterschieden werden, z.B.:

Reportagen

- Reisereportage
- Sportreportage
- Sozialreportage
- Kriegsreportage
- Enthüllungsreportage
- Lokalreportage
- Gerichtsreportage
- Zeitungsreportage
- Bildreportage
- Rundfunkreportage
- Fernsehreportage
- Filmreportage

1 Lies die Reportage über den Busfahrer Antonio Paolillo (S. 98 f.).
- Prüfe, wo Tatsachen dargestellt und wo Meinungen geäußert werden. Die Tatsachen kannst du gut mit Hilfe der W-Fragen ermitteln.
- Beschreibe den Stil und den Aufbau der Reportage.
- An welchen Leserkreis richtet sich die Reportage?

2 Lies die Reportage auf der gegenüberliegenden Seite. Worum geht es in ihr?
- Überlege, welche Zielgruppe die Autorin erreichen will und wofür sie Interesse wecken möchte. Weckt die Reportage dein Interesse?
- Prüfe, welche Art des Einstiegs die Autorin gewählt hat.
- Worüber kann die Autorin aus eigener Anschauung berichten, und wen zitiert sie zu welchen Sachverhalten?
- Untersuche, ob hier der Erlebnisbericht oder die Faktendarstellung überwiegt.

Auf der Suche nach dem Takt

Das kann sich hören lassen: 45 jugendliche Musiker bilden in Geldern ein ganz besonderes Symphonie-Orchester. In den vergangenen Wochen haben sie mit Dirigent Johannes Hombergen für das Weihnachtskonzert geübt.

■ Es ist Mittwoch, 17 Uhr, in der Tonhalle der Kreismusikschule Geldern, die Streicher treffen nach und nach ein und packen ihre Instrumente aus. „Wir sind rund 45 junge Musiker, davon sind rund 35 Streicher, bis auf eine Ausnahme sind sie alle noch Schüler“, sagte Johannes Hombergen, der Dirigent des Orchesters.

Schon bald ist die große Halle erfüllt von den Tönen, die von den zu stimmenden Instrumenten kommen, und dann hebt Johannes Hombergen die Arme. Augenblicklich ist alles still. Und schon fängt die Probe für das anstehende Weihnachtskonzert an. Die ersten Takte klingen kraft- und schwungvoll, doch dann geht der Klang plötzlich verloren. Nervös blicken einzelne Musiker den Dirigenten und ihre Nachbarn an. „Wo sind wir?“, zischt eine Stimme von den vier Bratschen. „Keine Ahnung“, kommt die Antwort.

Kein Kinderorchester

■ Johannes Hombergen versucht einen weiteren Anfang und dieses Mal klingt es auch schon besser. Bis Viertel vor sechs halten die Streicher tapfer durch, dann kündigt der Dirigent die Pause an, die Instrumente werden vorsichtig auf die Stühle gelegt, und die jungen Musiker stehen auf. Unter ihnen sind Jungmusiker wie die elfjährige Katharina Dreyer, die seit den Sommerferien mitspielt und bereits seit dreieinhalb Jahren Geige spielt. Sie findet die anderen Mitglieder des Orchesters nett und meint: „Alles klappt hier so gut, man hört sogar direkt die Melodie, im Kinderorchester war dies ein einziges Chaos.“

Zu den alten Hasen in diesem Orchester zählen Jens Noschinski (18) und Christoph Herrmann (19). Sie beide spielen schon mehr als zehn Jahre ein Streichinstrument. Was sie zu kritisieren habe, fragen wir Judith Lammert. „Na ja, manchmal ist es auch ein bisschen laut und rührselig. Die Neuen können sich oft auch nicht richtig konzentrieren. Aber alles in allem macht es sehr viel Spaß hier mitzuspielen.“ Das kann auch Christina Verhoeven (18) nur bestätigen. sie spielt bereits seit über vier Jahren im Orchester, zwei Jahre davon Geige und zwei Bratsche.

Die Pause ist schnell rum, und inzwischen sind auch die rund zehn Bläser eingetroffen. Ihre Instrumente werden schnell gestimmt, und die letzte halbe Stunde wird damit verbracht, dass mit allen eine Weihnachtssymphonie von Schiassi geprobt wird. Bis um 18.30 Uhr bleiben die Instrumente oben, dann lässt Johannes Hombergen die Arme sinken. „Bis nächste Woche“, meint er und entlässt die Musiker, die nach dem Wegräumen der Instrumente auch noch die Notenständer und die Stühle wieder auf ihren richtigen Platz stellen.

Nach einer herzlichen Verabschiedung und einigen kleinen Witzchen fahren die einzelnen Musiker nach Hause. Spätestens zehn vor sieben kann Johannes Hombergen die Tonhalle abschließen.

Von Eva Onkels, 10d, Lise-Meitner-Gymnasium, Geldern

3 Zeitungstexte verfassen

Ein guter Artikel beginnt immer mit einer interessanten Schlagzeile. Sie muss nicht bereits vor dem Verfassen des Artikels feststehen. Manchmal ergibt sie sich erst beim Schreiben.

Die Schlagzeile ...

- lässt das Thema des zu erwartenden Artikels erkennen und ist von entscheidender Bedeutung bei der Frage, ob der Leser den Artikel liest.
- ist kurz und prägnant und enthält keine Punkte, Kommata oder Ausrufezeichen (unter Umständen dürfen Doppelpunkte oder Fragezeichen vorkommen).
- darf Wortspielereien enthalten.

Die verschiedenen ***Textsorten*** *erfordern von dir eine unterschiedliche Herangehensweise:*

	Nachricht/Bericht	**Kommentar**	**Reportage**
Findungsphase	Suche eine interessante Neuigkeit, die es wert ist, verbreitet zu werden.	Überlege, welchen Sachverhalt du kommentieren möchtest.	Am einfachsten ist es, über ein eigenes Erlebnis zu schreiben.
Zielgruppe	Überlege, welchen Leserkreis du mit deinem Artikel ansprechen möchtest.		
Absicht	vorrangig informieren	vorrangig überzeugen	vorrangig interessieren
Recherche	Suche nach **gesicherten Fakten;** W-Fragen und Experteninterviews können dir helfen.	Suche nach **unterschiedlichen Meinungen** zum Sachverhalt, z.B. durch eine Meinungsumfrage.	Suche nach Fakten, Meinungen, vor allem aber **Eindrücken** vom Ereignis oder Erlebnis.
Einstieg	Der **Einstieg,** fachsprachlich auch **Lead** oder **Vorspann** genannt, soll den Leser zum Weiterlesen einladen.		
	Beginne die Nachicht oder den Bericht immer mit dem **Nachrichtenkern.**	Beginne mit einer eigenen **These** oder mit einer **Gegenthese.**	Beginne mit einem **subjektiven Eindruck;** mit der Beschreibung einer Situation oder Stimmung.
Sprache	Schreibe sachlich, einfach, eindeutig.	Schreibe argumentativ, nie in der Ich-Form.	Schreibe anschaulich; berichte, beschreibe und schildere.
Besonderheiten	Achte auf den für die Nachricht oder den Bericht typischen Aufbau.	Achte auf eine argumentative Entfaltung deiner Meinung; stütze deine Argumente mit Belegen, Beispielen und Zitaten.	Achte auf den Wechsel in der Darstellung gesicherter Fakten und persönlicher Eindrücke.

1 Suche in diesem Buch Beispiele für die unterschiedlichen Textsorten.

4 Was ich über Zeitungen gelernt habe – Portfolio

4.1 Kann ich das wirklich? – Lernspiegel

Kann ich ...

- die wesentlichen Aufgaben einer Tageszeitung benennen?
- typische Ressorts einer Tageszeitung nennen?
- den Weg einer Nachricht vom Ereignis zum Leser beschreiben?
- informierende und meinungsäußernde Textsorten einer Zeitung unterscheiden?
- Meldung, Nachricht und Bericht voneinander unterscheiden?
- den typischen Aufbau eines Kommentars beschreiben?
- die Funktion eines Kommentars in der Zeitung bestimmen?
- grundlegende Merkmale einer Reportage nennen?
- den Unterschied zwischen Bericht und Reportage erläutern?

4.2 Lernlexikon

In deinem Lernlexikon solltest du zum Thema „Zeitung“ Einträge zu folgenden Punkten angelegt haben:

Ressort/Sparte – Meldung/Nachricht/Bericht/Reportage/Kommentar – Layout

4.3 Schatztruhe – Lerndossier

In deinem Lerndossier kannst du Folgendes abgelegt haben:

interessante Zeitungsartikel und Kommentare, die du gesammelt hast – Artikel, die du selbst verfasst hast – Inhaltsgaben zu informierenden und meinungsäußernden Artikeln, die du selbst verfasst hast

Lernstation: Sprache untersuchen – Wörter klassifizieren

■■■ Die Wörter unserer Sprache lassen sich nach verschiedenen Gesichtspunkten ordnen, z.B. nach ihrer Bildung, nach der Wortverwandtschaft, der Bedeutung, der Schreibweise, dem Lautbestand, der Flexion und der Funktion. ■

1 Wortarten

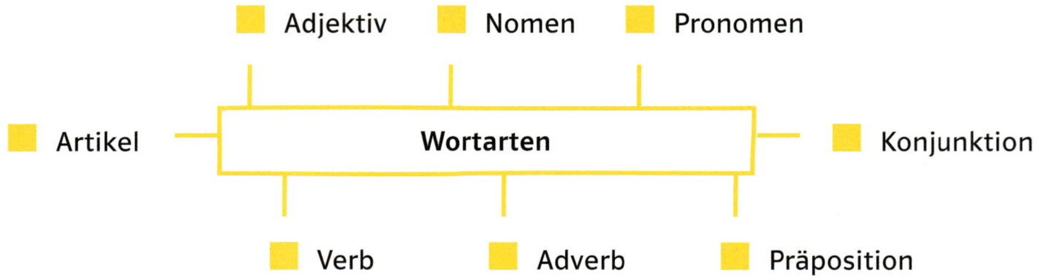

▶▶ **CD-ROM | dp2**
Wortarten
LS „Sprache untersuchen – Grammatik"

1 Verdeutliche dir mit Hilfe des Clusters und der Lernstation „Sprache untersuchen – Grammatik" in dp2 Eigenschaften und Funktionen der verschiedenen Wortarten.

legen, langsam, und, gehen, Hemd, unrein, Wespe, denn, schlafen, sicher, Motor, krank, Unfall, Glück, der, weil, davor, dieser, glücklich, sie, damit, fahren, klar, dein, mit

2 Ordne diese Wörter den richtigen Wortarten zu. Lege dazu eine Tabelle an.

2 Wortbildung – Wortfamilie

■■■ Wörter können aus mehr als einem Bestandteil gebildet sein. Nach der Art der Wortbildung unterscheidet man Ableitungen und Zusammensetzungen. ■

■■■ **Ableitung** – ein aus einem selbstständigen Wort (Wortstamm) und einer Nachsilbe (Suffix) oder/und einer Vorsilbe (Präfix) gebildetes Wort, z.B. *menschlich, Krankheit, Lesung, vertragen, bestellen, Geschrei, Verbreitung, Betriebsamkeit …* ■

■■■ **Zusammensetzung** – ein aus zwei oder mehreren selbstständigen Wörtern zusammengesetztes Wort, z.B. *Schulhaus, ankommen, hellblau.*
Der letzte Bestandteil heißt **Grundwort;** dieses bestimmt Kasus und Genus. Der davor stehende Bestandteil heißt **Bestimmungswort;** dieses differenziert die Bedeutung des Wortes, z.B. *Backofen, Hochofen, Steinofen …* ■

■■■ **Wortfamilie** – Wörter mit gleicher Grundbedeutung, die sich auf einen Wortstamm zurückführen lassen, bilden eine Wortfamilie, z.B. Wortfamilie *„gehen": vergehen, Gang, abgehen, angehen, Gehhilfe, gangbar, Gehsteig …* ■

1 Bilde durch Ableitung oder/und Zusammensetzung weitere Wörter der Wortfamilien „sehen" und „senden". Ordne die Wörter, die du gefunden hast, nach Wortarten in einer Tabelle.

2 Suche Wörter zu den Wortfamilien „kaufen" und „sprechen". Achte dabei darauf, welche Suffixe zur Bildung von Nomen und welche zur Bildung von Adjektiven führen.

3 Leite vom Wortstamm „fremd" möglichst viele Wörter ab und ordne diese anschließend in einer Tabelle nach Wortarten.

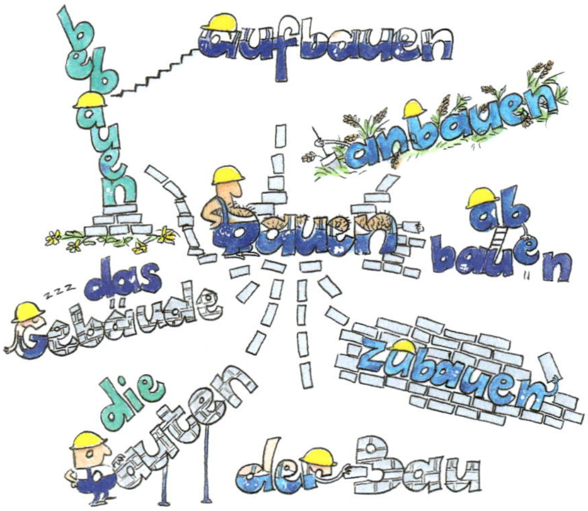

3 Wortfeld – Synonyme

Wortfeld – Wörter ein und derselben Wortart, die in ihrer Bedeutung gleich oder ähnlich sind, bilden ein Wortfeld, z.B. Wortfeld *„gehen": gehen, spazieren, wandern, stolzieren, hasten, humpeln, schlendern, eilen, hinken, staksen, lustwandeln, waten, sich schleppen, trotten, schleichen, walken …*

Synonyme – sinnverwandte Wörter, die im Wesentlichen bedeutungsgleich sind, z.B. *Geld – Schotter – Knete; Kinder – Kids; Zug – Eisenbahn; trinken – saufen – bechern – schlürfen – zechen …*

1 Finde Wörter zum Wortfeld *„essen"*.

lauschen, befühlen, sprechen, streicheln, reden, tasten, stottern, flüstern, befingern, hören, schreien, betasten, sagen, horchen, zuhören

2 Ordne diese Wörter nach Wortfeldern und ergänze diese Wortfelder.

3 Stelle zu den Wörtern *„krank"*, *„lustig"*, *„betrübt"* möglichst umfangreiche Wortfelder zusammen.

4 Manche Synonyme stammen aus einem früheren Jahrhundert und sind heute nicht mehr so gebräuchlich, z. B. *Gehölz* (für *Wald*), *Wirtshaus* (für *Gasthaus*).
Suche in einem Synonym-Wörterbuch weitere solche, heute nicht mehr in der Alltagssprache benutzten Synonyme für *Cousine, Onkel, Witwe, Kartoffeln, Lebensmittelladen.*

„Joſephine war ihrem Mann nach der Hochzeit in ſeine Heimatſtadt gefolgt und lebte nun weit entfernt von ihrer Familie. Endlich aber hatte ſie ihrer Tante, einer honetten Dame, verſprochen, ſie am Pfingſtſonntag zu beſuchen. Deren Mann, ihr Oheim, war vor einem Jahr an Influenza geſtorben, und Joſefine hatte die Nichten und Neffen ſeit dem Begräbnis des Oheims nicht geſehen. Die Witfrau buk deshalb einen guten Kuchen und kaufte Kaffee in der Kolonialwarenhandlung.“

5 Lies den altertümlichen Text, und notiere alle dir unbekannten Wörter. Suche dann im Wörterbuch entsprechende, heute gebräuchliche Synonyme. Schreibe den Text mit den heute gebräuchlichen Synonymen in dein Heft.

6 Bei manchen Wortfeldern kannst du bemerken, dass sich einzelne Synonyme in ihrer Bedeutung verändert haben. Schaue dir das Wortfeld *„Frau“* genau an.
Schreibe die Wörter in eine Tabelle. Unterscheide dabei Wörter, die Anerkennung und Achtung ausdrücken, und Wörter, die Abwertung und Verachtung zum Ausdruck bringen.
Schlage in einem Synonym-Wörterbuch nach, ob und wie sich die Bedeutung der Wörter geändert hat.

4 Antonyme – Homonyme

Antonyme – Wörter mit gegensätzlicher Bedeutung, z.B. hell – dunkel, laut – leise, reden – schweigen, einfach – schwierig

1 Finde die Antonyme zu zehn selbstgewählten Adjektiven.

Homonyme – in Aussprache und Schreibung gleiche Wörter mit völlig unterschiedlicher Bedeutung, z.B. <u>Zug:</u> *„Eisenbahn“, „Bewegung von Vögeln“, „lange Reihe von Menschen“, „charakteristische Form von Linien beim Schreiben“, „charakteristischer Gesichtsausdruck“, „Bewegung einer Figur an einen anderen Platz“...*

Atlas	*Er schlug den Atlas auf.*
	Im Atlas gibt es mächtige Berge.
Bank	*Er setzte sich auf die Bank im Park.*
	Er eröffnete ein Konto bei der Bank.
Ball	*Die Kinder spielten mit dem Ball.*
	Der Ball fand im größten Hotel der Insel statt.
Bande	*Die Bande verübte einen Einbruch.*
	Er knüpfte enge Bande mit seiner Heimatstadt.
Bogen	*Er spannte einen Bogen.*
	Der Bogen Papier fiel auf den Boden.
	Die Straße machte einen großen Bogen um den See.
Schloss	*In Regensburg steht ein prächtiges Schloss.*
	Das Schloss an der Tür muss repariert werden.
Satz	*Er machte einen großen Satz nach vorne.*
	Ein Satz in dem Text war sehr kompliziert.
	Sie gewann den dritten Satz.
	Er legte einen Satz Spielkarten auf den Tisch.

2 Erkläre die verschiedenen Bedeutungen der Wörter in den Sätzen.

3 Finde weitere Homonyme und bilde Sätze mit ihnen.

5 Unterbegriffe und Oberbegriffe

1 Unter welchem Oberbegriff kannst du alle diese Dinge zusammenfassen?

Oberbegriff – Begriff (Wort), mit dem Personen und Dinge (Begriffe/Wörter) mit gemeinsamen Merkmalen zusammengefasst werden können, z.B. *Baum* → Oberbegriff für *Tanne, Fichte, Buche, Eiche, Lärche, Pappel …*

Unterbegriff – Begriff (Wort), der zusammen mit anderen Begriffen (Wörtern) einem Oberbegriff untergeordnet ist, z.B. *Tanne* → Unterbegriff (ebenso wie *Fichte, Buche, Eiche, Lärche, Pappel …*) zu *Baum*

2 Suche Oberbegriffe zu den folgenden Wortreihen:

Hose	Joghurt	Hammer	Eierkocher
Hemd	Butter	Säge	Wasserkessel
Rock	Käse	Schraubenzieher	Toaster
Mantel	Quark	Feile	Handmixer

3 Finde zu folgenden Oberbegriffen möglichst viele Unterbegriffe:

Möbel Software Sport Automarken Kosmetikartikel

4 Finde hier den richtigen Oberbegriff heraus.

Reisen, Flugticket, Flugziele, Hotelanlagen, Ferienclubs, Strände, Badeurlaub, Tourismus, Reisebüros, Animateure, Reiseleiter, Fernreisen, Last-Minute-Reisen, Reisegesellschaften, Buchungen, Wanderreisen, Abenteuerurlaub, Kinderhotels

5 In diesem Schreibwarengeschäft müssen die Waren geordnet werden. Schlage eine sinnvolle Ordnung vor. Trage die Ober- und Unterbegriffe in eine Tabelle ein.

Füller Disketten Briefumschläge Bleistifte Tintenpatronen
Druckerpatronen Kugelschreiber Druckerpapier Grußkarten Hefte
Schreibblöcke Tintenkiller Eddings Mousepads Farbstifte Notizzettel
CD-Rohlinge Laptoptaschen Karteikarten Computerfolien Textmarker

6 Was ich über die Klassifizierung von Wörtern gelernt habe – Portfolio

6.1 Kann ich das wirklich? – Lernspiegel

Kann ich ...

- Wörter im Hinblick auf ihre Bildung analysieren und erkennen, ob es sich um Ableitungen oder/und Zusammensetzungen handelt?
- zu gegebenen Wörtern weitere Wörter derselben Wortfamilie finden?
- erklären, was ein Wortfeld ist, und Wortfelder selbst zusammenstellen?
- die Begriffe „Synonym“, „Antonym“ und „Homonym“ an Beispielen erklären?
- Synonyme in eigenen Texten verwenden, um Wiederholungen zu vermeiden?
- in gegebenen Zusammenhängen Ober- und Unterbegriffe voneinander unterscheiden?

6.2 Lernlexikon

In deinem Lernlexikon solltest du dir zum Thema „Wörter klassifizieren“ Einträge zu folgenden Punkten angelegt haben:

Wortarten – Wortfamilien – Wortfelder – Synonyme – Antonyme – Homonyme – Ober- und Unterbegriffe

6.3 Schatztruhe – Lerndossier

Zum Thema „Wörter klassifizieren“ könntest du Folgendes in deinem Lerndossier abgelegt haben:

die Wortfelder *„gehen“* und *„sagen“*, die du beim Schreiben von Texten benutzen kannst – eine Liste von Homonymen

Lernstation: Sprache untersuchen – Grammatik

1 Modalität

Mit unserer Sprache können wir unumstößliche und unbestrittene Tatsachen benennen. *(Es ist so.)* Oft aber möchten wir Gedanken zum Ausdruck bringen, über deren Geltung wir Zweifel haben *(Vielleicht ist es so. Es soll so sein. Ich vermute, dass es so ist.)*, die wir uns nur wünschen *(Es muss so sein. Wenn es doch nur so wäre!)* oder vorstellen *(Es könnte so sein.)* oder die wir lediglich von anderen gehört haben *(Sie sagte, es sei so.)* Die Modalität gibt Auskunft darüber, welche Geltung ein Sprecher seiner Aussage zumisst.

Es gibt verschiedene Möglichkeiten, die Modalität sprachlich zu kennzeichnen.

1.1 Adverbien und Modalverben

Seite 75
Modalität
UV „Unter den Meeren – Rund um den Konjunktiv"

Durch die Wortwahl lässt sich die Modalität einer Aussage kennzeichnen. So weisen modale Adverbien auf den Grad der Gültigkeit hin, der einer Aussage beigemessen wird.

immer – nie – oft – vielleicht – wohl – vermutlich – ja – wahrscheinlich – nicht – sicherlich

1 Bilde Beispielsätze mit diesen Adverbien. Sortiere sie dann nach dem Grad der Gültigkeit, den sie vermitteln. Du kannst die Liste noch durch eigene Adverbien ergänzen.

Auch durch den Gebrauch von Modalverben (*können, müssen, sollen, wollen, dürfen*) lässt sich verdeutlichen, dass nur von der Möglichkeit einer Handlung die Rede ist und nicht von der Handlung selbst. Sagt jemand zum Beispiel „*Ich muss Strom sparen*", so heißt dies noch nicht, dass er dies auch tatsächlich tut.

können – müssen – sollen – wollen – dürfen
Erlaubnis – Gebot – Verbot – Aufforderung – Möglichkeit – Bestreben

2 Ordne jedem der Modalverben eine Art der Aussage zu. Eine Aussageart kommt nur durch Verneinung eines der Modalverben zustande.

1.2 Der Modus des Verbs

Ein Signal für die Modalität einer Aussage ist der Modus (die Aussageweise) des Verbes.

- Tempus
- Person und Numerus
- **Verbform**
- Handlungsart (Aktiv/Passiv)
- **Modus**

Es werden drei Modi unterschieden:

- Indikativ (die „Wirklichkeitsform") – *Er nimmt den Bus.*
- Konjunktiv (die „Möglichkeitsform") – *Er sagt, er nehme den Bus. Er nähme den Bus, wenn er Geld hätte.*
- Imperativ (die „Befehlsform") – *Nimm den Bus!*

Der Indikativ ist die „übliche" Verbform. Er ist dir in allen Konjugationsformen (Person und Numerus, Tempus, Handlungsart) hinlänglich bekannt.
Auch den Imperativ kennst du aus Aufforderungssätzen. Es gibt ihn nur im Präsens entweder im Singular (Nimm! Gib! Rede! Hör zu!) oder im Plural (Nehmt! Gebt! Redet! Hört zu!)

1. Erinnere dich daran, was du bisher über Verbformen gelernt hast.
2. Bilde jeweils Aufforderungssätze mit Verben im Imperativ.

Obwohl der Konjunktiv oft als Möglichkeitsform bezeichnet wird, lassen sich damit wesentlich mehr Arten von Aussagen treffen als das Beschreiben von Möglichkeiten.

▶▶ Seite 246 ff.
Funktionen des Konjunktivs

Unterschieden wird zwischen Konjunktiv I und Konjunktiv II.

▶▶ Seite 250
Formen des Konjunktivs

- **Der Konjunktiv I wird gebildet:**
  Wortstamm des Verbs + Personalendung des Konjunktivs (-e/-est/-e//-en/-et/-en)
  Beispiele: *er wisse, sie seien, du könnest, es gehe*
- **Der Konjunktiv II wird gebildet:**
  Präteritumform des Verbs (aus a, u, o wird oft ä, ü, ö) + Personalendung des Konjunktivs
  Beispiele: *er wüsste, sie wären, du könntest, ich käme, es ginge*

Im Konjunktiv gibt es drei Tempi:

- die Gegenwartsform, z.B. *er wisse, er wüsste*
- eine Vergangenheitsform, z.B. *er habe gewusst, er hätte gewusst*
- und eine Zukunftsform, z.B. *er werde wissen*

2 Konjunktiv I und indirekte Rede

Der Konjunktiv I wird vor allem in der indirekten Rede gebraucht.
Wie die direkte (wörtliche) Rede ist die indirekte Rede eine Form der Redewiedergabe.
Ein Sprecher gibt wieder, was ein anderer gesagt hat.

Beispiele: Direkte Rede: *Der Autofahrer behauptet: „Ich kann nicht auf mein Auto verzichten."*
Indirekte Rede: *Der Autofahrer behauptet, er könne nicht auf sein Auto verzichten.*

Durch den Konjunktiv drückt der Sprecher Abstand zum Gesagten aus.
Er verdeutlicht, dass er eine Aussage nur wiedergibt, ohne Garantien für ihren Wahrheitsgehalt zu übernehmen.

Vergleich direkte und indirekte Rede:

Direkte Rede	Indirekte Rede
*Der Redner forderte: „Es **muss** heute eine Vereinbarung zum Schutz des Klimas getroffen werden. Dafür **will** ich mich hier einsetzen."*	*Der Redner forderte, es **müsse** am gleichen Tag eine Vereinbarung zum Schutz des Klimas getroffen werden. Dafür **wolle** er sich auf der Konferenz einsetzen.*

Einleitungssatz

Verben im Indikativ

Einleitungssatz

Verben im Konjunktiv

angepasste Orts- und Zeitangaben

angepasste Pronomina

direkte/ indirekte Rede

- Die indirekte Rede beginnt wie die direkte Rede mit einem Einleitungssatz. Dieser enthält ein Verb des Sagens. Das Verb des Einleitungssatzes steht üblicherweise im Indikativ. Sein Tempus ist unabhängig vom Tempus in der indirekten Rede.
- Die Verben werden in der indirekten Rede im Konjunktiv I wiedergegeben. Ist dieser mit dem Indikativ identisch, kann der Konjunktiv II oder sogar die Umschreibung mit „würde" als Ersatzform gewählt werden.
- Pronomina sowie Zeit- und Ortsangaben werden in der indirekten Rede der Perspektive des Sprechers angepasst.

Das Tempus in der indirekten Rede richtet sich nach dem Tempus in der direkten Rede. Dabei werden alle Vergangenheitsformen des Indikativs durch die eine Vergangenheitsform des Konjunktivs wiedergegeben.

Beispiele: *Der Reporter berichtet: „Die Klimakonferenz führte zu keiner Einigung."*
Der Reporter berichtet, die Klimakonferenz habe zu keiner Einigung geführt.

Der Treibhauseffekt

Seinen Vortrag eröffnete der Klimaforscher mit der Feststellung, dass sich die Durchschnittstemperatur der Erde in den vergangenen 100 Jahren um 0,6°C ___ ___ [erhöhen]. Dieser Anstieg ___ alarmierend [sein], weil er dazu ___ [führen], dass in der Arktis große Eisflächen ___ [verschwinden].
Der Forscher führte weiter aus, dass sich die Erhöhung der Temperaturen in den nächsten 100 Jahren noch ___ ___ [steigern]. Dies ___ drastische Folgen für Menschen, Tiere und Pflanzen [haben]. Unsere Welt ___ sich grundlegend ___ [ändern].
Der natürliche Treibhauseffekt, so referierte der Forscher, ___ die Voraussetzung für alles Leben auf der Erde [sein]. Die Erdoberfläche ___ Sonnenstrahlen ___ [aufnehmen] und ___ auch wieder Wärme ___ [abstrahlen].
Die Atmosphäre, eine Lufthülle, die unsere Erdkugel ___ [umgeben] und ___ [schützen], ___ wie ein Treibhaus einen Teil der Wärme ___ zur Erde [zurückstrahlen].
Der Forscher erklärte weiter, dass der Mensch den natürlichen Treibhauseffekt ___ ___ [verstärken]. Durch die vielen Autos, Kraftwerke, die Müllverbrennung und den künstlichen Dünger ___ große Mengen an Kohlendioxid (CO_2) ___ [entstehen], die sich in der Atmosphäre ___ ___ [festsetzen].
Wir ___ die Erderwärmung also nur stoppen [können], schloss der Forscher seinen Vortrag, wenn wir die Produktion von CO_2 erheblich ___ ___ [einschränken].

1 Setze die richtigen Konjunktivformen ein. Achte auch auf das Tempus.

Interview: „Den Enkeln eine lebenswerte Zukunft hinterlassen!“

(R: Redakteurin, M: Meteorologe und Experte für Naturkatastrophen)

R Warum kümmern Sie sich eigentlich überhaupt um Klimaprobleme?
M Wir haben gemerkt, dass Naturkatastrophen immer häufiger auftraten.
R Was würden Sie Politikern sagen, die Klimaschutzverhandlungen blockieren?
M Wir führen mit unserem Klima ein Experiment durch, das völlig aus dem Ruder läuft. Wir müssen alles tun, um das zu bremsen – damit wir unseren Enkeln eine lebenswerte Welt hinterlassen.
R Wenn man die Entwicklung der letzten Jahrzehnte hochrechnet, bekommt man Angst. Was kommt da auf die Enkelgeneration zu?
M Das möchte man sich fast nicht mehr ausmalen. Es wird Überschwemmungen, Stürme und Dürren geben.
R Sehen Sie Hoffnungsschimmer?
M Da gibt es für jeden eine Möglichkeit, sich umwelt- und klimafreundlich zu verhalten …

2 Übertrage das Interview von der direkten in die indirekte Rede.

3 Konjunktiv II

Der Konjunktiv II wird verwendet …

- in der indirekten Rede als Ersatzform des Konjunktivs I
  Beispiel: *Der Umweltschützer erinnerte daran, dass wir unsere Verantwortung für die Erde wahrnehmen müssten.*
- zur Formulierung von unrealistischen oder unmöglichen Annahmen
  - in Wenn-dann-Sätzen (konditionalen Gefügen)
    Beispiel: *Wenn keine Autos mehr führen, gäbe es weniger Schadstoffe in der Luft.*
  - in Als-ob-Sätzen
    Beispiel: *Wir leben heute so, als ob die Rohstoffvorräte der Erde unbegrenzt wären.*
- als Höflichkeitsform, zum Beispiel bei Bitten
  Beispiel: *Würdest du bitte das Licht ausschalten?*
- bei Wünschen
  Beispiel: *Hätte ich bloß aufgepasst!*
- bei Ratschlägen
  Beispiel: *Ich würde an deiner Stelle mit dem Fahrrad fahren.*
- bei Vermutungen, vor allem in Verbindung mit Modalverben
  Beispiel: *In tausend Jahren könnte Hamburg dauerhaft unter Wasser stehen.*

Häufig ist der Konjunktiv II identisch mit dem Präteritum im Indikativ.
Dies ist zum Beispiel bei allen (!) schwachen Verben der Fall.
Dann wird die Ersatzform mit „würde" verwendet.

Beispiele: *Wenn wir weiter leben würden wie bisher, würden wir die Erdölvorräte dieser Erde innerhalb der nächsten 100 Jahre verschwenden.* (statt: *lebten/ verschwendeten)*

Besonders im mündlichen Sprachgebrauch wird die Ersatzform des Konjunktivs II bei den meisten Verben inzwischen regulär gebraucht.
Manche Verben haben zwar eine eigene Form des Konjunktivs II, diese gilt aber als veraltet.
Auch in diesen Fällen wird die Ersatzform des Konjunktivs II bevorzugt.

Beispiel: *Ich würde darauf bestehen.* (statt: *Ich bestünde darauf.)*

Was würde passieren, damit es weniger schädliches CO_2 in der Luft gäbe?	
wenn …	**dann …**
jeder *spart* Strom,	*werden* Transportflüge überflüssig.
alle ihre Standby-Geräte *ausschalten,*	*werden* weniger giftige Abgase *ausgestoßen.*
weniger Autos *fahren,*	*können künstliche* Dünger vermieden werden, die die Atmosphäre *schädigen.*
die Menschen auf häufige Fernreisen mit dem Flugzeug *verzichten,*	*muss* in den Kraftwerken weniger Strom *produziert werden.*
mehr Menschen heimische Lebensmittel anstelle von Südfrüchten *kaufen,*	*kann* man schon eine Menge Strom *sparen.*
wir mehr Bio-Lebensmittel *essen,*	*gibt* es weniger Luftverschmutzung durch die Verbrennung von Kerosin in den Flugzeug-Motoren.

1 Füge die Teilsätze inhaltlich richtig zusammen und schreibe die so entstandenen Sätze in dein Heft. Bilde dabei die jeweils passende Verbform des Konjunktivs II.

Umweltpolitik am Familientisch

Vater Würdet ihr bitte immer das Licht ausmachen? Auf diese Weise könnten wir viel Strom sparen und so etwas Gutes für die Umwelt tun.

Stine Tu doch nicht so, als ob du dich für die Umwelt einsetzen wolltest! Du solltest erst einmal weniger Auto fahren. Schließlich könntest du auch mit dem Bus zur Arbeit fahren.

Oma Aber Mädchen! Wenn wir früher so mit unseren Eltern geredet hätten, dann wären wir aber zurechtgewiesen worden.

Mutter Ein anderer Ton wäre mir auch lieber. Aber in der Sache hat sie Recht. Wir müssten uns alle etwas umweltbewusster verhalten.

Lukas Dann solltest du aber auch auf deine geliebte jährliche Reise in den sonnigen Süden verzichten. Ich habe gelesen, dass auch die Vielflieger Schuld daran hätten, dass immer mehr Schadstoffe in die Atmosphäre kämen.

Vater Jeder denkt, der andere müsse anfangen. Es müsste wohl jeder erst einmal auf sein eigenes Verhalten gucken. Vielleicht würden dann bald andere dem Beispiel folgen.

Stine Gut, ich werde ab heute immer, wenn ich mein Zimmer verlasse, das Licht und die Stereoanlage ausmachen und die Heizung herunterdrehen.
Hättet ihr nicht auch Lust, euch etwas vorzunehmen?

2 Finde in diesem Gespräch alle Formen des Konjunktivs II. Bestimme auch, warum in dem jeweiligen Zusammenhang der Konjunktiv II benutzt wird.

4 Die Formen des Konjunktivs

Beispielverben	**suchen (regelmäßiges Verb)**	**gehen (unregelmäßiges Verb)**	**haben**	**sein**
Konjunktiv I Präsens (*wie im Indikativ Präsens > als Ersatzform wird der Konjunktiv II benutzt)	* du such-est er such-e * ihr such-et *	* du geh-est er geh-e * ihr geh-et *	* du hab-est er hab-e * ihr hab-et *	ich sei du seist er sei wir seien ihr seiet sie seien
Konjunktiv II Präsens (** wie im Indikativ Präteritum > als Ersatzform wird die Umschreibung mit „*würde*" benutzt)	** ** ** ** ** **	ich ging-e du ging-est er ging-e ** ihr ging-et **	ich hätt-e du hätt-est er hätt-e wir hätt-en ihr hätt-et sie hätt-en	ich wär-e du wär-(e)st er wär-e wir wär-en ihr wär-(e)t sie wär-en

Abschlussübung

Eine Klimakatastrophe verhindern

420 000 Jahre lang war der CO_2-Gehalt in der Luft nahezu konstant. In den letzten 100 Jahren hat er sich fast verdoppelt. Wenn wir so weitermachen wie bisher, könnte er sogar auf das Fünffache steigen.
Das hätte drastische Folgen. Es entstünde einerseits eine Wasserknappheit, andererseits käme es zu Überschwemmungen. Krankheiten wie Malaria nähmen zu. Viele Tier- und Pflanzenarten würden aussterben. Viele Menschen wären von Hunger bedroht.
Auch der Klimaforscher Hans-Joachim Schnellnhuber bestätigt, dass sich die Welt, in der wir leben, verändern werde. Das sei den Menschen aber noch nicht wirklich bewusst geworden.
Auch Umweltschutzorganisationen beklagen, dass die Menschen nicht bereit seien ihren Lebensstil zu ändern.
Auch in der Politik hat der Umweltschutz noch einen schweren Stand.
Zwar haben sich 1997 in der japanischen Stadt Kyoto 141 Länder darauf geeinigt, den Anteil der Schadstoffe in der Luft zu senken. Doch Australien und die USA, der größte Produzent von CO_2, haben das Abkommen nicht unterschrieben.
Zudem habe man sich nur darauf einigen können, den Ausstoß von Treibhausgasen um 5,2 Prozent zu senken, so Schnellnhuber. Wir müssten sie aber um 50 Prozent und in den Industrieländern sogar um bis zu 80 Prozent senken. Nur so ließe sich eine Klimakatastrophe verhindern.

1. Finde alle Verbformen des Textes und bestimme jeweils Modus und Tempus.
2. Schreibe eine Inhaltsangabe des Textes. Benutze dabei die indirekte Rede.

5 Was ich im Bereich der Grammatik gelernt habe – Portfolio

5.1 Kann ich das wirklich? – Lernspiegel

Kann ich ...

- Konjunktiv I, Konjunktiv II und die Ersatzform des Konjunktivs II erkennen und diese Formen auseinanderhalten?
- den Konjunktiv I von Verben in der Gegenwarts-, der Vergangenheits- und der Zukunftsform bilden?
- direkte in indirekte Rede übertragen?
- indirekte Rede in zusammenhängenden Texten angemessen verwenden?
- den Konjunktiv II von Verben in der Gegenwarts- und der Vergangenheitsform bilden?
- wesentliche Verwendungssituationen des Konjunktivs II nennen?
- an einem Beispielsatz die Verwendung des Konjunktivs II erklären?
- bei einer beliebigen Verbform Person und Numerus, Tempus, Handlungsart und Modus bestimmen?

5.2 Lernlexikon

In deinem Lernlexikon solltest du zum Thema „Sprache untersuchen – Grammatik" Einträge u.a. zu folgenden Punkten angelegt haben:

Konjunktiv I – Konjunktiv II – Zeitformen des Konjunktivs – indirekte Rede – Gebrauch des Konjunktivs II

5.3 Lerndossier

In deinem Lerndossier könntest du zum Thema „Sprache untersuchen – Grammatik" u.a. Folgendes abgelegt haben:

eine selbst geschriebene Inhaltsangabe eines Sachtextes, in der du die indirekte Rede verwendet hast

Lernstation: Rechtschreibung – Fremdwörter

1. Regeln

1.1 Allgemeines

▸▸ Seite 84 ff.
UV „Metropole Berlin – Fremdwörter“

Vielfach gehorchen Fremdwörter noch den Regeln ihrer Herkunftssprachen. Man kann sie meist anhand von bestimmten Buchstabenkombinationen, der Aussprache oder der Betonung erkennen.

Beispiele:

- **Buchstabenkombinationen**

aus dem Griechischen	th	ph	y	rh	-ik
	Thron	*Pharmazie*	*Nymphe*	*Rhapsodie*	*Logik*
aus dem Lateinischen	-ieren	-tion	-iv	-ent	-ismus
	interpretieren	*Aktion*	*Genitiv*	*effizient*	*Optimismus*
aus dem Französischen	-eur/-euse	-é	-eau	-age	oi
	Dompteur	*Coupé*	*Chateau*	*Staffage*	*Loire*
aus dem Italienischen	gh	cc	zz		
	Spaghetti	*Staccato*	*Skizze*		
aus dem Englischen	-y	oo	-ing	ea	oa
	Lobby	*Tool*	*Mobbing*	*Leadgitarre*	*Toast*

- **Aussprache**
  z.B. *Team* [tiːm], *Pointe* [ˈpo̯ɛ̃ːtə]
- **Betonung**
  Sie liegt oft nicht auf der ersten Silbe oder auf der Stammsilbe, sondern auf dem Ende eines Wortes, z.B. *absolút, Energíe.*

1.2 Langes *i*

In den meisten Wörtern aus fremden Sprachen schreibt man ein langes i ohne Dehnungszeichen, z.B. *Klima, Maschine, naiv.* Ausnahmen bilden Wörter mit der Nachsilbe -ie, z.B. *Industrie* bzw. -ier, z.B. *Klavier* sowie Verben auf -ieren, z.B. *informieren.*

1.3 Getrennt- und Zusammenschreibung

Zusammengesetzte Fremdwörter werden wie in ihrer Herkunftssprache zusammengeschrieben, z.B. *Fairplay, Tiebreak.* Zur besseren Lesbarkeit können die einzelnen Bestandteile auch getrennt, z.B. *Fair Play,* oder verbunden mit einem Bindestrich (zwischen zwei Nomen) geschrieben werden, z.B. *Tie-Break.*

1.4 Eindeutschung

Manche Fremdwörter gehören so zum Allgemeinwortschatz, dass sie in ihrer Schreibweise eingedeutscht werden können, z.B. *Delphin – Delfin, Parfum – Parfüm.* Weil es keine eindeutige Regelung gibt, für welche Fremdwörter eine eingedeutschte Form möglich ist, muss man im Zweifelsfall auf ein Wörterbuch zurückgreifen.

1.5 *phon – fon, phot – fot, graph – graf*

Die Wortbestandteile „*phon*“, „*phot*“ und „*graph*“ werden zu „*fon*“, „*fot*“ und „*graf*“, wenn sie in Wörtern vorkommen, die im Alltag häufig gebraucht werden. Dies gilt z.B. für die Wörter *Mikrofon* und *Fotograf* sowie vor allem für das Wort *Telefon*.

2 Übungen

2.1 Die Arbeit mit einem Fremdwörterlexikon

Angabe zur Deklination des Genitivs Singular

Angabe zur Deklination des Nominativs Plural

Fachgebiet, aus dem die erste Bedeutung stammt

Herkunftsangabe

Bedeutungsangabe

Angabe zum Genus

Worttrennungsmöglichkeit

Syn|the|se *die;* -, -n <*gr.-lat.*>: 1. (Philos.) a) Vereinigung verschiedener [gegensätzlicher] geistiger Elemente, von These u. Antithese zu einem neuen [höheren] Ganzen; b) Verfahren, von elementaren zu komplexen Begriffen zu gelangen. 2. (Chem.) Aufbau einer Substanz aus einfacheren Stoffen

Fachgebiet, aus dem die folgende Bedeutung stammt

syn|chro|ni|sie|ren [*griech.;* sünkronisiren] du synchronisierst (ersetzt den fremdsprachigen Originaltext eines Filmes durch deutschen Text), er hat synchronisiert, sie synchronisierte

das **Syn|di|kat** des Syndikat(e)s, die Syn|di|ka|te (1. *in der Wirtschaft:* Zusammenschluss von Unternehmen; 2. Zusammenschluss von Verbrechern)

das **Syn|drom** des Syndroms, die Syn|dro|me (Krankheitsbild, das sich aus verschiedenen Symptomen zusammensetzt)

die **Syn|ko|pe** der –, die Syn|ko|pen (1. *in der Musik:* Betonung eines eigentlich

die **Syn|tax** der –, *ohne Plural* (Lehre vom Satzbau)

die **Syn|the|se** der –, die Syn|the|sen (Zusammenfügung von einzelnen Teilen zu einem Ganzen); *Gegensatz:* Analyse

der **Syn|the|si|zer** [*engl.;* süntesaiser/sin$esaiser] des Synthesizers, die Syn|the|si|zer (Gerät zur elektronischen Klangerzeugung)

die **Syn|the|tics** der –, *nur Plural* (Sammelbezeichnung für Stoffe aus Kunstfasern)

syn|the|tisch (künstlich zusammengefügt, hergestellt)

die **Sy|phi|lis** der –, *ohne Plural* (eine Ge-

M N O P Q R **S**

1. Wie lautet der Nominativ Plural von „Syntax“?
2. Was ist mit dem Begriff „Syndrom“ gemeint?
3. Wie lautet der Gegensatz von „Synthese“?

2.2 Fremdwörter erkennen

Digitale Desinfektion
Computerviren bedrohen neuerdings auch den Medizinbetrieb: Röntgengeräte, Ultraschallsysteme und andere medizinische Apparate sind mittlerweile häufig mit dem hausinternen Krankenhausnetz verbunden – teilweise auch mit dem Internet – und daher allerlei digitalen Bedrohungen ausgesetzt. Der Siemens-Konzern stellt mit „Siemens Virus Protection" nun das weltweit erste Virenschutzsystem vor, das die Diagnosegeräte vor Cyber-Attacken bewahren soll. Die Virenschutz-Software wird über eine geschützte Datenleitung direkt auf die Kliniksysteme übertragen und regelmäßig aktualisiert, um vor Ort die Daten aus Röntgen- und anderen Geräten nach digitalen Schädlingen zu durchforsten.
Die digitale Desinfektion diene der Prophylaxe, heißt es bei Siemens – Fälle von Röntgengeräten, die durch Viren zum Absturz gebracht wurden, seien bislang nicht bekannt. „Virenschutz-Updates sind meist reaktiv – sie kommen also erst, nachdem ein neuer Virus bereits unterwegs ist", warnt dagegen der Sicherheitsexperte Andreas Marx. Am sichersten wäre es, medizinische Geräte mit empfindlichen Daten ganz vom Netz zu nehmen.

Der Spiegel, 26/2005

1. Schreibe alle Fremdwörter aus dem Text heraus und sortiere sie nach ihrer Herkunftssprache.

Gymnastik Gymnasium Erdgeschoss Beamer Beamter Pool Pol Gedächtnis Touchscreen Mokka Rendezvous Bandage Bandwurm Snowboard Wahrheit Küster Symbiose Rhetorik Mannschaft Rhabarber Radfahrer Match Matsch Hobby Leidenschaft Löffel Pyramide

2. Suche die 15 Fremdwörter heraus und schreibe sie sortiert nach ihrer Herkunftssprache auf.

2.3 Fremdwörter mit lateinischem Ursprung

demonstr- ak- interpret- reg- konsum- pass- dual- pol- san- stat- dekad- sugges- liberal- vandal-

-ieren -tion -iv -ent -ismus

1. Bilde aus den Wortbestandteilen Fremdwörter und schreibe sie zusammen mit ihrer Bedeutung in dein Heft (Überschrift: Fremdwörter mit lateinischem Ursprung).

2. Was bedeuten die folgenden Fremdwörter:
Aktionismus, Intention, analysieren, intuitiv, Protestantismus, integrieren, assimilieren, Materialismus, Idealismus, Patent, induktiv

2.4 Fremdwörter mit altgriechischem Ursprung

- Naturwissenschaft, die u.a. die Gesetze der Bewegung erforscht: _ _ 2 _ _ _
- Schauspielbühne: _ _ _ _ 10 _ _
- Schmerzhafte Erkrankung der Gelenke: 5 _ _ _ _ _
- Dichterische Kurzform in Versen (Gattung): _ _ _ _ 4
- Lehre von der Seele: _ _ _ _ _ _ _ _ _ _ 8 _
- (Ungewöhnliche) Erscheinungsform: _ _ _ _ _ _ 6 _
- Parallelogramm mit gleichen Seiten: _ _ _ _ _ _ 9
- Lehre von den Menschen: _ _ 7 _ _ _ _ _ _ _ _ _ _
- Wort mit ähnlicher Bedeutung: _ _ 3 _ _ _ _
- Zusammenfügung, Verknüpfung zu einem Ganzen: 1 _ _ _ _ _ _ _

Lyrik Synthese Physik Phänomen Theater Rhombus Synonym Rheuma Anthropologie Psychologie

1 Schreibe die Lösungswörter zusammen mit der deutschen Bedeutungsangabe in dein Heft (Überschrift: Fremdwörter mit altgriechischem Ursprung). Die unterstrichenen Buchstaben ergeben in der Reihenfolge der Zahlen das Lösungswort.

2 Wie schreibt man richtig?
- *Rhythmus – Rythmus – Rhytmus?*
- *Sympatie – Symphatie – Sympathie?*
- *Littografie – Lithografie – Litographie*

2.5 Fremdwörter mit französischem Ursprung

Zur Nouvelle Cuisine der französischen Küche gehören exquisite Desserts: Mousse au chocolat, flambierte Obsttorteletten, Crème Caramel, süße Soufflés, Eissorbets oder die berühmten Crêpes: Kaum einer in Deutschland weiß, dass man in Frankreich Crêpes nicht nur mit Konfitüre isst, sondern auch – wie bei einem Omelett – mit Gemüse, Fleisch oder Champignons. Bon appetit!

1 Schreibe alle Fremdwörter aus dem Text, die aus dem Französischen stammen.

2 Stelle mit den Wörtern aus dem Text und aus dem folgenden Wortspeicher ein eigenes Menü zusammen.

Roulade, Kartoffelgratin (überbackene Kartoffeln), Auberginen, Fondue, Rindermedaillons, Kartoffelpüree, Baguette, Croissant, Camembert, Bouillabaisse (Fischsuppe), Sauce Hollandaise (Sahnesoße), Ei mit Remoulade, Austern aus der Bretagne

3 Bilde aus den folgenden Silben zehn Wörter mit französischem Ursprung:
Chaus- -mant Ser- -see char- -ne Re- Tail- -le -per- -toire -vi- -te Cou- -et- -si- Man- -veau -ne- Ni- Kon- -quin -trol- Bla- -leur -ma- -ge

2.6 Fremdwörter mit italienischem Ursprung

Schon seit Jahrhunderten werden in der deutschen Sprache Wörter aus dem Italienischen entlehnt. Wörter wie Girokonto, Saldo, Kasse (kassa) und Prokurist weisen darauf hin, dass Italien seit dem 13. Jahrhundert führend im Bankwesen (banca) war. Wörter wie Violine, Viola, Violoncello und Cembalo zeugen davon, dass im Zeitalter des Barocks viele bedeutende Instrumentenbauer aus Italien kamen. Überhaupt ist der Einfluss Italiens auf die europäische Musik groß, wie man an Tempoangaben wie andante erkennen kann. Italienismen jüngeren Datums stammen überwiegend aus der italienischen Küche: Bezeichnungen wie Spaghetti, Pizza, Capuccino und Tiramisu sind nur die bekanntesten unter ihnen.

Überweisung im bargeldlosen Zahlungsverkehr = ? Vorläufer des Klaviers = ? Differenzbetrag, der sich nach Aufrechnung der Soll- und Habenseite des Kontos ergibt = ? Geige = ? Bevollmächtigter mit Prokura = ? italienische Süßspeise = ? italienisches Kaffeegetränk = ? Gericht mit langen Nudeln = ? Saiteninstrument, das eine Oktave tiefer gestimmt ist als eine Bratsche = ? ruhig, mäßig langsam = ?

1. Schreibe aus dem Text die Fremdwörter zusammen mit ihrer Bedeutung in dein Heft.
2. Schlage folgende Fremdwörter in einem Fremdwörterlexikon nach, und schreibe sie zusammen mit ihrer Bedeutung in dein Heft: *Ghetto, Allegro, Adagio, Scampi, Staccato, Sakko, Pesto, Skonto, Loggia, Fresko, Espresso*

2.7 Fremdwörter mit englischem Ursprung

Also, mein Bruder und ich wollten im Keller einen Raum zum Feiern haben. Dazu mussten wir erst einmal zwei Monate Arbeit in den Party-Room investieren. Wir wollten dort gut relaxen können, aber auch für unsere Band einen coolen Probenraum haben. Am Anfang hat mich die Arbeit voll abgeturnt, doch nach zwei Monaten war alles fertig. Zur Einweihung bekamen wir von unseren Oldies super T-Shirts. Die waren so was von stylish, wenn das jemand toppen kann, wünsche ich good luck erst 'mal. So um 20 Uhr wurde es dann lustig, die Lightshow funktionierte und der Laden war voll. DJ „No Chance" war auch am Start, allerdings nicht an den Turntables, sondern am Rechner. Der Groove zwang alle auf den Dancefloor, Body-Shake war angesagt bis in den Morgen.

1. Überprüfe, wenn möglich mit Hilfe eines Fremdwörterbuchs, die Schreibweise der englischsprachigen Ausdrücke.
2. Schreibe mit mindestens fünf der folgenden Anglizismen einen Bericht von einem Konzert oder einer Sportveranstaltung: *Match, Event, Action, Song, Drummer, Bandleader, Fan, Team, Foul, Standing Ovations, Fairplay, Playback, Job, Groove, Raver, Streetfighter, Session, Outfit, scoren, toppen, Bodyguard, Location*

2.8 Zusammen- und Getrenntschreibung bei Fremdwörtern

1 Welche Schreibweise(n) ist (sind) richtig?
- *Centrecourt – Centre-Court – Centre-court*
- *Touchscreen – Touch-screen*
- *Homecomputer – Home-Computer – Home-computer*

2 Wie würdest du folgende zusammengesetzte Wörter schreiben, die hier nach englischer Rechtschreibung aufgeschrieben sind?
fitnessstudio downloaden playstation homebanking chatroom publicrelations

2.9 Das lange *i* bei Fremdwörtern

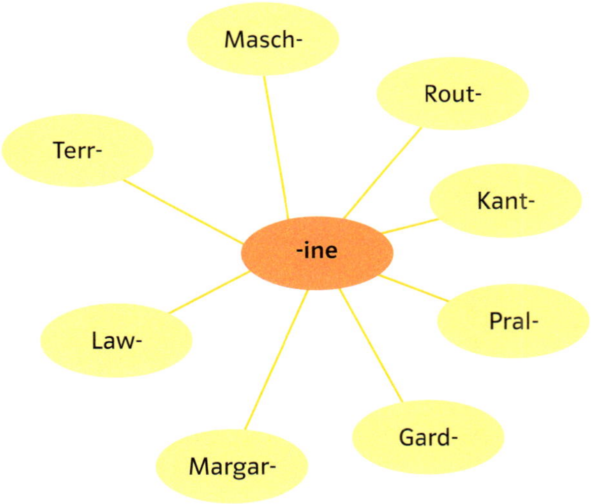

1 Setze die Wörter auf -ine zusammen und schreibe sie in dein Heft.

2 Ergänze deine Liste mit drei weiteren Wörtern dieser Art.

3 Bilde zu folgenden Nomen die entsprechenden Infinitivformen, z.B. *Information – informieren:*
Demonstration, Irritation, Reduktion

4 Schreibe alle Fremdwörter auf Seite 87 heraus, die ein langes *i* ohne Dehnungs-e aufweisen, und binde möglichst viele von ihnen in einen Text zum Thema *„Mein Traum – Arbeiten im Ausland“*.

Bei der … (Besuch von Ärzten am Krankenbett) in der … (Krankenhaus) fiel auf, dass diesmal wieder viele Patienten da waren, die sich beim … (Schneeschuh)fahren verletzt hatten. Sie hatten den … (besonders eindringlichen) Warnungen vor … (niedergehenden Schneemassen) keine … (Beachtung) geschenkt und mussten nun den Rest ihrer Ferien … (nicht aktiv) im Bett verbringen.

intensiv Klinik Lawine Notiz passiv Ski Visite

5 Ersetze die eingeklammerten Erklärungen durch Wörter aus fremden Sprachen, in denen ein lang gesprochenes *i* vorkommt.

▸▸ **Seite 90**
Eingedeutschte Fremdwörter UV „Metropole Berlin – Fremdwörter“

2.10 Fremdwörter mit eingedeutschter Schreibweise

1 Welche der Fremdwörter aus den folgenden Wortreihen darf man in der eingedeutschten Schreibweise schreiben?

- *Spaghetti – Panther – Physik – Telephon – Ketchup*
- *Sauce – Portemonnaie – Ethnologie – Saxophon – Joghurt*

2 Wie schreibst du folgende Wörter?
Crêpe/Crepe; Parfum/Parfüm; Mayonnaise/Majonäse; Chicorée/Schikoree; Nougat/Nugat; zirka/circa; Fotosynthese/Photosynthese

2.11 Abschlussübung

- Gesamtheit von Zuschauern/Zuhörern = P _ _ _ _ _ _ _
- künstlerische Bewegung gegen die vorherrschende Kultur = U _ _ _ _ _ _ _ _ _ _
- berühmte Grabmäler in Ägypten = P _ _ _ _ _ _ _ _
- Lehre von Gott = T _ _ _ _ _ _ _ _
- Versteinerungen = F _ _ _ _ _ _ _ _
- waagerechte, ebene Fläche in bestimmter Höhe = N _ _ _ _ _
- Ereignis (Anglizismus) = E _ _ _ _
- Gesamtheit der Hallensportarten: I _ _ _ _ _ _ _ _ _ _
- gefühlsmäßig (erkennen) = i _ _ _ _ _ _ _
- alter Ausdruck aus Frankreich für Fahrer = C _ _ _ _ _ _ _ _

Indoorsport, Underground, Event, Niveau, Publikum, Theologie, Pyramiden, Chauffeur, Fossilien, intuitiv

1 Schreibe die zu findenden Fremdwörter mit ihrer Bedeutung in dein Heft.

Automat bestellt schon mal den Burger
Das Computersystem „HyperActive Bob“ versucht das scheinbar Unmögliche: Es soll die Bestellung eines Kunden vorhersagen, bevor der ein Fast-Food-Restaurant betreten hat.
Die Software der US-Firma HyperActive Technologies aus Pittsburgh hilft in Testrestaurants Kundenwartezeit und überschüssig produzierte Burger zu reduzieren.
„Bob“ beobachtet mit Kameras Parkplatz und Eingangsbereich und erkennt, ob sich Pkw oder Minivan, Einzelperson oder Familien nähern.
Auf der Basis von Erfahrungswerten zeigt ein Display den Angestellten, welche Produkte vorzubereiten sind.
Eine Rohversion von „Bob“ ist bei McDonald’s in den USA im Einsatz.
Die ersten Ergebnisse: Die Kunden warten im Schnitt eine halbe Minute kürzer auf ihr Essen – und die Testrestaurants produzieren nur noch halb so viele überflüssige Burger.

Der Spiegel 53/2004

2 Präge dir die einzelnen Sätze oder längere Satzabschnitte ein und schreibe sie (aus dem Kopf) in dein Heft. Achte dabei vor allem auf die Schreibweise der Fremdwörter.

3 Was ich über die Schreibweise von Fremdwörtern gelernt habe – Portfolio

3.1 Kann ich das wirklich?

Kann ich …

- mit Hilfe eines Fremdwörterbuches gezielt die Schreibweise und Bedeutung eines Fremdwortes herausbekommen?
- anhand der Schreibweise erkennen, ob ein Wort ursprünglich aus dem Alt-Griechischen kommt?
- Endungen nennen, die auf den lateinischen Ursprung eines Wortes weisen?
- zehn Wörter französischen Ursprungs richtig schreiben?
- sagen, wann man mehrteilige Wörter, die im Englischen zusammengeschrieben werden, getrennt schreiben darf?
- erklären, worin die Besonderheit bei vielen Fremdwörtern besteht, die ein lang gesprochenes *i* aufweisen?
- mindestens fünf Wörter nennen, deren fremdsprachlicher Ursprung daran zu erkennen ist, wie das lang gesprochene *i* geschrieben wird?
- zehn Fremdwörter nennen, die so in die deutsche Alltagssprache eingegangen sind, dass man sie nach der deutschen Rechtschreibregelung schreiben darf?

3.2 Lernlexikon

In deinem Lernlexikon solltest du zum Thema „Fremdwörter“ Einträge u.a. zu folgenden Punkten angelegt haben:

Merkmale von Fremdwörtern – das lang gesprochene *i* bei Fremdwörtern – Anglizismen – Schreibweise von eingedeutschten Fremdwörtern

3.3 Schatztruhe – Lerndossier

Zum Thema „Fremdwörter“ könntest du u.a. Folgendes in deinem Lerndossier abgelegt haben:

ein selbst geschriebenes Diktat mit ausführlicher Fehleranalyse speziell bei den Fremdwörtern – einen Fachartikel, in dem sämtliche Fremdwörter unterstrichen sind – einen eigenen Text, in dem eine größere Anzahl von unterstrichenen Fremdwörtern auftaucht

Lernstation: Lern- und Arbeitstechniken

1 Sich am Unterricht beteiligen

Deine mündliche Mitarbeit ist wichtig, nicht nur für die Beurteilung durch die Lehrerin oder den Lehrer, sondern auch für dein Selbstgefühl und deine Rolle im Unterricht. Wenn du dich häufig und regelmäßig zu Wort meldest, kannst du

- dein Interesse am Unterricht, deine Motivation steigern
- bewusster und zielgerichteter am Unterricht teilnehmen
- deine Aufmerksamkeit erhöhen und deine Lernleistung steigern
- Zeit einsparen, z.B. bei Hausaufgaben und der Vorbereitung von Klassenarbeiten
- deine Lernzufriedenheit steigern.

▸▸ **CD-ROM | dp3**
Sich am Unterricht beteiligen
LS „Lern- und Arbeitstechniken“

1.1 Das Beteiligungsverhalten verbessern

Du hast bereits einige Verfahren und Techniken kennengelernt, wie du dein Beteiligungsverhalten im Unterricht verbessern kannst:

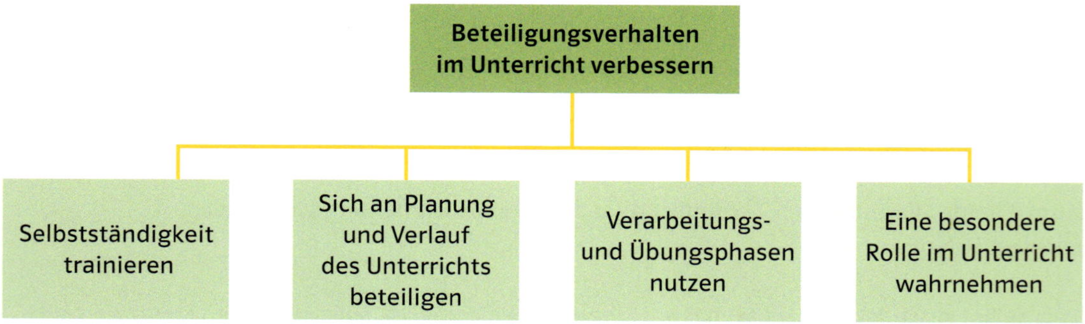

Prüfe, wieweit du diese Verfahren und Techniken bereits im Unterricht eingesetzt hast und ob sich dein Beteiligungsverhalten dadurch verbessert hat.

1.2 Zuhören

Zu einer guten, wirkungsvollen Unterrichtsbeteiligung gehört außer dem Sprechen auch das Zuhören:

- deinen Mitschülerinnen und Mitschülern (z.B. bei Gesprächs- oder Diskussionsbeiträgen, beim Vorlesen von Hausaufgaben, bei Berichten oder Referaten)
- deinen Lehrerinnen und Lehrern (z.B. bei Aufgabenstellungen, Informationen, Lehrervortrag)
- Sprecherinnen und Sprechern (z.B. bei medial vermittelten umfangreicheren Texten).

Ein solches Zuhören schließt außer dem Hören und Verstehen auch das Sichern und Verarbeiten von Informationen ein.

Konzentriertes Zuhören bedeutet:
- das Gesprochene aufmerksam zu verfolgen und aufzunehmen
- sich nicht durch andere oder durch eigene Impulse ablenken zu lassen
- sich ggf. dem Sprecher/der Sprecherin deutlich zuzuwenden.

Aktives Zuhören bedeutet:
- mitzudenken und zu überlegen, worauf der andere hinauswill, welche Absicht er verfolgt
- ggf. durch Nachfragen das Verstehen zu sichern
- dem Sprecher/der Sprecherin eine Rückmeldung (ein Feedback) zu geben
- kritisch auf den Beitrag eines anderen einzugehen.

▸▸ **Seite 271 f.**
Ein Feedback geben
LS „Informieren – Präsentieren“

Das Hörverstehen zu entwickeln erfordert in der Regel:
- einen umfangreicheren gesprochenen Text (z.B. Referat, Radiovortrag) konzentriert zu verfolgen
- dem Text die wesentlichen Aussagen zu entnehmen
- diese Informationen zu sichern, z.B. durch Notieren sachgerechter Stichwörter
- das Textverständnis durch inhaltliches Wiedergeben des Gesprochenen zu bewahren.

Das Zuhören lässt sich zum Beispiel trainieren
- indem man verabredet, dass man in einer Diskussion vor dem eigenen Beitrag immer zuerst den Beitrag des Vorgängers wiederholt
- bei einem Erzählspiel im Kreis, bei dem man eine Geschichte reihum immer nur mit einem Satz weitererzählt, aber jeweils die ganze Geschichte vor dem eigenen Beitrag nacherzählt
- indem man bei der Fishbowl-Methode seine Rolle als Beobachter im Außenkreis intensiv wahrnimmt
- durch häufigeres Anhören eines Vortrags mit Inhaltssicherung durch Notizen und anschließender Inhaltswiedergabe vor interessierten Zuhörern (z.B. Eltern, Geschwistern, Freunden).

▸▸ **Seite 30**
Fishbowl-Methode
UV „Schule in ihrem Umfeld – Sich mit Problemen auseinandersetzen“

1.3 Mitschreiben

Das Mitschreiben kann helfen längere gesprochene Ausführungen, z.B. ein Referat oder einen Vortrag, konzentriert zu verfolgen, die wesentlichen Informationen zu sichern und diese wiederzugeben. Das Mitschreiben im Unterricht kann nützlich sein zum Wiederholen, z.B. vor Klassenarbeiten.

Beim Mitschreiben im Unterricht sollte man auf folgende Punkte achten:

- nur Stichwörter, wesentliche Begriffe oder wichtige Zitate notieren
- gelegentlich auch eigenständig formulieren, weil das besser im Gedächtnis haftet
- mit Abkürzungen und Symbolen arbeiten, die man verstehen kann
- die Aufzeichnungen durch Gliederungszeichen übersichtlich gestalten, z.B. durch Ziffern und Spiegelstriche
- besonders Wichtiges durch Unterstreichung hervorheben
- gelochte (linierte oder karierte) DIN-A4-Blätter verwenden, die man leicht abheften und notfalls umordnen oder ergänzen kann
- links einen Rand zum Notieren von Themenstichpunkten, Gliederungspunkten u.a. lassen
- rechts einen Rand zum Nachtragen von Punkten oder für eigene Notizen lassen
- die Blätter nur einseitig beschreiben
- die Mitschrift möglichst bald nacharbeiten.

Beispiel:

Referat Elena:
„Mein Traumberuf – Animateurin bei einem großen Touristikunternehmen"

Gehalten am: 15. Mai ...

1. Einl.: Persönl. Erfahrungen aus Ferienjob: Helferin bei Kinderbetreuung

2. Hauptt.:
2.1. Vorteile:
- *man kann lernen:*
  - *mit Menschen umgehen*
  - *Sprachen*
  - *fremde Länder und Leute*
- *man verdient gut*
- *man bleibt gesundheitl. fit und sportl.*

2.2. Nachteile:
- *oft unterwegs (weg von Zuhause)*
- *Flexibilität u. Mobilität nötig*

3. Schluss: Animateurin bei Touristikunternehmen = echter Traumberuf

1.4 Protokollieren

Wenn man über die wesentlichen Schritte eines Ablaufs, z.B. einer Konferenz, oder über die Hauptergebnisse, z.B. einer Besprechung, Unterrichtsstunde, Diskussion oder eines Experiments, berichten soll, dann kann man diese protokollieren.

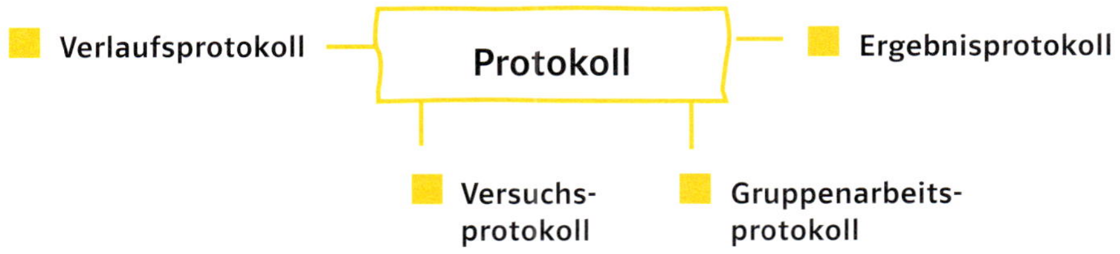

Merkmale eines Protokolls

Ein Protokoll ist ein Sachtext.

Sinn eines Protokolls ist es, …
- Informationen für Abwesende bereitzustellen
- eine Gedächtnisstütze für die Teilnehmer zu liefern
- die Grundlagen, z.B. für eine Abstimmung, festzuhalten.

Beim Verfassen eines Protokolls muss man sich an feste Vorgaben halten:
- Protokollkopf:
  - Titel der Veranstaltung (z.B. *2. Sitzung des Schülerrats im Schuljahr …*)
  - Datum und Uhrzeit (Beginn und Ende der Veranstaltung)
  - Ort (z.B. *SR-Raum*)
  - Anwesende
  - Thema (z.B. *neuer Alkohol- und Rauchererlass*)
  - Protokollant/in
- Gliederung in Punkte (z.B. *Tagesordnungspunkte = TOP*)
- Datum und Unterschrift
- Tempus: in der Regel das Präsens, gelegentlich auch das Präteritum
- Redewiedergabe: indirekte Rede mit Konjunktiv I
- Sprache: klare, sachliche Formulierungen ohne persönliche Wertung.

▸▸ **Seite 78 f.**
Indirekte Rede
LS „Sprache untersuchen – Grammatik“

Je nach Situation und Verwendungszweck kann man unterschiedliche Arten von Protokollen verfassen:

Das Ergebnisprotokoll

Wenn man sich auf die Ergebnisse, z.B. die wesentlichen Beschlüsse einer Versammlung oder die Ergebnisse einer Diskussion, beschränken soll, verfasst man ein Ergebnisprotokoll. Dabei werden die Beiträge der einzelnen Teilnehmer vernachlässigt. Es wird nur knapp zusammengefasst, wie es zu den Ergebnissen oder Beschlüssen gekommen ist.

Theodor-Heuss-Gymnasium, Schülerrat

Protokoll der Sitzung vom 19. November...
Beginn: 13.10 Uhr, Ende: 14.00 Uhr
Ort: SR-Raum
Anwesend: die Schülervertreter der Klassen 7 bis 10: ..., entschuldigt: ...
Protokoll: Sabine Reuther

▶▶ **Seite 175 ff.**
Die Diskussion
LS „Gespräche führen – Diskutieren“

TOP 1: Neuer Alkohol- und Rauchererlass des Kultusministers vom 3. 6. 2005
Eingangs stellte der SR-Sprecher Jannik Ebeling den neuen Erlass vor und verteilte dazu Kopien. Der SR soll sich dazu eine Meinung erarbeiten und diese auf der nächsten Gesamtkonferenz vorstellen.
Die Diskussion beschränkte sich fast ausschließlich auf den Schwerpunkt Rauchverbot. Folgende Aspekte wurden diskutiert:

1.1 Durchführbarkeit
Es wird bezweifelt, dass sich ein allgemeines Rauchverbot in der Schule überhaupt durchführen lasse, da es bekanntlich an Aufsichts- und Kontrollmöglichkeiten auf dem weitläufigen Schulgelände mangele. Oder aber das Rauchen werde nach außerhalb auf die Straßenseite gegenüber der Schule verlagert, wo die Aufsichtspflicht der Schule erlischt ...
1.2 Gesundheit
Grundsätzlich wird begrüßt, dass mit dem Erlass deutliche Signale für mehr Verantwortung der Schülerinnen und Schüler für ihre Gesundheit gegeben würden. Allerdings reiche ein Verbot alleine nicht aus; es müsse vielmehr in der Schule ein Präventionskonzept erarbeitet werden, das ...
1.3 Altersfrage
...
Nach ausführlicher Diskussion fasst der SR mit 28 Stimmen bei 2 Gegenstimmen und 3 Enthaltungen den Beschluss, die Durchführung des Erlasses am THG zu unterstützen, vorausgesetzt, es wird in diesem Zusammenhang ein Präventionskonzept erarbeitet. Der Beschluss soll auf der nächsten GK erläutert werden.

TOP 2: Handys im Unterricht
...
19.11... gez. Sabine Reuther

Das Verlaufsprotokoll

Wenn man über den genauen Verlauf eines Ereignisses, z. B. einer Unterrichtsstunde, einer Diskussion oder eines naturwissenschaftlichen Versuchs, berichten soll, schreibt man in der Regel ein Verlaufsprotokoll. Dabei hält man die wichtigsten Punkte oder Teilschritte des Verlaufs in der richtigen zeitlichen Abfolge fest. Ein Verlaufsprotokoll ist verhältnismäßig aufwändig und umfangreicher als ein Ergebnisprotokoll.

Beispiel:

▸▸ **Seite 175 ff.**
Die Diskussion
LS „Gespräche führen – Diskutieren“

Theodor-Heuss-Gymnasium
Klasse 8b
Deutschstunde vom 17.11. ...
Beginn: 8.40 Uhr, Ende: 9.25 Uhr
Ort: Klassenraum 101
Anwesend: die Schülerinnen und Schüler der Klasse 8b (Patrick entschuldigt), die Klassen- und Deutschlehrerin, Frau Kempf

Thema: der neue Alkohol- und Rauchererlass des Kultusministers vom 3.6.2005
Protokoll: Thomas Sander

Verlauf:

1. Vorstellen des Erlasses
2. Reaktion der Klasse
3. Diskussion

Zu 1:
Nach Begrüßung der Klasse teilte Frau Kempf den neuen Erlass des Kultusministers zum allgemeinen Alkohol- und Rauchverbot in der Schule aus und stellte den Erlass vor. Anschließend forderte sie die Klasse dazu auf, den Erlass zu diskutieren und sich eine Meinung dazu zu bilden.

Zu 2:
Die erste Reaktion der Klasse war sehr heftig und auch unsachlich. Arno und Berta kritisierten, es werde einem immer alles verboten und die da oben hätten keine Ahnung. Doris ...
Als Frau Kempf die lautstarke und unsachliche Art der Diskussion kritisierte, beschloss man, das Problem „raucherfreie Schule“ in Ruhe und vernünftig zu diskutieren. Gerlind begrüßte das Rauchverbot. Es rege zum Nachdenken über die gesundheitlichen Gefahren durch das Rauchen an und könne auch Jüngere vom Rauchen abhalten. Berta dagegen ...
...

17.11. ... gez. Thomas Sander

CD-ROM | dp3
Versuche beschreiben
LS „Informieren – Berichten – Beschreiben“

Das Versuchsprotokoll

Das Versuchsprotokoll ist in der Regel ein Verlaufsprotokoll. Dabei protokolliert man:

- die Aufgabenstellung
- die Ausgangsvermutung
- den Versuchsaufbau/die Versuchsanordnung
- den Ablauf/Verlauf des Versuchs
- das Versuchsergebnis
- die Folgerung.

Beispiel:

Aufgabenstellung: Untersuche die Veränderung von Eisen an feuchter Luft.

Ausgangsvermutung: Die Oberfläche des Eisens wird sich verändern.

Versuchsaufbau/Versuchsanordnung:

Benötigt werden:
- eine Glaswanne mit Wasser
- ein Standzylinder
- Eisenfeilspäne
- ein Stativ mit Stativklemme

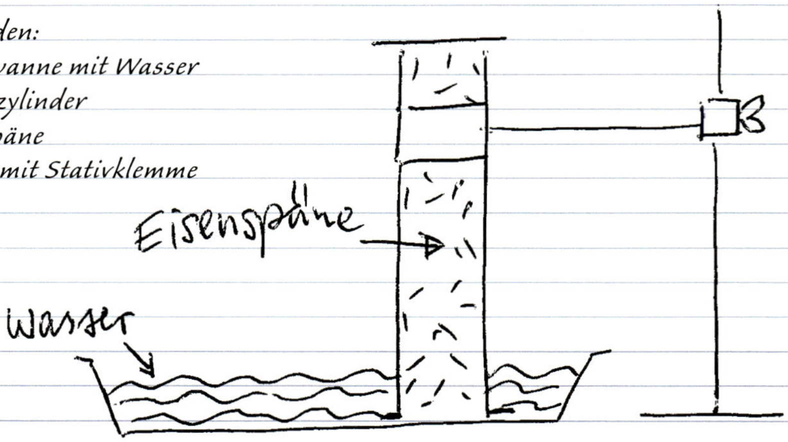

Ablauf des Versuchs:
Man füllt in die Glaswanne Wasser 2 cm hoch. Dann feuchtet man die Innenwände des Standzylinders mit Wasser an und streut feine Eisenfeilspäne hinein, so dass eine dünne Schicht an der Innenwand haften bleibt. Anschließend stellt man mit Hilfe des Stativs den Zylinder mit der Öffnung nach unten in das Wasser. Das Ganze lässt man einige Tage stehen. Danach beobachtet man a) die Veränderung des Eisens, b) den Stand des Wasserspiegels.

Versuchsergebnis:
Man beobachtet, dass sich die Eisenfeilspäne gelbrot verfärbt haben und der Wasserspiegel im Standzylinder gestiegen ist.

Folgerung:
Eisenpulver oxidiert (rostet) in feuchter Luft, dabei wird Sauerstoff verbraucht.

Das Gruppenarbeitsprotokoll

Hier gibt man das Thema und die Teilnehmerinnen und Teilnehmer an und protokolliert dann schwerpunktmäßig

- die Verteilung der Aufgaben in der Gruppe
- den Verlauf der Gruppenarbeit
- die Auswertung der Ergebnisse
- die Vorbereitung der Präsentation der Ergebnisse

oder auch alle Phasen zusammen.

Beispiel:

Thema: Islam Gruppenthema: Die fünf „Säulen" oder „Pfeiler" des Islam
Teilnehmer: Sophia, Mehmet ...
Aufgabenverteilung in der Gruppe:
1. Säule: Das Bekenntnis zu Gott (Sophia und Mehmet)
2. Säule: Pflichtgebet (...)
3. Säule: Armensteuer (...)
4. Säule: Fasten im Monat Ramadan (...)
5. Säule: Haddsch – die Wallfahrt nach Mekka (...)

Verlauf der Gruppenarbeit:
Wir beschafften uns Informationen und Material aus dem Internet, dem Religionsbuch, dem Gemeinschaftskundebuch, von der muslimischen Gemeinde, von ... und fertigten Kopien zur weiteren Bearbeitung an ...

Auswertung der Ergebnisse:

Zur 1. Säule ...
Zur 2. Säule (Pflichtgebete): Wir fanden heraus, dass für einen Muslim fünf Pflichtgebete am Tag vorgeschrieben sind: 1. vor Sonnenaufgang, 2. am Mittag, 3. am Nachmittag, 4. kurz nach Sonnenuntergang, 5. vor dem Schlafengehen.
Vor dem Gebet müssen Hände, Arme, Mund und Nasenlöcher sowie Kopf und Füße gewaschen werden.
Das Gebet soll möglichst in einer Moschee, sonst aber auf einem Gebetsteppich, notfalls auf einer Zeitung verrichtet werden. Der Betende muss sich nach Osten in Richtung Mekka wenden.
Der Betende drückt mit seiner ganzen Körperhaltung aus, dass...
Der Betende spricht: „Ich bezeuge: Es gibt keinen Gott außer Gott, und Mohammed ist sein Prophet."...

Vorbereitung der Präsentation der Ergebnisse:
Wir beschlossen die fünf Säulen mit einem Lernplakat zu veranschaulichen ... Außerdem soll Mehmet ein Pflichtgebet „vormachen" ...

2 Ein Interview durchführen

Wenn man zur Erkundung von Sachverhalten oder Problemstellungen das Wissen oder die Meinung, die Einstellung, die Bedürfnisse von Menschen ermitteln möchte, kann man eine Befragung/ein Interview durchführen. Bei dieser Gesprächsform wechseln sich Fragen und Antworten zwischen zwei oder auch mehreren Personen (dem Interviewer – der/dem/den Interviewten) ab. Ein Interview wird „auf Augenhöhe“ geführt, d.h. keiner ist dem anderen über- oder untergeordnet.

2.1 Ein Interview planen

Ein Interview sollte immer gut vorbereitet werden: Thema festlegen, Interviewabsicht klären, Fragenkatalog erarbeiten. Man kann unterschiedliche Arten von Fragen stellen:

- Meinungs- oder Wertfragen: wenn man persönliche Einstellungen, Ansichten, Meinungen ermitteln will (z.B. „*Ist es deiner Meinung nach sinnvoll, das Rauchen in der Schule ganz zu verbieten?*“)
- Tatsachen- oder Wissensfragen: wenn man einzelne Informationen (Daten, Fakten, Zahlen, Begriffe …) ermitteln will (z.B. „*Wie viele Schülerinnen und Schüler rauchen in deiner Klasse?*“)

2.2 Fragen richtig formulieren

Unabhängig von der Art der Fragen kann man Interviewfragen unterschiedlich „offen" formulieren, je nachdem, welche Arten von Antworten man bekommen möchte. Man kann zwischen drei Formulierungsweisen unterscheiden:

- geschlossene Fragen oder Entscheidungsfragen: Sie lassen sich in der Regel nur mit „ja" oder „nein" beantworten (z.B. „*Bist du Raucher?*").
- offene Fragen: Sie legen den Befragten in seiner Antwort nicht fest, sondern geben ihm die Möglichkeit, nach Wunsch ausführlich zu antworten (z.B. „*Was hältst du von einem strikten Rauchverbot in der Schule?*").
- halboffene Fragen: Solche Fragen stellt man, wenn man den Befragten nicht nur mit „ja/nein", aber auch nicht allzu weitläufig antworten lassen will (z.B. „*Würdest du Lehrerinnen/Lehrern das Rauchen in der Schule erlauben?*").

2.3 Ein Interview durchführen

Bei der Durchführung eines Interviews sollte man auf folgende Punkte achten:

- die Antworten des Befragten mit einem Kassettenrecorder aufnehmen oder in Stichpunkten auf einem Fragebogen oder Notizblock festhalten, um sie später auswerten zu können
- sich dem Interviewpartner zunächst vorstellen und sein Anliegen erläutern (wenn nicht bereits vor dem Interview geschehen)
- die Fragen klar, knapp und deutlich formulieren
- dem Befragten genügend Zeit zum Überlegen und Antworten lassen und ihm nicht ins Wort fallen
- je nach Interviewverlauf in der Lage sein, ggf. spontan neue Fragen zu formulieren
- sich bei dem Interviewpartner am Schluss bedanken.

2.4 Ein Interview auswerten

Interviewergebnisse untersucht man am besten auf bestimmte Gesichtspunkte hin, die man, z.B. farbig, markiert oder – bei einer Kassettenrekorder-Aufzeichnung – herausschreibt. Die Ergebnisse kann man in einem ausformulierten Text festhalten.

Beispiel:

Auf die Frage „Was hältst du von einem allgemeinen Rauchverbot an der Schule?" äußerten sich ca. 30 Prozent der Befragten ablehnend. Sie wiesen ganz überwiegend auf die mangelnde Durchführbarkeit eines solchen Verbots hin, vor allem wegen unzureichender Kontrollmöglichkeiten (etwa die Hälfte der Ablehnenden). Weiter machten viele darauf aufmerksam, dass das Problem nur aus der Schule heraus-verlagert würde ...
Ungefähr 40 Prozent der Befragten sprachen sich für ein allgemeines Rauchverbot in der Schule aus. Davon betonte etwa die Hälfte, dass sich durch ein Rauchverbot ...
Etwa 30 Prozent der Befragten zeigten sich unentschieden oder hatten keine Meinung ...

3 Zitieren

3.1 Textstellen zitieren

Wenn man beim Untersuchen und Beschreiben eines Textes wichtige Stellen wörtlich wiedergeben will, muss man sie zitieren:

- Zitate werden immer wortwörtlich übernommen.
- Auslassungen werden durch [...] gekennzeichnet.
- Zitate stehen in Anführungszeichen.
- Am Ende des Zitats gibt man in Klammern die Zeile des Textes an, den man zitiert (ggf. auch die Seite; bei Gedichten kann man die Strophe und den Vers angeben, z.B. *I, 3*).

▶▶ **Seite108 f.**
Wer sagt, was schön ist?
LS „Schönheit – Lust oder Frust?"

Beispiel:

In seinem Artikel weist Stefan König auf neue Forschungsbefunde hin, die bestätigen, „dass das Wesen der ‚schönen Schale' überall in der Natur [...] durch Symmetrie bedingt ist" (Seite 108 f., Zeilen 11–14).

3.2 Quellen angeben

Zitiert man aus einem Buch, das nicht allen vorliegt, so muss man die Textquelle genau angeben.
Auch im Internet sind die Informationen und Texte rechtlich geschützt. Deshalb müssen Textstellen, die man wörtlich aus einem Internettext übernimmt, als Zitate gekennzeichnet werden, und die Quelle muss genau angegeben werden.

- Zitieren aus einem Buch:
  Verfassername, Vorname: Titel. Verlag, Erscheinungsort und -jahr

Beispiel:

Spinelli, Jerry: East End, West End und dazwischen Maniac Magee. dtv junior, München 2002, Seite 20

- Zitieren aus einer Zeitschrift:
  Verfassername, Vorname: Titel. In: Name der Zeitschrift, ggf. Jahrgang. Jahr, Nr. der Ausgabe, Seite

Beispiel:

Schrep, Bruno: Protokoll der Angst. In: DER SPIEGEL, 2003, Nr. 18, Seite 55–60

- Zitieren aus dem Internet:
  Verfassername, Vorname bzw. Autor (ggf. Jahr): Titel. Adresse. Abrufdatum (den Namen des Verfassers/der Verfasserin findet man im Impressum der Website)

Beispiel:

Gymnasium Ulricianum Aurich (2003): Holes by Louis Sachar. http://www.ulricianum-aurich.de/10a/holes/holes_start.htm.15.06.2005

Sachregister

Autorenverzeichnis

Auer, Martin
(* 1951 in Wien)
Vor seiner erfolgreichen Schriftstellerkarriere spielt er unter anderem Theater, gründet eine Band, tritt als Liedermacher auf und versucht sich als Zauberkünstler. Seit 1984 arbeitet er als freier Schriftsteller und Musiker, 1986 veröffentlicht er sein erstes Kinderbuch. Inzwischen sind über dreißig weitere, vor allem Bilder- und Geschichtenbücher (zum Beispiel „Bimbo und sein Vogel“, „Lieschen Radieschen und der Lämmergeier“) erschienen, in vielen Lesebüchern finden sich Gedichte von ihm. Neben anderen Auszeichnungen erhält der Autor 1990 den Kinderbuchpreis des Kultusministers von Nordrhein-Westfalen, in den Jahren 1994, 1998 und 2000 den Österreichischen Kinder- und Jugendbuchpreis und 1997 und 1999 den Kinder- und Jugendbuchpreis der Stadt Wien.
Über die Erde 134

Ausländer, Rose
(eigtl. Rosalie Beatrice „Ruth“ Scherzer)
(* 1901 in Czernowitz/Österreich-Ungarn, † 1988 in Düsseldorf)
Sie verlebt eine glückliche Kindheit, muss aber 1916 mit ihrer Familie, die zur deutschsprachigen jüdischen Bevölkerung zählt, nach Budapest und von dort aus nach Wien fliehen. Wieder in Czernowitz studiert sie ab 1920 Literaturwissenschaft und Philosophie an der dortigen Universität. Nachdem sie zwischenzeitlich schon einmal in Amerika lebte, wandert sie 1939 ein zweites Mal in die USA aus, kehrt jedoch im selben Jahr zu ihrer schwerkranken Mutter zurück, um sie zu pflegen. Als die deutschen Truppen im Juli 1941 ihre Stadt besetzen, wird das jüdische Viertel zum Ghetto. Dort lebt sie jahrelang mit Zehntausenden jüdischen Bewohnern unter menschenunwürdigen Bedingungen. Nach dem Krieg reist sie viel, bis sie schließlich aus gesundheitlichen Gründen ab 1971 im Nelly-Sachs-Altenheim der jüdischen Gemeinde in Düsseldorf ihren Lebensabend verbringt. Bis zu ihrem Tod entstehen dort die meisten ihrer in mehrere Sprachen übersetzten literarischen Werke, für die sie zahlreiche Preise erhält. 1984 wird ihr das Große Verdienstkreuz des Verdienstordens der Bundesrepublik verliehen.
Gemeinsam 131
Herbstlicher Ausschnitt 203

Becker, Jürgen
(* 1932 in Köln)
Nach dem Abitur studiert er zunächst Theaterwissenschaften, Germanistik und Kunstgeschichte, bricht das Studium aber ab, um sich dem Schreiben zu widmen. Er gehört zur „Gruppe 47“, einer nach dem Krieg gegründeten, für die Literaturentwicklung der Bundesrepublik Deutschland bedeutsamen Schriftstellervereinigung. Ab 1959 arbeitet er für den WDR (Westdeutschen Rundfunk), wird Lektor beim Rowohlt Verlag und Leiter des Theaterverlags beim Suhrkamp Verlag Frankfurt sowie von 1974 bis 1994 Leiter der Hörspielredaktion des Deutschlandfunks Köln. Neben seiner größtenteils experimentellen Prosa (wie zum Beispiel „Ränder“ und „Die Abwesenden“) verfasst er auch Hörspiele und Dramen. Er erhält zahlreiche Preise und Auszeichnungen, darunter 1967 den Preis der „Gruppe 47“ und 1995 den Heinrich-Böll-Preis der Stadt Köln sowie den Uwe-Johnson-Preis 2001.
Natur-Gedicht 130

Benjamin, Walter
(* 1892 in Berlin, † 1940 Port Bou/spanischer Grenzort)
Nach dem Abitur beginnt er ein Studium der Philosophie, Germanistik und Kunstgeschichte in Freiburg im Breisgau, später in Berlin. 1919 promoviert er in Bern, beschäftigt sich in den 1920er-Jahren mit dem Marxismus. Ab 1925 lebt er als freier Autor und Kritiker in Berlin und verfasst Essays zur klassischen und modernen Literatur. Er reist nach Moskau, freundet sich mit dem Dichter Bertolt Brecht an. 1933 muss er nach Paris emigrieren. Im Exil entstehen bedeutende gesellschafts- und kunstkritische Schriften (zum Beispiel 1936 „Das Kunstwerk im Zeitalter seiner technischen Reproduzierbarkeit"); heute gilt der Autor als einer der führenden marxistischen Literaturtheoretiker. Nach der Besetzung Frankreichs durch die deutschen Truppen versucht er 1940 in die USA zu emigrieren; aus Angst vor einer Auslieferung an die deutsche Geheime Staatspolizei (Gestapo) nimmt er sich schließlich das Leben.
Erdbeben von Lissabon 142–145

Bērziņa, Ērika
Zu dieser Autorin existieren keine biografischen Angaben.
Ich bin so jung 107

Borchert, Wolfgang
(* 1921 in Hamburg, † 1947 in Basel)
Der schon frühzeitig unheilbar erkrankte Autor beginnt 1939 eine Buchhändlerlehre, die er Ende 1940 abbricht. Er nimmt Schauspielunterricht und veröffentlicht seine ersten Gedichte, 1941 erhält er ein Engagement als Schauspieler an einer Wanderbühne. Doch schon im gleichen Jahr wird er zum Kriegsdienst eingezogen. Die nächsten Jahre sind vor allem von Verwundung, Krankheit und Gefängnishaft geprägt. 1945 flieht er aus französischer Gefangenschaft und wird schließlich Regieassistent am Hamburger Schauspielhaus. 1946 veröffentlicht er die in den Jahren 1940 bis 1945 entstandenen Gedichte. Heute gilt er als der bekannteste Vertreter der so genannten „Trümmerliteratur" (Bezeichnung für die Nachkriegsliteratur der Jahre 1945 bis 1950). Vor allem seine Kurzgeschichten, in denen menschliche Schicksale der Kriegs- und Nachkriegsjahre thematisiert werden, sowie das Stück über einen Kriegsheimkehrer „Draußen vor der Tür" erlangen große Bedeutung.
Die Küchenuhr 196, 197

Brecht, Bertolt
(* 1898 in Augsburg, † 1956 in Berlin)
Er studiert Medizin und Literatur in München, veröffentlicht 1922 sein erstes Theaterstück. Ab 1924 lebt er in Berlin als freier Schriftsteller und Regisseur und wendet sich dem Marxismus zu. Er emigriert 1933 zunächst nach Dänemark, 1941 schließlich in die USA. 1947 muss er sich dort vor dem von dem konservativen Senator McCarthy geleiteten, berüchtigten Komitee für unamerikanisches Verhalten verantworten und verlässt kurz darauf die USA. In der damaligen DDR (in Ost-Berlin) gründet er zusammen mit seiner Frau, der Schauspielerin Helene Weigel, das berühmte „Berliner Ensemble". Aufgrund seiner zahlreichen Theaterstücke, wie zum Beispiel „Baal", „Mutter Courage und ihre Kinder", „Der aufhaltsame Aufstieg des Arturo Ui" oder „Leben des Galilei", gilt er als einer der bedeutendsten deutschen Dramatiker. Von seinen Erzählungen sind vor allem die „Kalendergeschichten" und die „Geschichten vom Herrn Keuner" bekannt geworden; zahlreiche Gedichte sowie Arbeiten für Kinder belegen seine großartige künstlerische Vielfalt.
Von der Freundlichkeit der Welt 134

Brinkmann, Rolf Dieter
(* 1940 in Vechta, † 1975 in London)
Er absolviert eine Buchhandelslehre und arbeitet dann als freier Schriftsteller. Seine Prosatexte und Gedichte sind zunächst noch vom französischen „nouveau roman“ (einem modernen französischen Literaturstil) beeinflusst, später orientiert er sich an der amerikanischen Avantgarde, was ihn bald zu einem führenden deutschen Vertreter der modernen Literatur in den 1960er-Jahren macht. Mit seinen Veröffentlichungen, aber auch mit seiner Lebenshaltung provoziert er häufig seine Leser und Kritiker. Seine Sprache wirkt häufig collagenartig, durchzogen von Elementen aus Film, Comics, Werbespots und Jazzmusik. Verdient macht er sich auch als Herausgeber von Anthologien mit Übersetzungen der amerikanischen Beat-Literatur.
Zwischen den Zeilen 60

Dahl, Roald
(* 1916 in Llandaff bei Cardiff, † 1990 in Great Missenden/Buckinghamshire)
Der Sohn norwegischer Eltern geht bereits mit 18 Jahren als Firmenrepräsentant von Shell Oil nach Tansania. 1942 beginnt er zu schreiben. Neben seinen zahlreichen Veröffentlichungen für Kinder verfasst er Filmdrehbücher (unter anderem für James-Bond-Filme). Seine Popularität bei den Erwachsenen verdankt er vor allem den über 60 schwarzhumorigen Kurzgeschichten, die oft mit einer alltäglichen Situation beginnen und dann schockierend enden. Besonders bekannt sind die Sammlungen „Küsschen Küsschen“ und „Kuschelmuschel“. Einige seiner Kinderbücher zählen zu den beliebtesten des 20. Jahrhunderts, so zum Beispiel „Danny oder Die Fasanenjagd“ und „Der fantastische Mister Fox“. Für das Buch „Sophiechen und der Riese“ erhält er 1985 den Deutschen Jugendliteraturpreis.
Der Wunsch 42–44

Domin, Hilde
(* 1909 in Köln, † 2006 in Heidelberg)
Sie studiert Philosophie, Soziologie, Jura und Politologie in verschiedenen deutschen Städten. Aufgrund ihrer jüdischen Herkunft emigriert sie 1932 nach Italien, wo sie promoviert. Ab 1940 lebt sie mit ihrem Mann in der Dominikanischen Republik. Erst 1954 kehrt sie nach Deutschland zurück. Mit ihrer sehr persönlichen, sprachlich einfachen, aber eindringlichen Lyrik erreicht sie dort eine große Leserschaft; gleichzeitig bringt sie ihr auch die Anerkennung der Kritik ein. So erhält sie 1992 den bedeutenden Hölderlin-Preis.
Unaufhaltsam 60

Eikenbusch, Gerhard
Der Autor ist Lehrer, arbeitet seit vielen Jahren in der Lehrerfortbildung und genießt in Fachkreisen als Experte für die Bereiche Schulentwicklung, Evaluation und Qualitätssicherung des Unterrichts großes Ansehen.
Und jeden Tag ein Stück weniger von mir (Auszug) 112, 113

Fels, Ludwig
(* 1946 in Treuchtlingen)
Er absolviert eine Malerlehre, wird Barbesitzer in der Türkei und verdingt sich als Hilfsarbeiter. Seit 1973 ist er freier Schriftsteller, schreibt vorwiegend für Erwachsene. Es sind die zumeist sozial Benachteiligten, die im Mittelpunkt des Geschehens stehen. Zu seinen bekanntesten Werken zählen die Romane „Ein Unding der Liebe“, „Rosen für Afrika“ und „Mister Joe“. Aber auch Hörspiele, dramatische Texte und Gedichte veröffentlicht er. Neben anderen Auszeichnungen erhält er 1992 den Kranichsteiner Literaturpreis und 2004 den Wolfgang-Koeppen-Preis.
Natur 131

Franke, Herbert W.
(* 1927 in Wien)
Er studiert Physik, Mathematik, Chemie, Psychologie und Philosophie. Seit 1957 arbeitet er als freier Schriftsteller, wird bekannt vor allem mit seinen Sciencefiction-Geschichten. Darüber hinaus beschäftigt er sich unter anderem mit Computergrafik und Computerkunst, promoviert auf dem Gebiet der theoretischen Physik und lehrt über 20 Jahre an der Universität in München „Kybernistische Ästhetik“. Auch als Zukunfts- und Höhlenforscher ist er tätig. Für viele Kritiker zählt er zu den bedeutendsten deutschsprachigen Sciencefiction-Autoren.
Der Schmarotzer 38, 39

Fried, Erich
(* 1921 in Wien, † 1988 in Baden Baden)
Als Kind jüdischer Eltern emigriert er nach der Ermordung des Vaters 1938 nach London. Nach einer Reihe von Gelegenheitsjobs arbeitet er ab 1952 bis 1968 als politischer Kommentator für die BBC und wird Mitglied der „Gruppe 47“. Als Lyriker erwirbt er sich großes Ansehen, sein politisches Engagement stößt aber auch auf Kritik. Er nimmt an Demonstrationen der Studenten teil, bezieht öffentlich Stellung gegen den Vietnamkrieg und kämpft mit seinen literarischen Mitteln gegen alle Formen staatlicher Gewalt und Bevormundung.
Er gilt heute als einer der Hauptvertreter der politischen Lyrik der Nachkriegszeit. 1979 veröffentlicht er den Band „Liebesgedichte“, der zu einem der erfolgreichsten deutschen Lyrikbände wird und eine große Leserschaft findet. 1987 erhält er den Georg-Büchner-Preis. Einen Namen macht er sich aber auch als bedeutender Übersetzer der Werke William Shakespeares.
Meer 137

Goethe, Johann Wolfgang von
(* 1749 in Frankfurt am Main ,
† 1832 in Weimar)
Er studiert in Leipzig Jura, macht dort die Bekanntschaft mit so berühmten Vertretern der Aufklärung wie Christian Fürchtegott Gellert und Johann Christoph Gottsched. In der Sturm- und Drang-Periode schreibt er so bekannte Stücke wie das Drama „Götz von Berlichingen“. Durch seine Italienreisen erhält er wertvolle Anregungen für sein weiteres literarisches vielfältiges Schaffen. Er gilt heute als der bedeutendste und universale deutsche Dichter und wird häufig „Dichterfürst“ genannt. Das berühmteste Werk ist sein zweiteiliges Drama „Faust“; auch andere Theaterstücke wie „Egmont“ oder „Torquato Tasso“ werden heute noch gespielt. Darüber hinaus sind Romane wie „Die Leiden des jungen Werthers“, „Die Wahlverwandtschaften“ und „Wilhelm Meister“ von bleibendem literarischen Wert. Viele seiner Balladen (unter anderem die vom „Erlkönig“ und „Der Zauberlehrling“) und Gedichte finden sich in heutigen Schullesebüchern.
Aus meinem Leben. Dichtung und Wahrheit (Auszug) 146
Meeresstille 136

Hahn, Ulla
(* 1945 in Brachthausen/Sauerland)
Sie studiert Germanistik, Geschichte und Soziologie, ab 1979 ist sie als Kulturredakteurin bei Radio Bremen tätig. Schon ihre ersten Lyrikveröffentlichungen sind überaus erfolgreich, so erhält sie 1981 den renommierten Leonce-und-Lena-Preis und 1985 den Hölderlin-Preis. Ab 1987 lebt sie als freie Schriftstellerin, veröffentlicht weitere Gedichtbände, erhält 1994 eine Professur für Poetik an der Universität in Heidelberg. 1991 erscheint ihr umstrittener erster Roman „Ein Mann im Haus“. In den letzten Jahren hat sie sich vor allem mit weiteren Romanveröffentlichungen

hervorgetan. Besonders erfolgreich ist „Das verborgene Wort“, für den sie 2002 den Deutschen Bücherpreis erhält.
Bildlich gesprochen 139
Schöne Landschaft 135

Heine, Heinrich
(* 1797 in Düsseldorf, † 1856 in Paris)
Der Sohn einer jüdischen Kaufmannsfamilie studiert Jura, tritt 1825 zum protestantischen Glauben über und veröffentlicht mit 20 Jahren seine ersten Gedichte. Er gilt als einer der wichtigsten Lyriker des 19. Jahrhunderts. Der volksliedhafte Charakter seiner Gedichte, die häufige ironische Brechung und die moderne Sprache haben wesentlich dazu beigetragen. Zu seinen populärsten Veröffentlichungen gehören „Das Buch der Lieder“ aus dem Jahre 1827 und das satirische Versepos „Deutschland, ein Wintermärchen“ aus dem Jahre 1844, in dem er die gesellschaftlichen Zustände in Deutschland kritisiert. Viele seiner lyrischen Texte werden auch von bekannten Komponisten wie Robert Schumann und Franz Schubert vertont. Große Anerkennung finden schon zu Lebzeiten auch seine Reisebilder (zum Beispiel 1826 „Die Harzreise“). 1831 geht er als Zeitungskorrespondent nach Frankreich, wo er bis zu seinem Tod lebt. 1835 werden seine gesamten Schriften in Deutschland verboten.
Im Mondenglanze ruht das Meer 136

Hübner, Lutz
(* 1964 in Heilbronn)
Nach einem kurzzeitigen Studium absolviert er eine Schauspielausbildung, tritt auf verschiedenen Bühnen des Landes auf; ab 1990 arbeitet er zusätzlich auch als Theaterregisseur. Seit 1996 ist er freiberuflich. Mit seinen zahlreichen Theaterstücken, die vor allem für Jugendliche gedacht sind, macht er sich einen Namen als Dramatiker. Sein bisher erfolgreichstes Stück „Das Herz eines Boxers“, für das er 1998 den Deutschen Jugendtheaterpreis erhält, wird 1996 am GRIPS Theater in Berlin uraufgeführt und erlebt bis heute etliche Neuinszenierungen. In der Spielzeit 1999/2000 ist er laut Statistik der meistgespielte deutschsprachige Autor. Auch sein Stück „Creeps“, ein Jahr später, wird ein großer Publikumsrenner.
Creeps 50–57, 209, 212

Kant, Immanuel
(* 1724 in Königsberg, † 1804 in Königsberg)
Er studiert Naturwissenschaften, Mathematik und Philosophie, lehrt ab 1756 an der Universität Königsberg. Mit seiner Schrift „Die Kritik der reinen Vernunft“ im Jahre 1781 begründet er die Erkenntnistheorie. Die meisten seiner philosophischen Arbeiten stellen hohe Ansprüche an den Leser, sodass zu seinen Lebzeiten nur wenige von ihnen von einem größeren Publikum gelesen werden. Auf Dichter wie Friedrich Schiller und Johann Wolfgang Goethe oder Philosophen wie Johann Gottlieb Fichte, Georg Wilhelm Friedrich Hegel, Arthur Schopenhauer, Friedrich Nietzsche, später auch auf Martin Heidegger üben sie einen großen Einfluss aus. Deshalb gilt er heute als der bedeutendste deutsche Philosoph.
ohne Titel 148

Kaschnitz, Marie Luise
(eigtl. Freifrau von K.-Weinberg)
(* 1901 in Karlsruhe, † 1974 in Rom)
Nach einer Buchhändlerlehre arbeitet sie in einem Antiquariat in Rom. Nach ihrer Heirat mit einem Archäologen kehrt die dem elsässischen Adel Entstammende 1932 nach Deutschland zurück, verbringt mit ihrem Mann viele Jahre an unterschiedlichen Orten und begibt sich auf lange Studienreisen. Nach dem Tod ihres Mannes lebt sie ab 1958 als freie Schriftstellerin in Frankfurt am Main, wo sie als Gastdozentin für Poetik tätig ist.

Die Werke der bekannten deutschen Lyrikerin und Erzählerin sind von einer humanistisch-christlichen Haltung geprägt, vor allem ihre Gedichte sind sprachlich und formal anspruchsvoll gestaltet. 1955 erhält sie den Georg-Büchner-Preis.
Zu Hause 36

Kästner, Erhart
(* 1904 in Schweinfurt, † 1974 in Staufen/Breisgau)
Nach dem Studium der Germanistik an der Universität Leipzig arbeitet er ab 1929 als Bibliothekar in der Sächsischen Landesbibliothek in Dresden, wo er Leiter der Handschriftenabteilung wird und das Buchmuseum der Bibliothek aufbaut. Von 1936 bis 1938 ist er Sekretär des bekannten Dichters Gerhart Hauptmann. Ab 1940 nimmt er als Soldat in Griechenland am Krieg teil, gerät später in britische Kriegsgefangenschaft, aus der er 1947 entlassen wird. Von 1950 bis 1968 ist er Direktor der Herzog-August-Bibliothek in Wolfenbüttel. Schriftstellerischen Erfolg hat er vor allem mit seinen beiden Griechenland-Büchern „Ölberge, Weinberge" und „Die Stundentrommel vom heiligen Berg Athos", in denen er anhand seiner Reiseerlebnisse von Land und Leuten erzählt.
Ölberge, Weinberge (Ausschnitt) 124

Kerner, Justinus Andreas Christian
(* 1786 in Ludwigshafen, † 1862 in Weinsberg)
Er studiert in Tübingen Medizin, lebt und arbeitet er ab 1819 als Oberamtsarzt in Weinberg. Sein Wohnhaus, das bekannte „Kernerhaus", wird zu einem beliebten Treffpunkt für Dichter, Fürsten und andere Zeitgenossen. Mit dem Dichter Ludwig Uhland verbindet ihn eine lebenslange Freundschaft. Aufgrund seiner empfindsamen Gedichte und Erzählungen gilt er als der bedeutendste Spätromantiker der schwäbischen Dichterschule. Sein erster 1811 veröffentlichter Roman „Reiseschatten" ist sein bekanntestes und auch wichtigstes Werk. In ihm setzt er sich teilweise mit satirischen Mitteln mit den Gegnern der Romantik auseinander.
Der Grundton der Natur 130

Kirsch, Sarah
(eigtl. Ingrid Bernstein)
(* 1935 Limlingerode/Harz)
In der damaligen DDR studiert sie Biologie und Literatur. Von 1960 bis 1968 ist sie mit dem bekannten Schriftsteller Rainer Kirsch verheiratet. Ihr Vornamen-Pseudonym wählt sie aus Protest gegen die Massenvernichtung der Juden während der NS-Zeit und aufgrund des Antisemitismus ihres verstorbenen Vaters. 1976 gehört sie zu den Erstunterzeichnern des Protestschreibens gegen die Ausbürgerung des Liedermachers Wolf Biermann. Sie wird aus der SED (der Sozialistischen Einheitspartei Deutschlands) und dem Schriftstellerverband der DDR ausgeschlossen. 1977 siedelt sie nach West-Berlin über. Für ihre Gedichte, in denen sie häufig menschliche Befindlichkeiten und Natureindrücke miteinander in Beziehung setzt, erhält sie unter anderem den Georg-Büchner-Preis. Neben ihren Lyrikbänden und Prosawerken ist sie auch mit ihrem bildnerischen Schaffen hervorgetreten.
In den Wellen 137
Nach dem Gewitter 133

Kleist, Heinrich von
(* 1777 in Frankfurt/Oder, † 1811 in Wannsee/Berlin)
Mit 15 Jahren tritt er entsprechend der Familientradition in das Potsdamer Garderegiment ein; nach seinem bewilligten Militärabschied studiert er 1799 Naturwissenschaften, Kulturgeschichte und Kameralwissenschaften (Finanzwissenschaft). Doch er gibt sein Studium schon nach kurzer

Zeit auf. 1804 beginnt er, im preußischen Staatsdienst zu arbeiten, 1807 wird er als vermeintlicher Spion verhaftet, gerät für einige Monate in französische Gefangenschaft. Als Schriftsteller erzielt er mit seinen Novellen „Die Marquise von O..." und „Michael Kohlhaas" zwar Achtungserfolge, aber vor allem seine Dramen stoßen auf Ablehnung, da sie für die damalige Zeit zu radikal erscheinen. So bleibt er mit seinen literarischen Arbeiten, die sich weder der Klassik noch der Romantik zuordnen lassen, heute aber als bedeutend und innovativ (erneuernd) gelten, ein Außenseiter. Mittellos und verkannt nimmt er sich gemeinsam mit der krebskranken Freundin Henriette Vogel das Leben.
Das Erbeben in Chili (Auszug) 147

Kolonko, Petra
Die promovierte Journalistin arbeitet seit vielen Jahren als Korrespondentin der Frankfurter Allgemeinen Zeitung (FAZ) in Peking. Sie verfasst Kolumnen und Rezensionen und ist auch als Herausgeberin in Erscheinung getreten.
Engere Anbindung 100, 101

Konrád, György
(* 1933 in Debrecen/Ungarn)
Der Sohn einer jüdischen Familie muss bereits mit 11 Jahren nach der Deportation der Eltern untertauchen. Später studiert er Soziologie, arbeitet als Jugendbetreuer. Mit seinen Romanen und Essays erlangt er in Ungarn große Popularität und wird er in den 1970er-Jahren zu einem der intellektuellen Wortführer. Seine Romane wie „Die Besucher", in denen er sich literarisch anspruchsvoll, zugleich aber auch spannend und inhaltsreich mit den gesellschaftlichen Verhältnissen in seinem Land auseinandersetzt, werden teilweise nur in gekürzter Fassung veröffentlicht, die vollständigen Originalfassungen erscheinen auf Deutsch. 1991 wird er mit dem Friedenspreis des Deutschen Buchhandels ausgezeichnet. Von 1997 bis 2003 ist er Präsident der Akademie der Künste in Berlin.
Die Budapester 125

Kötter, Ingrid
(* 1934 in Hagen)
Sie schließt erfolgreich eine Lehre als Großhandelskauffrau ab und ist als Sekretärin und Assistentin im Personalwesen tätig. Von 1962 an widmet sie sich ihren Kindern. Ab 1972 ist sie freie Mitarbeiterin des Senders Freies Berlin; seit 1976 schreibt sie Kindergeschichten für das NDR-Vorschulprogramm und Drehbücher für Fernsehserien der ARD und des ZDF (zum Beispiel „Das feuerrote Spielmobil", „Neues aus Uhlenbusch"). Außerdem veröffentlicht sie zahlreiche Kinderbücher, für die sie mehrere Auszeichnungen erhält.
Nasen kann man so und so sehen 110, 111

Krolow, Karl
(* 1915 in Hannover, † 1999 in Darmstadt)
Er studiert Germanistik, Kunstgeschichte, Romanistik und Philosophie. Schon frühzeitig tritt er mit Gedichten hervor, seit 1942 ist er als freier Schriftsteller tätig. Die Gedichte entwickeln sich ausgehend von der Naturlyrik hin zu einer strengen rhythmischen Form, die sprachlichen Bilder werden einfach, aber eindringlich gestaltet. 1956 erhält er den Georg-Büchner-Preis. In den Jahren 1960 und 1961 ist er als Dozent für Poetik in Frankfurt am Main tätig. Seine dortigen Vorlesungen gelten als herausragende Zeugnisse der deutschen modernen Literatur. Neben seinen bedeutenden Lyrik-Veröffentlichungen tritt er als Übersetzer französischer und spanischer Gedichte und als Herausgeber von Anthologien hervor, ab 1979 veröffentlicht er auch Erzählungen und andere Prosawerke.
Erinnerung an Feuer 138
Frühjahr der alten Leute 185

Manguel, Alberto
(* 1948 in Buenos Aires)
Der Sohn eines argentinischen Diplomaten verbringt seine Kindheit in verschiedenen Ländern. Er studiert vergleichende Literaturwissenschaft und arbeitet in vielen europäischen Städten sowie in Buenos Aires und Toronto als Verlagslektor und Literaturdozent sowie Übersetzer. 1988 erhält er die kanadische Staatsbürgerschaft. 1996 veröffentlicht er „Eine Geschichte des Lesens“; in ihr zeichnet er die Kulturgeschichte der Buchrezeption von der Antike bis heute nach. Dafür wird er mit dem Prix Médicis ausgezeichnet. Er ist außerdem Herausgeber von Anthologien und Kurzgeschichten, schreibt Theaterstücke, Essays und Filmskripte.
Eine Geschichte des Lesens (Auszug) 215, 218

Marti, Kurt
(* 1921 in Bern)
Er studiert evangelische Theologie und ist von 1963 bis 1983 Pfarrer an der Nydeggkirche in Bern. Von da an arbeitet er als freier Schriftsteller. Sein umfangreiches literarisches Werk umfasst Erzählungen, einen Roman, Gedichte, Tagebücher, Essays. Seine Predigten und Aufsätze, Gedichte und Aphorismen weisen ihn als engagierten und kritischen Zeitgenossen aus. In den 1960er-Jahren gerät er sogar in den unbegründeten Verdacht, ein Kommunist zu sein und auf den Umsturz der staatlichen Ordnung hinzuwirken (subversive Tätigkeit). Aus diesem Grunde wird ihm auch eine Professur an der Universität in Bern verweigert. Er ist Mitbegründer der „Erklärung von Bern“ für mehr Solidarität mit der Dritten Welt und Ehrendoktor der Theologischen Fakultät in Bern. 1997 wird er mit dem Kurt-Tucholsky-Preis für literarische Publizistik ausgezeichnet.
Neapel sehen (Anfang) 189

Reding, Josef
(* 1929 in Castrop-Rauxel)
Als Angehöriger des Volkssturms gerät er 1944 in amerikanische Kriegsgefangenschaft, arbeitet dann zunächst als Betonarbeiter, bevor er Germanistik, Anglistik, Psychologie und Kunstgeschichte studiert. Seine schriftstellerische Laufbahn beginnt mit der Veröffentlichung von Jugendbüchern. Später setzt er seine Studien in den USA fort, etliche seiner erfolgreichen Kurzgeschichten sind von der amerikanischen Short Story beeinflusst. 1958 entsteht der erfolgreiche Kurzgeschichtenband „Nennt mich nicht Nigger“. In den USA arbeitet er für die Bürgerrechtsbewegung Martin Luther Kings. Er engagiert sich in der katholischen Jugendbewegung, arbeitet ein Jahr im Grenzdurchgangslager Friedland. Sein Bericht „Friedland – Chronik einer Heimkehr“ aus dem Jahre 1956 gilt als zeithistorisches Dokument. Auch als Erwachsener arbeitet er aktiv in der katholischen Kirche, in vielen seiner Werke spiegelt sich seine christliche Gesinnung wider.
Generalvertreter Ellebracht begeht Fahrerflucht (Anfang) 189

Roth, Eugen
(* 1895 in München, † 1976 in München)
Nachdem er im Ersten Weltkrieg 1914 schwer verwundet wird, studiert er an der Universität in München Geschichte, Kunstgeschichte, Germanistik und Philosophie. Er arbeitet zunächst als Lokalredakteur, bevor er 1935 mit seinem Buch „Ein Mensch“ seinen ersten großen schriftstellerischen Erfolg feiert. Wie kaum einem anderen zuvor gelingt es ihm dabei, den Leser zugleich zu erheitern, aber auch nachdenklich zu stimmen. Aufgrund dieser besonderen Fähigkeit gehört er auch heute noch zu den meistgelesenen deutschsprachigen Autoren, begeistert sein Wortwitz nach wie vor viele Leser.
Vor dem Gewitter 132

Rühm, Gerhard
(* 1930 in Wien)
Nach einer Ausbildung als Musiker gilt sein Interesse vorrangig der Literatur. Als Mitbegründer der so genannten „Wiener Gruppe" beschäftigt er sich fortan mit verschiedenen experimentellen Formen von Sprache (Dialektgedichte, Lautgedichte, visuelle Poesie); viele seiner Arbeiten (auch die des „konkreten" Theaters) bewegen sich im Grenzbereich von Musik, Sprache, Gestik und Visuellem. Als Hörspielautor leistet er Pionierarbeit im Hinblick auf eine akustische Kunst, die das konventionelle (also bisher übliche) Rollenspiel durch sprachliche und geräuschhafte Klangereignisse ersetzt. 1991 erhält er den Großen Österreichischen Staatspreis für Literatur.
naturbeschreibung 130

Sand, George
(eigtl. Amadine Aurore-Lucie Dupin)
(* 1804 in Paris, † 1876 auf Schloss Nohant)
Sie wird von ihrer Großmutter auf dem Land aufgezogen und in einem Pariser Kloster ausgebildet, heiratet mit 18 Jahren einen Baron, dem sie aber schon nach wenigen Ehejahren untreu wird. Sie raucht in der Öffentlichkeit, trägt Hosen und genießt ein freizügiges Leben mit verschiedenen Liebhabern. Doch nicht nur die unkonventionelle Lebensweise, sondern ebenso ihre zahlreichen Prosaveröffentlichungen machen sie berühmt, allen voran der unter ihrem Künstlernamen 1832 veröffentlichte Roman „Indiana", in dem sie für Gleichberechtigung und freie Liebe eintritt. Später engagiert sie sich politisch-sozial, was sich ebenso in einigen Romanen widerspiegelt. Desillusioniert von den Ergebnissen der 1848er-Revolution zieht sie sich aus dem öffentlichen Leben zurück und verfasst Dorf- und Heimatromane. Ihre Werke haben heute vor allem historischen Wert.
Ein Winter auf Mallorca 125

Schostack, Renate
(eigtl. Renate Kühnert-Schostack)
(* 1938 in Pforzheim)
Sie studiert Germanistik und Geschichte und promoviert im Jahre 1964 zum Doktor der Philosophie. Seit 1969 ist sie für die Frankfurter Allgemeine Zeitung (FAZ) als Korrespondentin in London und München tätig. Neben ihrer journalistischen Tätigkeit tritt sie aber auch als Schriftstellerin von Romanen und Erzählungen hervor. In ihnen schildert sie vorrangig aus weiblicher Perspektive vor allem Beziehungsprobleme von Männern und Frauen. 1984 erhält sie den Preis der Jury beim wichtigen Ingeborg-Bachmann-Wettbewerb in Klagenfurt und 1989 den Preis für Wissenschaftsjournalismus des Deutschen Anglistenverbandes.
Babylon. Londoner Notizen 124

Schottelius, Justus Georg
(* 1612 in Einbeck, † 1676 in Wolfenbüttel)
Der Sohn eines Pfarrers studiert Jura, wird Hofmeister und Erzieher bei Herzog August von Braunschweig. 1663 erscheint sein wichtigstes und umfangreichstes Werk „Ausführliche Arbeit von der Teutschen Hauptsprache" – eine Gesamtdarstellung des damaligen Wissens auf dem Gebiet der Sprachforschung und Linguistik –, in dem er sich für die Reinhaltung und Befreiung der deutschen Sprache von modischen Fremdwörtern einsetzt. Er gilt daher als der bedeutendste deutsche Sprachgelehrte des 17. Jahrhunderts.
Donnerlied 132

Steinherr, Ludwig
(* 1962 in München)
Er studiert Philosophie und promoviert über Georg Wilhelm Friedrich Hegel und Willard Van Orman Quine. Seit 1995 arbeitet er als freier Schriftsteller. Darüber hinaus hat er einen Lehrauftrag für Philosophie an der Universität Eichstätt in Süddeutschland. Seine Gedichte zeichnen sich durch eine klare Sprache, genaue Wahrnehmung und überraschende Bilder aus. Neben anderen Auszeichnungen erhielt er 1991 den Staatlichen Förderpreis für Literatur und 1993 den Leonce-und-Lena-Förderpreis der Stadt Darmstadt sowie 1999 den Buchpreis des Deutschen Verbandes evangelischer Büchereien. Seit 2003 ist er ordentliches Mitglied der Bayerischen Akademie der Schönen Künste.
Feste Welt 139

Storm, Theodor
(* 1817 in Husum/Schleswig, † 1888 in Hademarschen/Holstein)
Er studiert Jura und eröffnet eine Rechtsanwaltspraxis. Doch aufgrund seiner politischen Haltung gegenüber der dänischen Herrschaft muss er Schleswig-Holstein verlassen und arbeitet viele Jahre in Preußen. Erst nach Beendigung des deutsch-dänischen Kriegs 1864 kehrt er wieder in seine Geburtsstadt zurück. Im Mittelpunkt seines literarischen Schaffens stehen seine zahlreichen Novellen und Gedichte, die ihn zu einem bedeutenden Dichter des poetischen Realismus machen. Immer etwas wehmütig und in verhaltener Sprache berichtet er von der heimatlichen Landschaft und menschlichen Leidenschaften, von unerfüllter Liebe, schicksalhaften Begegnungen oder dem tragischen Scheitern seines literarischen Helden (wie zum Beispiel Hauke Haien in der Novelle „Der Schimmelreiter").
Meeresstrand 206

Strachwitz, Moritz Graf von
(* 1822 in Peterwitz bei Frankenstein/Schlesien, † 1847 in Wien)
Er studiert in Breslau Rechtswissenschaft und arbeitet anschließend für ein Jahr als Referendar beim Kreisgericht Grottkau. Dann lebt er auf seinen Besitztümern als Privatgelehrter und widmet sich seinen literarischen Neigungen. Seine Balladen sind überaus erfolgreich und werden von namhaften Komponisten wie Johannes Brahms, Robert Schumann und Carl Loewe vertont. Darüber hinaus haben sie großen Einfluss auf das Balladenschaffen anderer Dichter wie zum Beispiel Theodor Fontane oder Detlev von Liliencron.
Meeresabend 136

Tolstoi, Leo
(* 1828 in Jasnaja Poljana, † 1910 in Astapowo)
Der Sohn einer Gutsbesitzerfamilie studiert Jura und orientalische Sprachen. Nach Beendigung des Offiziersdienstes reist er nach Europa. 1901 wird er wegen seiner kritischen Haltung gegenüber der östlichen Kirche aus ihr ausgeschlossen. Er ist ein Individualist und ständig auf der Suche nach dem Sinn des Lebens, tritt für Gewaltlosigkeit und Nächstenliebe als seine Vorstellung vom Urchristentum ein. Zahlreiche seiner oft mehrteiligen Romane werden weltberühmt, so zum Beispiel „Anna Karenina" oder „Krieg und Frieden" (über die Napoleon-Kriege), und beeinflussen die weitere Literaturentwicklung (Realismus, Naturalismus) maßgeblich.
Ausspruch 78

Verne, Jules
(* 1828 in Nantes, † 1905 in Amiens)
Er studiert zunächst Rechtswissenschaften, verkehrt aber häufig in literarischen Kreisen (so macht er unter anderem die Bekanntschaft mit Alexandre Dumas). Doch seine ersten schriftstellerischen Versuche (Bühnenstücke) haben keinen Erfolg. So arbeitet er vorübergehend als Börsenmakler; später unternimmt er etliche Reisen, auf denen er sich wissenschaftliche Notizen macht. 1863 beginnt schließlich seine enorm erfolgreiche Schriftsteller-Karriere mit dem Werk „Fünf Wochen im Ballon". Seine fantastischen und abenteuerlichen Geschichten begründen eine neue literarische Form. Besonders populär werden „Reise zum Mittelpunkt der Erde", „20000 Meilen unter den Meeren" und „Reise um die Erde in 80 Tagen". Insgesamt verfasst er etwa 65 Romane sowie etliche Kurzgeschichten und Essays.
Ausspruch 78
Zwanzigtausend Meilen unter den Meeren (Auszug) 74

Wohmann, Gabriele
(* 1932 in Darmstadt)
Sie studiert Germanistik, Romanistik, Philosophie sowie Musikwissenschaft und arbeitet anschließend als Lehrerin. Ab Mitte der 1950er-Jahre beginnt sie ihre erfolgreiche schriftstellerische Tätigkeit, hat mit ihren Romanen und Erzählungen großen Erfolg und erhält viele Preise. Im Mittelpunkt ihrer Alltagsschilderungen stehen zumeist Personen, die nicht in der Lage sind, ihre Probleme auf einer kommunikativen Ebene zu lösen, was letztlich zu einem Fehlverhalten oder zur Isolation führt. Dargestellt wird dies in einer realistischen Sprache unter Verwendung gelegentlich ironischer oder sogar satirischer Stilmittel.
Ich Sperber 187, 188

Zola, Émile
(* 1840 in Paris, † 1902 in Paris)
Da er das Abitur nicht besteht, lebt er arbeitslos in Paris, bis er 1862 Angestellter in einem Verlagshaus wird. Ab 1866 arbeitet er als freier Schriftsteller und Journalist. Mit seinen zahlreichen Romanen wird er zu einem der bedeutendsten europäischen Autoren des Naturalismus, den er auch theoretisch begründet, und zum Wegbereiter der modernen Strömungen des 20. Jahrhunderts. 1870 beginnt er mit der Arbeit an dem 20-bändigen Romanzyklus „Die Familie Rougon-Macquart. Natur- und Sozialgeschichte einer Familie aus dem zweiten Kaiserreich". Mit Werken wie „Der Totschläger", „Nana" und „Germinal" erlangt er Weltruhm.
Ausspruch 78

Textsortenverzeichnis

Sage

Tabellarische Übersicht/Diagramm

Theaterkritik (Rezension)

Textquellenverzeichnis

S. 13: Maria Dimitrov, Sophie Peter; Kl. 10a, Hans- und Hilde-Coppi-Oberschule, Lichtenberg, © Berliner Morgenpost 2005; – **S. 14:** Aus: E. M. Johansen, Betrogene Kinder. Eine Sozialgeschichte der Kindheit, Fischer, Frankfurt/Main 1978, S. 93 f.; Aus: R. Hoppe, Dokumente zur Geschichte der Lange des arbeitenden Kindes in Deutschland von 1700 bis zur Gegenwart, Berlin 1969, S. 57ff; – **S. 15:** W. Köllmann: Die industrielle Revolution. Klett, Stuttgart 1961, S. 33. Zitiert nach: W. Hardtwig, H. Hinze (Hrsg.): Deutsche Geschichte in Quellen und Darstellung, Bd. 7, Reclam, Stuttgart 1997, S. 137 f.; Ein Service der juris GmbH – www.juris.de, Juristisches Informationssystem für die Bundesrepublik Deutschland, Saarbrücken; – **S. 16:** FAZ vom 6. August 2005, Nr. 181, Seite 9; – **S. 18 f.:** Tim Kammann, Tobias Beranek, Sebastian Schrade, Philipp Maas, sbznet.de - Das Online-Magazin der Schülerzeitung SBZ, Artikel „Interview: RAN- und TM3-Reporter Jörg Dahlmann" von sbznet.de (19.11.2001). – **S. 19:** Aus einem Informationsblatt der Westdeutsche Allgemeine Zeitung, Essen; – **S. 20:** Sandra Schmid, Herausgeber: Bundeszentrale für politische Bildung, Bonn; – **S. 25:** Kaija Kutter: Vorsicht Kamera!. Aus: taz - die tageszeitung vom 13.09.2005, Hamburg; – **S. 26:** Schuluniformen für deutsche Klassen? Aus: GEOlino vom 27.08.04, GEO-Zeitschriftengruppe im Verlag Gruner + Jahr AG & Co. KG, Hamburg; – **S. 28:** Handyverbot? Aus: Zeitschrift Pädagogik, 53. Jahrgang, Heft 5/2001, Verlagsgruppe Beltz, Weinheim; – **S. 30:** Berliner wollen Benimm lernen. Aus: Berliner Morgenpost vom 28.9.2003, Berlin; – **S. 31:** Grüßen will gelernt sein. Aus: www.spiegel.de, SPIEGEL ONLINE GmbH, Hamburg; – **S. 32:** Thomas Altmannshofer, Wernher-von-Braun-Gymnasium, Friedberg; Valentin Jeutner, Gymnasium Oberalster, Hamburg; – **S. 36:** M. L. Kaschnitz: Zu Hause. Aus: M. L. Kaschnitz: Steht noch dahin. Insel Verlag, Frankfurt a.M. 1970, S. 55; – **S. 38 ff.:** Herbert W. Franke: Der Schmarotzer. Aus: Herbert W. Franke: Der grüne Komet, Goldmann Verlag, München 1964, S. 138; – **S. 42 ff.:** Roald Dahl: Der Wunsch. Aus: Roald Dahl: „Und noch ein Küsschen", Übersetzer: Hans-Heinrich Wellmann, Rowohlt, Hamburg 1963, S. 102-104; – **S. 48 f.:** Aus: Herbert Fuchs: Marburger Forum. Beiträge zur geistigen Situation der Gegenwart Jg. 3 (2002), Heft 5, zitiert nach: www.philosophia-online.de/mafo/heft2002-05/Creeps.htm; – **S. 50 ff.:** Aus: Lutz Hübner, Creeps. Jugendtheaterstück. Hartmann & Stauffacher Verlag für Bühne, Film, Funk und Fernsehen, Köln 2000, S. 5-7 ff., 20–22, 33, 37; – **S. 60:** Hilde Domin: Unaufhaltsam. Aus: Hilde Domin: Gesammelte Gedichte, S. Fischer Verlag, 1987, ebd. 5. Auflage 1995, S. 170; Rolf Dieter Brinkmann: Zwischen den Zeilen. Aus: Rolf Dieter Brinkmann: Westwärts 1&2, Rowohlt Verlag, 1999; – **S. 62:** Jugendsprache im Wandel: Aus: PONS Wörterbücher und Selbstlernen, Ernst Klett Sprachen GmbH, Stuttgart; – **S. 63:** Was ist Jugendsprache? Aus: www.bioboard.de/lexikon/index.php/Jugendsprache, Jama Nateqi, Gehrden; – **S. 64:** Coole Kids … Aus: http://focus.msn.de/wissen/schule/jugendsprache, FOCUS Magazin Verlag GmbH, München; – **S. 65:** Deutsch oder Denglisch? Aus: Prof. Dr. Walter Krämer: www.vds-ev.de/verein, Verein Deutsche Sprache, Dortmund; – **S. 67:** Rotkäppchen: Aus: http://home.snafu.de/mcs/rot/rotk06.htm, Internet Germany GmbH (snafu), Berlin; Dat Wettlopen … Aus: www.plattsiet.ferdinandshof.de/maerchen.htm, Heimatverein Ferdinandshof e.V. Ferdinandshof, Karin Albrecht, Eichhof; Schneewittken. Aus: www.gunnar-kreischer.de/Schneewittken.htm, Gunnar Kreischer, Witten; – **S. 68:** Satzung. Aus: www.pohlw.de/literatur/sadl/barock/sprachge.htm#SatzungDeutsch, Wolfgang Pohl, Wildeshausen; Unsere Sprache … Aus:www.rhetorik-netz.de/rhetorik/deutsch.htm; – **S. 70:** VS sturen in 2018. Aus: De Volkskrant 19.09.2005, Amsterdam; – **S. 71:** US to return … Aus: Daily Telegraph, 19.09.05, The Daily Telegraph, 2 Holt Street, Surry Hills, NSW, 2010.; Gli Usa … Aus: La Repubblica, 19.09.05, Divisione La Repubblica, Roma; – **S. 74:** Aus: Jules Verne: Zwanzigtausend Meilen unter Meer, Übers. von Peter Laneus, Diogenes Verlag AG Zürich, 1966; – **S. 78:** Volker Dehs: Jules Verne. Rowohlt Taschenbuch Verlag, Reinbek bei Hamburg 1986, S. 69, S. 135–136; – **S. 81:** Marcel Feige: Die bessere Zukunft: Science Fiction. Rotbuch Verlag, Hamburg 2001, S. 6; – **S. 85:** Mit der Linie 100 auf City-Tour. Aus: Berlin Tourismus Marketing GmbH, Berlin; – **S. 86:** In Berlin sprach man … Aus: Bernhard Askani u. Elmar Wagener (Hrsg.): Anno 2 . Vom Mittelalter bis zum Ende des Absolutismus. Bearbeitet von Ralph Erbar, 1. Aufl., Westermann, Braunschweig 1995, S. 231; – **S. 88:** Wir2ei. Aus: Berliner Stadtmagazin [030], Heft 23, Berlin 2005, S. 28; – **S. 95:** Nachrichtenagenturen. Aus: www.br-online.de/wissen-bildung/thema/journalismus/nachricht2.xml, Bayerischer Rundfunk, München; – **S. 96 f.:** Der „schiefer Turm". Aus: Kölner Stadtanzeiger 26.10.05, Köln; Schiefer Turm wir ausgerichtet. Aus: Kölnische Rundschau 21.10.2005, Neven DuMont Haus, Köln; Der schiefe Turm von Köln. Aus: „Nachrichtenblatt" 04/04, Panne beim U-Bahn-Bau – Köln jetzt „Two-Step"– Touristenziel, von Christoph Groneck; – **S. 98 f.:** Der Küsten-Cruiser. Aus: Gabriela Vitiello: Frankfurter Rundschau vom 29.10.2005, Frankfurt/M.; – **S. 100 f.:** Engere Anbindung. Aus: Petra Kolonko: Frankfurter Allgemeine Zeitung 14.11.2005. Frankfurt/M.; – **S. 102:** An die Harken … Aus: Annette Kögel: Der Tagesspiegel vom 27.10.2005, Berlin; – **S.106 f.:** Aus: Kirstin Holighaus: Zu dick? Zu dünn? Lust und Frust mit dem Essen. Weinheim, Basel, 2004. S. 20–21, 25–26; – **S. 107:** Erika Berzina: ich bin so jung. Anfang des lettischen Originals „es esmu tik". Erschienen in: Karogs Nr. 6/2002, S.88/Übersetzung M. Knoll, Karlsruhe; – **S. 108 f.:** Macht Symmetrie Menschen anziehend? Aus: Stefan König: Körper. Schüler 2002. Hg. v. Friedrich Verlag. Seelze Jahresheft (2002), S.4; – **S. 110 f.:** Ingrid Kötter: Nasen kann man so und so sehen. Aus: NZ junior 2005/38 vom 23. 09. 2005, www.neue-zeitung.hu, Budapest; – **S. 112 f:** Aus: Gerhard Eikenbusch: Und jeden Tag ein Stück weniger von mir. Maier, Ravensburg 1999, S. 28–33; – **S. 114 f.:** Bei jedem 10. Jungen. Aus: www.learnline-nrw.de Erschienen in der WP Bad Berleburg am 11. April 2001.; – **S. 118 f.:** Frei nach: Was ist Was? Europa, von Ulrike Reisach u. Rainer Köthe, Bd. 113, Tessloff, Nürnberg 2002; – **S. 121 f.:** Europäisches Informations-Zentrum (EIZ) Niedersachsen, Hannover; – **S. 124:** Aus: Erhart Kästner: Ölberge, Weinberge, ein Griechenlandbuch. Mit Federzeichn. v. Helmut Kaulbach, Insel-Verl., Wiesbaden, 1953; Renate Schostack: Babylon. Londoner Notizen. Aus: Norbert Kohl: London. Eine europäische Metropole in Texten und Bildern. Insel, Frankfurt 1978, S.403ff.; – **S. 125:** György Konrád: Die Budapester. Aus: Wilhelm Droste: Budapest. Ein literarisches Porträt. Insel, Frankfurt 2001, S. 243.; George Sand: Ein Winter auf Mallorca. Tage mit Frederic Chopin. Übers. von Maria Dessauer, Insel Taschenbücher Nr. 2102, Insel, Frankfurt 1999; – **S. 130:** naturbeschreibung. Aus: Gerhard Rühm: um zwölf uhr ist es sommer. Gedichte, Sprechtexte, Chansons, Theatersrücke, Prosa. Ausw. u. Nachw. v. Jörg Drews., Reclam, Ditzingen 2000, S. 104; Der Grundton der Natur & Natur-Gedicht. Aus: Gunter E. Grimm (Hrsg.): Deutsche Naturlyrik. Vom Barock bis zur Gegenwart, Reclam, Ditzingen 1995, S. 206, S. 401; – **S. 131:** Ludwig Fels: Natur. Aus: Hans. Bender (Hrsg): In diesem Lande leben wir. Hanser, München 1978, S. 15; Gemeinsam. Aus: Rose Ausländer: Regenwörter. Gedichte. Hrsg. v. Helmut Braun, Reclam, Ditzingen 1994, S. 81; – **S. 132:** Donnerlied. Aus: Feuer, Wasser, Luft & Erde. Die Poesie der Elemente. Hrsg. v. Anton G. Leitner, Reclam, Ditzingen 2003, S. 107; Vor dem Gewitter. Aus: Eugen Roth: Je nachdem. Heitere Verse u. Gedichte. dtv Taschenbücher, München 1999, S. 99; – **S. 133:** Nach dem Gewitter. Aus: Kirsch, Sarah: La Pagerie, DVA, Stuttgart 1984, S. 37; Schau dir diesen Himmel an! Aus: Klima. Die Kraft mit der wir leben, Umweltstiftung WWF Deutschland, Pro Futura Verlag GmbH, München 1994, S. 118; – **S.134:** Martin Auer: Über die Erde. Aus: Hans-Joachim Gelberg (Hrsg.): Überall und neben dir. Gedichte für Kinder in sieben Abteilungen. Gulliver Taschenbücher, Beltz & Gelberg, Weinheim 1986; Bertolt Brecht: Von der Freundlichkeit der Welt. Aus: Anton G. Leitner (Hrsg.): Feuer, Wasser, Luft & Erde. Die Poesie der Elemente. Reclam, Ditzingen 2003, S. 135; – **S. 135:** Kalendarische Erdgeschichte. Aus: www.eldey.de, Michael Feldmann, Darmstadt; Schöne Landschaft. Aus: Ulla Hahn: Freudenfeuer. DVA, Stuttgart 1985; – **S. 137:** Meer. Aus: Erich Fried: Gründe. Gedichte. Eine Auswahl aus dem Gesamtwerk. Salto 44.–48. Tsd. 158, Wagenbach 1998; In den Wellen. Aus: Sarah Kirsch: Bodenlos. Gedichte. DVA, Stuttgart 1996, S. 21; – **S. 138:** Portugal. Aus: FAZ, 06. August 2005; Karl Krolow: Erinnerung an Feuer. Aus: Anton G. Leitner (Hrsg.): Feuer, Wasser, Luft & Erde. Die Poesie der Elemente.Reclam, Ditzingen 2003, S. 48; – **S. 139:** Ulla Hahn: Bildlich gesprochen. Hör-Verlag., München 1999; Feste Welt. Aus: Anton G. Leitner (Hrsg.): Feuer, Wasser, Luft & Erde. Die Poesie der Elemente.Reclam, Ditzingen 2003, S. 60; – **S. 142 ff.:** Erdbeben von Lissabon. Aus: Walter Benjamin: Gesammelte Schriften VII.I., Hg. v. Rolf Tiedemann u. a, Suhrkamp Verlag, Frankfurt/M. 1989, S. 221-226; – **S. 146:** Johann Wolfgang von Goethe: Dichtung und Wahrheit, Erster Teil, Buch 1, Wegweiser Verlag GmbH, Berlin 1921, S. 32 f.; – **S. 147:** Heinrich von Kleist : Das Erdbeben in Chili und andere Erzählungen. Mit e. Einf. von Johanna Rudolph. Verlag Neues Leben, Berlin 1980; – **S. 148:** Ein anonymer protestantischer Pfarrer schrieb 1756. In: Gesammelte Nachrichten von dem Erdbeben der Stadt Lissabon und anderer Orte nebst einer geistlichen Betrachtung über diese Materie, hg. v. J. H. R., Frankfurt/Leipzig 1756, S. 54; 63; 66; 76.; Immanuel Kant: Gesammelte Schriften. Akademie-Ausgabe. Abt. 1. Bd.1, Reimer, Berlin 1910, S.456; Ein wissenschaftlicher Text aus dem Jahre 1757: in: Nützliche Sammlungen (=Hannoverische gelehrte Anzeigen), 35. Stück vom 2. Mai 1757, 545-550, zit. nach Wolfgang Breidert: Das Erdbeben von Lissabon und die Erschütterung seiner Zeitgenossen, in: Lichtenberg-Jahrbuch 1994, S. 59.; – **S. 150:** Zweifel an der besten aller Welten. Münchener Merkur, 30. 12. 2004; Literaturepoche Aufklärung. Aus: Schülerduden Literatur, hrsg. von Redaktion Schule und Lernen. 3.Aufl., Bibliographisches Institut, Mannheim u.a. 2000, S.24 f.; – **S. 151:** www.literaturwelt.com/epochen/aufklaerung.html; – **S. 155:** Gert Haala, Günther Wichert, Dirk Zohren: Natura. Biologie für Gymnasien. NRW 5.-7. Schuljahr. Stuttgart, Klett 2005, S. 184 f.; – **S. 159:** www.hotel-traveling.com/hotels/de/91768/hotel-hispania.html, Aguamarina, Spanien; – **S. 160:** Studie widerlegt. Aus: Eckart Spoo, Frankfurter Rundschau vom 30. 09.1992. Korrespondent E. Spoo (gekürzt und sprachlich bearbeitet); – **S. 167:** Aus: FAZ vom 19.7.2005, Nr. 165, S. 38 „Jugend schreibt"; – **S. 175:** Runderlass des niedersächsischen MK vom 3.6.2005, Hannover; – **S. 182:** Göttinger Tageblatt vom 14/15.10.2005; – **S. 185:** Aus: Karl Krolow. Gesammelte Gedichte, Teil 2, Suhrkamp, Frankfurt 1985, S. 110; – **S. 187 f.:** Aus: Gabriele Wohmann: Erzählungen, Langewiesche-Brandt, Ebenhausen b. München 1966; – **S. 189:** Aus: Josef Reding: Nennt mich nicht Nigger. Kurzgeschichten aus zwei Jahrzehnten, Georg Bitter Verlag, Recklinghausen 1991; – **S. 191:** Aus: B. Neißer: Toskana 95. Fahrt mit Panne. IGS Köln Holweide. 1995, S.14; – **S. 196 f.:** Aus: Wolfgang Borchert: Das Gesamtwerk, mit einem biogr. Nachwort von Bernhard Meyer-Marwitz, Rowohlt-Verlag Hamburg o. J. (Copyright 1949), Seite 201–204; – **S. 203:** Herbstlicher Ausschnitt. Aus: Rose Ausländer: Gesammelte Werke in sieben Bänden. Hrsg. von Helmut Braun, Band 1: Die Erde war ein atlasweißes Feld. Gedichte 1927-1956. S. Fischer-Verlag, Frankfurt/M. 1985, Seite 89; – **S. 215 ff.:** Alberto Manguel: Eine Geschichte des Lesens. Übers. Chris Hirte. Rowohlt, Reinbek 2000, S. 13 ff.; – **S. 220:** www.mainz.de/gutenberg/press007.htm, Team „Mainz. Gutenberg 2000"; – **S. 229:** Zeitungstexte aus „Kölnische Rundschau". Zitiert nach: „Zeitungsleser wissen mehr" 2004, UE1, S 24, ein Projekt von PROMEDIA, Medienpädagogische Schulung und Beratung, Alsdorf , www.promedia-germany.de; – **S. 233:** Aus: „Neue Westfälische" Gesamtausgabe, Seite Kultur/Medien vom 9. Februar 2006; – **S. 235:** Aus: Sonderbeilage der Rheinischen Post zum ZISCH(Zeitung in der Schule)-Projekt. Betreuender, Redakteur war Ralf Jüngermann.; – **S. 247:** Der Treibhauseffekt. Aus: „Es wird immer wärmer auf der Erde", GEOlino vom 21.7.2005, www.geo.de; Interview: Aus Geo Magazin 07/01, gekürzt, www.geo.de (3.9.2006); – **S. 250:** Ein Klimakatastrophe verhindern. Aus: „Weltklima: Vor der Katastrophe", Geo Magazin 07/01, www.geo.de (3.9.2006); – **S. 253:** © Duden 5, Das Fremdwörterbuch. 7. Aufl. Mannheim 2001.; – **S. 254:** Digitale Desinfektion. Aus: Der Spiegel, 26/2005, S. 116; – **S. 258:** Automat bestellt… Aus: Der Siegel 53/2004, S. 119; – **S. 266:** nach: Freytag, Kurt; Glaum, Erwin; Thomas, Eberhard: Grundzüge der Chemie, Diesterweg/Sauerländer 1996, Seite 37

Bildquellenverzeichnis

Coverbild: Mauritius (Fiona Fergusson), Mittenwald; **S. 11:** Picture-Alliance (ZB/Jan-Peter Kasper), Frankfurt; – **S. 13:** Avenue Images GmbH (Veer Fancy/RF), Hamburg; – **S. 16:** Corbis (Doug Menuez), Düsseldorf; – **S. 22:** Picture-Alliance (dpa - Fotoreport), Frankfurt; – **S. 25:** Action Press (FOTO POLLEX), Hamburg; – **S. 26:** Visum (Gebhard Krewitt), Hamburg; – **S. 27:** Das Fotoarchiv, Essen; – **S. 28:** Avenue Images GmbH (Getty Images RF/Manchan), Hamburg; – **S. 29:** Corbis (LWA-Dann Tardif), Düsseldorf; – **S. 32:** Avenue Images GmbH (StockDisc), Hamburg; Fotosearch RF, Waukesha, WI; – **S. 34:** Klett-Archiv (Klaus-Ulrich Meier), Stuttgart; – **S. 47:** Claude Giger, Basel; – **S. 48:** Uckermärkische Bühnen Schwedt (www.theater-schwedt.de), Schwedt; – **S. 50/52/55:** Claude Giger, Basel; – **S. 59:** Corbis (E. Klawitter/zefa), Düsseldorf; – **S. 61:** Klett-Archiv (a bis z-Publishing), Stuttgart; – **S. 63:** Stephan Katz, Berlin; – **S. 64:** Friedrich Retkowski, Hameln; – **S. 67:** Goscinny - Uderzo/Egmont Ehapa Verlag Gmbh, 2006; – **S. 71:** Klett-Archiv, Stuttgart; – **S. 72:** Klett-Archiv (Hans Joachim Michels), Stuttgart; – **S. 73:** AKG (WALT DISNEY PRODUCTIONS/ALBUM), Berlin; – **S. 78:** AKG (Bibl. Amiens Métropole), Berlin; – **S. 82:** Coverillustration von Klaus Steffen zu: Verne, Reise um den Mond, (c)1999 Arena Verlag GmbH, Würzburg; Coverillustration von Klaus Steffen zu: Verne, Reise um die Erde in 80 Tagen (c)1999 Arena Verlag GmbH, Würzburg; Coverillustration von Klaus Steffen zu: Verne, 20000 Meilen unter den Meeren (c)1994 Arena Verlag GmbH, Würzburg; – **S. 83:** Corbis (Guenter Rossenbach/zefa), Düsseldorf; – **S. 85:** archivberlin (J.Henkelmann), Berlin; – **S. 87:** Corbis (Uwe Schmid), Düsseldorf; – **S. 89:** Corbis (Régis Bossu/Sygma), Düsseldorf; – **S. 91:** Corbis (Louie Psihoyos, Arnd Wiegmann/Reuters), Düsseldorf; – **S. 93:** Corbis (zefa/Svenja-Foto), Düsseldorf; – **S. 94:** Avenue Images GmbH, Hamburg; Argus (Peter Frischmuth), Hamburg; Norbert Schäfer Pictures, Düsseldorf; Picture-Alliance (dpa/Torsten Leukert), Frankfurt; Picture-Alliance (dpa/Oliver Berg), Frankfurt; – **S. 95:** Picture-Alliance (dpa/Kay Nietfeld), Frankfurt; images.de digital photo GmbH (Edthaler), Berlin; – **S. 97:** Picture-Alliance (dpa / Oliver Berg), Frankfurt; – **S. 98:** Gabriella Vitiello, Wiesbaden; – **S. 99:** Picture-Alliance (Bildagentur Huber/G. Simeone), Frankfurt; – **S. 100:** Picture-Alliance (EPA / GAO ZY), Frankfurt; – **S. 101:** GEO, Hamburg (Karte: Stefanie Peters); – **S. 102:** Runze & Casper Werbeagentur GmbH, Berlin/(c) Senatsverwaltung für Stadtentwicklung, Berlin; – **S. 103:** MEV Verlag GmbH; Getty Images (Mark Hall), München; – **S. 104:** Picture-Alliance (dpa/Uwe Zucchi), Frankfurt; – **S. 106:** Avenue Images GmbH (Rubberball RF), Hamburg; Klett-Archiv (Thunig), Stuttgart; – **S. 109:** Hatje Cantz Verlag, Ostfildern-Ruit/(c) Justen Ladda, Manhattan N.Y.; – **S. 114:** Picture-Alliance (dpa/Heiko Wolfraum), Frankfurt; – **S. 117:** RB-Deskart Ralf Brennemann, Hamburg; – **S. 118:** AKG (Nimatallah), Berlin; – **S. 121:** Mediacolor's, Zürich; – **S. 123:** laif (Daniel Biskup), Köln; – **S. 124:** Bilderberg (Hans Madej), Hamburg; – **S. 125:** Avenue Images GmbH (Corbis/RF), Hamburg; – **S. 128:** Avenue Images GmbH (Corbis/RF), Hamburg; – **S. 129:** Klett-Archiv, Stuttgart; – **S. 30:** Martin Bush, Plymouth, Devon PL5 4QG; Bridgeman Art Library/(c) VG Bild-Kunst, Bonn 2006; – **S. 131:** Claudia Vecchiarelli, Türkheim; – **S. 132:** creativ collection, Freiburg; – **S. 133:** Ursula Holly, Weingarten; – **S. 134:** Corbis (Stock4B), Düsseldorf; Avenue Images GmbH (Corbis/RF), Hamburg; – **S. 135:** Kulka, Matthias, Düsseldorf; – **S. 136:** Corel Corporation, Unterschleissheim; – **S. 137:** Dagmar Mack, Wunstorf; – **S. 138:** Ursula Holly, Weingarten; – **S. 139:** BPK, Berlin/(c) VG Bild-Kunst, Bonn 2006; – **S. 140:** Corbis (John and Lisa Merrill), Düsseldorf; – **S. 141:** Interfoto (Bildarchiv Hansmann), München; – **S. 143:** AKG, Berlin; – **S. 145:** AKG, Berlin; – **S. 150:** Caro Fotoagentur, Berlin; – **S. 152:** Corbis (Reuters/Lee Celano), Düsseldorf; – **S. 155:** Wirth, Prof. Jürgen, Dreieich; – **S. 159:** Look GmbH (Jan Greune), München; – **S. 161:** Modular (Steinle), Stuttgart; PhotoDisc, Seattle, WA; – **S. 164:** Klett-Archiv (David Ausserhofer), Stuttgart; – **S. 167:** Picture-Alliance (dpa/Patrick Seeger), Frankfurt; – **S. 168:** Caro Fotoagentur (Riedmiller), Berlin; – **S. 169:** Caro Fotoagentur (Riedmiller), Berlin; – **S. 178:** Imago Stock & People (Götz Schleser), Berlin; – **S. 179:** Picture-Alliance (ZB/Klaus Franke), Frankfurt; – **S. 180:** (r) GEOlino; – **S. 184:** Picture-Alliance (dpa / Patrick Seeger), Frankfurt; – **S. 208:** Claude Giger, Basel; – **S. 217:** Transit Archiv (Thomas Rötting), Leipzig; Bildagentur-online (Efi Keren), Burgkunstadt; – **S. 218:** unbekannter Lieferant, Stuttgart; – **S. 220:** ullstein bild (KPA/HIP), Berlin; – **S. 226:** Axel Springer AG, Hamburg; Julius Beltz GmbH & Co. KG, Weinheim; Gruner + Jahr, Hamburg; Süddeutsche Zeitung, München; FAZ, Frankfurt; Heinrich Bauer Zeitschriften Verlag, Hamburg; Spiegel Spezial, Hamburg; Vogel Burda Holding GmbH, München; – **S. 228:** Verlag M. DuMont Schauberg, Köln; – **S. 235:** Picture-Alliance (dpa / Euyo / Pete Jones), Frankfurt; – **S. 268:** Jürgen Christ, Köln;

Nicht in allen Fällen war es uns möglich, den Rechteinhaber der Bilder ausfindig zu machen. Berechtigte Ansprüche werden selbstverständlich im Rahmen der üblichen Vereinbarungen abgegolten.

Erzählende Texte, Gedichte und szenische Texte unterscheiden

Merkmale	Erzählende Texte (Epik)	Gedichte (Lyrik)	Szenische Texte (Dramatik)
Textsorte	z.B. Märchen, Sage, Fabel, Schwank, Lügengeschichte, Kalendergeschichte, Kurzgeschichte, Novelle, Roman	z.B. Spruch, Lied, Bänkelsang, Moritat, Ballade, Sonett	z.B. Lustspiel (Komödie), Trauerspiel (Tragödie), Tragikomödie, Sketch
Eigenart der Darstellung	• Ein Erzähler vermittelt dem Leser (Hörer) das Geschehen (= die erzählte Welt). • Der Erzähler ist nicht identisch mit dem Autor, sondern steht zwischen Autor und Leser.	• Ein „Sprecher“ vermittelt dem Leser (Hörer) z.B. Wahrnehmungen, Beobachtungen, Gefühle, Gedanken, Geschehnisse. • Der Sprecher ist nicht identisch mit dem Autor.	• Das Geschehen wird dem Zuschauer direkt durch die Figuren/Rollen vermittelt, die auf der Bühne sprechen und handeln. • Die Figuren sind nicht mit dem Autor identisch.
Perspektive	• Der Erzähler kann als Er-/Sie-Erzähler oder als Ich-Erzähler auftreten. • Er kann „allwissend“ und über den Dingen stehend (auktorial) erzählen oder als Figur des Geschehens mit begrenzter Perspektive als sog. Perspektivefigur (personal) oder als Ich.	• Der Sprecher kann sich als Ich (sog. lyrisches Ich) oder als Rollenfigur (z.B. als liebende Frau) äußern oder auch ganz zurücktreten. • Er schildert Wahrnehmungen meist „subjektiv“ aus seiner persönlichen Sicht. • Er kann die Gegebenheiten aber auch „objektiv“ darstellen (z.B. in einer Ballade).	• Die Figuren können ganz unterschiedliche „Rollen“ spielen (z.B. Mutter – Tochter – Geliebte – Dienerin). • Sie haben meistens nur einen begrenzten Blick und beurteilen die Dinge aus ihrer persönlichen Sicht. • Oft weiß der Zuschauer mehr als die Figuren.
Handlung, Geschehnisse	• Beschränkung auf ein zentrales Ereignis (z.B. in der Kurzgeschichte) oder • Entfaltung des Geschehens mit mehreren Ereignissen und Erzählsträngen (z.B. im Roman)	• Meistens Beschränkung auf eine Situation oder Stimmung, die anschaulich und genau dargestellt wird (z.B. eine abendliche Landschaft, eine Großstadtsituation) • Oft auch Beschreibung der Wirkung auf den Sprecher	• Im Mittelpunkt steht der sog. „dramatische Konflikt“ (z.B. der Interessengegensatz zwischen Vater und Sohn/Tochter), der die Handlung auslöst, weitertreibt und das Ende des Dramas bestimmt.
Figuren	Meist mehrere oder viele Figuren, z.B. aus mehreren Generationen; häufig ein „Held“ im Mittelpunkt; oft auch Kontrast von Held – Gegenspieler, Gute – Böse	• In der Ballade oft mehrere Figuren – wie in einer Geschichte • Sonst meistens nur der Sprecher oder das sog. lyrische Ich oder eine Rollenfigur	• Die Figuren werden im „Personenverzeichnis“ aufgeführt (z.B. König, Königin, Prinz, Prinzessin) oft wie in erzählenden Texten ein „Held“ oder Held und Gegenspieler.